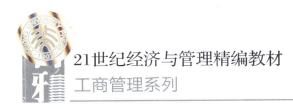

21世纪经济与管理精编教材

工商管理系列

实用现代管理学

（第三版）

Management

3rd edition

孙焱林 ◎ 编著

北京大学出版社

PEKING UNIVERSITY PRESS

图书在版编目(CIP)数据

实用现代管理学/孙焱林编著. —3 版. —北京：北京大学出版社，2017.9
（21 世纪经济与管理精编教材·工商管理系列）
ISBN 978-7-301-28748-4

Ⅰ.①实… Ⅱ.①孙… Ⅲ.①管理学-高等学校-教材 Ⅳ.①C93

中国版本图书馆 CIP 数据核字（2017）第 218468 号

书　　　　名	实用现代管理学（第三版）
	SHIYONG XIANDAI GUANLIXUE
著作责任者	孙焱林　编著
责 任 编 辑	任京雪　刘　京
标 准 书 号	ISBN 978-7-301-28748-4
出 版 发 行	北京大学出版社
地　　　　址	北京市海淀区成府路 205 号　100871
网　　　　址	http://www.pup.cn
电 子 信 箱	em@pup.cn　　QQ：552063295
新 浪 微 博	@北京大学出版社　　@北京大学出版社经管图书
电　　　　话	邮购部 62752015　　发行部 62750672　　编辑部 62752926
印 　刷 　者	北京宏伟双华印刷有限公司
经 　销 　者	新华书店
	787 毫米×1092 毫米　16 开本　23.75 印张　578 千字
	2004 年 12 月第 1 版
	2009 年 1 月第 2 版
	2017 年 9 月第 3 版　2017 年 9 月第 1 次印刷
印　　　　数	0001—3000 册
定　　　　价	48.00 元

未经许可，不得以任何方式复制或抄袭本书之部分或全部内容。
版权所有，侵权必究
举报电话：010-62752024　电子信箱：fd@pup.pku.edu.cn
图书如有印装质量问题，请与出版部联系，电话：010-62756370

前　言

21世纪是经济全球化的世纪，是"互联网＋"的世纪，是加速创新的世纪，是智能大战的世纪，也是跨文化融合的世纪。如何把握时代脉搏，驾驭时代列车，成为时代的主人是仁人志士必须关心的共同问题。杰克·韦尔奇、比尔·盖茨、李嘉诚、任正非、马云等优秀管理者及相关团队中那些专业而执着的管理者用他们的行动毫不吝啬地回答了我们，那就是明察时代秋毫，虚心学习管理方法，科学研究管理问题，精准把握市场脉动。正是这样，白手起家者成为创新创业时代的弄潮儿；百年老店永葆青春，熠熠生辉。

国际象棋人机大赛中机器人后来者居上，智慧地球召唤超智慧团队！学知识改变命运，学管理增长智慧，学习型企业是竞争力最强的企业！全球经济正在进行复杂的深度融合，以大数据、物联网和云计算为代表的新型信息技术正在爆炸式无边界发展，小富即安的机会越来越小，做大做强的机会却越来越多；中国经济经过三十多年的大开放、大改革、大开发和大发展，伴随着人口红利的逐渐远去和人才红利的来临，投机机会越来越少，投资机会却越来越多。决策拍脑袋、管理凭经验的粗放型管理已成过去；思维理念化、眼光战略化、经营绿色化、决策定量化、创新发展和管理智能化的超精细化管理已成为时代要求。中国正处于和平崛起与跨越"中等收入陷阱"的关键时期，社会经济的可持续发展、企业的可持续成长呼唤国际视野的企业家和职业经理人，学管理大有前途，做职业经理人大有"钱"途。成功的企业成千上万，失败的企业计以无数！自管理学诞生以来，每时每刻都有数以万计的学者投身于管理的研究之中，他们默默耕耘，总结成功者的经验和失败者的教训，将其浓缩成一系列管理理论和方法，供世人学习和借鉴。学管理，做正事，事半功倍走捷径，企业基业长青；不学管理，做错事，事倍功半走弯路，企业朝起夕落。学管理，既是智者的选择，也是成为现代企业家和职业经理人的必由之路。

本书的作者来回于华中科技大学的讲台和企业高管层之间，具有坚实的理论基础和丰富的实践经验，深刻洞悉企业所需，根据按需索求的原则编写了本书。本书具有如下特点：

第一，理论最新化。市场环境在变化，科学技术在进步，管理理论也层出不穷。本书用通俗易懂的语言，不仅介绍了泰勒等学者的科学管理理论、波特等学者的战略思想、西蒙等学者的现代决策理论和梅奥等学者的行为理论，还囊括了彼得·圣吉的学习型组织、杰克·韦尔奇的六西格玛方法等一系列最新理论。

第二，原理实用化。市场上的管理类读物要么是纯理论的教科书，要么是案例集，将二者有机结合的并不多见。本书力争做到在每一部分原理后面都有实例说明，每一节后面都有与本节内容相对应的案例；做到理论与实际相结合，便于读者理解和应用所学理论和方法，避免学了不会用，用了不知所以然。

第三，知识系统化。市场上有大量诸如理念、经验、方法、模式、指导及案例等名目繁多的管理类读物，尽管这些读物可以开拓读者的视野，但更容易让缺乏系统管理知识的读者眼花缭乱、目不暇接，无法了解现象后面的本质，导致外行看热闹或盲目模仿。本书针对这一问题，将理念、经验、方法、模式、指导及案例等融合到相应的管理理论系统框架之下，使原理与理念、方法与模式等紧密结合，便于读者系统掌握管理知识。

第四，内容信息化。本书力争用最少的篇幅，让读者对管理理论、理念、模式及方法有全面的了解；为读者提供经典而规范化的案例、提供实用的知识和信息；使读者花费最少的时间，掌握实用的管理技巧，同时藏有一本经典的管理手册，获益终生。

管理学是一门科学，是管理活动中共性问题的提炼和升华，也是管理者手中的指南针和望远镜。如同工程技术人员用所学专业知识研究技术问题一样，管理者可以直接运用管理理念、原理和方法研究管理中出现的问题，提出相应的解决方案，并持续追踪加以改进。管理学也是一门艺术，体现在管理方法运用的实践性和灵活性。管理学还是管理者人格魅力、灵活和创新的体现。正如世界上不存在完全相同的两片叶子一样，管理者要善于针对不同的情境、不同的问题和不同的对象选择适用的管理方法。优秀的管理者既是管理科学工程师，又是艺术家。

本书的宗旨是传播实用企业管理技巧，使管理者成为善于运用专业思维、专业方法研究管理问题的职业经理人。让我们的读者主宰自己，事业有成！让我们的企业远离破产，蒸蒸日上，永葆青春！

"三人行，必有我师焉。择其善者而从之，其不善者而改之。"本书是集体智慧的结晶，是在大量吸收中外文献和深入总结实践经验的基础上完成的。本书是在《实用现代管理学》2009年版的基础上修订而成的，根据专家和读者的意见，在保持原有版本的架构和特色的基础上，对部分内容进行了修订，特别增加了企业伦理、企业治理结构、创新管理、知识管理和安全管理等内容。本书由华中科技大学孙焱林教授执笔。在写作过程中，参阅了大量相关著作、教材和案例资料，在此谨向这些作者、译者表示由衷的感谢！学无止境，本书力争在结构上做一些创新，新事物总有不完美的地方，真诚企求专家和读者的赐教。

孙焱林
2017 年 8 月

目　录

第一章　企业概述 ··· 1
　　第一节　企业特征、类别、功能和目标 ······································ 3
　　第二节　企业伦理 ·· 8
　　第三节　企业治理结构 ·· 19
第二章　管理概述 ··· 29
　　第一节　管理的特征、职能与管理道德 ···································· 31
　　第二节　成功管理者观念 ··· 36
　　第三节　西方管理理论丛林 ·· 46
　　第四节　企业环境分析 ·· 58
第三章　决策科学与艺术 ··· 63
　　第一节　决策的概述 ··· 65
　　第二节　科学决策的方法 ··· 73
　　第三节　决策艺术 ·· 97
第四章　计划管理 ·· 103
　　第一节　计划概述 ··· 105
　　第二节　战略规划 ··· 112
　　第三节　目标管理 ··· 124
　　第四节　网络计划技术 ·· 130
第五章　组织管理 ·· 147
　　第一节　组织概述 ··· 149
　　第二节　组织结构设计 ·· 159
　　第三节　组织变革 ··· 163
　　第四节　组织文化 ··· 172
　　第五节　学习型组织 ·· 179
第六章　沟通艺术 ·· 187
　　第一节　沟通概述 ··· 189
　　第二节　人际沟通 ··· 193

第三节　组织沟通 …………………………………………………………… 202
　　　第四节　公共关系 …………………………………………………………… 209
第七章　领导的科学与艺术 …………………………………………………………… 217
　　　第一节　领导概述 …………………………………………………………… 219
　　　第二节　现代领导理论 ……………………………………………………… 226
　　　第三节　新型领导理论 ……………………………………………………… 244
　　　第四节　领导艺术 …………………………………………………………… 255
第八章　控制工作 ……………………………………………………………………… 267
　　　第一节　控制概述 …………………………………………………………… 269
　　　第二节　控制论简介 ………………………………………………………… 277
　　　第三节　内部控制 …………………………………………………………… 285
　　　第四节　控制方法 …………………………………………………………… 293
第九章　激励 …………………………………………………………………………… 305
　　　第一节　激励概述 …………………………………………………………… 307
　　　第二节　个体行为基础 ……………………………………………………… 310
　　　第三节　激励理论 …………………………………………………………… 319
　　　第四节　激励方法与艺术 …………………………………………………… 329
第十章　知识创新与安全管理 ………………………………………………………… 341
　　　第一节　知识管理 …………………………………………………………… 343
　　　第二节　创新管理 …………………………………………………………… 353
　　　第三节　安全管理 …………………………………………………………… 363

第一章
企业概述

德鲁克说:"企业的唯一目的是创造顾客;高利润都是带着诱惑的陷阱,利润绝不是企业的首要目的;向组织结构要效益;社会责任是企业的第一责任;企业必须成为变革的原动力。"[1]

---

[1] 梁素娟,《德鲁克管理思想大全集》,企业管理出版社,2010年7月,第1—4页。

第一节　企业特征、类别、功能和目标

企业千差万别，小到无名的理发店，大到通用电气（GE）这样的跨国公司，都是企业，有共同的特征与功能，但类别不同、目标不同或命运有别。

一、企业的特征

企业是从事商品的生产、流通、服务等经济活动，以生产或服务满足社会需要，自主经营、独立核算、自负盈亏、依法设立的营利性经济组织。其特征有：第一，企业不同于政府机关、学术团体等非经济组织，是经济组织。第二，企业依法享有资产的经营权、处置权和收益权，受到法律保护；同时，企业必须承担相应的社会义务，如合法经营、保护环境等，是经济法人。第三，企业与市场生死攸关，"大市场大老板，小市场小老板，没市场就破产"，企业必须以市场为导向。第四，企业是一个国家社会经济的基本单位，企业生产力水平的高低、经济效益的好坏、规模的大小，对国民经济和社会的繁荣与稳定都产生直接的影响。美国之所以成为世界经济的巨人，原因之一就是它拥有数以千计的技术水平高、经济效益好、规模巨大的企业。

《公司法》指出：公司设立时注册资金达不到法定的最低限额或者股东抽逃资金，当股东滥用股东权利致使股东与公司在财产、人格方面混淆不清，损害第三人利益，由股东对公司债务承担无限连带责任。

二、企业法定类别

企业类别又可分为法定类别与学理类别，前者是按照法律分类形成的类别，后者是学者根据实际需要形成的类别。根据设立条件、设立程序与组织结构要求等分类，各国法定类别大同小异，主要有以下几种：

1. 个人独资企业

个人独资企业指由一个自然人出资经营，产权归个人所有，投资人以其个人财产对企业债务承担无限责任的经营实体。这种企业是自然人企业，不具有法人资格，是最原始的企业形式。如中国很多由个人出资兴办的小吃店、小商店等就是个人独资企业，美国的绝大多数企业也以这种形式存在。

个人独资企业具有以下优点：第一，完全的收益权。即企业由个人出资，个人自主经营，所得收益完全归个人所有。第二，完全的经营权。即出资者即为企业的管理者，可以根据自己的意志管理企业，所受限制较少。第三，灵活性强。即这种企业规模小、管理组织结构简单，资本密集度不高，易于适应市场，"船小好调头"。第四，保密性好。即个人独资企业一般不需要向企业以外的任何个人或组织提供有关企业经营和财务等方面的资料，因而具有较高的保密性，为在激烈的市场竞争中处于有利地位创造了良好的条件。

个人独资企业也有很多制约性因素，因而难以获得较大的发展。制约个人独资企业的因素有：第一，无限责任。即出资者对企业债务负无限连带责任，当企业资不抵债时，出资者必须以个人财产来清偿，所以，创办个人独资企业有相当大的风险；而且企业规模越大，出资者所承担的风险也越大。第二，企业规模较小。即企业由一人出资兴办，因而资金来源、个人承担风险能力和企业管理能力有限，企业规模难以扩大。第三，企业寿命较短。个人独资企业具有很强的人身依附性，如果出资者因家庭原因、犯罪、死亡或不愿继续干下去，企业也随之而消亡。

2. 合伙企业

合伙企业即由两个或两个以上的自然人或法人通过订立合伙协议共同出资经营、共负盈亏、共担风险并对企业债务承担无限连带责任的企业。这种企业和个人独资企业一样，不具有法人资格。

在合伙企业中，按承担责任的不同，合伙人可分为有限合伙人和普通合伙人，合伙企业中至少有一名普通合伙人。有限合伙人指那些只出资，不参与管理，并以其出资额的多少对企业承担有限责任的合伙人；普通合伙人对企业债务负无限连带责任，参与企业管理，并在企业决策中起主导作用。在有些合伙企业中，还有秘密合伙人和名义合伙人。秘密合伙人在企业经营中起很大作用，但人们并不知道他是合伙人；名义合伙人在名义上参与合伙，但不出资，也不参与管理。

和个人独资企业相比，合伙企业具有明显优势：第一，合伙企业资金来源更广；第二，合伙企业可以集中各出资者的智慧，作出更科学的决策；第三，合伙企业的规模较独资企业大。尽管合伙企业较个人独资企业向前迈进了一步，但个人独资企业一些固有的缺陷依然存在于合伙企业中，如合伙企业的出资者对企业债务负无限责任（有限合伙人除外）；具有很强的人身依附性，企业与合伙人共存亡；规模仍难以扩大；在管理决策上，容易出现由于出资者意见不一而造成决策迟缓、管理者互不信任等现象。

3. 公司制企业

公司制企业是由两个以上的自然人或法人共同出资经营、共负盈亏、共担风险，对企业资产享有民事权利、承担民事责任并以其出资额为限对企业债务承担责任的法人企业。公司制企业适应了现代化大生产的要求，既集中了分散的社会资金，又克服了个人独资企业和合伙企业的许多缺陷，为现代企业的发展提供了制度保证。

公司制企业的特征主要表现在：第一，有限责任。即公司股东以其出资额为限，对公司的亏损和债务承担有限责任；公司作为法人独立于出资者，在法律上独立承担公司的亏损和债务，直至倒闭。第二，发展空间大。即公司拥有较多股东，可能筹集到巨额资金，为企业发展创造坚实的物质条件。第三，管理效率高。即公司一般采用所有权和经营权分离的组织形式，股东一般不直接参与企业管理，而是聘请懂管理、善经营的专业人才管理企业，保证了管理的高效。第四，人企分离。即公司虽然由出资人而创立，但创立之后，出资人和企业分离；出资人必须尊重企业的法人地位，除非破产，出资人不得撤资，但可通过一定方式转让股份。第五，寿命较长。即公司作为法人，股东只负有限责任，所有者和经营者分离，股东或高级职员的生死威胁不到企业的生存，只要公司不亏损或能到期偿付即可长期存在。

公司制企业分为有限责任公司和股份有限公司两种形式，后者又分为上市公司和未上市公司。

有限责任公司指由法律规定的一定人数的股东以其出资为限对公司债务负有限责任的公司。有限责任公司的股东一般都有最高人数的限制，如中国《公司法》规定有限责任公司的股东是2—50人。有限责任公司不能公开募集股份，不能发行股票。虽然公司股东也有各自的股份及股份的权利证明，但只是一种权益证书，不能公开买卖；即使转让，也有严格的限制，所以称它为股单。

股份有限公司又称股份公司，指由一定人数以上的股东设定，公司全部资本分为均等股份，投资者按其认购股份对公司债务承担有限责任的公司。股份有限公司的股东人数必须达到法定人数，如中国《公司法》规定必须是5人以上。股东可以是自然人，也可以是法人；股份有限公司的总资本由若干等额的股份组成，投资者可以通过认购股票的方式取得相应股权；股东可转让股票，但不得要求退股；公司还必须定期披露公司财务状况。

4. 公有制企业

公有制企业是由国家或集体投资并委派人员经营管理的企业。世界各国都有数量不一的公有制企业，这些企业主要集中在基础产业、公益事业和国防等领域。中国是以公有制为主体的国家，公有制企业所占比重较大，遍及经济领域的各个部门。

一定数量公有制企业的存在，在维护国家主权、推进技术进步、提高社会福利、降低社会营运成本等方面有重要作用。但公有制企业本身存在严重缺陷，如政企难分、产权关系不明、企业机制不活等。世界各国（包括美国、日本等发达国家）公有制企业普遍存在这种"公有制病"，如何消除这种病患仍是各国亟待解决的一道难题。

中石化是中国特大型央企，腐败案频发。如2013年9月26日，中石化原总经理公款宴请26位同学，一顿饭消费4万多元，其中，酒水花费2.3万元。

三、企业的功能

企业是社会经济的基本要素，是财富的聚宝盆，也是社会经济发展的决定因素，在财富积累、社会进步、经济发展和居民收入水平提高等方面发挥着决定性的作用。具体表现如下：

1. 推动技术进步

由于利润的驱动和竞争的需要，企业必须设法降低成本和提高质量，行之有效的途径就是企业进行设备的技术改造，采用新技术、新工艺，从而推动技术进步。欧美等发达国家和地区最先进的设备不是在大学、科研机构的实验室，而是在公司，这就是欧美企业具有全球竞争力的根本原因。

2. 满足人们日益增长的物质需要

同样是利润的驱动和竞争的需要，企业必须持久开发和生产更受消费者欢迎的新产品，不断满足市场的需要，即以变应变，更好地满足人们日益增长的物质需要。

3. 合理分配经济资源

哪里有需求，哪里就有利润，哪里就有投资！以市场为导向的企业是主观上追求利润的个体，市场是一只看不见的手，引导企业在如何生产、生产什么和生产多少等方面作出决定，客观地对社会经济资源进行合理分配。同时，数以万计的企业吸纳了大量的从业人员，创造了巨大的社会物质财富，是就业的主体和收入的主要源泉。

深圳华为通过高薪吸引人才，汇集了数以十万计的全国电子通信行业的顶级工程师；2015 年实现销售收入 3 950 亿元，净利润 458 亿元，上缴税收 462 亿元，最近 10 年累计上缴税收 2 228 亿元。[①]

四、企业财务目标的选择

企业目标追求是理念的选择和价值的取向，直接影响企业行为及其短、中、长期结果。企业对财务目标的追求因经营者、战略和时机而异。可供企业选择的财务目标有：

1. 产量（值）最大化

即经营者以产量（值）为经营目标。经营者职位的升迁、收入的增减也与完成的产量（值）挂钩。产量（值）指标可以反映企业在一定时期的生产规模和工作量大小，但仅以此作为主要目标，容易出现以下偏差：

第一，追求产量（值）而忽视效益。以产量（值）最大化为目标可能引导企业追求最大产出，而忽视投入的无效益经营。如"再造一个武汉""再造一个宝钢"就是追求这一目标的体现，中国企业产能过剩很大程度上是由此造成的。

第二，追求数量而忽视质量。产量和质量在一定程度上是互斥的，片面追求产量（值）最大化，可能忽视产品质量，以次充好。

第三，重生产轻销售。以产量（值）最大化为目标可能造成产品积压过剩、库存成本高、企业资金沉淀和经营效益差等问题。中国目前绝大多数工业企业的资源集中在生产部门，这一现象表明企业仍然十分注重产能，没有从根本上摆脱产量（值）最大化的思想。

2. 销售收入最大化

以此为目标的企业必须根据市场需要，生产适销对路的产品以占领市场。它虽然解决了产与销的衔接，但仍可能导致企业大投入、大产出，忽视效益，不求质量，不重视成本

---

① 高尚全，《关于如何推进供给侧结构改革的思考》，http://ltxj.ndrc.gov.cn/gzjl/201605/t20160510_801115.html。

等现象的产生。

专车鼻祖 Uber 采取发放巨额补贴的手段，曾一度打进已被传统出租车和滴滴打车占领的中国市场。总部位于旧金山的 Uber 已累计融资近 60 亿美元，发放的红包（补贴）有时可以达到车费的 3 倍之多，它们希望借此把美国市场的高速增长复制到中国。由于平均车费至少比出租车便宜 35% 而车况却好于出租车，甚至还提供免费饮用水和更礼貌的服务，吸引了越来越多生活富裕的中国人纷纷使用 Uber，一个月时间便在中国市场创造了 6 万多个就业岗位。

3. 利润最大化

以利润作为衡量企业经营者业绩的主要指标，将会激励企业采取各种降低成本费用、重视市场营销等积极而合理的行为，但利润最大化也有导致企业片面追求利润而忽视其他目标的缺陷：

第一，企业行为短期化。企业人员培训、技术开发、新产品开发、设备更新、品牌打造等都不是使利润立竿见影的投入因素，但对企业发展有巨大影响。企业注重眼前的利润目标而忽视这些要素投入，使企业缺乏后劲，不利于企业的长期发展。承包经营责任制就是导致企业行为短期化的典型，承包者在承包期内对企业资源进行毁灭性的掠夺而不注重投入，这些企业必然成为空壳化后的僵尸企业。

第二，利润指标本身的随意性。经营者为了应对考核，采用最有利于自己的方式核算利润，常出现企业实际亏损而账面盈利的情况。一些公司为了上市，往往通过调整利润指标，使公司在上市前三年的利润有很高的成长性，但一旦上市后，业绩迅速下滑。

第三，利润目标确定的困难性。利润受市场因素影响较大：市场景气时，企业利润丰厚；市场不景气时，企业无利可图甚至亏损。而市场不以企业意志为转移，即使经营者殚精竭虑，亦难免企业利润目标与实际运行结果相差甚远，故仅通过该目标难以考核经营者业绩。

第四，追求利润可能牺牲质量和品牌。利润＝销售量×价格－成本，企业为了追求利润，不在销售量、价格、管理和研发上下功夫，而是简单地采取偷工减料的方式降低成本，结果导致产品质量或服务质量的下降，对企业品牌而言更是一场灾难。如某品牌床单企业信誉、销量和效益一直不错，但为了降低成本，该企业管理层竟然通过减少床单的含纱量来降低成本。

4. 企业财富最大化

又称企业市值最大化，指企业通过合理经营、科学决策，既考虑收益又考虑风险，既考虑产出又考虑投入，既考虑短期利润又考虑长期发展，以谋求企业资产的长期保值增值，它是一种理想的企业目标。西方企业对高管人员普遍实施期权制，公司奖励给高级管理者以行权价格和行权条件购买一定数量公司股票的权利。这一奖励机制将高管人员的利益和股东的利益捆绑在一起：为企业创造财富等于为自己创造财富。

在以上诸目标中，产值指标只能作为客观反映规模的指标，不能作为企业追求的目标；收入最大化目标只能在企业新产品进入市场或将竞争对手逐出市场阶段才能追求；企业追求利润最大化对其长期发展不利，不追求利润对其吸引人才和投资不利，因此，企业必须追求合理利润。

案例

华为报告[①]

华为是全球领先的信息与通信技术（ICT）解决方案供应商，专注于ICT领域，不在非战略机会点上消耗战略竞争力量，以客户为中心，基于客户需求与技术领先，持续创新，构建共赢生态。目前，华为有17万多名员工，业务遍及全球170多个国家和地区，服务于全世界三分之一以上的人口。华为和运营商一起，在全球建设了1 500多张网络，帮助世界三分之一以上的人口实现连接。华为和企业客户一起，以开放的云计算和敏捷的企业网络，助力平安城市、金融、交通、能源等领域实现高效运营和敏捷创新。华为的智能终端和智能手机，正在帮助人们享受高品质的数字工作、生活和娱乐体验。

华为公司的股东为任正非（持股1.4%）和华为工会（98.6%）。华为工会所持股份由全体员工享有，内部实施虚拟股权激励。华为这些年的劳动与资本的分配比例是3∶1，每年经营增值部分，按资本与劳动的贡献设定一个分配比例。2015年，华为实现销售收入3 950亿元人民币，同比增长37%；净利润为369亿元人民币，同比增长32%。其中，传统的运营商业务实现销售收入2 323亿元人民币，同比增长21%；在聚焦的公共安全、金融、交通、能源等行业取得快速增长，实现销售收入276亿元人民币，同比增长44%；智能手机全年出货量为1.08亿部，占全球市场9%的份额。华为坚持每年将10%以上的销售收入投入研发，2015年，从事研发的人员约79 000名，占公司总人数的45%；研发费用支出为596亿元人民币，占总收入的15%。

思考题：
(1) 华为是一家什么类型的企业？
(2) 华为公司的财务目标是哪一类？
(3) 华为公司有哪些功能？

第二节　企业伦理

企业伦理是企业价值观，决定了企业面对各种情景的第一反应。强生公司前董事长、首席执行官詹姆斯·伯克（James Burke）说：我相信与我们有重要合作关系的人对信任、诚实、正直和道德行为有深刻而强烈的需求；我相信企业应该努力满足所有利益相关者的这种需求；我相信那些始终不懈地坚持道德行为的企业比其他企业更能取得成功。

[①] 引自《华为投资控股有限公司2015年年度报告》。

一、企业伦理的特征

企业伦理是企业在经营管理活动中，处理内外关系所应遵循的道德规范的总称。其表现为内部和外部两个方面，其中内部为企业道德，主要用于调整管理者与员工、员工与员工间的关系；外部为企业经营伦理，主要用于调整企业与各利益相关者的关系。其有以下特征：

1. 企业伦理是关于企业行为规范的总和

首先，企业是一个有自己的目标、利益和行为方式的整体；其次，企业是由各个部分构成的。因此，企业伦理应包括企业作为整体应具有的道德规范和构成企业各个部分的道德规范。

2. 企业伦理的调整对象是企业内外的各种利益关系

企业伦理调整的关键对象是各种利益关系，包括企业内部利益关系和外部利益关系。内部利益关系包括企业与员工、企业与股东、企业内部各部门、企业各管理层之间的关系以及员工与员工、管理者与员工之间的关系；外部利益关系包括企业与客户、企业与供应商、企业与政府、企业与社区、企业与竞争者、企业与环境、企业与合作者之间的关系。这些利益关系既是经济关系也是伦理关系，所以企业在处理、协调各种内外利益关系时不能仅依靠法律、经济和制度等规范与手段，还可以利用伦理道德规范来补充调节。

3. 企业伦理是约束企业经营管理活动的规范

企业伦理告诉人们哪些经营管理活动是善的、可行的，哪些经营管理活动是恶的、不可行的。通常而言，那些有利于自己、他人及社会的行为会被认为是善的、可行的，而那些有害于自己、他人及社会的行为则会被认为是恶的、不可行的。

4. 企业伦理主要通过社会舆论、传统习俗及内心信念等途径发挥作用

不同于法律的强制性和外在性，企业伦理具有自觉性和内在性，主要依靠社会舆论、传统习俗及内心观念等起作用。

晋商乔致庸遵循的企业伦理是"信、义、利"，并将其落实在日常经营中。如在生意中保质保量决不短斤少两，开粮仓赈济灾民。八国联军攻占京城时，乔致庸不顾众人反对，给朝廷捐银、助慈禧太后逃难。

二、企业伦理原则

企业伦理原则贯穿于企业经营管理活动的始末，不仅是企业经营管理活动的基本伦理准则，而且是企业及其成员道德行为与品质的基本标准。主流的企业伦理原则包括：

1. 诚实守信

诚实守信是对企业经营管理最基本的品德要求。随着市场经济的深入发展,企业诚信的重要性逐步得到提升,人们开始将诚信作为一种无形资产,指导企业经济活动,帮助企业健康发展、良性竞争、树立形象。企业诚信主要体现在两个方面:

第一,诚实、不欺诈。企业活动的参与者要做到以诚待人,禁止欺骗和欺诈行为;保证质量,不产销假、冒、伪、劣产品,不以次充好;以质论价,足金足两,童叟无欺,不哄抬物价;实事求是进行宣传,不夸大其词,不散布虚假信息;做好售后服务工作,合理退换。

第二,守信,履行契约。企业要全面履行合同约定及法律所要求承担的义务,不随意毁约,不恶意拖欠债务,不偷税漏税;善待员工,履行用工合同;诚信经营,良性竞争,"诚以待人,信以律己"。

济阳有个商人过河时船沉了,他大声呼救。渔夫闻声而至。商人急忙喊道:"我是济阳最大的富翁,你若能救我,我给你 100 两金子"。待被救上岸后,商人却翻脸不认账,只给了渔夫 10 两金子。渔夫责怪他不守信,商人却说:"你一个打鱼的,一生都挣不了几个钱,突然得了 10 两金子还不满足吗?"渔夫只得怏怏而去。不料后来那商人又一次在原地翻船了。有人欲救,那个曾被他骗过的渔夫说:"他就是那个说话不算数的人!于是商人被淹死了。"[①] 可见,一个人若不守信,便会失去别人对他的信任,一旦处于困境,便没有人再愿意出手相助。

2. 义利统一

"义"指公利,也就是整体、大众利益;"利"则指个人或小团体利益。为公追求利益即为"义",为私追求利益则为"利"。义利统一指不以义取代利,也不以利排斥义,义利并重。西方伦理学主张的道义和功利相结合以及中国伦理思想主张的义利并重,都体现了义利统一原则。企业义利统一中的"义"是基于社会责任的企业之义,企业利用社会资源的同时,也承担着一系列的责任,履行社会责任就是企业的"义";"利"则是基于经济责任的企业之利,企业的经营目标就是要持续盈利,否则无法生存。

3. 公正平等

公正是人类社会具有永恒价值的基本理念和行为准则,平等是公正的外在表现形式。企业公正可分为内部公正和外部公正。

外部公正主要由交易公正、守法公正和狭义的社会公正组成。交易公正指企业在交易过程中,必须恪守货真价实、平等交换等原则,严禁哄抬物价、坑蒙拐骗、制假售假、以次充好等行为。守法公正指企业有守法经营、照章纳税、不逃税漏税以及不侵害国家财产的义务,同时也有拒绝任何单位法外要求的权利;对损害企业正当权益的行为,企业有权依法提起申诉和维护。狭义的社会公正涉及企业如何对待社会的问题,如企业在经营过程

[①] 刘基,《郁离子》,上海古籍出版社,1981 年。

中不得污染环境，企业招聘录用不能有任何歧视性规定，企业的广告、营销、产品和服务等不得危害公众的健康与安全等。

企业内部公正主要由分配公正和用人公正等组成。分配公正指对内部员工的工资、奖金、保险及医疗等利益分配的公正。虽然不同的企业有不同的分配原则，但分配公正要做到形式公正和实质公正。用人公正指对工种、职位分配、企业人力资源的配置和使用、晋升和解雇、奖励和惩罚等方面的公正。用人公正关系到企业的生存和发展，是最重要的公正。

平等指企业对待所有员工一视同仁，主要包括权利平等、机会平等等。权利主要包括工作权、工作自主权、职工隐私权、安全保障权以及适宜的工作环境权利等；机会主要包括企业成员在企业发展过程中所面临的共享机会和差别机会等。共享机会指企业中的每个成员都应当具有大致相同的发展权利和机会；差别机会指每个成员的发展机会不可能完全平等，存在不同程度的差别。具体来讲，机会平等主要包括员工生存和发展机会起点的平等以及机会实现过程中规则的平等，同时，承认并尊重每个员工在发展潜力方面的差异以及由此差异所产生的后续新机会方面的差异。

4. 以人为本

以人为本就是尊重人、关心人以及促进人自由全面的发展。尊重人有多方面的含义：尊重员工的尊严、权利和价值；承认员工之间存在差别，做到因人而异、量力而行、人尽其才；承认员工的合法权益，尊重他们的愿望。关心人指关心每个员工的物质福利和文化生活。而促进人自由全面的发展则是人类一切活动的根本目的所在。

在企业经营管理活动中，以人为本原则不仅包括在企业内部尊重关心员工，促进他们自由全面的发展，而且包括认真对待其他利益相关者。所以，在企业经营过程中，以人为本原则主要体现在四个方面：第一，在企业与社会的关系上，要求企业努力开发生产出对社会有益的产品和服务，使企业成果惠及社会，并承担一定的社会责任；第二，在企业与自然的关系上，要求企业注重资源的合理利用和环境保护；第三，在企业与人的关系上，要求企业尽可能地满足股东、员工、顾客、供应商及政府等利益相关者的合理期待；第四，在人与人的关系上，要求企业处事公正，在内部建立既讲效率又讲团结友爱的关系。

在半个世纪前的欧洲，电影是一种非常时髦的玩意儿，大大小小的电影院里总是挤满了观众。而在其中的一家电影院里，却因为总有一些年轻的女孩在观赏电影时戴着大帽子，挡住后面观众的视线而引来了不少投诉。有人建议老板发一份禁止观众戴帽子的告示。但是，由于戴帽子是当地女性的一种风俗，老板斟酌后道："这样做不太好，为了票房着想，只能用提倡的方法。"等到下一场电影开始时，老板在屏幕上打出了一行告示："凡年老体弱的女士，允许戴帽观看电影，不必摘下。"这样一来，所有的帽子都立即被自觉摘下，在生活中何尝不是这样？有时候采用禁止的方法或许效果并不明显，但如果是以人为本，采用引导的方式，相信效果会更好。

5. 社会责任

社会责任指企业在追求利润最大化的同时还应当最大限度地增进股东利益以外的其他

利益相关者的利益。企业利益相关者主要包括员工、顾客、政府、供应商、社区等。

在市场经济运行中，企业承担社会责任，能够提高企业在社会公众中的声誉，维持自身的长远利益；承担社会的道德义务，能够帮助企业树立良好的企业形象，减少政府的调节监管成本；维护责任与权利的平衡，保证公共资源的合理共享，营造一个和谐的自然和社会环境。

总之，依据企业伦理原则对企业行为进行道德善恶的评判，对利益最大化行为进行指导和修正，对企业的逐利行为进行规劝和约束，可以使企业自觉地节制私欲的无限膨胀，正确处理好企业与利益相关者之间的关系，从而真正实现企业价值最大化。

三、企业伦理的功能

企业伦理是企业的处世哲学和发展的正能量，是一种无形资产，贯穿于企业生产经营始末与方方面面，其对企业的生存和发展具有重要的作用。企业伦理具有以下功能：

1. 规范功能

企业伦理从责任和义务上为企业提出了一个行为准则，使企业在追求自身利益的同时本着对社会负责的态度约束自己的行为。

2. 预警功能

当企业的行为突破了道德界限，则会带来一定的不良影响，这时企业决策者要统筹协调，采取有效措施，把企业引到符合企业道德的道路上来。

3. 激励功能

具有良好道德的企业社会认可度较高，从而可以激励企业向更高的标准发展，并且对企业员工也有激励和监督作用，激发员工的积极性和主动性。

企业伦理功能的发挥以企业伦理的树立为前提，所以，只有当企业把企业伦理作为自己的企业文化或精神指引时，企业伦理才能发挥相应的功能，进而将企业伦理的形象播撒到每一个员工身上，并创造价值，维护企业形象。

四、企业生产运营伦理管理

皮之不存，毛将焉附！以次充好、坑蒙拐骗，绝不是经营的正道。企业伦理的核心就是为客户提供优质、安全的产品与服务，也是企业生存的价值所在。企业生产运营伦理管理是企业伦理行为管理的基础，其又分为企业产品质量伦理管理和企业生态伦理管理。

1. 企业产品质量伦理管理

产品质量是企业的生命线，产品质量伦理管理是企业生产运营伦理管理的重要内容。一个企业产品质量好坏的关键因素是产品的安全问题，企业必须使产品具有"合理的"安全性，如果消费者因产品而受到损害，企业有责任根据具体情况给予相应的赔偿。具体而言，企业应承担以下两方面的伦理责任：

(1) 产品安全达标责任

产品的安全性取决于多种因素，不仅与产品的设计、技术水平有关，而且也有产品的使用、操作方法等诸多人为因素，所以产品安全是相对的。尽管如此，并不意味着可以含糊对待产品质量问题，企业必须承担一定的道德责任：

第一，企业不生产销售不安全产品。如果国家有相关产品的统一标准，企业应该严格执行；如果没有统一标准，产品安全达标是企业最基本的道德准则。无论产品是否达到国家安全标准，企业一旦发现了某种产品有较大的危险性，就不应继续生产并销售这种产品，除非产品得到了改进而不再具有危险性。明知某种产品具有危险性而继续生产并销售这种产品就是不道德行为。

第二，明确警示风险。无论产品是否达到国家安全标准，只要产品的使用或者错误使用有可能对消费者造成某种损害，企业就应当把这种可能性以及产品使用风险的性质、来源明确告知消费者。如在产品的使用说明书上明确地标明产品的毒副作用，或对产品的错误使用可能造成的危险发出明确的警告。如果企业明知产品有危险存在却不告知消费者，那么企业对消费者在不明情况下受到的伤害要负法律和道德责任。

(2) 产品安全赔偿责任

企业在产品质量安全方面的道德责任还包括产品销售后消费者因使用产品而受到伤害时应付的赔偿责任。赔偿责任是指如果产品有质量缺陷，消费者又因使用该产品而受到伤害，企业作为生产者或销售者有责任根据具体情况给予相应的赔偿。该责任的依据首先是产品的缺陷，正是因为产品存在缺陷，消费者才受到伤害；其次是根据企业伦理的公正平等原则，该责任是一种侵权责任，即消费者的权益受到侵害，企业有责任赔偿受害方的损失。

2008年，很多食用三鹿集团生产的奶粉的婴儿被查出患有肾结石，随后在其生产的奶粉中发现了化工原料三聚氰胺。在国家质检总局公布的对国内的乳制品厂家生产的婴幼儿奶粉的检验报告中，伊利、蒙牛、光明、圣元及雅士利等多个厂家的奶粉都被检出三聚氰胺。该事件不仅导致三鹿集团的关门，亦重创中国制造的信誉，多国禁止进口中国的乳制品，三年后仍有7成民众不敢购买国产奶粉。

2. 企业生态伦理管理

企业的生存、发展离不开自然资源和环境，其在生产产品、为社会作出贡献的同时也带来了对周围生态环境的破坏，危害到人类的健康，这些不利影响反过来也影响企业的生存和发展，更影响社会经济的长期可持续发展，这是企业无法回避的问题。企业在生产运营中要遵循以人为本的伦理原则，尽量使资源得到有效利用，尽量减少排放有毒气体、倾倒废弃物，尽量控制和治理环境污染，主动承担对生态环境的法律责任和道德责任，形成符合生态伦理要求的生产经营行为。

2004年2—3月川化公司违规技改并试生产，将氨氮含量超标数十倍的废水直接排入沱江，导致沱江流域严重污染，内江、资阳等沿江城市近百万群众饮水中断达26天，直接经济损失高达约 3 亿元；沱江生态环境遭受严重破坏，需 5 年才能恢复事故前水平。事后，四川省委、省政府对本事故作出处理：川化集团总裁引咎辞职，5 名企业负责人及环保部门干部被移交司法机关处理；川化集团被罚款 1 100 万元用于渔业损失赔偿。

五、企业营销伦理管理

酒香也怕巷子深！市场营销是发掘市场、推销产品与实现销售的主要手段，是企业的重要运营活动之一。企业在营销中也要特别重视以下三个方面的企业伦理：

1. 企业产品定位伦理管理

现代营销观念主要是"顾客是上帝"。随着消费环境的变化，社会营销观念和绿色营销观念更要求企业提供的产品不仅要满足消费者的需求，而且要符合消费者和社会的长远利益。企业的产品定位要实现企业利润、消费者需求及社会福利三者的有机统一。

从道德的角度讲，对于消费者诸如毒品、黄色书刊等的不合理需求，企业不能为了自身的利益而满足消费者；对于消费者有利但对他人或者社会不利的需求，企业不能予以满足；对于消费者的合理需求，企业自然应该予以满足，同时实现企业利润。也就是说，企业的产品定位对消费者有利的同时也要对他人、对社会有利，这样产品的定位才符合企业道德的要求，也才能实现企业利润以及长远发展。

2. 企业产品设计伦理管理

生产者和消费者都非常重视产品设计，各种创新设计在满足消费者各类独特需求的同时，也有很多不道德、不负责任的设计行为产生了一些社会问题，如设计了过多的一次性产品导致环境恶化等。所以，产品设计除了要遵循科学和满足消费者需求的原则之外，还要遵循伦理原则，承担一定的伦理责任，具体如下：

第一，维护消费者生命、财产安全。安全是人最基本的需求，维护消费者的生命财产安全是企业设计产品最基本的伦理责任。近几年，中国出口的被召回的产品大多就是由于产品设计存在安全缺陷，如玩具上锋利的边缘容易割伤儿童等。

第二，向消费者说明使用产品的潜在危险或不利影响。对于一些专业性较强的产品，只有企业或专业人员才比较了解，一般消费者很难知晓，企业有责任、义务向消费者说明产品潜在的使用危险或不利影响，满足消费者的知情权。

第三，加强人文关怀。在保证产品安全性的前提下，产品设计要尽可能考虑消费者的使用习惯，使产品不但美观而且操作简便，富于人文关怀，避免出现"电视眼""电脑脸"等症状。

第四，保护生态环境。企业应避免产品的过度设计，节省资源消耗和环境污染，承担保护生态环境的伦理责任。

3. 企业产品包装伦理管理

随着消费水平的提高，消费者和企业越来越重视产品的包装，产品包装也渐渐成为企业营销策略的一部分，企业则从颜色、造型、图案等方面迎合消费者以增加利润。满足消费者的偏好无可厚非，但同时也带来一些问题，如产品的过度包装使资源被浪费、环境遭到破坏等。所以，产品包装除了要符合国家相关的包装标准外，还要遵循以下原则：

第一，包装要有安全性。如产品包装上要有清晰的安全警示以及关于产品使用、维护等安全注意事项，以保护商品和消费者的人身安全。

第二，杜绝欺骗性包装。包装对产品而言，是一种辅助手段，是"锦上添花"。"金玉其外，败絮其中"是大忌。

第三，适度包装。包装要有实用性，合理、适度的包装可以使产品物有所值，甚至物超所值，但过度包装却是一种浪费。

第四，包装符合"绿色"概念。包装要尽量使用能回收、再利用的材料，尽量避免只使用一次。

第五，包装信息全面，不含虚假信息。产品的包装要包含产品的生产者、产地、性能、用途、使用方法、生产日期、保质期、主要成分等信息，避免缺失或含混不清的表述，更不能有欺骗性、虚假性信息。

1997年11月，昆明一名幼儿因吸食果冻窒息而亡。2000年1月，江苏省灌云县伊山乡一名周岁男孩因果冻卡住气管致死。2000年1月25日，秦皇岛市一名一岁半的男孩在家中吃果冻时死亡；1月29日，天津市大港区一名幼女因果冻卡住气管致死；3月19日，大连市一名8个月大的幼儿被喂食果冻时窒息而亡。这类悲剧还有很多，仅仅是因为果冻生产厂家没有在果冻外包装上对食用果冻潜在的危险性予以标明，也就是缺少必要的警示标志或者中文警示说明。

六、企业财务伦理管理

君子爱财，取之有道！企业财务涉及资金筹集、运用和分配，它是决定公司安全、可持续发展的核心工作，主要涉及会计活动、金融活动、重组与兼并等领域的企业伦理。

1. 会计活动中的伦理管理

会计活动是财务管理的一项基本活动，其记录的真实可靠至关重要，直接影响企业内部管理决策和外部相关各方的行为。会计活动中最主要的不道德行为就是做假账，很多企业为了个人或小团体的利益经常备有多本财务账，如为虚增资信便于贷款的"引资账"，为偷税、漏税而设的"逃税账"，应付工商行政管理部门的"年检账"，应付财税大检查的"备检账"，虚报浮夸的"邀功账"，便于非正常开支的"账外账"和只有法定代表人等少数人知晓的"实际营销账"等。不管对上述哪一种做法，企业都要加强规范并对违规行为予以惩罚，必须"查而必严""查而必处"；同时，还要建立起一个严密、有效的监督网络，扩大监管覆盖面，加深监管辐射层，利用这个监督网络，将弄虚作假者一网打尽。

2. 金融活动中的伦理管理

资本对企业来说犹如人体的血液，血液充足、循环正常，企业才能生机勃发，所以企业必须在金融活动中进行有效的资金融通。企业在金融活动中的不道德的融资行为包括通过做假账骗取银行的贷款,或者虚报利润骗取上市资格,或者筹集到资金之后进行不负责任的投机等。所以,企业在金融活动中必须遵循诚实守信的原则进行融资,投资中承担信托道德责任,谨慎行事,决策者也要承担风险,这样才能避免不道德行为。这也正是有关金融活动的法律法规和规章制度制定的伦理依据。

3. 企业重组与兼并领域中的伦理管理

企业重组与兼并逐渐成为企业提高效率、谋求生存和发展的常见现象,是一个资产重组或财务管理的过程。成功的企业重组或兼并能提高效率或使原来陷于危机的企业摆脱危机,但恶意的或者不合乎道德的做法往往是以各种不正当的欺骗手段牟利,这样会导致恶劣的后果。如以盈利而非兼并为真实目的的恶意兼并手段——"软敲诈",或者为促进收购的"金降落伞"手段,或者采取"杠杆收购"的反兼并手段等都会导致各种利益冲突或降低效率。

从企业伦理管理的角度看,企业在重组或兼并活动中要遵循经济效率与经济公平这两个原则,要有正当的动机或目的,从企业的长远利益出发。善意的或者合乎道德的重组或兼并的动机和做法会产生良好的结果,如通过重组形成规模效应以节约成本、提高效率,或形成多元化经营模式以提高企业竞争力等。

2000年1月10日,时代华纳庆祝其成立十周年,并宣布其已同意被美国在线收购。1999年10月,美国在线提出收购时代华纳,不到3个月该交易以1 600亿美元成交,而且美国在线还要承担时代华纳180亿美元的债务,从而成为当时全球最大的一笔交易。

为了确保交易成功,美国在线支付超过时代华纳兼并宣布前的股价70%的溢价。美国在线的股东以1:1的比例换取新公司的股票,时代华纳的股东则以1股原公司的股票换取1.5股新公司的股票。这样一来美国在线的股东拥有新公司55%的股份,而时代华纳的股东拥有新公司45%的股份。

七、企业人力资源伦理管理

企业的核心竞争力源自人力资源!人力资源管理包括吸引人才、培训人才和充分挖掘人才的潜能,其在现代企业管理中越来越受到重视。人力资源伦理管理主要涉及员工对企业和企业对员工两个方面的伦理管理。

1. 员工行为的伦理管理

企业员工的伦理问题主要涉及员工消极怠工、泄露企业机密、散布企业谣言、利用工作之便谋取私利、偷盗企业财产、频繁跳槽等诸多不道德行为。若企业对员工的不道德行为不予制止,无疑将严重影响企业的发展。

员工对企业的伦理责任主要表现在三个方面:员工作为雇员的责任、员工对企业的忠诚与员工对企业的承诺。首先,员工有为企业劳动的责任,不但要立足本职工作,兢兢业业,同时要放眼全局,追求更好的表现;工作过程中要敢于正视困难,敢于面对结果,敢于承担责任。其次,员工要忠诚于企业,即要忠于企业的事业,要有为实现企业目标而竭尽全力的态度和行为，要用高标准要求自己，严格执行企业制度，主动关心企业形象，维护企业利益，而且在情感上愿意与企业同甘共苦、共同成长。最后，员工应有基于情感和义务的一种承诺，即有能力并懂得如何为企业战略目标和方向而努力，取得正向的业绩。

2. 企业行为的伦理管理

企业与员工间存在利益上的契约关系，双方应享有平等的权利和义务，但由于现实条件的制约，员工在这一契约关系中往往处于弱势地位。如企业在招聘中发布虚假信息，夸大宣传，不负责任的承诺；在工作中无视员工安全健康，侵犯员工隐私，让员工零报酬加班，克扣员工工资等。

企业对员工的伦理责任包括企业的雇主责任、企业对员工忠诚和对员工权益的维护。首先，企业作为雇主，应保证员工的合理报酬索取权等各项基本权利。其次，企业要在制度上体现对员工的忠诚，尊重员工的价值；以人为本，促进对员工的忠诚。最后，企业还应主动维护员工的各项权益，改善物质条件，创造安全、健康的工作条件与环境，营造良好氛围，提供职业发展培训和创新发展平台等；在满足员工生存和安全两项基本需要的基础上进一步满足员工归属、自尊和自我实现的高层次需要，让企业成为员工第二个"幸福之家"。

八、企业竞争伦理管理

小到人之间、企业之间，大到国家之间、民族之间，竞争普遍存在。企业为了实现目标，维护、扩大自身利益，在企业之间展开的争夺市场、人才、信息等各项资源的活动即是竞争。企业竞争中经常出现一些不正当竞争或反竞争现象，不利于市场的有序发展，所以，企业有必要进行伦理管理，在竞争中规范自身行为。企业竞争过程的伦理问题主要涉及市场、人才和信息三个方面。

1. 市场竞争伦理问题

市场是企业与竞争对手角逐的"竞技场"，企业通过产品或服务、价格、促销手段、分销渠道、售后服务等多方面与竞争对手较量，最终赢得顾客。在产品竞争中，经常出现诸如"压低别人，抬高自己"的诋毁对手及其产品的行为，仿冒对手的企业名称、产品名称、注册商标、产品包装等"搭便车"行为；在价格竞争中，主要有诸如压价、限制价格或制定保护价格等行为；在销售渠道竞争中，经常出现诸如给回扣或滥用行政权力限制竞争等行为。这些不正当竞争严重影响了正常的经济秩序，有悖于公平原则。

在日本的汽车市场，福特公司曾以一种并不友好的方式向它的欧洲对手发起进攻，即在日本的主要报纸上指责欧洲汽车价格过高。福特在其广告词中写道："为什么在日本打高尔夫球会这么贵？"画面中心则是一辆大众高尔夫轿车停在高尔夫球的小球座上。福特承认此广告意在说明大众高尔夫轿车的价格就像在绿化费用高的国家打高尔夫球一样昂贵。欧洲的汽车制造商们显然并不欣赏这样的幽默，其中一位发言人说："这纯属挑衅，福特不过刚刚开始在日本市场的投资，而欧洲和美国其他品牌的汽车已经在日本市场上苦斗了多年,一个在最后时刻赶到的人在向前辈放冷箭呢。"

2. 人才竞争伦理问题

人才是稀缺的重要资源,人才竞争是企业竞争的重要组成部分。现实中存在着种种不道德人才竞争行为,如通过强迫、收买或欺骗等"挖墙脚"手段争夺竞争对手的人才,通过签无限期合同、扣压档案等手段"卡"住员工往高处走等。不管是"挖墙脚"还是"卡员工",都不利于建立良好、公平的竞争秩序。

3. 信息竞争伦理问题

信息是一种重要的无形资产,日益受到重视。有远见的企业高度重视企业情报信息工作。企业有很多正当的获取信息的渠道和方法,如通过报纸、网络等媒体或者通过访谈、信函等形式,但也存在形形色色不正当的信息竞争行为,如以盗窃、利诱等手段窃取商业秘密、散布虚假信息、侵犯知识产权等。这些严重扰乱了正常的经济秩序,打破了公平竞争的基本原则。

从企业伦理角度看,不管是市场竞争、人才竞争还是信息竞争,企业间的竞争要遵循自愿、平等、公平和诚信的商业道德,在公平、平等的基础上,实现互惠互利。在竞争过程中不得仿冒竞争对手的产品,不得侵犯竞争者的知识产权,不得诋毁竞争对手,不得通过不正当手段获取竞争对手的商业秘密,不得通过不正当手段争取竞争对手的客户,不得采取不合理手段打击竞争对手,以及不得进行低于成本的价格竞争等,只有遵守这些竞争伦理准则与规范才能创造一个公平的竞争环境,最终才能实现彼此的良性发展。

案例一

北京同仁堂的长寿之道[①]

北京同仁堂自乐显扬于清康熙八年(1669年)创立至今已经存活了三百多年,因曾供奉御药而盛名海内外。

被同仁堂视为立业之本的理念是"同修仁德、济世养生"。"同修"是希望将个人的道德追求转化为企业的共同追求,"仁德"是自我道德追求;"济世"是治病救人,"养生"是让人不要生病。一个以治病卖药获取利润的企业将"养生"作为它的宗旨之一,体现了"礼以行义、义以生利、利以平民"的道德追求。在这样的价值观指导下,同仁堂兴粥厂、办义学,严格遵守产品的制作程序和质量标准,体现了同仁堂繁衍生息的境界。

同仁堂非常讲礼仪、重人和。同仁堂内部不论师徒,皆称伙计。乐家"大爷"到店堂理事,对众伙计皆点头招呼;店堂的查柜、领班到乐家内宅办事,乐家人迎进送出。众伙计之间也相互敬重、和睦相处,形成了融洽和谐的浓郁氛围。据记载,八国联军进京后到处烧杀抢掠,当火烧到同仁堂铺面的前庭挂匾时,职工张诩亭不顾一切冲进火海,抢救牌匾。

---

① 卫华诚,《长寿企业研究》,华中科技大学博士论文,2004年,有删改。

思考题：
(1) 北京同仁堂能存活三百多年，你认为其在发展过程中有什么特质？
(2) 你认为北京同仁堂发展中体现了哪些方面的企业伦理？这些方面的企业伦理对其发展有什么好处？

案例二

百度也有危难时

2014年5月，西安电子科技大学学生魏则西被查出有患晚期滑膜肉瘤疾病。他依据在百度上搜索的信息，选择住进武警北京总队第二医院，该医院号称对此病的治愈率达80%以上。2016年4月12日，21岁的魏则西在花光了20多万元的治疗费后去世。在弥留之际，他写下"百度，当时根本不知道有多么邪恶"的话语。这一消息在"五一"小长假期间迅速发酵，由此引发了公众对搜索引擎百度及其广告竞价排序机制的广泛关注和热议。

百度在第一时间对此事给予声明：第一，对魏则西死亡表示哀痛；第二，在百度上做排名广告的武警北京总队第二医院是一家公立三甲医院。5月4日晚又爆出数位知乎网友因涉嫌帮助百度"洗地"被知乎删号的事件；百度CEO李彦宏对内部的邮件也被公开，从邮件中丝毫看不到百度反省后采取的措施。事件发生后近两个月，百度依然在推卸责任。这一事件让百度股价从2016年4月29日的194.3美元下跌到2016年6月13日的178.91美元，40多天市值从680亿美元跌至约567亿美元，缩水约113亿美元，约合740亿元人民币。

思考题：
(1) 百度为何有这一危难？
(2) 百度的企业伦理存在哪些问题？带来了什么后果？

第三节 企业治理结构

"经济基础决定上层建筑，上层建筑影响经济基础"。企业治理结构是企业的上层建筑，是在现代企业产权结构下对企业进行控制和管理的体系和机制，是以契约、章程、组织结构和法律法规等形式对要素进行的一系列制度性安排。具体来说，企业治理结构是企业与股东、经营者、债权人、职工等利益相关者之间关于组织结构、控制机制、利益分配等的制度性安排。科学设计治理结构对规避各种风险、调动各方积极性和促进企业发展产生巨大影响。

一、治理结构的功能

企业治理结构规范股东、董事会、监事会、利益相关者和经理层各自的权、责、利关系,实现企业决策权、经营权与监督权的分工与制衡,是企业长治久安的上层建筑。

1. 权利配置

企业治理结构对剩余控制权的配置包括两个方面:一是所有权与企业治理结构的权力配置。企业治理结构中所有权形式不同,企业治理结构的权力配置就不同,如在股权相对集中时,所有权同控制权的结合较紧密;而在股权高度分散时,所有权与控制权则分离。二是企业内部剩余控制权的配置。企业治理结构在股东、董事和经理人之间配置剩余控制权,股东拥有最终控制权,而董事和经理人分享剩余控制权。

精伦电子公司在成立之初,5 名发起股东在股权结构上就作了较为合理的设置:第一大股东和第二大股东所持的股权合计只有 49.4%,不超过半数;也就是说,在绝大多数情况下要有 5 名股东中的 3 名以上股东同意才能形成公司的重要决策。这从根本上降低了少数股东或经营管理的"内部人控制"风险。公司股票公开发行上市后,发起人股东持股比例被进一步摊薄,最大股东的持股比例为 22.7%,有 3 名股东以 14.25% 的持股比例并列为第二大股东;所有大股东均是自然人;公司董事会 10 名董事只有 5 名属股东董事,外部董事占据了半数席位,对公司决策的影响较大。

2. 权力制衡

企业治理结构的关键在于制衡企业各种权力关系,其核心就是明确划分股东会、董事会、监事会和经理层各自的权利、责任和利益,在四者之间形成权力制衡关系,确保企业制度的有效运行。

3. 激励约束

激励是指代理人按照代理契约关系完成任务,实现委托人的利益或目标的同时获得自身利益。激励包括工资、奖金、福利、社会保险、股票期权等物质激励和名誉、地位、在职消费等非物质激励;约束是指企业治理结构通过监督与惩罚等措施对代理人进行约束,主要防止代理人的"偷懒""逆向选择"和"道德风险"等行为。激励和约束是企业治理结构的出发点,是企业治理其他功能得以有效发挥的重要保障。

4. 协调功能

企业治理结构的协调功能通过协调委托人和代理人及其利益相关者之间的利益关系来实现,目标是使不同利益主体都尽最大努力为企业工作。在现代企业中,委托人和代理人之间的利益往往不一致,甚至发生冲突,企业治理结构是调和它们之间利益矛盾和冲突的行之有效的途径。如股东与经理人之间的利益不一致,经理给股东利益造成损害时,股东可以通过股东大会行使选举权和表决权,任免董事会成员、经理或其他管理人员来解决这一矛盾。

二、企业内部治理

企业治理结构的狭义层面即指企业内部治理，包括股东大会、董事会、监事会及经理层，企业通过内部治理结构而有效运行。

1. 股东大会及其职权

股东是公司的投资者与所有人。股东大会由不少于法定比例的股东组成，决定公司经营管理重大事项，是股东实现意志、主张权利最重要的场所。股东大会分定期股东大会和临时股东大会。定期股东大会每年召开一次，又被称为股东年会，由董事会负责召开；临时股东大会指在两次年会之间为商议一些特别重要的事项而不定期召开的股东会议，又被称为股东特别大会。股东大会必须达到法定人数才能召开，但各国对法定人数的确定有所不同。

作为所有权的主体，股东大会拥有公司的最终控制权，是公司的最高权力机构。尽管其对外不代表公司，只是一个非常设机构，对内不能直接管理、执行业务，但掌握公司的重要人事决定权、重大事项决策权、利润分配权和公司资本重大变化的处置权等。根据《公司法》的规定，股东大会的职权包括：决定公司的经营方针和投资计划；选举和更换非职工代表担任的董事、监事；决定有关董事、监事的报酬事项；审议批准董事会的报告；审议批准监事会或者监事的报告；审议批准公司的年度财务预算方案、决算方案；审议批准公司的利润分配方案和弥补亏损方案；对公司增加或减少注册资本作出决议；对发行公司债券作出决议；对公司合并、分立、变更公司形式、解散和清算等事项作出决议；修改公司章程；公司章程规定的其他职权。

国务院发展研究中心高级研究员吴敬琏认为：中国公司治理目前存在如下六个大问题：一是股权结构不合理，国有股和国有法人股占了全部股权的54%，第二大股东的持股量与第一大股东相差悬殊；二是授权投资机构与上市公司关系不明晰，母公司"掏空"上市公司的丑闻时有发生；三是"多级法人制"，存在资金分散、内部利益冲突、"利益输送"的弊病；四是董事会、监事会存在缺陷；五是董事会与执行层之间关系不顺，董事会与执行层高度重合，导致"内部人控制"；六是公司执行机构有弊端。

2. 董事会及其职权

董事由股东大会选举产生，董事会由不少于法定人数的董事组成，是代表公司行使法人财产权的最高决策机构，一般设董事长、副董事长、常务董事等。董事会对股东大会负责，经股东大会的授权，对公司的投资方向及其他重大问题作出战略决策。董事会分常会和临时会两种：常会是定期召开的会议；临时会则是遇到重要事项时，由董事长随时召集的会议。董事会必须达到法定人数才能召开，董事会表决时，董事一人一票，而不像股东大会一股一票。

董事会作为行使法人财产权利的机关，主要职责是受股东大会的委托对公司经营进行战略决策并对经理人员进行有效监督，因此，董事会既是股东大会的受托人也是经理层的委托人，担负着所有者的信托、公司最高决策和监督经理人员三大责任，在公司治理中处于"承上启下"的地位，是公司治理结构的核心。其具体职权有：召集股东大会，并向股东大会报告工作；执行股东大会决议；决定公司经营计划和投资方案；制订公司年度财务预算方案、决算方案；制订公司利润分配方案和弥补亏损方案；制订公司增减注册资本以及发行公司债券的方案；制订公司合并、分立、变更公司形式、解散方案；决定公司内部管理机构的设置；决定聘任或者解聘公司经理及其报酬事项，并根据经理提名决定聘任或者解聘公司副经理、财务负责人及其报酬事项；制定公司的基本管理制度；公司章程规定的其他职权。

董事未必是专家。为了实现科学决策，保证决策正确，规模较大公司一般在董事会下设多个专业委员会，如执行委员会、财务委员会、报酬委员会、审计委员会、福利委员会、监察委员会、战略规划委员会、提名委员会、人力资源委员会、投资委员会等，这些委员会提交专业的决策报告供董事会决策参考。

3. 监事会及其职权

监事会代表全体股东对公司经营管理进行监督，行使监督职能，是公司的监督机构。监事会应当包括股东代表和适当比例的公司职工代表，其中股东代表由股东大会选举产生，职工代表由公司职工通过职工代表大会民主选举产生，比例不得低于1/3。监事会设主席一人，由监事会选举产生，是监事会的召集人。

根据《公司法》的规定，监事会的主要职权是：检查公司财务；对董事、高级管理人员执行公司职务的行为进行监督，对违反法律、行政法规、公司章程或股东大会决议的董事、高级管理人员提出罢免的建议；当董事、高级管理人员的行为损害公司的利益时，要求董事、高级管理人员予以纠正；提议召开临时股东大会，在董事会不履行规定召集和主持股东大会职责时召集和主持股东大会会议；向股东大会提出议案；对董事、高级管理人员提起诉讼；公司章程规定的其他职权。

4. 经理层及其职权

经理层，即以经理为首的由经理、副经理、总会计师和总工程师等高层经理组成的公司执行层。经理层由董事会聘任或解聘，组织实施董事会决议，对董事会负责。经理既是公司日常管理的最高负责人，也是董事会决议的执行者，在董事会授权范围内负责主持公司的生产经营管理工作。经理层的其他成员，在经理的领导下各司其职，对经理负责。

经理层的具体职权包括：主持公司的生产经营管理工作，组织实施董事会决议；组织实施公司年度经营计划和投资方案；拟定公司内部管理机构设置方案；拟定公司基本管理制度；制定公司的具体规章；提请董事会聘任或者解聘副经理、财务负责人；决定聘任或者解聘除应由董事会决定聘任或者解聘以外的负责人员；董事会授予的其他职权。

三、企业外部治理

广义的企业治理结构不仅涉及股东对经营者的制衡，而且涉及广泛的利益相关者。企业外部治理主要是指通过市场、外部制度和监管部门等对企业的治理。其中，市场包括资本市场、产品市场、经理市场等；外部制度主要指通过立法建立起来的制度，如《公司法》《证券法》《审计法》等；政府监管部门主要包括证监会、保监会和银监会等。

1. 资本市场治理

资本市场形成企业市场价值，又通过企业市值形成机制实现对企业的治理，主要包括股票市场治理、债权人市场治理和机构投资者治理。

股票市场主要从两个方面实现对公司的治理：一是股价波动决定企业市场价值波动，股价在一定程度上体现了经营者的能力和努力程度，从而影响其去留；二是将经营者薪酬与股价挂钩，以激励和约束经营者。股票价格的波动对经营者形成长期的压力，使其不敢懈怠。

债权人是公司债权所有者，由于债权人要承担本息到期无法或不能完全收回的风险，因而有权对公司进行监督。其主要从两个方面实现对公司的治理：一是现金流约束机制，即债权人通过给予或拒绝贷款、信贷合同条款安排、信贷资金使用监管、参与债务人公司的董事会等渠道进行公司治理；二是破产约束机制，即当公司经营不善时，债权人可以提请法院启动破产程序。

机构投资者指持有公司股票、债券等证券，并由职业经理人管理的金融机构，主要包括证券公司、投资银行、证券投资基金及保险公司等。其主要从三个方面实现对公司的治理：一是作为战略投资者进行长期投资，客观上给公司经营管理者造成了外部压力，要求其提供高质量的信息披露报告。二是作为直接利益相关者，持股数量巨大，有足够的动力参与公司治理。三是作为众多散户代表，对公司治理具有一定的影响力。通过拥有足够的投票权对经理人员施加压力，甚至通过代理权竞争和接管，罢免经理人员，有效解决代理问题。

2. 产品市场治理

产品市场是企业最灵敏的"温度计"，可以直接反映经营管理者的业绩。产品市场对企业的治理主要体现在两个方面：第一，产品市场的激烈竞争会使企业随时面临破产的威胁，制约着经营者的不当行为，企业可以通过产品市场占有率和市场覆盖率等指标考察经营者的决策能力、管理能力和行为好坏；第二，在"两权分离"的市场环境中，产品市场也为公司利益相关者（股东、债权人、供应商、消费者、潜在投资者、员工等）考评经营管理者提供了航标器。利益相关者通过分析经营指标体系动态，评价经营者业绩，决定经营管理者的去留。产品市场是对经营管理者最直接、最有效、最便捷的约束机制。

3. 经理市场治理

经理市场是职业经理人供求的交易市场，它的发展和完善标志着人力资本价值的市场化程度，也映射出职业经理人的整体素质和能力水平。经理市场实现对公司的治理主要通过两个方面：第一，经理市场是企业选择经营者的重要来源，在经营不善时，现任经营者就存在被替换的可能性，这种源于外部乃至企业内部潜在经营者的竞争将迫使经营者努力工作；第二，市场信号和传递机制会把企业的业绩与经营者的人力资本价值对应起来，促使经营者为提升自己的人力资本价值而全力以赴改善公司业绩。因而,成熟经理市场的存在,能有效促使经理人勤勉工作,激励经理人不断创新,注重为企业创造价值。

4. 政府、法律、社会道德与舆论治理

政府在市场经济中主要承担管理和监督职能。政府根据国家经济发展水平、环境和市场经济主体的现状构建适合国情的市场体系,并在此基础上,建立市场经济监管体系。监管体系包括管理机构监管、行业监管和中介机构监管等。管理机构监管主要是指证监会、保监会、银监会等的监管;行业监管是指证券交易所和证券业协会等的监管,它们是证券市场自律性管理机关;会计师事务所、审计师事务所和律师事务所是企业治理结构监管的中介机构,也是企业自律最重要的防火墙。

法律对公司治理各主体的行为产生硬约束,如《公司法》《证券法》及《审计法》等法律法规为公司设立了一系列监控体系,包括股东诉讼制度、信息披露制度、董事及管理人员民事赔偿制度等,对股东大会、董事会、监事会及经理人员的责、权、利作出了全面、详细的规定,对所有者和管理者的权力作出了相应的制约,使公司在运营过程中有法可依而且违法必究。完善的法律法规体系,辅之以强有力的执法部门,对公司治理中出现的违法、违规行为形成强有力的威慑。

2007年10月9日,美国主要的电力企业美国电力公司与司法部门达成和解协议,同意接受46亿美元的巨额罚金,从而结束了对其长达8年的环境污染联邦诉讼。46亿美元,无疑是一个天价罚单!而谈到天价罚单则不止这一个案例。1989,埃克森-美孚石油公司因污染环境被处罚35亿美元;美国航空公司和大韩航空公司因串通竞争对手,抬高机票价格被美国法院开出3亿美元的罚单;微软也曾难逃《反垄断法》的"魔掌",被处以近5亿欧元的罚款……这些天价罚单都表明企业违反相关法律法规是要付出高昂代价的。

相比之下,颁布于1989年的我国现行《环保法》规定,企业违法排污,环保部门最多罚款10万元,而且每月只能罚款一次。这样一来,即便每月都罚,一年也不过120万元。处罚力度如此之小、手段如此之软,怪不得某些污染企业宁可罚款也不治污,这说明中国对企业的法律规制尚待完善。

社会道德从人心灵深处的价值观念影响人的思想行为,是一个国家或社会主流的价值准则、伦理理念等,对公司利益相关者的态度、行为等有一定的影响和约束,是公司治理不可缺少的重要方面。与监管和法律约束不同,社会道德的约束力是潜在的和无强制力的,通过根植于社会文化之中、具有广泛社会认同和潜在约束力的道德准则体现出来。

社会舆论监督是指发挥新闻媒体和社会公众舆论的作用监督公司治理。近年来,对一些上市公司重大违规违法事件的查处,如美国安然、中国蓝田股份就是新闻媒体和公众舆论参与监督的结果。社会舆论监督相对于公司内部监事会和外部法律法规监督,有不可替代的作用。与之相联系的是声誉机制。声誉机制是针对企业经理人员的重要激励机制,在舆论监督下企业经理人员为建立和维护良好的声誉而积极经营公司。

四、集团公司治理

集团公司指以资本为主要联结纽带，以母子公司为主体，以集团章程为共同行为规范，由母公司、子公司、参股公司及其他成员共同组成的企业法人联合体。随着经济发展水平的提升，企业规模越来越大，大企业更多以集团公司形式存在，因此，集团公司治理也成为当今企业治理的重要类型。

1. 集团公司治理的目标

集团公司对各成员进行治理有多方面的目标，核心是要保证整体价值最大化及战略发展的协同性和可持续性，具体目标如下：

第一，整体利益最大化。集团公司的发展是以整体经济利益最大化为目标，而不是追求母公司或子公司个体利润最大化。

第二，战略协同。在集团公司战略发展目标的指导下，母公司重组优化各子公司业务，优化配置各成员资源，各成员优势互补、互通有无、密切配合实现集团公司战略目标。

第三，可持续发展。集团公司根据内外部环境，科学制定中长期发展战略，并将其分解落实到各子公司，形成各子公司的发展战略，以保持集团公司的可持续发展。

第四，规模经济效应。集团公司在内部专业分工基础上，统筹管理，形成投资的集中化、各成员经营的规模化以及经营业务的协同化，实现规模经济效应。

第五，优化资本结构。母公司对集团公司资产进行监控管理和合理调剂，加速资本周转，提高资本的流动性和增值性。

第六，财务协同收益。集团公司通过设立资金结算中心、财务公司等集中财务管理，既规避了集团公司的整体财务风险，又在财务政策、资金调配及税收等方面统一规划，从而获得集团公司的整体财务协同收益。

第七，品牌效应。集团公司无论从规模、经济实力，还是从诚信度、品牌认知度等方面都要远远高于各子公司，因而可以通过整合集团公司的品牌价值来提高各子公司的市场竞争力。

第八，技术创新。集团公司通过在母公司设立集中的研发中心，加大研发投入，提高技术创新能力，缩短新产品研发周期，并将新产品转移给各子公司，从而提高集团公司整体的产品技术含量和产品质量。

第九，市场扩张。集团公司利用其资源、技术、品牌优势以及完善的市场营销网络，将各子公司的产品进行集合营销，从而降低市场开拓及运营成本，提高市场扩张和盈利能力。

2. 集团公司治理的原则

集团公司治理应遵循以下原则：

第一，与现代企业制度相适应。现代企业制度的核心是产权制度，而产权制度的核心就是通过出资者与经营者的两权分离以及它们各自的权益界定，达到产权明晰化、受托责任具体化、管理职业化和科学化。两权分离后，母公司作为出资者，虽享有终极所有权，但不能对财产中属于自己的部分进行直接支配，而只能运用股东大会所赋予的权力影响与监督经营者行为。相应地，各子公司拥有完整的法人财产，享有法人财产占有、使用、收益及处置权。

第二，与母公司组织结构形式相适应。母子公司有多种组织结构形式，不同组织结构形式所对应的治理方式也不同，因而要根据母子公司的规模、组织特点等采取不同的组织结构形式。

第三，战略协同。母子公司的战略发展要有协同性，即在统一战略下，母子公司充分利用共同资源，达到母子公司战略发展效益最大化。因此，子公司战略发展要符合母公司战略发展需要，同时，母公司要监控子公司战略实施过程，评价实施效果。

第四，管理制度体系化。母子公司管理是在市场运行机制、公司治理结构等约束下的内部制度化管理，应遵循责任明确化、管理过程透明化及考核体系科学化等原则，制定系统的集团公司管理制度体系，做到管理制度的法制化、规范化、程序化和模块化，提高母子公司运行效率，减少内部管理成本。

3. 母公司对子公司的管理

集团公司治理要建立母公司对子公司的整体管理制度化平台，对母子公司的责、权、利进行界定，从而实现母子公司有序、高效的运行。

第一，战略管理。母公司对子公司管理的核心内容是保持母子公司战略发展的协同一致性，也就是说，母公司决定所有成员的战略方向、目标、使命、实现路径等。

第二，资产管理。母公司对子公司资产管理的目的是母公司资本收益最大化、投资风险最小化、资产利用效率高效化等。在资产管理设计上，主要根据产权关系界定母子公司的责、权、利，使子公司合理利用和管理现有或潜在资产。

第三，人事管理。母公司对子公司的人事管理主要体现在子公司高层人员的委派、考核、绩效评估及激励机制等方面。在人事管理设计上，主要通过制定规范的人事管理制度和相互制衡的约束机制，规避子公司经营管理者"逆向选择"和"道德风险"的同时真正做到"人尽其才"。

第四，财务管理。财务管理是母子公司管理的核心内容之一。在财务管理设计上，以财务管理体制、财务人员的管理和控制为基础，以管理、控制子公司的财务战略、预算、筹资及现金等为内容，使母子公司在集权与分权的动态平衡中，达到财务资源的合理利用，实现利益最大化和成本最小化。

第五，审计管理。在母子公司的治理机制中，决策、执行、监督三权相互独立，所以，审计管理在母子公司管理中的地位尤为突出。在审计管理设计上，主要针对董事会成员和经营者的在职、离任、财经纪律和经济责任等方面进行一系列的审计制度构建，使集团公司各成员单位真正在"阳光"下工作，提高管理的透明度。

第六，信息管理。21世纪是知识经济、网络经济的时代，构建良好统一的信息网络平台是信息资源被充分利用的基础。对集团公司而言，统一的信息资源管理和利用必须放在非常重要的位置。在信息管理设计上，主要包括建立统一的子公司高层管理信息系统、业务和职能部门信息系统、作业层面信息系统等。

案例

如何避免中石油窝案再度发生?[①]

中国石油天然气股份公司(英文缩写"CNPC",中文简称"中石油")是中国主要的油气生产商和供应商之一,是国家控股(公司年报显示,2016年9月30日,国家全资公司中国石油集团公司占股86.01%)的特大型上市公司。其2016年前三个季度的销售收入达1.15万亿元,资产总计2.41万亿元,归属净利润为17.2亿元。自2013年"中石油系"的腐败窝案爆发,包括前任总裁蒋洁敏,副总裁冉新权、孙龙德等,已有21位中高层人员涉案被查。

思考题:
(1) 中石油是一家从国有企业改制成为公司制企业并在上海证券交易所上市的公司,为何还有如此严重的内部腐败?
(2) 民营企业会不会有这样的内部腐败?
(3) 如何避免伤害公司的类似事件再度发生?

---

① http://f10.eastmoney.com/f10_v2/FinanceAnalysis.aspx?code=sh601857&timetip=636207959859055740。

第二章
管理概述

面对多维复杂多变的内外环境,动态借助各种内外资源,谋求人和组织的生存与发展是管理者永恒的主题。成功者必有其成功的道理,那些善于在发展中古为今用与博采众长的管理者更易于走向卓越。

第一节 管理的特征、职能与管理道德

管理从思想上说是哲学，从理论上说是科学，从操作上说是艺术。

一、管理的特征

中国古人把管理定义为管辖与治理的总称。管辖是为了获取管辖权所进行的谋权活动；治理是在获取管辖权之后为了达到预期目标，利用权力所进行的一系列活动。管理是二者的统一，二者相辅相成，缺一不可。管理有如下特征：

1. 管理是借力活动

管理是在一定环境下借助他人力量，调配一切可用资源达到组织目标的一系列职能活动。企业所有者借助经营者的能力，高层管理者借助中层管理者的能力，中层管理者借助基层管理者的能力，基层管理者借助现场员工的能力，现场员工借助可用的机械力。"管理者最大的智慧莫过于博采众长的智慧，最高才能莫过于借用众人的才能"。事必躬亲的管理者未必是优秀的管理者，而操作能手又未必善于管理。

孙子曰："故善战者，求之于势，不责于人，故能择人而任势。"意思是善于指挥打仗的将帅，他的主导思想应放在依靠、运用、把握和创造有利的形势上，而不是去苛求手下的将士。因此，如果能及时识别、把握时机并选择适当的人才，事业就会战无不胜。戴尔公司成功运用"借力"战略，不建立自己的零部件厂，而是在零部件供应商中挑选出最优秀者作为合作伙伴，这样就可以集中精力进行技术创新，开发新产品。

2. 管理是一门科学

如果把传统管理看成是经验管理的话，现代管理则是建立在哲学、经济学、社会心理学、数学和系统科学等学科基础上的应用型交叉学科，并随着这些学科的不断发展而发展。三国时期诸葛亮草船借箭的决策不是冲动或迷信之举，而是他综合运用天文学、地理学、心理学等方面知识的结果。

管理学的科学性体现为信息的真实性、决策的科学性和管理基础工作的完善性。信息真实性体现在信息准确、完整和及时；决策科学性体现在决策程序的正确性和决策方法的适应性；管理基础工作完善性体现在标准化工作、定额工作、计量工作、信息工作规章制度和培训工作的完善性。

子曰："道千乘之国，敬事而信，节用而爱人，使民以时。"意思是治理一个国家，就要严谨认真地办理国家大事而又恪守信用，诚实无欺，节约开支而又爱民，提醒百姓不误农时。

3. 管理是一门艺术

管理的对象是人，人是最复杂的个体，并兼有感性和理性特征，因此，管理因人、因时、因地而异，管理理论有严格的适用条件，管理作为一门应用科学，绝不仅是理性的"1+1=2"，必须重视个体的差异性和感性，将理论灵活应用于实践，才能达到预定的目标。学了管理理论不一定善于管理企业，只有创造性地将管理理论灵活地应用到实际中，管理才有效。

子曰："宁武子，邦有道则知，邦无道则愚，其知可及也，其愚不可及也。"意思是宁武子这个人善于处世，为官有方。当形势好转对他有利时，他就充分发挥自己的聪明智慧，为国竭力尽忠；当形势恶化对他不利时，他就退居幕后或处处装傻，以便等待时机。

综上，管理既是一门科学，又是一门艺术，有效的管理是科学与艺术的结合。

二、管理职能

管理者的工作有哪些？法约尔最先提出管理职能，界定了管理学的研究范围和管理者的工作内容。管理的具体职能包括：

1. 决策

决策就是选择，是企业经营的核心，是企业成败的关键，贯穿于管理的始终。万事开头难！决策正确，意味着企业管理成功了一半。因此，管理专家都把决策看作是企业管理的首要职能。

2. 计划

"预则立，不预则废""越是市场化，越要计划化""越是无人管，越要自主管"！计划就是对未来的统筹规划与具体安排。管理者需要在充分把握内外环境的基础上确定目标，将目标分解到各部门，乃至每个岗位和每位员工，确定行动方案和制定保证措施，让企业各部门、每个员工都有明确具体的目标、方案和动力。通过计划把企业各单位、各部门的工作高效组织起来，使其相互协调、紧密配合，建立起正常的生产经营秩序。

3. 组织

组织力量是无穷的。制订计划后，就要动员和组织企业的人、财、物等要素与产、供、销等部门，既体现明确的分工，又成为统一的整体，及时、高效地实现目标。组织包括组织机构、制度、岗位和流程等设计活动。

4. 协调

内不和，外人欺；和气生财，君子和而不同！只有"天时、地利、人和"，在内求团结、外求和谐的气氛中，企业的经营活动才能顺利推进，企业的目标才能顺利实现。协调可分为对内协调和对外协调。对内协调即各部门之间的协调，它又包括纵向协调和横向协调。纵向协调是职能部门和管理者上下级之间的协调，横向协调是平行部门间的协调。对外协调指企业与外部环境间的协调，包括与政府、金融机构、竞争对手、供应商、销售商、消费者等各方面的协调。

5. 领导

"兵熊熊一个，将熊熊一窝""一只狼领导的一群羊能打败一只羊领导的一群狼"！乐队指挥不出声，但没有他，就没有美妙的音乐；领导者不直接创造效益，但没有他，企业就没有效益。为了有效实现目标、完成计划，必须在组织基础上，建立权威的指挥系统，对下属进行统一指挥、沟通和督促，这是社会化大生产的客观要求。有效领导必须令行禁止、步调一致，坚持统一指挥、树立权威、实行民主等原则，提高执行力。

6. 控制

管理中既要"未雨绸缪"，也要"亡羊补牢"。控制是为了实现企业目标和完成企业计划，将实际业绩同计划相比较，发现偏差，寻找原因，采取措施纠偏的一系列管理活动。控制与计划紧密联系，控制是完成计划的保证，计划是实施控制的前提。没有计划的管理是无序管理，没有控制的管理是无效管理。

7. 激励

上下同欲者胜！激励是激发员工的内在潜能，使之努力工作，实现企业目标的过程。企业容易让设备满负荷运行，但难以让员工的潜能全部发挥在工作上。企业管理实质上是对人的管理，最难的也是人力资源管理，即如何让员工满怀信心和激情，全身心投入，持之以恒地为实现企业目标而努力。

管理职能不仅明确了管理者的工作内容和职责，也明确了学者应该在哪些方面去学习和研究；同时，在各项职能中，决策、计划、组织和控制等职能更多地体现了管理的科学性，协调、领导和激励职能更多地体现了管理的艺术性。

90%的管理者未能完整描述自己的工作职责。麦当劳的成功经验是"三流的员工、二流的管理者、一流的流程"。而马云对企业高层管理者的忠告是："一流管理者：自己不干，下属快乐的干；二流管理者：自己不干，下属拼命地干；三流管理者：自己不干，下属主动的干；四流管理者：自己干，下属跟着干；五流管理者：自己干，下属没事干；末流管理者：自己干，下属对着干。"[①]

三、管理道德

公车私用是道德的吗？行贿受贿是道德的吗？合理避税是道德的吗？道德是判断人们行为是非的准则。成功的管理取决于多种因素，而管理者尤其是高层管理者道德水准的高

---

① http://p.t.qq.com/longweibo/index.php?id=281761000730485。

低起着决定性作用。管理者掌控着企业的主要资源,制度管不住中高层管理者的不道德行为,过于严格的制度约束会损害他们的创造性,唯有管理者所具有的高道德水准能更好地实现对自身的有效控制,锁住他们的贪婪欲望。

因为高层管理者的道德水准对企业经营影响重大,招聘者无法通过笔试或者面试在短期内了解陌生应聘者的道德素养,而是对身边人或企业内部人有较多的了解,所以大多数企业在选择总经理或其他重要管理者时,一般在企业内部择优选取或任人唯亲,而不是来源于公开的市场招聘。

子曰:"不仁者不可以久处约,不可以长处乐。仁者安仁,知者利仁。"意思是没有道德的人不可能长久地处在贫困或安乐之中,贫困使他们为非作乱,安乐使他们骄奢淫逸。只有仁者安于仁,智者也会行仁。

1. 管理道德的影响因素

管理者的道德并不是与生俱来,而是后天培养的,其影响因素包括:

第一,道德发展阶段。道德发展分三个阶段:第一个阶段是前习俗水平阶段,即人的是非选择建立在物质处罚、报酬和相互帮助的个人利益基础上;第二个阶段是习俗水平阶段,即人的道德价值存在于维持传统的次序,不辜负他人期望上;第三个阶段是原则水平阶段,即人能摆脱群体或社会的干扰,确定自己的道德观。人们的道德水平从低到高逐渐向上发展,管理者的道德可能停留在某一阶段,从而影响其管理行为。

第二,个人价值观。每个人都会有自己的价值观,这些价值观受早年父母、老师、朋友及周围环境的影响,不同的价值观将影响道德水平的高低。

第三,企业文化。高道德水准的企业文化形成强大氛围,会激励管理者不断进取和创新,提高自己的道德标准,毫不犹豫地揭露不道德行为。

第四,自控能力。自控能力即人们控制自己行为的能力,自控力强的人能"出污泥不染",不受或少受外界影响,能够把持住自己的价值观念和道德底线。

第五,自信心。自信心强的人能信守自己的信条,不易受外界不道德行为的影响,能够果断地作出正确的抉择。

第六,企业规章制度。完善的规章制度能够用制度的形式明确企业的道德标准和行为准则,易于督促管理者尽可能少发生或不发生不道德行为。

第七,道德意识。不同人对道德标准认识不同,如随地吐痰这一现象,有的人认为是不值一提的小事,有的人则认为是不道德的行为。

2. 提高道德水准的途径

以德治国和以德治企是对管理者的更高要求,是国家和企业发展的重要保证,各组织应该重视员工道德的营造与培养。具体路径为:第一,在招聘中认真挑选具有高道德水平的员工进入企业;第二,在企业内部制定明确的道德标准;第三,管理者要强调道德标准对组织的重要性,不断提高管理道德要求,公开谴责不道德行为并将道德准则引入员工的绩效评估中;第四,通过研讨会、专题讨论等方式定期进行道德培训;第五,接受外界有关道德方面的监督检查;第六,做好思想工作,帮助员工克服道德方面的心理障碍;第七，高层管理者要以身作则，在遵守道德准则方面起表率作用。

有学者在调查 83 个成功公司道德准则的基础上提出了如表 2-1 所示的公司道德标准框架。

表 2-1　公司道德标准框架

类型一：做可靠的公民	
1. 遵守安全、健康等相关法规 2. 礼貌、尊重、诚实和公平 3. 工作场所禁止使用违禁物品 4. 注重个人身心和财物安全	5. 准时、高出勤率 6. 听从指挥 7. 不说粗话 8. 穿工作服
类型二：不做任何伤害组织的不合法或不恰当的事	
1. 合法经营 2. 禁止支付非法用途的报酬 3. 禁止行贿 4. 避免有损职责的外界活动 5. 保守机密 6. 遵守所有贸易法规	7. 遵守所有会计制度和管制措施 8. 不以公谋私 9. 员工对公司财物负有个人责任 10. 不宣传虚假和误导信息 11. 决策不受个人得失影响
类型三：为顾客着想	
1. 在产品广告中传递真实信息 2. 最大限度完成职责	3. 提供最优质的产品或服务

案例

企业管理——先回归常识再走向超常①

管理学大师、循证管理理论创始人杰弗瑞·菲佛（Jeffrey Pfeffer）说：管理常识其实是非常不平凡的。表面是颂扬"常识"，实际是对管理中常识缺位的批判。在杰弗瑞·菲佛看来，对管理常识的认知和坚守，有利于企业降低风险并取得良好绩效。他通过三个角度的分析和实例，来提醒企业家在管理中回归"常识"。

第一个角度是人力的管理。杰弗瑞·菲佛认为，人力管理的一大常识就是遵守互惠原则，"人与人的交往遵循互惠原则。当你帮助别人，别人也会来帮助你"。然而，互惠这一常识往往会被企业遗忘，尤其是在面临危机时，一旦企业发生问题，采取的唯一手段就是裁员。

根据调查，三分之二的公司产品和服务质量在裁员后都呈下降趋势。这主要是因为员工失去了安全感，无法保持专注力。而员工失去对工作的专注力将直接导致组织内部绩效的下降，使企业陷入危机后的恶性循环。

第二个角度是企业规模。企业往往对规模保持着极大的野心，因此大量的并购产生。企业期许通过并购产生的规模效应，会增强企业的竞争力、提升企业的绩效。

---

① 严薇，"管理学大师杰弗瑞·菲佛企业管理：先回归常识再走向超常"，《第一财经日报》，2013 年 12 月 6 日。

杰弗瑞·菲佛认为：企业规模和绩效之间没有显著的直接关系，在规模的诱惑面前，不应抛弃"外功远不如内功重要"这一基本常识。比如，在美国航空公司中，西南航空的利润表现是最好的，但却并不是最大的。同样的情况也发生在银行。在美国银行业协会杂志根据平均权益收益率评选出的"最佳大银行榜"榜单上，排名前十的银行，只有两家银行的资产规模超过了 2 000 亿美元。真正能带来企业绩效提升的是企业对其组织的管理，通过对产品进行创新以及高质量的服务来提升公司的竞争能力，来保证基业长青。

第三个角度是收入在企业中的地位。对于企业而言，收入是前进的基石，也是最基本的常识。然而在收入降低时，很多企业往往第一反应则是成本是否过高，从而将更多的精力投入到削减成本上。无论是政府还是公司，常常不是节流的问题而是开源的问题。对这一问题的错误认知导致了政府和公司开始削减成本，减少创新的投入，并减少提供的产品和相关服务，最后让收入变得更加恶化。

杰弗瑞·菲佛提醒企业家们，常识不平凡的原因，正是有众多企业随大流所作出的"反常"行为，而在"反常"中，坚持守常，将会给企业带来超常的表现。

1929 年大萧条时期，一度垄断美国市场的麦片生产商宝氏公司，削减了广告费以降低成本，但此时，另一家麦片生产商乐氏却把广告费增加了一倍，并推出了一款新的产品。结果是，在大萧条之后，乐氏公司的市场份额增长了 30%，成为最大的麦片公司。在产品、品牌、创新方面，在艰难的时候，你不去减少成本，而是根据收入增加的常识，继续投资，这个时候就可以抓住机会把他们的市场拿过来。

在 2008 年经济危机期间，众多软件企业裁员时，SAS 软件的联合创始人兼 CEO 古德奈特发了一份声明告诉员工，公司不会裁员，但是他希望大家可以协同合作，控制费用开支，竭尽全力让他们的客户满意。在帮助员工消除了这种顾虑之后，作为互惠，SAS 的员工比其他公司的员工更加关注工作，并且更加负责地管理成本。因此，尽管发生经济危机，但是 SAS 的员工和客户的保留率依旧很高，而客户满意度也非常高，客户愿意花更多的钱去购买 SAS 的产品和服务。

尽管杰弗瑞·菲佛给出的案例中不乏经济危机这一背景，但他强调，坚持对常识的认知应该是常态。"在任何时候都结合自己的实际情况进行思考，从而作出最符合自身发展状况的决策，这也是一个常识"，杰弗瑞·菲佛说，而这也是循证理论所一直提倡的。

思考题：
（1）从杰弗瑞·菲佛对管理的观点中可以看出管理具有哪些特点？
（2）结合案例谈谈你对管理中"常识"的看法，请举一个"反常"管理的例子。

第二节　成功管理者观念

优秀的学习成绩源自良好的学习习惯，身体健康源自良好的生活习惯，事业成功源自良好的工作习惯。观念决定心态，心态决定行为，行为决定习惯，习惯决定人生！经验表明，管理者只有具备多方面的特质与观念，在科学观念指导下，才能慧眼识珠、是非分明、有所为有所不为，才能正确识别环境给企业带来的机会与挑战，发现企业经营中出现的新问题，提出中肯的解决方法，在管理中取得成功。成功管理者通常都持有以下观念：系统观念、人本观念、法制观念、市场观念、竞争观念、效益观念、诚信观念、创新观念、人才观念、信息观念、服务与质量观念、时效观念。

一、系统观念

"麻雀虽小，五脏俱全""牵一发而动全身"！系统是由若干相互依存、相互制约的要素，为了实现共同目标而组成的具有特定功能的有机整体。系统观念要求把管理对象看成一个复杂的人造系统，树立整体观念，了解事物的组成要素、结构、功能及其相互作用等，以达到优化管理的目的。系统观念要求在解决问题时，遵循以下原则：

1. 整分合原则

高效管理需要在整体规划下明确分工，在分工基础上进行有效综合，即整分合原则。整体规划是整体利益的保证和分工的前提；分工则是为了提高效率，适应社会化大生产的要求；分工之后，各部门还必须有效配合、协作，以保证整体目标的完成。所以，企业中没有分工的管理是一种低效管理，没有整合的管理则是一盘散沙和无效管理。

在分工的系统中，若要自己成功，首先得让别人成功，成功的最大敌人就是自己。

2. 规律效应原则

规律是客观事物本身所固有的、本质的、内在的和必然的联系，任何事物的运动都有其客观的规律性。效应则是客观事物在其运动过程中引起的反应和结果，遵循规律必然取得良性效应，反其道而行之则会产生不良效应。不同时期、不同地域、不同行业企业之间有大量的共性运行规律和少量的个性，规律效应原则要求管理者主动学习和运用管理理论，借鉴前人、他人的经验，认识管理对象的运动规律，掌握规律并按规律办事。

秦人不暇自哀，而后人哀之；后人哀之而不鉴之，亦使后人而复哀后人也！

3. 协调和谐原则

"天时、地利、人和，三者不得，虽胜有殃"！协调和谐原则指系统内各要素之间、系统和环境之间要保持良好的平衡，以保证系统健康、持续发展。这一原则要求管理者正确处理矛盾，求得系统动态平衡，积极创造企业中人—机关系、人—人关系和人—环关系之间的和谐，保证企业取得良好效益。福特公司认为，对一家高产量又富有人情味的工厂而言，环境要干净、照明要好、通风要好是绝对必要的。

惠普的"你就是公司"的经营哲学和"邻桌原则"就是公司与员工、员工与员工和谐关系的体现。车间里,"电扇原本是公司用于工人降温的,但是,你会经常看到电扇不是朝满头大汗的工人吹,而是吹机器"。

二、人本观念

"水能载舟,亦能覆舟"! 现代管理从以事为中心的管理向以人为中心的管理方向发展,逐渐成为人的管理和以人为对象的管理,一切管理活动要以调动人的积极性、做好人的工作为根本。人本又称以人为本,即尊重人的需要,了解人的需要,通过恰当的方式满足人的需要,进而最大限度地挖掘其内在潜能,实现组织目标的管理方法。要求管理者必须以人为中心来开展工作,反对和防止见物不见人、见钱不见人、重技术不重视人的片面行为。人本观念具体要求在管理上必须遵循以下原则:

1. 动力原则

管理动力是在管理活动中,把人的行为引向实现企业目标的力量,包括动力源和管理动力机制。管理的动力源主要有用于物质奖励的物质动力、用于精神激励的精神动力和用于感情激励的信息动力;管理的动力机制是引发、刺激、诱导和制约管理动力源的方式,包括工作条件、企业的规章制度、行为法则、成果效益考核及控制标准等。管理的动力源要求管理者必须树立以人为中心的管理观念,正确认识和拥有管理的动力源。不同层级的管理者拥有的动力源不同,基层管理者的动力源更多表现在信息动力,中层管理者的动力源更多表现在物质动力,高层管理者的动力源更多表现在精神动力。管理者应运用有效的管理动力机制,激发、引导、制约和控制管理对象,使各种动力的作用方向与企业目标尽可能一致,促进整体目标的实现。

2. 能级原则

能级是物理学中的一个概念,指能量的高低与势的关系。企业管理中不同管理层次和不同层次的管理者所产生的"场"(指管理涉及的范围)或"势"(指管理层次的高低而产生的一种能量,如领导力、制约力)不同,高层管理者应有较大的权利,基层管理者则不宜权利太大,这样才能保证管理具有权威性,保证管理有序进行。稳定的管理结构是金字塔形,由操作层、执行层、管理层、决策层四个能级构成,如图2-1所示。决策层更加突出管理的战略决策与规划能力,管理层更加突出计划组织能力,执行层更加突出沟通协调能力,操作层更加突出业务能力。上一层的管理者比下一层的管理者权利更大,责任也更大,这就要求每一层的管理者始终有与其权责利相对应的能力。企业应按管理者能力大小对其进行管理层次上的安排,力求避免人才错位现象。

图 2-1　管理能级金字塔

3. 行为原则

心理学家认为，需要在一定的情景下产生动机，不断强化的动机引发行为。满足内在需求的动力是最强大和持久的！行为原则指管理者必须全面了解和科学分析下属需求，掌握其特点和发展规律，设计满足其需求的合理政策和措施等机制，最大限度地调动下属的积极性和创造性。在实际管理中，一名出色的管理人员要了解和掌握下属的心理和需要，通过恰当方式及时解决下属的困难，为下属创造良好的发展条件，尽可能满足其需要，从而调动其工作积极性。

惠普之道——人本管理：信任和尊重个人，追求卓越的成就与贡献，谨守诚实与正直，依靠团队精神。具体表现在：第一，灵活的上班时间。这既表现出对员工的信任，也是为了让员工根据个人生活需要调整上班时间。第二，员工可进可出，可再进再出。第三，公司为员工提供永久的工作，只要员工表现好，公司就永远用你。为此，公司不断对员工进行培训，经济不景气时，采取减时减薪制，公司与员工共渡难关。如公司曾有机会获得一笔大订单，但因为这笔订单是临时的，估计以后也没有了，公司为此订单要招聘12名员工；而订单做完，这12名员工将面临失业，这不是惠普的风格，公司主动放弃了这笔订单。第四，公司与员工同甘共苦。如有一次公司想收购一家工厂，但发现这家工厂的主管办公室有冷气设施，而车间没有。将办公室的冷气设施拆掉太可惜，在车间装上冷气设施的投资又太大，这不是公司的风格，结果公司主动放弃兼并。第五，公司为员工提供较高的薪酬和福利。如公司为员工提供的薪酬高于同行的5%以上，定期举行野餐会，提供免费午餐、免费咖啡和免费啤酒。第六，公司强调员工对专业的忠诚胜于对公司的忠诚。公司认为，员工对专业的忠诚有利于其胜任本职工作，为公司创造更多财富，有利于员工掌握谋生的本领，即使公司不行了，员工不至于永久性失业。没有专业的忠诚是愚忠，最终会好心办坏事。

三、法制观念

"守法朝朝乐，违法日日愁"！市场经济是法制经济，法律是竞争的裁判，市场经济越完善，法制越健全。企业自主经营、自负盈亏，是市场竞争的主体。在市场经济中，政府不直接进行行政干预，而是通过市场采用法律、法规和经济等手段间接管理企业，维护公平竞争和各主体的利益。"合法经营一身轻"！企业自主经营必须以合法经营为前提，违法经营欲速则不达，不仅侵害了他人和社会利益，而且把自己推上了被告席，甚至面临破产的后果。企业要想在市场经济中长期生存和发展下去，必须依法经营，按章纳税，积极维护社会利益和消费者权益。

王子犯法与庶民同罪！中国近年腐败分子队伍中有上到"国"字号的徐才厚、周永康等"大老虎"，也有大量案值不足1万元的"小蚊子"。

四、市场观念

市场是进行有序商品交换的场所，反映了顾客的需求和企业的供给。顾客通过市场了解企业所提供的产品或服务，企业通过市场得知顾客需要哪些产品或服务。市场是太阳系中的太阳，凌驾于所有经济单位之上；市场是供需的晴雨表，比个人、企业和政府都更能反映产品的供给和需求情况。企业的一切经营行为必须以市场为导向，根据市场的供给和需求情况组织经营。市场观念要求企业必须认识市场，认真研究市场，切实树立"先找吃饭的人，后做饭"的观念。市场的主体是顾客，企业必须牢固树立为顾客服务的观念，认清顾客的需要，千方百计满足顾客的需求。

很多公司开发新产品的创意来自专家和教授，但世界级的大公司松下公司却不耻下问，请教的是家庭主妇。因为家庭主妇代表了市场，市场高于一切，公司因此开发出了当年市场上最畅销的无线电熨斗。只要花全部的时间研究市场的正确趋势，并顺应趋势，利润就会滚滚而来！

五、竞争观念

"物竞天择，适者生存"！市场经济就是竞争经济，市场给企业提供了公平竞争的舞台，随着市场经济的发展，企业间的竞争更加激烈。市场竞争遵循优胜劣汰的自然竞争法则，无论处于完全垄断地位的企业还是行业的领头羊，都必须居安思危，树立竞争观念，认清竞争形势，不断增强企业实力，增强核心竞争力，才能在激烈的角逐中处于不败之地。而且要注意讲求竞争策略，反对"挖墙脚"式的不正当竞争。

据国家工商总局统计，中国企业的平均寿命为6.09年，其中，寿命在1年以内的企业占13.7%，寿命在5年以内的企业占59.1%。据美国《财富》杂志统计，美国62%的企业寿命不超过5年，只有2%的企业能存活50年。世界500强中美国企业的平均寿命为40—42年，而中小企业平均寿命不到7年。一项对10个经合组织国家的数据分析发现，20%—40%的企业在两年之内就会退出市场，40%—50%的企业可生存7年以上。

六、效益观念

企业作为自主经营、自负盈亏、自我约束和自我发展的经济实体，必须以效益为中心。效益是企业生存和发展的需要，也是企业资产保值增值和社会发展的要求。企业的一切行为必须从效益出发，既要考虑投入，又要考虑产出，还要考虑市场的需求；既要考虑短期利润，又要考虑长期效益；既要追求经济效益，又要兼顾社会责任。

子曰："无欲速，无见小利。欲速则不达，见小利则大事不成。"意思是不要求快，不要贪求小利。求快反而达不到目的，贪求小利就做不成大事。曾经轰动一时的西班牙人火烧温州鞋事件,转瞬已成历史。日前,在事件发生地——西班牙鞋城埃尔切市,一些极端人士企图组织针对温州鞋商的示威抗议。岂料,活动终因支持者寥寥、地方政府限制而流产。相反,当地业界与中国加强合作、开拓温州市场的呼声,渐渐成为主流。

据熟悉内情的华商透露,现在当地许多温州人开办的企业已积极调整经营模式,适应当地的社会、文化、习俗,使自己不再是"外乡人"。如不搞低价竞争,中午打烊休息,周六不再营业以让利于西班牙人。许多店家都刻意聘请外国店员,不再以"独吞独占""里外通吃"为能事,而是强化了"有钱大家赚"的观念。

而西班牙方面,面对华商的善意,也作出了务实的回应。据了解,西班牙鞋类配件协会也努力组织该会企业赴温州,举办西班牙鞋类配件展、西班牙皮革展,向温州鞋企推介制鞋皮革。双方政府间也加强了"高层互访",为企业联姻创造条件。

七、诚信观念

"精诚所至,金石为开"!企业信誉是企业在市场上的威信和影响力,是企业在消费者心目中的形象、地位和知名度。良好的企业信誉是企业的无价之宝,它为企业长期存在和稳定发展创造有利的条件。企业诚信是企业信誉的核心,不仅有利于企业筹集资金、寻找协作者、创造"消费信心"、吸收和稳定企业人才、协调各方面的关系,还有利于企业新产品的开发。

子曰:"益者三友,损者三友。友直,友谅,友多闻,益矣。友便辟,友善柔,友便佞,损矣。"意思是有益的交友有三种,有害的交友也有三种。同正直的人交朋友,同诚信的人交朋友,同见闻广博的人交朋友,这是有益的。同惯于走邪道的人交朋友,同善于阿谀奉承的人交朋友,同惯于花言巧语的人交朋友,这是有害的。

美国安然曾是世界上最大的天然气和电力交易商,在美国公司 500 强中排名第七。2001 年年底,公司因虚报近 6 亿美元的盈利和掩盖 10 亿多美元的巨额债务的问题被暴露出来而破产。

八、创新观念

"天行健,君子以自强不息"!德国宝马公司的创新哲学是"如果你只跟着别人的步伐,那么你就不要期望能够超越它"。福特公司认为,"如果一个企业有什么特殊的成功秘诀的话,那就是创新"。在现代信息和知识高度发达的社会,创新是竞争力,创新是利润源,创新是发展的动力!随着技术的不断进步和经济的高速发展,市场与环境在不断变化,如原材料和能源的供应、顾客的收入和偏好等都在不断更新变化,企业必须不断进行管理创新,保证能及时开发、生产、推销新产品,加强宣传,降低成本和价格,改善服务。

对戴尔公司而言,直销不是新模式,电脑也不是新东西,但是直销电脑却让其成为华尔街的印钞机,每年进账 35 亿美元,连红极一时的石油大亨和房地产巨头们也被它踩在脚下。一个玻璃奶瓶不值钱，一个温度计也不值钱，但一个温控奶瓶就值钱多了。"利润无限，只等创新"，企业利润来自创新，通过创新能够维持和扩大企业生存和发展的空间。

九、人才观念

"千军易得，一将难寻"！人才是融知识、能力和道德素养于一体的能人，是企业最宝贵的财富，是企业实力所在。企业必须树立人才观念，尊重知识、尊重人才，为人才的培养和使用创造条件，让企业的人才充分发挥才能。

福特公司认为，企业生存离不开员工的智慧与活力，挑选人才并不是很困难的事情。为此，福特公司采取以下措施：（1）取消等级制度，让每位员工专心于自己的工作，对自己的工作完全负责。避开为头衔而工作，因头衔而阻碍创新，每个人的发展完全依赖他的工作，而不是他人的恩惠，因此，没有人会说得不到公司的承认。（2）不拘一格选拔人才。即使拟聘的员工有犯罪前科，只要他能胜任工作就不是大问题。（3）用人不限年龄。年龄不能代表一切，任何人，不管是20岁的小姐还是80岁的老太太，只要停止学习，就是老人。（4）设立建议征集系统。福特公司认为好的建议来自内部员工，任何人都可以把想到的主意和别人交流，并采取行动。因为员工提出改进生产的小建议可能只是使每件零件成本降低一分钱，但是积累后对企业效益的影响是一个大数字。

十、信息观念

"知己知彼，百战不殆"！信息是企业重要的资源，在大数据时代，企业必须重视信息，保证信息的真实性，重视信息投入，及时收集、储存信息，保证信息安全，加强内部信息沟通、开发利用。

2009年，澳大利亚铁矿石企业力拓公司中国区首席代表胡士泰一手操纵的经济间谍案，通过打探中国各大钢铁企业的生产计划与铁矿石需求信息，获取巨额收益，令中国钢铁行业损失7 000亿元，甚至让一批企业因此一蹶不振。这一案件不仅说明信息工作的重要性，还说明信息保密的重要性及中国企业在这方面的短板。

十一、服务与质量观念

质量不仅是产品的生命，也是企业的生命，直接关系到企业的长期生存和稳定发展；质量是企业创名牌、保品牌的前提，没有过硬的质量，产品就难以创名牌，即使创出了品牌也会昙花一现；质量是效益的源泉，质量好坏影响销售成本和售后服务成本；质量是竞争的武器，提高质量对企业开拓市场、增加销售有直接作用。企业树立质量观念，首先必须提高全员的质量意识，使员工认识到质量对企业的重要性；其次，要建立科学的质量责任制，突出质量否决权，定期对员工进行质量技术教育。

美国在服务方面做得最佳的公司要数弗里托食品公司。20世纪70年代，美国油炸薯条企业的获利空间很小，而弗里托油炸薯条及其相关食品的收入每年可达20亿美元，占该领域市场份额的大部分。弗里托不是依赖品牌和广告效应，而是依赖近万人的销售大军和高达99.5%的服务水平。公司经常收到外界关于公司销售人员在飓风或事故过后运来一箱薯条、帮助店主打扫卫生等方面的感谢信，正是由于这些服务深深地打动了顾客，建立了公司和顾客之间牢固的信任关系，而较高的市场占有率的确为公司带来了利润。

IBM和惠普这样成功的大公司在其发展过程中都在全力追求完美，依靠这种信念，当公司产品的某一个零部件出了问题，这些公司内部没有争议，而是团结一致，集中全部资源解决问题。这些公司将质量标准定得很高，他们认为，一旦容忍小的错误，质量管理就会松懈下来。

十二、时效观念

时势造英雄！时效即时机或机会的有效性。环境变化给企业带来了机会，可能是企业发展的机遇，是企业求之不得的好事，企业及时抓住机会才能战胜对手，求得发展。"机不可失，失不再来""过了这一村，就没了这一店"，错过时机，企业就很可能在市场竞争中败下阵来，甚至陷入困境。企业树立时效观念，首先要建立环境预测系统，及时、准确地预测机会；其次，要提高办事效率，及时把机会变为效益，使企业发展上一个新的台阶。

《易经》被认为是研究时事变化规律的书籍，如其中乾卦的各爻分别是："初九：潜龙勿用"。意思是一个非常有能力的人（或组织），正处于培植内力、修炼内功的时候，施展才华的时机未到，千万不要抛头露面，浮躁将一事无成。"九二：见龙在田，利见大人"。意思是学有所成、内功扎实的能人可以初露锋芒、施展才华，积极向上，服务大众，就会有发展的机会。"九三：君子终日乾乾，夕惕若厉，无咎"。意思是一个有能力的人（或组织）在取得一定成绩或发展之后还要时时刻刻检讨并提醒自己，勤勤恳恳，既要打好基础，又要思于进取，胜不骄，败不馁。"九四：或跃在渊，无咎"。意思是当事业发展到一个较高层次时，"饿死的骆驼比马大"，再差也差不到哪里，正是进一步发展的好时机。个人或组织应审时度势，把握有利时机，以现有的成功为基础，力求更上一层楼。"九五：飞龙在天，利见大人"。意思是个人（或组织）正处于天时、地利、人和的好时机，事业如日中天，个人（或组织）仍有发展的空间，有心者应抓住机会，使自己的事业成为一流的事业；同时，应居安思危，避免"虚胖"、发展过头。"上九：亢龙有悔"。意思是个人（或组织）的事业由于前一段时期发展太快，过于张扬，现处于既不能上也不能下，进退两难的时机，危机四伏，后悔也来不及了。"用九：见群龙无首，吉"。意思是在个人（或组织）的整个发展过程中，一方面，应积极发展团队的作用而不是个人的作用，使团队成为一个竞争力、适应能力强的无敌群体；另一方面，妥善处理好个人（或组织）与周围环境（包括竞争者和合作者）的关系，不要成为众矢之的。

案例

李嘉诚成功语录摘录[①]

（1）我凡事必有充分的准备然后才去做。一向以来，做生意、处理事情都是如此。例如天文台说天气很好，但我常常问自己，如5分钟后宣布有台风，我会怎样，在香港做生意，亦要保持这种心理准备。

（2）只有嗅觉敏锐才能将商业情报作用发挥到极致，那种感觉迟钝、闭门自锁的公司老板常常会无所作为。

（3）好的时候不要看得太好，坏的时候不要看得太坏。最重要的是要有远见，杀鸡取卵的方式是短视的行为。

（4）不必再有丝毫犹豫，竞争既是搏命，更是斗智斗勇。倘若连这点勇气都没有，谈何在商场立足，超越置地？

（5）对人诚恳，做事负责；"多结善缘"，自然多得人的帮助；淡泊明志，随遇而安，不作非分之想；心境安泰，必少许多失意之苦。

（6）随时留意身边有无生意可做，才会抓住时机。着手越快越好。遇到不寻常的事发生时立即想到赚钱，这是生意人应该具备的素质。

（7）人才缺乏，要建国图强，亦徒成虚愿。反之，资源匮乏的国家，若人才鼎盛，善于开源节流，则自可克服各种困难，而使国势蒸蒸日上。从历史上看，资源贫乏之国不一定衰弱，可为明证。

（8）假如今日，如果没有那么多人替我办事，我就算有三头六臂，也没有办法应付那么多的事情，所以成就事业最关键的是要有人能够帮助你，乐意跟你工作，这就是我的哲学。我身边有300员虎将，其中100人是外国人，200人是年富力强的本地人。

（9）在我心目中，不理你是什么样的肤色，不理你是什么样的国籍，只要你对公司有贡献，忠诚、肯做事、有归属感，即有长期的打算，我就会帮他慢慢地经过一个时期而成为核心分子，这是我公司一向的政策。

（10）人才取之不尽，用之不竭。你对人好，人家对你好是自然的，世界上任何人都可以成为你的核心人物。知人善任，大多数人都会有部分的长处、部分的短处，各尽所能，各得所需，以量才而用为原则。一个大企业就像一个大家庭，每一个员工都是家庭的一分子。就凭他们对整个家庭的巨大贡献，他们也实在应该取其所得。只有反过来说，是员工养活了整个公司，公司应该多谢他们才对。

（11）不为五斗米折腰的人，在哪里都有。你千万别伤害别人的尊严，尊严是非常脆弱的，经不起任何的伤害。

（12）在我的企业内，人员的流失及跳槽率很低，并且从没出现过工潮。最主要的是员工有归属感，万众一心。

[①] http://baike.sogou.com/v63679882.htm?fromTitle=%E6%9D%8E%E5%98%89%E8%AF%9A%E6%88%90%E5%8A%9F%E8%AF%AD%E5%BD%95

(13) 有钱大家赚，利润大家分享，这样才有人愿意合作。假如拿10%的股份是公正的，拿11%也可以，但是如果只拿9%的股份，就会财源滚滚来。顾及对方的利益是最重要的，不能把目光仅仅局限在自己的利上，两者是相辅相成的，自己舍得让利，让对方得利，最终还是会给自己带来较大的利益。占小便宜的不会有朋友，这是我小的时候我母亲就告诉我的道理，经商也是这样。

(14) 我老是在说一句话，亲人并不一定就是亲信。一个人你要跟他相处，日子久了，你觉得他的思路跟你一样是正面的，那你就应该信任他；你交给他的每一项重要工作，他都会做，这个人就可以做你的亲信。

(15) 人要去求生意就比较难，而生意跑来找你，你就容易做，那如何才能让生意来找你？那就要交朋友。如何结交朋友？那就要善待他人，充分考虑到对方的利益。

(16) 以往我99%是教孩子做的道理，现在有时会与他们谈生意……但约三分之一谈生意，三分之二教他们做人的道理。因为世情才是大学问。

(17) 商业合作必须有三大前提：一是双方必须有可以合作的利益；二是双方必须有可以合作的意愿；三是双方必须有共享共荣的打算。此三者缺一不可。

(18) 不义而富且贵，于我如浮动。是我的钱，一块钱掉在地上我都会去捡。不是我的，一千万块钱送到我家门口我都不会要。我赚的钱每一毛钱都可以公开，就是说，不要不明白赚来的钱。

(19) 一个人一旦失信于人一次，别人下次再也不愿意和他交往或发生贸易往来了。别人宁愿去找信用可疑的人，也不愿意再找他，因为他的不守信用可能会生出许多麻烦来。如果取得别人的信任，你就必须做出承诺，一经承诺之后，便要负责到底，即使中途有困难，也要坚守诺言。我生平最高兴的，就是我答应帮助人家去做的事，自己不仅完成了，而且比他们要求的做得更好。当完成这些信诺时，那种兴奋感是难以形容的……

(20) 做人最要紧的，是让人由衷地喜欢你，敬佩你本人，而不是你的财力，也不是表面上让人听你的。绝不同意为了成功而不择手段，刻薄成家，理无久享。

(21) 一个有使命感的企业家，应该努力坚持走一条正途，这样我相信大家一定可以得到不同程度的成就。

(22) 要成为一位成功的领导者，不单要努力，更要听取别人的意见，要有忍耐力，提出自己意见前，更要考虑别人的意见，最重要的是创出新颖的意念……作为一个领袖，第一，最重要的是"责己以严，待人以宽"；第二，要令他人肯为自己办事，并有归属感。机构大必须依靠组织，在二三十人的企业，领袖走在最前端便最成功。当规模扩大至几百人，领袖还是要去参与工作，但不一定是走在前面的第一人。要做大就要靠组织，否则，迟早会撞板，这样的例子很多，百多年的银行也一朝崩溃。

(23) 与其到头来收拾残局，甚至做成蚀本生意，倒不如当时理智克制一些。

(24) 眼睛仅盯在自己小口袋的是小商人，眼光放在世界大市场的是大商人。同样是商人，眼光不同，境界不同，结果也不同。

(25) 身处在瞬息万变的社会中，应该求创新，加强能力，居安思危，无论你发展得多好，时刻都要做好准备。

(26) 力争上游，虽然辛苦，但也充满了机会。我们做任何事，都应该有一番雄心壮志，立下远大理想和目标，用热忱激发自己干事业的动力。人，第一要有志，第二要有识，第三要有恒，有志则断不甘为下流。当你作出决定后，便要一心一意地朝着目标走，常常记着名誉是你的最大资产，今天便要建立起来。

(27) 知识不仅是指课本的内容，还包括社会经验、文明文化、时代精神等整体要素，这样才有竞争力。知识是新时代的资本，五六十年代的人靠勤劳可以成事；今天的香港要抢知识，要以知识取胜。

(28) 勤奋是个人成功的要素，所谓"一分耕耘，一分收获"，一个人所获得的报酬和成果，与他所付出的努力有极大的关系。运气只是一个小因素，个人的努力才是创造事业的最基本条件。创业的过程，实际上就是恒心和毅力坚持不懈的发展过程，其中并没有什么秘密，但要真正做到中国古老的格言所说的勤和俭也不太容易。而且，从创业之初开始，还要不断学习，把握时机。

(29) 年轻时我表面谦虚，其实内心很骄傲。为什么骄傲呢？因为同事们去玩的时候，我去求学问；他们每天保持原状，而自己的学问日渐提高。无论何种行业，你越拼搏，失败的可能性越大，但是你有知识、没有资金的话，小小的付出就能够有回报，并且很可能达到成功。

(30) 从前经商，只要有些计谋，敏捷迅速，就可以成功；可现在的企业家，还必须要有相当丰富的知识资产，对于国内外的地理、风俗、人情、市场调查、会计统计等都非常熟悉不可。一个人凭自己的经验得出的结论当然是最好，但是时间就浪费得多了，如果能将书本知识和实际工作结合起来，那才是最好的。下一个世纪的企业家将和我完全不同，因为新世纪企业家的成功取决于科技和知识，而不是钱。

要求：请逐一评价李嘉诚的观点之对错，并具体说明与哪些成功管理者的理念相符。

第三节　西方管理理论丛林

有集体协作劳动的地方就有管理活动，在漫长的管理活动中，管理思想逐步形成。随着生产力的发展，人们把各种管理思想加以归纳和总结，形成了一系列管理理论，又称管理理论丛林。反过来，人们又运用管理理论去指导实践以取得预期的效果，同时在管理实践中修正和完善管理理论，如此不断循环、不断丰富。

一、早期管理思想

18世纪中叶，蒸汽机、煤、铁、钢技术的快速发展，加速了工业革命的诞生，大规模工厂化生产取代手工作坊式劳动。生产管理迫在眉睫，而与此相对应的管理理论或管理经验一片空白！

1. 亚当·斯密的分工思想

亚当·斯密（Adam Smith）于 1776 年发表了《国富论》。该著作不仅对经济发展产生了重大影响，也对管理思想的发展作出了重大贡献。斯密在管理思想上作出的贡献主要在于阐述了分工的重要性，他将原因归纳为：第一，分工增加了每个工人的技术熟练程度；第二，分工节省了从一种工作转变为另一种工作所需的时间；第三，分工有利于创新工具和改进设备。斯密形象地把劳动分工的优越性表现出来，符合了当时生产的需要，为以后的管理提供了一条重要的理论依据。

斯密在《国富论》中通过制针业的例子说明分工对企业的影响。如果一名工人没受过专业训练，一天也难以造出一枚针来。但如果把制针程序分成若干项，由专业人员负责每一项工作，如第一个人负责抽线，第二个人负责拉直，第三个人负责剪裁，第四个人负责磨尖，第五个人负责磨角和钻孔。这样平均一个人每天可以生产 48 000 枚针，生产效率得到极大提高。

2. 查尔斯·巴贝奇的管理思想

英国数学家查尔斯·巴贝奇（Charles Babbage）在斯密之后不仅更详细地论述了分工的作用，而且在劳资关系、技术手段方面也作出了重要贡献。巴贝奇于 1832 年出版的《论机器和制造业的经济》一书中阐述了劳动分工能提高劳动效率的论点，通过自身经历和调研进一步分析了劳动分工使生产率提高的原因。巴贝奇还强调协调劳资关系有利于提高劳动生产率，主张实行利润分配制度，可以根据工人对工厂所作的贡献获得部分工厂利润，建议工人工资由固定工资、利润提成和奖金三部分构成。除此之外，巴贝奇注重技术手段对工厂管理的改进作用，在动作研究、投资规模和厂址选择、制造过程成本分析等方面作了大量研究，为后来的科学管理理论提供了借鉴。

3. 罗伯特·欧文的人本思想

空想社会主义者罗伯特·欧文（Robert Owen）是 19 世纪初最有成就的实业家之一，也是杰出的管理学先驱。他最早关注企业人力资源管理与开发的重要性，提出要重视人的因素，反对将人视作机器。他认为：企业利益与工人利益可以调和，只要经营得当，企业主在大大提高工人生活水平的同时，仍可以为自己赚取大量利润。他对企业进行一系列改革：缩短工时，提高工资；禁止使用童工，为儿童开办学校和托儿所；开办商店，为工人提供便宜的生活用品；修建工人住宅，改善工人居住条件，改进卫生设备；建立食堂，发放抚恤金，设立互助保险，提供医疗服务；等等。由于经营得当，实行这些改革时，企业不仅没有亏本，而且产值提高一倍以上，获得大量利润。改革的成功不仅震动了英国，而且名闻欧洲。

虽然这些人本思想在当时无法得到推广，但欧文最早提出"重视人的因素"的观点对后来行为科学理论产生了深远影响，被称为"现代人事管理之父"。

二、古典管理理论

于 19 世纪 60 年代基本结束的工业革命带来大规模生产的负面效应日趋突出，如工作环境差、产品质量差、机构臃肿、劳资关系不和谐、浪费严重和效率低下等，迫切需要理论与方法解决之。

1. 泰勒的科学管理理论

弗雷德里克·温斯洛·泰勒（Frederick Winslow Taylor），美国著名管理学家，科学管理理论的创始人，被誉为"科学管理之父"。其贡献主要在以下方面：

（1）作业管理方面

第一，工作定额原理。科学管理的中心是提高劳动生产率，需要制定出有科学依据的"合理日工作量"。这个标准来自选择合适且技术熟练的工人，把他们多年积累的经验归纳整理，找出具有共性和规律性的因素，并使其标准化，以确定工人的合理劳动定额。

第二，挑选头等工人。管理人员的责任是细致地研究工人的性格、脾气和工作表现，找出他们的能力；发现工人的发展潜质，系统训练、帮助和指导每个工人，为他们提供发展机会。

第三，差别工资制。实行激励性的报酬制度，即按照工人是否完成定额而采用不同的工资率付酬：如果工人能够保质保量地完成定额，就按高的工资率付酬，以资鼓励；如果工人的生产没有达到定额，就按低的工资率付酬，给予警告。

（2）组织管理方面

第一，将计划职能和执行职能分开。泰勒把计划与执行分开，计划职能负责分析、计划、控制、指导等工作，执行职能负责具体实施。

第二，组织管理中的例外原则。指企业高级管理人员把处理一般事务的权力下放给下属，自己只保留对例外事项的决定和监督权。

泰勒突破了传统的经验管理方法，不仅将管理引向科学化，生产力得到大幅度提高；而且将管理职能从生产职能中分离出来，专门研究管理工作，为之后管理理论的发展奠定了基础。但泰勒将工人看作是"经济人"，即假设工人只关心自己的收入，忽视了人在管理中的作用。

为解决工人怠工问题，泰勒进行了金属切削实验。在用车床、钻床、刨床等工作时，要决定用什么刀具、多快的速度等来取得最好的加工效率。这项实验非常复杂和困难，原定 6 个月而实际用了 26 个月，耗费 80 多万吨钢材，共计约 15 万美元。最后在多名专家的帮助下，取得了重大的进展。这项实验还获得一个重要的副产品——高速钢的发明并取得了专利。金属切削实验为科学管理思想奠定了坚实的基础，使管理成为一门真实的科学，这对以后管理理论的发展起到巨大的推动作用。[①]

[①] http://www.bz01.com/dispbbs.asp?boardid=31&id=107720&page=0&move=next.

2. 法约尔的一般管理理论

亨利·法约尔（Henri Fayol）是法国古典管理理论的代表人物，自1885年起任法国最大的矿冶公司总经理达30年，于1916年出版了他的代表作《工业管理与一般管理》。其理论主要包括以下几个方面：

（1）从企业经营活动中提炼出管理活动

法约尔认为经营和管理是两个不同的概念，管理包括在经营之中。他把工业企业的经营活动分为六类，即生产等技术活动（生产），购买、销售与交换等商业活动，资本的筹集与运用等财务活动，财产和人身的保护等安全活动，统计核算等会计活动和管理活动。管理是企业经营的第六项活动，而且处于不同层次的管理者，其经营活动的侧重点不同。随着企业规模由小到大，职位的由低到高，管理者的管理能力的相对重要性不断增加，而其他五项活动能力的重要性则会相对下降。

（2）倡导管理教育

法约尔认为管理是一门科学也是一门艺术，在竞争激烈的市场上，如果只靠经验办事，常常会犯"近视"的毛病。对管理人员实行管理教育，可以杜绝因目光短浅带来的损失。

（3）提出五大管理职能

法约尔将管理活动分为五大管理职能：

第一，计划职能。即研究未来和安排未来的工作。法约尔强调"管理应当预见未来"，计划应该体现管理的预见性。计划也是企业达成目标的手段，拟定好的计划可以为企业实现目标提供优势。

第二，组织职能。组织是将企业人力、物力、财力资源及企业的产、供、销有机地结合起来，使企业的运作系统能够协调工作的动态过程。其作用包括：完成计划的及时传递，确保计划反映目标，及时检查计划运转，使计划运行规范化等。此外，法约尔的组织原理十分强调统一指挥的重要性，认为多头领导是混乱无效的组织。

第三，指挥职能。即建立在对下属和管理原则了解基础之上的领导艺术。为了更好地指挥，管理者首先要深入"基层"，了解基层；其次要定期"访问"，主持工作；最后管理者还要和员工经常举行会议，激励员工各抒己见并广泛采纳有益建议。

第四，协调职能。即调节企业人与人、部门与部门之间的关系，保证企业经营顺利进行并取得成功。企业内部各部门负责人应该明确自己的工作目标，与上下级保持畅通的沟通渠道。为做好协调工作，法约尔建议不同部门的领导人，应定期碰面，相互交流信息，减少摩擦，达到相互配合的目的。

第五，控制职能。即确保各项工作是否与计划相符合。法约尔认为控制的目的在于根据标准指出工作中的缺点和错误，有利于纠正错误，避免重犯。做好控制工作关键有三点：一是控制应及时；二是执行控制的人员要具有高度的责任心和敏锐的判断力；三是执行控制的人员应享有相对独立的自主权。

（4）提出14项管理原则

法约尔认为，为了普及管理教育，提高人员的管理能力，必须建立一种能适用于学校教育的一般管理原则。法约尔归纳总结了14项管理原则，具体如下：劳动分工原则，即分工使劳动专业化进而促进组织的发展；权力与责任原则，即权责对等；纪律原则，纪律是工人达成的协议，是组织正常运作的保证；统一指挥原则，即工人仅服从一个上级的指挥；统一领导原则，即企业的各项活动应该在一个领导和一个计划下进行；个人利益服从整体利益原则，即在个人利益与集体利益冲突时应保证集体利益的实现；人员报酬原则，即工人报酬要公平合理；集中原则，即在小型企业中，权力相对集中在上面，在大型企业中，权力可以适度下放到基层；等级制度原则，即从最高层到最底层形成权力的等级结构；秩序原则，即人和物都应该处于合理位置各尽其能；公平原则，即应该公正地对待员工；人员稳定原则，即员工能够长期稳定的在企业工作；首创原则，即鼓励和激发员工的主动性和创造性；团队精神原则，即强调发挥集体的力量。

法约尔一般管理理论较泰勒科学管理理论更具系统性，尤其是他提出的管理的五大职能为之后对管理的分析提供了一套科学的理论框架，14项管理原则在实践中给管理活动带来了巨大的帮助。

3. 韦伯的行政组织体系理论

德国社会学家马克斯·韦伯（Max Weber）最早研究了工业化对组织结构的影响，代表作包括《社会和经济组织的理论》《新教伦理与资本主义精神》等。他认为在现代社会中，大规模的企业必须建立起理想的行政组织来实施专业化管理，其理论分成三个部分：

（1）理想行政组织应具备的特点

第一，实行职责分工，明确规定每一个岗位的权力和责任，并且将这些权力和责任作为正式的职责合法化；第二，把各种职位按权力等级组织起来，形成一个指挥链，遵循等级原则；第三，根据正式考试成绩或者训练教育获得的技术资格来挑选组织中所有的员工；第四，所有管理者都是任命的，不是选出的；第五，行政管理人员领取固定薪金，他们是专职的公职人员；第六，行政管理人员不是所管辖企业的所有者；第七，行政管理人员要遵守职位所规定的规则、纪律和制度。

（2）理想行政组织权力的分类

理想的行政组织都必须以某种形式的权力作为基础，否则该组织就不能达到自己的目标。韦伯把这种权力划分为：传统权力，即由传统惯例或世袭得来；超凡权力，即来源于别人的崇拜与追随；法定权力，即由法律规定的权力。韦伯认为只有第三种权力才能作为行政组织体系的基础，使组织按照法定的程序来行使权力，从而保证组织的健康发展。

（3）理想行政组织的管理制度

管理意味着以知识和事实为依据来进行控制，组织中存在行政管理档案制度，可用来规范组织和组织成员的行为，提高组织的工作效率。

韦伯所设计的行政组织较其他组织形式更加有效、更具可靠性和纪律性，而且为之后组织理论的发展奠定了基础。韦伯的行政组织理论为正式组织的构建提供了良好的指导原则，但忽视了非正式组织对正式组织的促进作用。

三、现代管理理论

生产效率的快速提升与生产的相对过剩导致了20世纪30年代的大萧条。第二次世界大战后，世界局势趋于稳定，许多国家开始稳定政局并大力发展经济，同时系统论、控制论、信息论与计算机技术在管理中得到了广泛的运用。因此，这一时期管理理论频出，产生了众多的管理理论学派。

1. 管理程序学派

管理程序学派又叫管理职能学派，是在法约尔一般管理理论的基础上发展起来的一个管理理论学派。该学派的代表人物是美国管理学家孔茨，其代表作为与奥唐奈合著的《管理学》。管理程序学派的研究对象是管理的过程和职能，他们认为管理就是在组织中通过别人或和别人一起完成工作的过程，管理过程难以同管理职能分开。

该学派的基本研究内容包括：首先，把管理人员的工作划分为一些职能，如法约尔划分的计划、组织、指挥、协调和控制五项职能；其次，对这些管理职能进行深入研究，并在实践中探索管理的一般规律。管理程序学派认为，应用这种研究方法可以把管理工作的主要方法加以概括成理论，进而指导管理实践。

管理程序学派的主要贡献在于提供了一种由管理职能构成的理论框架，其内涵广泛易懂，并对职能逐一分析从而归纳出若干原则作为指导。

2. 行为科学学派

行为科学学派是在美国行为家梅奥的人群关系理论（霍桑试验）的基础上发展起来的。该学派认为管理是经由他人的努力达到组织目标的过程，管理中最重要的因素是人，所以要研究人、尊重人、关心人和满足人的需要以调动人的积极性，并创造一种能够充分发挥员工力量的工作环境。行为科学学派代表人物与研究成果有很多，根据研究对象所涉及范围的不同可以分为关于个体行为的理论、关于团体行为的理论以及关于组织行为的理论。

关于个体行为的理论包括有关人的需要、动机和激励的理论，如需要层次理论、双因素理论、期望理论、公平理论等；也包括有关人的特性的理论，如X—Y理论、不成熟—成熟理论以及有关人性的四种假设等。

关于团体行为的理论包括有关团体动力的理论，如团体动力学；也包括有关信息交流的理论，如信息交流分类；还包括有关成员相互关系的理论，如社会关系计量学等。

关于组织行为的理论包括有关领导行为的理论，如管理方格理论、四分图理论、领导特质理论等；也包括有关组织变革的理论，如Z理论。

与古典管理理论相比，行为科学管理理论不再把工人简单地看作是"经济人"，强调企业应该采取各种措施满足工人的需求，认为"人"才是管理的中心。

3. 决策理论学派

美国管理学家和社会学家赫伯特·西蒙在决策理论方面作出了开创性的工作，也正因此，他被授予1978年诺贝尔经济学奖。西蒙认为科学决策概念应具备三大条件：一是决策是一个选择的过程；二是决策的核心是选优；三是现代决策一般是科学决策和民主决策。决策要遵循科学程序，运用科学方法，充分发挥群众和集体的智慧，从而避免失误。

按固定程序办事不一定作成功的决策，但不按程序办事，常常是决策失败的重要原因。西蒙把决策分为四个阶段：一是情报活动阶段，主要是搜集与企业有关的信息，为作决策打下基础；二是设计活动阶段，拟订多种方案，为决策的选择和比较作准备；三是选择活动阶段，重点在于比较各种方案的利弊差异，广泛征求专家和群众的意见，根据"令人满意"的准则加以确定；四是审查活动阶段，做好防范性分析，防患于未然。

西蒙首次强调了在执行计划前分析的必要性和重要性，与传统管理学派不同的是，西蒙认为决策是管理职能中的一项新职能，贯穿于组织活动全部过程，并提出了"管理的核心是决策"的命题。

4. 系统管理理论学派

系统管理理论是卡斯特、罗森茨威克和约翰逊等美国管理学家在一般系统论的基础上建立起来的，该理论借助系统的观念来研究组织结构及管理的基本职能，把系统论原理应用于管理。该理论认为，组织是由人建立起来的相互联系并且共同工作着的要素构成的系统，这些要素被称为子系统。系统的运行效果是通过各个子系统相互作用的效果决定的，它通过和周围环境的交互作用和内外部信息反馈，不断自我调节以适应环境。

该理论的具体内容包括：第一，企业是由人、物资、机器和其他资源在一定目标下组成的一体化系统，它的成长和发展同时受到这些组成要素的影响，在这些要素的相互关系中人是主体而其他要素是被动的。第二，企业是由许多子系统组成的、开放的社会技术系统。企业是社会的一个子系统，受社会环境的影响，也同时影响环境。第三，运用系统观点来考察管理的基本职能，可以提高组织的整体效率。

系统管理理论应用系统理论的原理分析和研究企业的管理活动，通过建立系统模型对组织结构进行分析。该理论还提出了整体优化、合理组合、规划库存等管理的新概念和新方法，被认为是 20 世纪最伟大的成就之一。

5. 权变理论学派

美国著名管理学家菲德勒是权变理论的奠基人。权变理论是领导者在动态条件下和特殊环境中如何实现有效管理的思想和方法。该学派认为，管理中不存在一种适用于任何条件下的管理方法，领导者应该根据环境条件、管理对象和管理目标的不同，采用不同的管理方法。

第一，管理方法受领导者方式的影响。一个人的领导风格是与生俱来、固定不变的，个人不可能改变自己的风格去适应变化的环境。这意味着在管理对象不变的条件下，要提高领导效率，只有采用两种方法：一是聘请一个更有能力的领导者；二是改变环境，即因人而管理。

第二，管理方法受环境条件的影响。不存在适用于任何环境的最佳领导风格，某种领导风格只是在一定的环境中才可能获得最佳效果，因此必须研究各种环境的特点。

第三，管理方法受管理对象的影响。领导者在设定管理对象的工作目标时，要正确估计不同管理对象的满足水平，使其工作成果所得到的报酬与其满足水平相适应。

权变理论提供了一种新的评价领导绩效的方式，认为领导的绩效并不是受领导者风格或是所处环境单方面决定的，而是取决于领导者风格与所处环境是否匹配。

6. 管理科学学派

管理科学学派，也称计量管理学派、数量学派，该学派成立于1939年由英国曼彻斯特大学教授布莱克特领导的运筹学小组。美国的伯法是管理科学学派的代表人物之一，代表作为《现代生产管理》。

管理科学理论以自然科学最新的成果（如系统论、控制论、信息论、运筹学、电子技术等）为手段，运用数学模型对管理活动进行系统的定量分析，得出最优规划和决策的有效方法。它是一门新的边缘交叉学科，主要特征是将管理问题数理化、模型化。

管理科学理论将复杂、大型的问题进行分解，便于分析，注重遵循逻辑程序办事，增加了管理的科学性。但是并不是所有管理问题都能够量化分析，因此，管理科学理论适用范围是有限的。

7. 经验主义学派

美国管理学家彼得·德鲁克是经验主义学派的代表人物，其代表作有《管理实践》《有效的管理者》等。该学派从管理者的实践经验研究管理，他们认为成功组织的管理者的经验是最值得借鉴的。因此，他们重点分析许多组织管理人员的经验，加以总结概括，找出共性的东西，将其系统化和理论化后向管理人员提供实际的建议。

经验主义学派的主要观点有：管理是管理人员的技巧，是一个特殊的、独立的活动和知识领域；管理必须能够创造一个"生产的统一体"，管理者像乐队的指挥，使各种资源得到充分发挥；提倡实行目标管理法。

经验主义学派注重从企业管理的实际经验出发对管理进行研究，强调用比较的方法来研究和概括管理经验。但是经验主义学派强调经验而无法形成规范的管理原理和原则，也无法形成统一完整的管理理论，而且，过去适用的经验未必适用未来的管理。

8. 社会系统学派

美国管理学家巴纳德将组织看成是一种开放系统，组织中的所有人员都在调整内部和外部的各种力量，不断使系统保持平衡。巴纳德的社会协作系统组织理论的观点有：

第一，组织是协作系统的一个组成部分，其存在和发展必须具备协作意愿、共同目标和信息沟通三个基本条件。协作意愿指组织成员愿意提供协作性的劳动和服务，没有协作的组织将是一盘散沙，毫无效率可言。个人愿意为实现组织目标作出牺牲是因为通过个人的努力和牺牲实现组织目标，有利于个人目标的实现；共同目标即组织目标，只有组织成员意识到实现组织目标有助于实现个人目标时，两者才等同起来；如果没有信息沟通，组织中的成员就对组织中的目标缺少共同的认识和接受，也就无法形成协作劳动。

第二，正式组织能维持组织的秩序和保持组织的一贯性，而非正式组织给组织提供了活力，两者是在协作中相互作用、相互依存的两个方面。

第三，在一个正式组织中，经理人员是信息维持系统运转的中心人物，并对组织成员的活动进行协调，实现组织的目标。他的主要职能有三个方面：一是提供一个信息交流系统；二是促成员工付出必要的努力；三是提出和制定组织的目标。

第四，管理者的权威不是来自上级的授予，而是来自由下而上的认可。经理人员作为企业组织的领导核心,必须具有权威。如果管理者善于掌握准确的信息,作出正确的判断,发出的指示能够得到执行,就说明权威已经形成。如果多数下属认为这种指示不利于或有悖于自身的个人利益而不支持,权威也就不存在。

巴纳德认为组织是一个由两个或两个以上的人组成的协作系统,而不是传统组织理论所定义的组织就是人的集合体。他最早用系统理论和社会学知识研究管理和组织,提出了许多有关组织职能的新观点,为现代组织理论奠定了基础。

许多管理者和管理学家都认为工作场所的通风、温度、湿度、照明等物质环境和劳动效率之间有明确的因果关系。1924 年,美国国家科学院决定在西屋电器公司的霍桑工厂进行实验研究,该实验被分为照明实验、福利实验、访谈实验和群体实验,以找到工作的物质环境与工人的劳动效率之间的精确关系。霍桑工厂有 25 000 多名工人,是一家专门为美国电话电报公司供应电信设备的企业,由管理学家和厂方工作人员共同组成了研究小组。

研究从照明条件开始,研究者选择了一些从事装配电话继电器这一高度重复性工作的女工,将她们分为"对照组"和"实验组",分别在两个照明度完全相同的房间里做完全相同的工作。在实验中,对照组的照明亮度和其他工作环境没有变化,实验组则被调整了照明亮度。令人奇怪的是,提高实验组的照明亮度,产量上升;可是调低照明亮度,包括有一次甚至暗到只有 0.6 烛光,近似月光的程度,产量也上升。更令人奇怪的是,在对照组,照明亮度没有任何变化,产量也上升了。困惑之下,研究者转而对工资报酬、工作时间、休息时间等照明以外的其他因素进行同样的实验,如把集体工资制改为个人计件工资制,上午与下午各增加一次 5 分钟的工间休息并提供茶点,缩短工作日和工作周期等,产量仍是上升的;当实验者废除这些优厚条件后,产量依旧上升。在实验期间,电器的人周均产量提高了 25%,从最初的 2 400 个增加到 3 000 个。

研究显示,无论在哪种工作条件下,也无论这些工作条件变还是不变,变好还是变坏,产量都上升。研究人员开始怀疑实验本身及其前提了,是不是工作的物质环境和工人的劳动效率之间本来就没有明确的因果关系?

实验持续到 1927 年,几乎所有人都准备放弃的时候,梅奥对实验的初步成果产生了兴趣,并敏锐地感到解释霍桑怪事的关键因素不是物质条件的变化,而是工人精神心理因素的变化。他认为作为实验对象的工人由于处在实验室内,实际上就成了一个不同于一般状态的特殊社会群体,群体中的工人由于受到实验人员越来越多的关心而感到兴奋并产生一种参与实验的感觉。这才是真正影响工人的因素。与这个因素相比,照明、工资之类都只是偶然性的东西。

访谈实验开始时是由研究者制定一份谈话提纲,要求工人就提纲中列出的厂方的规划和政策、工头的态度、工作的条件等议题发表意见。可开始后,工人表示不想受提纲的限制,更想谈一些提纲以外的话题。也就是说,研究者认为是意义重大的事情并不是工人最关心的事情。于是研究者及时调整了访谈计划,不再规定谈话的内容而让工人随意谈自己关心的事情,每次谈话的平均时间由半小时延长到一小时,研究者不进行任何道德说教和劝说,也不表达自己的情绪和立场,只是详细地记录工人的不满和意见。这项持续了两年多的实验并没有给工人解决任何具体问题,却使产量大幅度提高。专家们认为,这是由于长期以来工人对厂方积累了许多不满而无处发泄，从而影响了积极性。访谈计划恰恰给每位工人发泄的机会。工人的不满情绪得到发泄后，感到心情舒畅、士气大振，产量自然也就提高了。

四、当代管理理论

20世纪80年代以来，随着计算机与信息技术的发展与普及、知识大爆炸及全球化，当代新出现的各种管理问题，需要全新的管理理论进行指导。

1. 波特的竞争战略理论

美国哈佛大学教授波特提出了竞争战略理论，认为有五种力量影响企业盈利能力，分别是买方、供方、行业竞争者、潜在竞争者和替代品生产企业。在与五种竞争力量的抗争中，波特提出了三种成功的竞争战略思想：成本领先战略、差异化战略和集中战略。企业在明确了自身的优劣势以及所面临的机遇和挑战的基础上，必须作出其中一种根本性的战略决策，避免企业处于徘徊状态。

竞争战略理论开创了战略管理思想的新领域，对企业的发展和管理作出了重大贡献。该理论为企业竞争提供了有力的思想武器，已经成为战略管理方面的经典理论。

2. 沙因的组织文化理论

美国麻省理工学院教授沙因首先提出了组织文化理论，其代表作为《组织文化与领导》。沙因认为，组织文化是组织生产经营活动过程中，根据组织任务和环境提出的以共同价值观为核心的观念和信条。组织文化由以下三个相互作用的层次组成：物质层文化，即可以观察到的组织结构和组织过程；支持性价值观，包括战略、目标、质量意识和指导哲学；基本的潜意识假定，是人潜意识的一些信仰、知觉、思想、感觉等。为了更深刻地认识和理解组织文化，沙因认为应综合运用群体力学理论、领导理论和学习理论对组织文化的产生、创造和延伸等问题进行分析。

沙因对文化的本质作了阐释，并分析文化的构成要素，其理论为组织文化学派的产生奠定了基础。目前各国不断结合地域、传统习俗的特点衍生出区域性的、独特的管理文化，有关组织文化的研究还在不断地深入发展。

> 子曰："道之以政，齐之以刑，民免而无耻；道之以德，齐之以礼，有耻且格"。意思是如果以强权手段的行政权力、政策法令来管理一个国家，使其子民随顺，以压服的方式采用强硬的刑罚来约束，老百姓只是求得免于犯罪受惩，却失去了廉耻之心；如果用道德教化引导百姓，使用礼制去统一百姓的言行，百姓不仅会有羞耻之心，而且也就守规矩了。组织文化就是培养员工的德（改造价值观），使他们自觉遵守公司制度，增强工作的主动性。

3. 哈默的企业再造理论

美国学者哈默和钱皮于1993年出版了他们的代表作《企业再造：企业管理革命的宣

言》，详细阐述了企业再造理论的内容和方法。企业再造是对企业业务流程和管理流程进行根本的再思考和彻底的再设计，以显著提高企业的效率。企业再造是企业内部的一场革命，是适应环境变化的需要。企业再造理论适用于以下三类企业：

第一，问题众多的企业。如生产成本过高，无法与同行竞争，入不敷出；服务质量很差，顾客怨声载道；产品质量很差，需要从头开始进行彻底改造。

第二，潜伏危机的企业。这类企业暂时能正常经营，但如果产生不利因素，如新的竞争者涌现或是政府修改产业政策等，企业就会面临危机。这类企业应该当机立断进行改造。

第三，处于事业巅峰的企业。这类企业处于事业发展的高峰，但管理层一般会居安思危，把企业再造作为超过竞争对手的重要手段，进而不断修改竞争规则，构筑竞争壁垒。

企业再造理论通过变革让企业获得新的活力，给企业带来了显著的经济效益，在这一理论影响下，美国从 20 世纪 80 年代开始了大规模的"企业重组革命"，日本同样于 20 世纪 90 年代掀起了"第二次管理革命"的高潮，越来越多的学者也开始对该理论进行研究。

4. 圣吉的学习型组织理论

美国学者彼得·圣吉在其代表作《第五项修炼》一书中首次提出学习型组织，学习型组织是一个具有持续创新能力、能不断创造未来的组织，能在内部建立起完善的学习机制，使组织与个人有机结合起来，得到共同发展，形成良性循环。圣吉认为企业应建立学习型组织，面临剧烈环境的变化时，组织应力求精简、扁平化、弹性应对、终生学习、不断自我组织再造，以维持组织的竞争力。学习型组织理论的核心内容包括五项修炼，即建立共同愿景的修炼、团队学习的修炼、改变心智模式的修炼、自我超越的修炼和系统思考的修炼。

学习型组织是一种实用性广泛的新型组织形式，为企业创建更具生命力和创造力的组织奠定了理论基础，也为创造更多企业价值、创造更多社会效益提供了新的方法，而且学习型组织理论本身也在实践中不断发展。

5. 六希格玛管理理论

六希格玛（6δ）理论首次由摩托罗拉公司为了改善产品质量而提出，是一种把顾客放在第一位，利用事实和数据来妥善解决问题的办法。δ 在统计学中用来表示正态分布的标准偏差，6 个 δ 可解释为每 100 万个机会中只有 3.4 个出错的机会，即合格率是 99.99966％。6δ 管理方法的重点是将所有的工作作为一种流程，采用量化的方法分析流程中影响质量的因素，找出最关键的因素加以改进，从而提高客户满意度。

6δ 理论以满足客户为中心，包含六个主题：一是真正关注顾客，即一切以客户满意和创造客户价值为中心。二是以数据和事实推动管理，即从分辨一些经营业绩的指标开始，收集数据，分析关键变量，从而有效解决问题。三是针对过程进行管理和改进，即把流程视为成功的关键。四是预测性管理，即对一些容易忽略的经营活动进行管理，实行动态、积极、预防式管理。五是无边界的合作，即强调打破障碍，加强自上而下、跨部门的团队工作。六是力求完美但容忍失败，即一个以 6δ 为目标的公司在不断追求完美的同时，应能接受和处理偶然的挫折。

6δ 是一种对企业流程设计、改善和优化高度有效的技术,现已逐步发展为以顾客为主体确定企业战略目标和产品开发设计的标尺,以及追求持续进步的一种管理哲学。

6. 精益生产理论

精益生产是美国麻省理工学院国际汽车项目组研究者琼·弗兰克给日本汽车工业的生产方式所下的定义。与传统的大批量生产相比,精益生产只需要一半的人员、生产场地、投资、生产周期、产品开发时间和少得多的库存,就能生产品质更高、品种更多的产品。

精益生产的目标是实现利润最大化,降低成本,快速应对市场需求。因此,要少做不产生增值的事,彻底消除浪费,如消除生产浪费、库存浪费、等待时间浪费或产品缺陷浪费。精益企业的特征是以客户为上帝、以员工为中心,在生产过程中,去除多余的工作环节。精益生产是一项综合的管理,涉及产品设计、生产计划编制、机器改造、设备重新布置、生产同步化和均衡化、设备预防维修、人员再培训等。其中任何一个环节得不到改进,精益生产的推行就可能受阻。

精益生产能大幅度减少生产资源的闲置时间、作业切换时间、库存、低劣产品、不合格供应商、产品开发设计周期以及不及格绩效。它是继大批量生产方式之后,对人类社会和人的生活影响巨大的一种生产方式。

7. 供应链理论

供应链是围绕核心企业,通过对信息流、物流、资金流的控制,将供应商、制造商、分销商、零售商直到最终用户连接成一个整体的网链结构。

供应链包含所有加盟的节点企业,从原材料的供应开始,经过链中不同企业的制造加工、组装、分销等过程直到最终用户。供应链不仅是一条连接供应商到用户的物料链、信息链、资金链,而且是一条增值链。供应链管理就是把物流管理功能集成的概念从单个企业拓展到供应链上的所有企业,以此来降低成本和风险,将企业资源在供应链成员之间平衡和调配,提升整个供应链的效率,增强自身的竞争实力。

供应链管理超越了单一企业组织职能的管理范畴。与一般企业管理过程相比,供应链管理具有供应链过程的集成性、供应链目标的双赢性、供应链成员的交叉性、供应链范畴的相对性、供应链管理的复杂性和供应链联盟的动态性等特征。

> **案例**
>
> **管理理论真能解决实际问题吗?**[①]
>
> 海伦、汉克、乔、萨利四人都是美国西南金属制品公司的管理人员,海伦和乔负责销售,汉克和萨利负责生产。他们刚参加了为期两天的管理理论培训班,三要学习权变理论、社会系统理论和有关员工激励方面的内容,他们对所学的理论各有不同的看法。

---

① 赵有生,《现代企业管理》,清华大学出版社,2012年。

乔说:"我认为系统管理理论对我们公司很有帮助,例如,生产工人偷工减料或做手脚、原材料价格上涨等,都会影响我们的产品销售。系统理论中讲的环境影响与我们的情况很相似,在目前这种经济环境中,公司会受到环境的极大影响,在油价暴涨期间我们还能控制自己的公司,现在呢?我们在销售方面每前进一步,都要经过艰苦的努力。这方面的艰苦你们大概都深有感触吧?"

萨利插话说:"我们的确有过艰苦的时期,但我不认为这与系统管理理论之间有什么联系,我们曾在这种经济系统中受过伤害。当然,你可以认为这与系统理论是一致的。但是我并不认为我们就有采用系统管理理论的必要。我的意思是,如果每个东西都是一个系统,而所有的系统都能对某一个系统产生影响的话,我们又怎么能预见到这些影响所带来的后果呢?所以,我认为权变理论更适合我们。如果你说事物都是相互依存的话,系统理论又能帮我们什么忙呢?"

海伦说:"对系统管理理论我还没有很好地考虑,但我认为权变理论对我们很有用。虽然我以前也经常采用权变理论,但我并没有认识到是在运用权变理论。例如,我经常听到一些家庭主妇讨论关于孩子如何度过周末之类的问题,从她们的谈话中我就知道她们需要采购什么东西。顾客不希望'逼'她们去买她们不需要的东西,但我认为,如果我们花上一两个小时与她们自由交谈的话,那肯定会扩大我们的销售量。但我也碰到过一些截然不同的顾客,他们一定要我向他们推销产品,要我替他们在购货中做主,这些人也经常到我这里来走走,不是闲谈,而是做生意。因此,你们可以看到,我每天都在运用权变理论来对付不同的顾客。为了适应形势,我经常在改变销售方式和风格,许多销售人员都是这样做的。"

汉克有些激动地插话说:"我不懂这些被大肆宣传的理论是什么东西。但关于系统管理理论和权变理论,我不同意萨利的观点。教授们都把自己的理论吹得天花乱坠,他们的理论听起来很好,但却无助于我们的管理实际。对于培训班上讲的激励要素问题我也不同意。我认为要激励员工,就是根据他们所做的工作付给报酬。如果员工什么也没做,就用不着付任何报酬。你们和我一样清楚,人们只是为钱工作,钱是最好的激励。"

思考题:
(1) 你同意谁的意见?他们的观点有什么不同?
(2) 如果你是海伦,你如何让汉克信服权变理论?

第四节　企业环境分析

机会与挑战来自环境,抓住时机并快速决策是现代企业成功的关键!影响企业生存和发展的各种因素被统称为企业环境,它又包括一般环境和任务环境,分别对企业产生间接和直接的影响。精准认识环境才能把握时机和规避风险,牢固掌握发展的主动权。分析环境的方法主要包括 PEST 模型与波特五力模型。

一、PEST 模型

PEST 模型从政治法律环境、经济环境、社会文化环境和技术环境四个方面揭示了企业所处的一般环境因素。

1. 政治法律环境分析

政治环境对企业的影响因素包括政治制度与体制、政局稳定性、政策连续性以及政府对组织所经营业务的态度等。如中国外商直接投资和经济增长一直保持在较高的水平与近三十年来中国的政治环境稳定密不可分。法律环境主要包括政府制定的对企业经营具有约束力的法律、法规，如反垄断法反不正当竞争法、税法、环境保护法以及外贸法规等。

2. 经济环境分析

宏观经济环境包括国家基础设施、国家宏观经济发展态势、国家产业政策、国际经济发展趋势、市场发展趋势等。企业经营的好坏，不仅取决于企业自身经营管理工作，而且取决于宏观经济这个大环境。如果大环境对企业有利，大多数企业将会取得较好的经济效益；如果大环境对企业不利，很多企业即使苦心经营也很难取得应有的成效，有时还会亏损甚至破产。表 2-2 列出的反映宏观经济状况的主要变量值得企业特别关注。

表 2-2　反映宏观经济环境的因素

1. 国内产业结构调整与产业升级。	9. 金融机构贷款的松紧程度。
2. 居民收入的增长。	10. 居民的消费倾向。
3. 利率。	11. 通货膨胀率。
4. GDP 的变化。	12. 失业趋势。
5. 劳动生产率水平。	13. 股票市场的变化。
6. 汇率的变化。	14. 货币政策。
7. 财政政策。	15. 关税税率的变化。
8. 经济周期。	

李嘉诚是全球最睿智的企业家之一，他能精准把握宏观经济形势，频繁而又大手笔地进行全球并购，令其家业长青。如在欧洲经济处于低谷时，果断收购英国电力；当中国内地房地产市场达到顶峰时，果断卖出其名下地产。

3. 社会文化环境分析

社会文化环境包括一个国家或地区的居民教育程度和文化水平、风俗习惯、审美观点、价值观念等。其中，文化水平会影响居民的需求层次，社会风俗习惯会提倡或禁止某些社会行为，价值观念会影响居民对企业目标、企业活动以及企业存在的认可度，审美观点则会影响人们对企业活动内容、活动方式以及活动成果的态度。

松下在海外开展事业的基本思想是：从事受所在国欢迎的事业；依照所在国的方针促进事业的发展；积极推进对海外技术的转让；使在海外生产的产品有国际竞争力；建立能赢利的经营体制，解决事业扩大所需资金；努力培养当地员工。

北京松下积极推进松下经营的中国化：第一，中方与日方的合资比例为50：50，这是世界著名跨国公司在中国少见的合资方式；第二，积极培养当地管理技术人员，开发生产适合中国市场的产品；第三，实现了中日管理人员的有效融合，如公司董事长由中方担任，总经理由日方担任；第四，在遵守共同利益的基础上提出了"同舟共济"的价值观，在结合中国文化的基础上提出了"工业报国的精神，实事求是的精神，改革发展的精神，友好合作的精神，光明正大的精神，团结一致的精神，奋发向上的精神，礼貌谦让的精神，自觉守纪的精神，服务奉献的精神"。同时，这些精神不是空谈，而是逐条落实，如经常进行员工培训，改变员工的陈旧观念，提高员工的业务素质，在回报社会事业方面互相理解支持，在遇到困难时大家共同出主意。

4. 技术环境分析

企业科技环境包括当前的科技发展状况，新技术、新设备、新材料、新工艺的开发和采用，国家的科技政策、人才、设备等。科技的创新与发展缩短了产品的生命周期；新技术、新设备的出现改变了传统的管理方式，逐渐转变为对人的管理；新材料和新工艺的开发有利于降低生产成本、提高经济效益。科学技术是企业生存和发展的重要保证，科技的变化随时都可能给企业带来机会，也会随时向企业提出挑战。

"互联网＋"技术的发展对经销商、中介机构和其他传统商业带来巨大挑战；智能手机技术的发展给计算机企业带来毁灭性的打击。

二、波特五力模型

同行是冤家？不是同行就不是冤家？波特五力模型从行业竞争者、供方、买方、潜在竞争者和替代品生产企业五种力量分析了企业所处的任务环境，它们之间的关系如图 2-2 所示。来自上述五种力量的竞争压力决定了竞争的激烈程度和企业的利润水平。

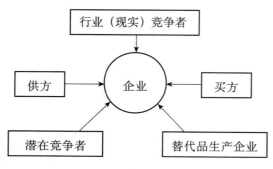

图 2-2　企业面临的五种竞争力量

1. 行业竞争者

行业竞争者是生产同类产品的企业，行业中企业间的利益紧密联系，各企业的目标都是获取相对于竞争对手的优势，在目标实现过程中就会与同行企业发生冲突与对抗，这些冲突与对抗构成了企业之间的竞争。企业间的竞争常常表现在价格、广告、产品介绍、售后服务等方面。影响行业竞争程度的因素包括：竞争者的数量与力量、市场发展速度、产品的成本费用、产品差异性与买方转换成本和退出壁垒等。

行业竞争者分析是企业对竞争者分析的重点,要突出对关键竞争者的分析。关键竞争者主要是指能对企业产生威胁、规模较大、实力较强的竞争者或富有创新能力的竞争者。对关键竞争者的分析应突出以下几点:一是目标分析,包括竞争者的长、中、短期目标,总体目标与局部目标等。如 A 灯泡厂的目标是海外市场,B 灯泡厂的目标是国内农村市场,二者就没有竞争。二是战略分析,即分析竞争者未来的发展方向,便于企业制定战略。如 A 公司制造的轿车是总统用轿车,B 公司制造的轿车是经济型轿车,二者就没有竞争。三是实力分析,即对竞争者的资源供应、新产品开发、生产能力、产品质量与性能、财务状况、人力资源素质、市场竞争力、公众支持率等反映企业实力的因素进行分析,客观评价其优势,找出其劣势。竞争者的实力是其实施战略与实现目标的保证,通过实力分析,了解其战略与目标的保证程度,进而避开其锋芒,击其弱点,保证企业目标的实现。

2. 潜在竞争者

潜在竞争者是将要进入的企业。在市场经济中,哪里有较高的利润,哪里就有新企业的进入,竞争就必然更加激烈。潜在竞争者虽然能够给行业带来新的生产能力、新的资源,但也会与现有企业发生人才、原材料与市场份额的竞争,最终导致现有企业盈利水平降低,甚至危及现有企业的生存。潜在竞争者威胁的严重程度取决于进入新领域的障碍大小与现有企业对进入者的预期反应。

传统的观念认为潜在竞争对手的进入是一件非常困难的事情,其理由:一是规模经济的存在,除非新进入者以更大的生产规模进入,否则无法和现有企业进行价格竞争;二是对市场不熟悉,除非新进入者将大量的时间和资源用于市场营销,否则无法和现有企业进行市场竞争,挤占现有企业市场份额;三是所进入行业存在的障碍,如专利技术、行业限制、政府规制、地理位置等。但潜在竞争者可以通过收购行业中的企业,生产出更受消费者欢迎的产品,以铺天盖地的宣传等途径和手段而迅速进入这一行业,如美国的可口可乐、百事可乐都非常成功地进入了中国市场。预期现有企业对潜在竞争对手的反应情况,主要是采取报复行动的可能性大小,它取决于有关企业的财力情况、报复记录、固定资产规模、行业增长速度等因素。

3. 替代品生产企业

替代品是在功能上可以互相替代的产品,如猪肉与牛肉、大米与面粉、铁路交通与公路交通、电影与电视在一定程度上能互相替代。替代品生产企业的竞争从各种途径影响行业中现有企业的竞争战略:首先,由于替代品生产企业的存在,现有企业产品售价以及获利潜力将受到限制;其次,替代品生产企业的侵入迫使现有企业必须提高产品质量,增加了成本;再次,产品买主转换成本高低直接影响到替代品生产企业的竞争强度。随着科技的飞速发展,新能源、新材料、新工艺的出现,一些功能更好、价格更低的新产品正在逐渐取代传统产品,从而给传统产品生产企业带来了巨大的威胁。如塑料替代钢材、智能手机替代笔记本电脑等新技术使很多企业面临严峻的挑战。

面对替代品客观存在的情况,一方面企业应冷静地分析替代品生产企业的情况,包括成本、价格、财务状况、技术等,以便相机决策;另一方面,企业应密切跟踪新技术发展的动向,尽早发现和使用最新替代材料和技术。

4. 买方

买方主要是通过压低价格、增加服务或提高质量等方式给企业带来竞争压力,降低了企业利润。影响买方竞争力的因素一般包括:顾客集中度、顾客收入水平、顾客获取产品信息的多少、对产品的需求弹性以及转化成本等。企业应对购买者的规模、结构、需要、动机等进行评价与分析,以特有的方式把握竞争的主动权。如某企业预计到某顾客的特殊需要,独家设计生产出符合该顾客特殊要求的产品,最后以较高的价格卖给该顾客。

5. 供方

作为企业生产要素的供方,可能以提高供货价格、降低供货质量、减少服务等方式给企业成本造成压力,特别是在要素市场处于卖方市场时,给企业的压力更大。供方力量的强弱主要取决于其提供给买方的投入要素,当供方提供的投入要素价值构成了买方产品总成本的较大比例、对买方产品生产过程非常重要或严重影响买方产品的质量时,供方对于买方的潜在的讨价还价力量就大大增强。企业应对供应的数量、规模、集中度和要素的性质、特征进行分析,积极寻求对策,避免吊在一棵树上。

上述五种竞争力量对企业都会产生影响,不同时期、不同条件下每种压力大小不一,企业还需要在此基础上找出自己的主要竞争对手,在竞争中做到有的放矢。

案例

是昙花一现还是万古长青?

拼多多是一家专注于C2B拼团的第三方社交电商平台,它将沟通分享与社交的理念融于电商的参团拼团过程中,形成属于自己的新社交电商思维。在拼多多平台,买家需求能够影响商品种类和价格,且商家入驻程序简单透明。最新数据显示,自2015年9月拼多多上线起至2016年12月底,拼多多用户已过亿,单月GMV(近似于销售额)超20亿元,日均订单量破200万元,先后斩获了"腾讯2016'腾飞奖'十大人气应用奖""2016商业模式创新奖""2016'易观之星'大奖""2016中国最具潜力成长企业""2016创业黑马'中国最具潜力创业公司'"等重量级奖项。

思考题:

(1)拼多多将面临哪些机会?

(2)拼多多将面临哪些挑战?

(3)请你对拼多多的前途予以评价。

第三章
决策科学与艺术

兰德公司指出:"世界上每 1 000 家破产倒闭的大公司中,85%源自公司 CEO 的决策不慎。"[①] 决策是企业管理者最重要、最困难、最投入精力和最冒险的事情,决策正确意味企业成功了一半,决策失误则意味企业将陷入深渊。决策不仅是一门科学,更是一门艺术。

---

① 常桦,《CEO 的决策艺术》,天津古籍出版社,2004 年。

第一节 决策的概述

赫伯特·西蒙指出:"管理由一系列决策组成,决策是管理的心脏,管理就是决策。"[①] 管理的核心在于决策,熟知决策特征、类型、流程、标准及决策原则,才能作出更多正确的决策。

一、决策的特征

运筹帷幄之中,决胜千里之外!决策是决策主体从两个或两个以上可行方案中选择一个方案并付诸实施的过程,既是方案创造的"动脑",又是不失时机、坚定执行的"动手"。决策具有如下特征:

1. 寻找多个方案

寻找方案即探究解决问题的方法,是建立在大量信息基础上的创造过程,也是艰难、重要的决策环节。没有两个及两个以上方案就没有选择,也就不能成为决策。得到越多的方案,才越可能找到好的方案。日常工作中向领导汇报或请示时,应该准备多套方案而不是一套方案。很多管理者将解决问题的答案简化为"行"或"不行",而不是为解决问题寻找多个方案,这是思维单一的表现。

国外有一条管理者熟知的格言:"如果看来似乎只有一条路可走,那么这条路很可能是错的。"[②] 它提醒管理者要警惕唯一的方案,尽可能多地寻找方案。

2. 方案可行

决策中寻找的备选方案必须是可行方案,即该方案能保证决策目标的实现,绝不是凭空设想,更不是异想天开。如果寻找的方案根本无法实施,那么只会是竹篮打水一场空。

有一则流传甚广的寓言:一群老鼠经常被附近一只凶猫捕捉,死伤惨重。为解决这一心腹大患,老鼠们齐聚一堂共商大计。一只老鼠建议给猫挂个铃铛,只要猫一接近,老鼠们就可以提前遁走。该提议得到众鼠一致好评,大家情绪高涨。这时,一只老鼠突然问道:"那么,该由谁来挂铃铛?"众鼠愕然。这则寓言告诉我们,决策固然重要,但决策方案必须切实可行。[③]

[①] 吴瑾,《有效管理座右铭》,南海出版公司,1997年,第192页。
[②] 杨乃定,《管理决策新思维:制定科学合理决策的方法》,西北工业大学出版社,2004年,第58页。
[③] 刘文献,《故事中学管理法》,企业管理出版社,2010年,第23页。

3. 方案选优

决策过程中虽寻找到众多方案，但在某一确定决策标准下，最终只有一个方案会被付诸行动。方案选优即按照事先确定的决策标准，从若干可行方案中选择方案的过程。确定的标准不同，选择的方案自然也不尽相同。

工程招标中，如果以价格为标准，则出价最低的方案优先；如果以质量为标准，则质量最好的方案可能胜出；如果既要考虑质量又要考虑价格，选择的方案则可能是在保证质量条件下出价最低的方案。

4. 过程多阶段

决策看起来似乎仅是拿出主意的那一个瞬间，其实不然。决策实际包含提出问题、分析问题、解决问题和反馈问题等多个阶段，每一个阶段都需要投入巨大精力，是一个系统分析的动态过程。

二、决策的类型

决策存在于生活的方方面面，大到制定国家政策，小到选择回家路径，都与决策息息相关。但这些形形色色的决策各有特点，按照不同的标准可以将决策分为不同的类型。

1. 按决策的目标层次分类：战略决策、管理决策和业务决策

战略决策是关系到企业全局的重大决策，决定着企业未来发展方向，一般由企业最高管理层作出，如企业发展方向、经营方针、产品开发等决策。管理决策又称战术决策，是为实施战略决策而制定的具体战术。管理决策一般由中层管理者作出，如制订计划、安排资金、落实生产计划、更新设备、处理员工迟到事件等决策。业务决策是企业日常活动中有关业务的决策，目标是提高活动效率，保证管理决策顺利实施。此类决策一般由基层管理者和业务人员作出，如库存量、生产批量等决策。

2. 按决策的重复程度分类：程序性决策和非程序性决策

程序性决策是指某类决策问题经常出现，可凭现有标准或经验做出决策的决策。如员工迟到这类问题，一般企业都有一套成熟的解决办法，交给人力资源部门根据现成办法决策即可。非程序性决策是指某类决策问题不经常发生，也没有现成的标准、经验可供借鉴的决策。如公司新产品开发、兼并重组等决策，一般由高层管理者亲自决策。

3. 按决策的条件分类：确定型决策、风险型决策和不确定型决策

确定型决策是全面了解决策问题面临的条件后作出的决策，如了解市场需求量、市场价格、成本等条件后作出的产量决策就是确定型决策，企业内部生产能力、产量等决策通常也是确定型决策。风险型决策是对决策问题所处的条件知道较多，但不全面时作出的决策，如成本价格已知、能预测市场需求量及出现概率时作出的产量决策就是风险型决策，

利润、效益等问题的决策一般也都是风险型决策。不确定型决策是对决策问题所处的条件知之甚少，主要依赖决策者的经验和主观判断的决策。如成本价格已知、知道市场需求量可能出现几种结果，但不能预测出每一种结果出现概率大小时作出的产量决策就是不确定型决策，企业战略决策一般也属于不确定型决策。

4. 按决策的科学性分类：经验决策和科学决策

经验决策是决策者完全依据经验和惯性思维作出的决策。经验决策是长期积累的产物，也是一种最为传统、常见的决策方式。科学决策是决策者凭借科学思维，利用科学手段和科学技术作出的决策。

5. 按决策的主体分类：个人决策和群体决策

个人决策是企业主要领导凭借个人经验、知识、判断和意志作出的决策。个人决策通常具有简便、快捷、责任明确等优点，但同时也受限于个人的经验、知识和能力。群体决策是有多人共同参与决策分析并制定决策的整体过程，能够充分发挥集体智慧。由于决策问题的复杂性，决策目标的多样性、动态性，以及决策环境的不确定性，单纯的个人决策已不能很好地实现决策，群体决策越来越受到决策者的认同和重视。

6. 按决策的可量化性分类：定量决策和定性决策

定量决策是决策目标有明确的数量标准，且可用数学模型作出决策的决策，如企业产量的决策就是定量决策。定性决策是决策目标难以量化，主要依赖决策者经验判断的决策，如企业招聘公司副总经理的决策就是定性决策。

三、决策的标准

面对不同的待选方案要如何才能选择出最终方案呢？这需要依据一定的标准，标准不同，选择方案有别！最优决策标准、满意决策标准和合理决策标准是最为常见的三种选择标准。

1. 最优决策标准

成本最低、效益最好、风险最小是一种十分理想的决策标准。然而决策者受其知识、能力和信息等限制，不可能找到所有方案，也很难找到最优方案，所以，这种最优标准只在数学模型中出现。

企业为找到最优方案，一味遵循最优决策标准很可能错失良机。这好比小伙子为找到最理想的意中人很可能白发苍苍却两手空空！

2. 满意决策标准

现实中，最优标准很难满足，因此只能尽可能地考虑各方因素，在拟订方案中选择一个能让更多人接受和满意的方案，这就是满意决策标准。

华中科技大学是由原华中理工大学、同济医科大学和武汉城市建设学院合并而成，在合校过程中，新校的命名是一个决策问题。当时提出了几套方案：华中理工大学、华中大学、华中科技大学等，最后被多方接受的校名是华中科技大学，但这不一定是最好的选择。

3. 合理决策标准

决策过程很大程度会受到决策对象和决策者本人的影响，决策者需要根据自身的真实需求、决策对象的客观特征，选择一个合理的方案。

彼得·德鲁克说："没有尽善尽美的决策，面对相互矛盾的目标、观点和重点，人们总要付出代价进行平衡，最佳的决策可能是近乎合理的决策。"正所谓，"有得有失，不可患得患失！"

四、决策的程序

科学决策是一个理智用脑加上有力行动的过程。面对决策问题，管理者既不能"四肢发达，头脑简单"，仅凭意气用事；也不能"秀才造反，十年不成"，一味纸上谈兵，必须遵循以下程序或思路：

1. 明确决策目标

决策者要通过内外环境分析，在明确问题、找出原因的基础上，确立决策目标。优秀的管理者善于发现问题，更善于透过现象发现本质问题。如人体发烧不是疾病产生的本质而是现象，只有找出引起发烧的原因，才能对症下药，药到病除。

有一天动物园管理员们发现袋鼠从笼子里跑出来了，他们一致认为是笼子高度过低所致，决定将笼子高度由原来的 10 公尺加高到 20 公尺。结果第二天袋鼠还是跑到外面来，所以他们又决定将高度加高至 30 公尺。没想到隔天袋鼠居然全跑到外面，于是管理员们大为紧张，干脆将笼子高度加高到 100 公尺。一天长颈鹿和几只袋鼠们在闲聊，"你们看，这些人会不会再继续加高你们的笼子？"长颈鹿问。"很难说"，袋鼠说，"如果他们再继续忘记关门的话！"[①]

明确决策目标是科学决策的第一步，管理者应多予以关注。具体来说，在确定决策目标时需遵循以下原则：

第一，针对性原则，即提出的目标能解决问题并切实可行。例如面对公司亏损，公司管理层认为问题在于人浮于事，那么公司应制定减员目标，解决亏损问题。

第二，具体化原则，即确定的目标不是侃侃而谈，而是具有很强的操作性，最好能够将目标量化。例如公司减员多少？是 198 人还是 197 人？

---

① 常桦，《影响企业家一生的 300 个管理故事》，中国纺织出版社，2004 年，第 260 页。

第三，可行性原则，即确定的目标是自身条件和外部环境允许的，能够通过努力得以实现。例如公司制定的减员目标要能通过努力实现，而不是空喊口号。

2. 拟订可行方案

问题和目标明确后，应考虑如何解决问题、实现目标。这就是决策的第二步：拟订可行方案，即寻找实现目标的途径。这一步应注意以下几个问题：

第一，方案的可行性。例如减员是公司增加效益的一个备选方案，但需要考虑该方案会不会遭遇政府压力、职工反对，会不会影响公司正常运行。

第二，方案的完备性，即尽可能找出全部方案。一方面，要尽可能多地寻找方案，显而易见的方案不一定是最佳方案，方案越多，找到好方案的可能性越大；另一方面，要清晰表述每一个方案的做法、收益和风险，让人一目了然。

第三，方案间的互斥性，即任何两个方案互不相关，每一个方案都能独立实现决策目标。这要求找到的方案互不兼容，否则就不是最有效率的方案。

3. 评估和选择行动方案

众多方案拟订之后，要评估每种方案，从中选择一个方案作为行动方案。为保证决策的正确性，选择方案时应考虑以下问题：

第一，考虑方案是否能实现决策目标。拟订方案是一个漫长的发现过程，为避免误入歧途，需再次分析选择的方案是否能实现目标。

第二，考虑方案是否有利于实现社会目标。企业追求自身目标无可厚非，但企业目标受社会目标制约，一旦发现有悖于社会目标，应弃之。

第三，考虑方案是否掺杂个人或其他目标。如果方案掺杂个人或其他目标，出现假公济私现象，如安排亲戚、拿回扣等，必然会损坏公司利益，应否定。

第四，合理确定评价标准。事先确定决策标准，再选方案，决策轻松且成功；否则，众多方案会让你眼花缭乱。

狄斯耐说，越清楚自己的决策标准，做决策的过程就会越轻松、越有效率。

第五，合理确定决策方法。决策方法一般有三类：经验决策法、数学模型决策法和试验决策法。经验决策法即"拍脑袋"，这种方法主观、直观、迅速，但更多考虑眼前利益和局部利益，较为浅显。数学模型决策法即通过定量分析方法，分析方案成本、效益、风险。该方法成本高、要求数据充分、耗时长、考虑更加全面和深入，因此准确度高。试验决策法即在较小范围内进行试验，及时发现问题，完善决策方案，保证更大范围的成功。该方法投入大、耗时长、决策风险小。

上述三种决策方法各有利弊，最理想的决策是能融三种方法于一体的决策，即通过经验决策法确定决策方向，剔除明显不可行的方案；用数学模型决策法精确分析每一个方案的成本、收益和风险，从中选择最优方案；通过试验决策法在小范围内进行实际论证，确保方案万无一失。

4. 执行决策

选定可行方案之后就应付诸实施，执行决策。执行决策之前，应广泛征求意见，反复推敲，集中力量再次分析检验方案的可行性，以确保决策万无一失。作出决策固然艰难，执行决策也不轻松。为了保证决策有效实施，需做好以下工作：

第一，编制实施决策的计划。计划应明确什么时间、在什么阶段、谁做什么，以保证决策结果按部就班地有效执行。

第二，建立以决策者为首的责任制。决策者最了解决策目标，对决策执行过程中可能出现的问题更有预见性，是决策执行中的理想责任者和指挥者。

第三，建立信息沟通系统。信息沟通系统能保证决策者了解决策执行进度，及时解决执行中出现的问题，保证决策按计划实施。

5. 评估和反馈

决策者还要利用执行过程中搜集到的信息，评估方案执行进展。此举是为了检验方案的正确性，必要时修正决策方案或者目标，以适应内外环境变化。可以说，决策过程是一个"决策—执行—再决策—再执行"不断循环的过程。

五、科学决策的原则

生产过程决定产品质量，产品检验并不能规避不良品带来的损失，控制生产过程才是减少不良品的有效方法。同样，决策过程决定决策质量，只有严格控制决策过程才能有效降低决策风险。为保证决策结果的正确性，决策过程应遵循如下决策行为准则：

1. 理智原则

决策者要以决策对象为中心，了解事实、尊重事实，按规律办事，切忌感情用事、病急乱投医、主观想象、拍脑袋和凭经验。最高境界的理智是数据，特别是投入、产出和风险等数据，虽然数据本身有一定误差，但收集数据的过程迫使决策者更多了解决策问题本身的规律及其未来趋势。

《孙子兵法》有云："主不可因怒而兴兵，将不可因愠而致战。"《三国演义》中关羽败走麦城、错失荆州，死于东吴之手。刘备为替关羽复仇，不听诸葛亮及众大臣劝阻，出兵伐吴，结果夷陵之战被陆逊火烧连营七百里，最后兵败病逝白帝城，致使蜀国从此一蹶不振。

2. 信息原则

信息能够反馈决策问题的运行状况，信息越充分、决策者对决策问题了解得越深入，决策就越接近实际，风险越小。信息多少与决策风险呈反向关系，成功决策建立在大量信息的基础上，没有信息的决策就是赌博！

赫伯特·西蒙认为："决策过程中至关重要的因素是信息联系，信息是合理决策的生命线。"

3. 程序原则

专业人做专业事！管理有分工，决策也有分工。管理者不是全才，不可能对任何领域和任何层次的问题都能正确决策，因此必须遵循程序原则，该让其他人或其他部门做的决策，自己千万不要做。

子曰："在其位，谋其政；不在其位，不谋其政。"一个企业有不同的岗位，不同岗位的人如果能认清自己的岗位职责，完成自己的职责，企业自然能够健康发展。反之，如果董事长干总经理的活，总经理干部门经理的活，部门经理干员工的活，那注定是做不好的。

4. "借脑"原则

有决策权的可能只有一人，但决策制定应该是众人"集智"和"借脑"的结果，正所谓"众人动脑筋，企业出黄金"。西方民主管理实质上是决策者借脑的表现，管理者既利用了员工体力，又利用了员工脑力，是对人力资源更加充分的利用。

官方或民间研究中心、咨询机构和有关中介组织是全社会的智库和脑源。《全球智库报告2015》显示，美国以1 835家的智库数量稳居全球第一；中国是全球第二智库大国，拥有435家智库；英国和印度位列中国之后，分别拥有288家和280家智库。[①]

5. 注重前期投入的原则

舍不得前期投入是对决策重要性的漠视，"舍不得孩子套不了狼"！对全局影响大的决策问题要慎重决策，注重决策投入会起到事半功倍的效果。前期必要的投入帮助决策者掌握的更多信息，采用更先进的方法，提高了决策成功的概率，减少了后期失败的风险。

美国人将朝鲜战争称为"在错误的时间、错误的地点、与错误的对象打了一场错误的战争"。其实，这些错误在战争爆发之前本可以避免。当时从事战略咨询的兰德公司投入大量人力、物力对美国发动朝鲜战争进行研究，研究结果是：中国将出兵朝鲜。兰德公司开价500万美元准备将这一研究结果卖给美国政府，但美国政府以兰德公司开价太高为由对其研究报告不予理睬。后来有记者问及美国著名军事家麦克阿瑟对当初兰德公司这份报告的看法时，麦克阿瑟感慨万千："我们最大的失策是舍得几亿美元和10万美国人的生命，却吝啬一架战斗机的钱。"[②]

---

① http://news.ifeng.com/a/20160128/47262758_0.shtml。
② 常桦，《影响企业家一生的300个管理故事》，中国纺织出版社，2004年，第77页。

6. 预测原则

战略决策是对未来的选择,受未来环境影响极大,这就要求决策者能预测未来,针对未来环境作决策,走一步看十步。如果在钢材市场十分低迷时决定投资钢材行业,说不定会是个明智之举;如果看到今天钢材行情好而决定投资或扩大规模,则并非明智之举。

赤壁之战中,诸葛亮提前预测天气,得知将有东南风出现,于是发动火攻一举烧毁曹军的战船,这才留下了"万事俱备,只欠东风"的佳话。

案例

圆通的"飞机梦"[①]

2016年10月20日,圆通速递正式登陆A股市场,成为中国快递行业首家上市公司。圆通创始人喻渭蛟夫妇身价超过620亿元,成为中国民营快递业首富。民营快递公司申请上市的并不少,为什么圆通能拔得头筹?喻渭蛟作了哪些关键决策帮助圆通一步步发展壮大?

对喻渭蛟和圆通来说,2007年的美国行是一次重要转折。当时喻渭蛟前往美国FEDEX联邦快递公司、UPS快递公司参观学习,联邦快递公司500多架起起落落的货运飞机深深震撼了他,让他看到国内快递行业和国外快递行业的差距。通过实地考察,喻渭蛟搜集了大量国外快递行业的第一手信息。

回国后的喻渭蛟决心要将圆通打造成"中国一流的快递",但是具体要如何做喻渭蛟一时拿不定主意。为制订实现目标的可行方案,喻渭蛟和他的团队花费很多时间和精力分析国内快递市场的现状、竞争对手的优劣,同时花重金咨询了很多专家。一方面,他们意识到"时效性"将是快递行业未来发展的核心竞争力,圆通需要提高运送效率,进一步抢占国内快递市场份额;另一方面,国内快递市场即将趋于饱和,圆通需要计划进军国际市场。而这两个计划想要顺利实现,圆通都必须要拥有自己的货运飞机。

说做就做。思虑成熟后,喻渭蛟果断开始他野心勃勃的圆通"天网"计划,决定将圆通"汽运为主,航空为辅"的布局调整为"航空为主,汽运为辅"。喻渭蛟首先制订了圆通航运业务的实施计划:2020年,圆通将拥有50架全货机,2025年要达到100架全货机,为80万人提供就业岗位。

目标清晰后,喻渭蛟开始稳步推进圆通的航运业务。2012年,圆通成立圆通航空筹备办公室,负责制订圆通航空发展的具体规划和完成圆通航空的筹建审批,并陆续引进航空专业人才,委以重任。2014年9月,在多方支持下,杭州圆通货运航空获批成立,圆通速递成为中国第三家专业快递航空公司。2015年4月,圆通联合阿里巴巴组建全球包裹联盟,进军跨境物流,开通多条国际物流航空专线。2015年5月,圆通获得阿里及云锋注资后,一口气买下15架波音飞机,创下民营快递史上最大规模的飞机"团购"。

---

① https://www.huxiu.com/article/168095.html?f=retweeted,有删改。

如今自主货机的到手让圆通的发展蓝图更加清晰、更加坚实。圆通还有许多工作要做，喻渭蛟及其团队还要为圆通的发展作出一个又一个新的决策，未来圆通能否走向领先，值得我们拭目以待。

思考题：
(1) 圆通的决策中体现了科学决策的哪些原则？
(2) 圆通的信息化决策和航运决策中包含了哪几种决策类型？
(3) 请你梳理喻渭蛟决策的思路（程序），其决策过程存在哪些不足？

第二节 科学决策的方法

决策方法犹如望远镜，可以将决策问题看得更清楚、更精确。科学决策方法是正确决策的保证。决策方法包括定性决策方法和定量决策方法。定性决策方法主要有头脑风暴法、德尔菲法等；定量决策方法主要有增量决策方法、盈亏平衡决策方法、线性规划法、决策树法、敏感分析法、非确定性决策方法、竞争决策方法等。

一、头脑风暴法

头脑风暴法是通过开会形式作出决策的方法，具体是指与会者针对某个决策问题展开无限制自由联想和讨论，形成最优决策方案的方法。头脑风暴法又分为直接头脑风暴法和质疑头脑风暴法。前者简称头脑风暴法，是指通过群体决策尽可能激发创造性，产生尽可能多的方案；后者又称反头脑风暴法，是对提出的设想、方案逐一质疑，分析其现实可行性的方法。头脑风暴法产生的结果，是与会者集体创造的成果，是与会者互相感染形成的总体效应。作为一种决策方法，头脑风暴法的实现也遵循一定的原则和步骤。

1. 头脑风暴法的原则

第一，与会者的地位要同等化。如果与会者相互认识且是从同一职位的人员中选取时，领导不应参加，否则可能对与会者造成某种压力；如果与会者互不认识且是从不同职位的人员中选取时，不应宣布与会者职称。

第二，与会者的专长要多样化。与会者的专业不必力求与决策问题相一致，与会者中最好包括一些学识渊博、对决策问题有较深理解的其他领域的专家。

第三，与会者的素质要高。高素质的与会者更有可能提出更好的想法。

2. 头脑风暴法的实施步骤

第一，确定问题。明确要解决的问题是头脑风暴法的第一步，问题表述得越清楚，越容易找到解决方案。

第二，确定与会者。应按照头脑风暴法的原则来挑选与会者，另外还要确定一名主持人。主持人的主要任务是确保与会者不会偏离主题、各抒己见，鼓励与会者独立思考，补充而不去评价他人意见。

第三，寻求备选方案。由主持人公布会议主题并介绍相关背景；与会者突破思维惯性，大胆联想；主持人控制好时间，力争在有限时间内获得尽可能多的创新性设想，以此作为备选方案的基础。

第四，对备选方案进行分类与整理。备选方案多是设想，主要分为实用型和幻想型两类。前者是现有条件下可以实现的设想，后者指现有条件下不能实现的设想。实用型设想能转化为可行方案，因此对于实用型设想，需要再用头脑风暴法论证、二次开发，进一步扩大设想的实现范围；对于幻想型设想，需要再用脑力激荡法开发，也有可能将创意的萌芽转化为实用型设想。

第五，选优和实施。在决策标准下，结合决策问题，全面分析和比较各备选方案，选出一个最有利方案，并着手实施。

第六，评估和反馈。跟踪方案进展，及时评估并反馈。当实施过程中出现问题时，及时采取措施予以控制；当实施结果良好时，及时总结经验以备日后作出更好的决策。

[例3-1] 美国电信公司用头脑风暴法去除电线上的积雪①。美国北方格外严寒，大雪纷飞，电线上积满冰雪，大跨度电线常被积雪压断，严重影响通信。美国电信公司投入大量金钱来解决这个问题，但效果仍不明显。后来，电信公司经理应用奥斯本的头脑风暴法解决了这个问题。他组织来自不同专业的10个技术人员参加了座谈会，并立下四条规则：禁止批评他人意见；提倡自由思考，天马行空、异想天开、越新奇越好；观点意见越多越好；引发联想，补充完善。

会上，有人提出设计一种专门的电线清雪机，有人提出用电热设备来化雪，有人提出乘直升机用大扫帚扫雪，还有人提出用振荡技术清雪，等等。对于这种"坐飞机扫雪"的设想，大家心里尽管觉得滑稽可笑，但在会上也无人提出批评。相反，有一位工程师在百思不得其解时，听到坐飞机扫雪的想法后，大脑突然受到冲击，一种简单可行且高效率的清雪方法冒了出来。他想：每当大雪过后，出动直升机沿积雪严重的电线飞行，依靠高速旋转的螺旋桨即可将电线上的积雪迅速扇落。他马上提出"用直升机扇雪"的新设想，顿时又引起其他与会者的联想，有关用飞机除雪的主意一下子又多了七八条。不到一个小时，与会的10名技术人员共提出90多条新设想。

会后，公司组织专家论证设想。专家们认为设计专用清雪机、采用电热或电磁振荡等方法清除电线上的积雪，在技术上虽然可行，但研制费用大、周期长，一时难以见效。那些因"坐飞机扫雪"激发出来的几种设想，倒是一种大胆的新方案，如果可行，将是一种既简单又高效的好办法。经过现场试验，发现用直升机扇雪真能奏效，一个久悬未决的难题，终于在头脑风暴会议中得到巧妙的解决。

---

① 资料源自百度文库，有删改。

二、德尔菲法

德尔菲法又称专家预测法，是一种采用匿名方式将决策问题单独发给各个专家征询意见，回收汇总并整理成综合意见，将该综合意见再分别反馈给各专家，再次征询意见，各专家依据综合意见修改自己原有意见，然后再汇总；经多次反复，逐步取得比较一致预测结果的决策方法。德尔菲法实施的步骤与要求如下：

第一，组成专家小组。按决策问题所需知识范围确定专家人选，根据决策问题大小和涉及面宽窄确定专家人数，一般15—50人较好。

第二，向专家组提供问题、要求和资料。向所有专家提供决策问题及有关要求，并附上背景材料，请专家提出还需要什么材料。

第三，初次征询、汇总专家组意见。各专家提出自己的预测意见，并说明理由。收回各位专家第一次判断意见并分类汇总，列成图表。

第四，将初次意见反馈给专家组，重新评估。将汇总意见再发给各位专家，让专家比较自己与汇总意见的异同，修改自己的意见。也可请资历更高的专家评论汇总意见并将汇总意见和评论再发给各位专家。在反馈时，只给出各种意见，不说明发表意见的专家身份。

第五，汇总专家组第二次意见。收集所有专家的修改意见，汇总后再次发给各位专家。

第六，重复第三至第五步。逐轮收集意见并反馈汇总意见是德尔菲法的主要环节，一般经过三、四轮意见收集和意见汇总，直到每一位专家不再改变自己的意见。

第七，综合处理专家意见。通常用统计方法，汇总整理专家意见并适度调整得到最终的决策结果。

[例 3-2] 预测某汽车公司年度汽车销售量[①]。确定决策分析的主题后，首先要搜集决策需要的相关资料，如该公司汽车历史销售数据（见表3-1）、公司相关政策，以及政府对汽车行业的相关政策。其次，选择专家团队，即从业务经理、市场专家和销售人员等相关领域选择8位专家组成专家组，制作调查询问表。最后，将三次调查的结果汇总（见表3-2）。

表 3-1 某公司汽车历史销售数据

时间	销量（万辆）	时间	销量（万辆）
2014 年 1 月	3.5	2015 年 1 月	6.3
2014 年 2 月	3.2	2015 年 2 月	3.7
2014 年 3 月	4.1	2015 年 3 月	6.2
2014 年 4 月	5.0	2015 年 4 月	5.7
2014 年 5 月	5.0	2015 年 5 月	5.6
2014 年 6 月	4.7	2015 年 6 月	5.4
2014 年 7 月	4.4	2015 年 7 月	4.8

---

① http://www.docin.com/p-673850898.html，经过重新整理、删改。

续表

时间	销量（万辆）	时间	销量（万辆）
2014 年 8 月	5.0	2015 年 8 月	6.0
2014 年 9 月	6.1	2015 年 9 月	7.3
2014 年 10 月	4.8	2015 年 10 月	5.9
2014 年 11 月	5.6	2015 年 11 月	6.8
2014 年 12 月	5.4	2015 年 12 月	6.5

表 3-2　德尔菲法的三次调查结果汇总　　　　　　　　　　单位：万辆

专家编号	第一次判断			第二次判断			第三次判断		
	最低销售量	最可能销售量	最高销售量	最低销售量	最可能销售量	最高销售量	最低销售量	最可能销售量	最高销售量
1	6.5	7.0	7.8	6.7	7.2	7.7	7.0	7.3	7.7
2	7.2	7.6	8.2	7.3	7.6	8.2	7.2	7.5	7.7
3	5.9	6.5	7.4	6.6	6.8	7.3	6.8	7.0	7.5
4	6.9	7.5	7.9	7.1	7.5	8.1	7.3	7.5	7.8
5	7.4	7.8	8.2	6.9	7.4	7.9	6.9	7.3	7.5
6	7.7	8.2	8.5	7.3	7.9	8.2	7.3	7.6	7.8
7	7.0	7.3	7.7	7.3	7.8	8.3	7.2	7.4	7.9
8	7.5	7.9	8.1	6.9	7.3	7.6	7.2	7.3	7.8
平均数	7.012 5	7.475	7.975	7.012 5	7.437 5	7.912 5	7.112 5	7.362 5	7.712 5

简单平均值预测：在预测时，最终一次判断是综合前几次的反馈作出的，故该预测方法一般以最后一次预测的三种平均数的平均值（最可能销售量、最低销售量和最高销售量）作为预测值，其结果为：

$$(7.112\ 5+7.362\ 5+7.712\ 5)/3=7.395\ 8$$

加权平均值预测：将第三次专家预测的三种平均数的平均值分别赋予权重 0.5、0.2 及 0.3，其结果为：

$$7.112\ 5\times0.2+7.362\ 5\times0.5+7.712\ 5\times0.3=7.417\ 5$$

从中可以看出，选用的平均值的预测方法不同，得到的预测结果也不同。实际应用时，应根据不同的问题选择适当的平均值预测方法。

三、增量决策法

实施任何一个方案都会增加成本和收入，只要收入的增加大于成本的增加，这一方案就是可行方案。在所有可行方案中，增量利润（增量收入减去增量成本）最大的方案就是最优方案，该方法即为增量决策法。记 MR 是增量收入，即采用某一方案带来收入的增加量；MC 是增量成本，即采用某一方案带来成本的增加量；$M\pi$ 是增量利润，即采用某一方案带来净收益的增加量。则有：

$$M\pi=MR-MC$$

可以看出，当 $M\pi>0$ 时，方案可行；$M\pi$ 越大，方案越优。这种决策方法在企业管理决策中具有广泛的应用价值。

1. 是否接受订货的决策

企业面对一笔订货时，是否应该接受呢？按照增量决策法，只要这笔订货带来的增量利润大于零，不论对方出价高低，都应接受；否则，不接受。

[例 3-3] 某公司生产系列产品 A1、A2、A3，并一直销往国内。新近有一外商愿以每件 80 元的价格订购 3 000 件 A2 产品，公司现每年生产 A2 产品 20 000 件，如果公司多生产 3 000 件 A2 产品，就要减少 700 件 A3 产品。有关成本、价格资料如表 3-3 所示。问：该公司是否应该接受外商的订货？

表 3-3 某公司 A2、A3 产品的成本与价格　　　　　　　　　　　单位：元

产品规格	A2	A3
单位变动费用	50	60
单位固定间接费用	50	60
单位售价	120	148
单位产品利润	20	28

解： 如果接受订货，则有：

$$MR = 3\,000 \times 80 - 700 \times 148 = 136\,400 \text{（元）}$$
$$MC = 3\,000 \times 50 - 700 \times 60 = 108\,000 \text{（元）}$$
$$M\pi = MR - MC = 136\,400 - 108\,000 = 28\,400 \text{（元）}$$

因 $M\pi > 0$，该公司应接受外商订货。事实上，接受这笔订货，公司将增加 28 400 元的利润。

2. 零部件是自制还是外购的决策

企业面临所需零部件、工具是由自己生产还是从企业外部采购的问题时，如果利用增量决策法决策，那么当外购增量利润大于零时，企业就应该外购；否则，应该自制。

[例 3-4] 某企业生产产品需用 B 零件 10 000 个，并有现成的生产能力。生产 B 零件的成本如表 3-4 所示，该零件的市场价格为 8 元。

如果外购，闲置的设备可出租，租金收入为 5 000 元，生产管理人员可调做其他工作，可节省管理费 10 000 元。问：企业应该自制还是外购？

表 3-4 B 零件的成本　　　　　　　　　　　　　　　单位：元

成本 项目	单位成本	总成本
直接材料费用	4	40 000
变动间接费用	2	20 000
固定间接费用	3	30 000
合　计	9	90 000

解： 如果外购，则有：

$$MR = 5\,000\,（元）$$
$$MC = 10\,000 \times 8 - (40\,000 + 20\,000) - 10\,000 = 10\,000\,（元）$$
$$M\pi = MR - MC = 5\,000 - 10\,000 = -5\,000\,（元）$$

因 $M\pi < 0$，企业不应外购，应自制。

直观来看，虽然自制的成本高于市场价格，但综合考虑企业整体效益，还是自制好。

3. 新产品的决策

当企业利用现有生产能力开发新产品时，会遇到开发何种新产品的问题，决策的标准仍然是生产哪种新产品给企业带来的增量利润大。

[例 3-5] 某企业现生产 A 产品，有人提出开发 B、C 两种新产品，新老产品的有关资料如表 3-5 所示。但企业剩余生产能力有限，只能开发其中一种产品。问：

(1) 企业应开发哪种新产品？
(2) 如果企业开发 C 产品，需增购一台设备，每年需增提折旧费 300 万元。企业应开发哪种新产品？

表 3-5 A、B、C 三种产品的有关资料

项 目	A 产品	B 产品	C 产品
年产销量（件）	10 000	5 000	25 000
单位变动成本（元）	1 200	3 500	1 300
单位固定成本（元）		500	
单价（元）	1 800	4 000	1 500

解：（1）开发 B 产品的年增量利润：

$$M\pi_B = MR_B - MC_B = 5\,000 \times (4\,000 - 3\,500) = 250\,（万元）$$

开发 C 产品的年增量利润：

$$M\pi_C = MR_C - MC_C = 25\,000 \times (1\,500 - 1\,300) = 500\,（万元）$$

虽然两个方案都可行，但是 $M\pi_C > M\pi_B$，应开发 C 产品。

（2）如果企业开发 C 产品，需增购一台设备，每年需增提折旧费 300 万元。此时，开发 B 产品的年增量利润仍为 250 万元，但开发 C 产品的年增量利润发生了变化：

$$M\pi_{C1} = MR_{C1} - MC_{C1} = 25\,000 \times (1\,500 - 1\,300) - 3\,000\,000 = 200\,（万元）$$

4. 亏损产品是否停产的决策

企业的产品组合中，有的产品赚钱，有的产品亏钱，那么亏钱的产品要不要减产或转产？衡量标准是：停产或转产带来的增量利润大于零，就应该停产或转产；否则，应该继续维持生产。

[**例 3-6**] 某企业生产甲、乙、丙三种产品,有关资料如表 3-6 所示。问:

(1) 甲产品是否停产?

(2) 如果把甲产品的生产设备转产丁产品,预计丁产品的生产可实现销售收入 250 万元,而发生的变动成本为 180 万元,那么是否应该转产丁产品?

表 3-6 企业产品组合的成本利润 单位:万元

产品	甲产品	乙产品	丙产品	合计
总变动成本	200	80	100	380
总固定成本	80	15	100	195
销售收入	260	100	250	610
利润	-20	5	50	35

解:(1) 企业产品组合中,甲产品亏损。如果甲产品停产:

MR=-260(万元)

MC=-200(万元)

$M\pi$=MR-MC=-260-(-200)=-60(万元)

因 $M\pi<0$,不能停止甲产品的生产。

(2) 如果企业转产丁产品:

MR=250-260=-10(万元)

MC=180-200=-20(万元)

$M\pi$=MR-MC=(-10)-(-20)=10(万元)

因 $M\pi>0$,转产可减少亏损 10 万元,故可转产。

以上分析表明,生产甲产品虽然亏钱,但是如果停产之后,它分摊的固定费用都将转移到其他产品上,企业盈利减少。转产丁产品也是亏钱的,但比甲产品亏得少,故可以转产,达到减亏增盈的目的。

四、盈亏平衡决策法

盈亏平衡决策法又称量本利决策法,是通过分析产品成本、产销量、价格等变量之间的关系,判断企业经营安全状况、确定盈亏平衡产销量、制定价格等的决策方法。

1. 盈亏平衡决策法的原理

假设单位产品变动成本(C_V)和产品市场价格(P)相对固定,不难得到恒等式:

单一产品的销售收入(S)=销售量(Q)×销售价格(P)

企业多品种生产时的销售收入(S)=$\sum QP$

单一产品总成本(TC)=总固定成本(F)+单位产品变动成本(C_V)×销售量(Q)

单一产品生产企业盈亏平衡决策法的原理如图 3-1 所示。当产量>Q_0 时,企业盈利;当产量<Q_0 时,企业亏损;当产量=Q_0 时,企业保本。

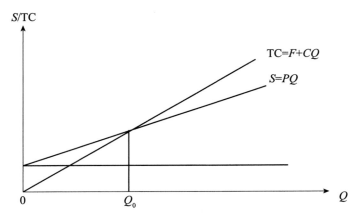

图 3-1　盈亏平衡点的确定

2. 盈亏平衡决策法的计算

（1）单一产品生产企业盈亏平衡决策法的计算

盈亏平衡点的产量为：

$$Q_0 = \frac{F}{P - C_V}$$

边际贡献率（U）即单位产品的毛利为：

$$U = 1 - \frac{C_V}{P}$$

盈亏平衡点的销售收入为：

$$S_0 = \frac{F}{1 - \frac{C_V}{P}} = \frac{F}{U}$$

实现目标利润（M）的产量为：

$$Q_1 = \frac{F + M}{P - C_V}$$

实现目标利润（M）的销售收入为：

$$S_1 = \frac{F + M}{1 - \frac{C_V}{P}} = \frac{F + M}{U}$$

企业经营安全率（L）为：

$$L = \frac{Q - Q_0}{Q} \times 100\%$$

企业经营安全率是反映企业经营状况的一个指标，用以反映企业目前经营是否安全。经营安全率越高，说明企业实际经营状况远离盈亏平衡点，企业经营越安全；经营安全率越低，说明企业实际经营状况靠近盈亏平衡点，企业处于亏损边缘；经营安全率如果为负数，说明企业处于亏损状态。在实际中，可参考表 3-7 来判断企业经营安全状态。

表 3-7　企业经营安全状态标准

经营安全率	30%以上	25%—30%	15%—25%	10%—15%	10%以下
经营安全状态	安全	较安全	不太好	要警惕	危险

[例 3-7] 某企业生产 A 产品,年销售额为 500 万元,年固定费用为 200 万元,年变动费用为 250 万元。问:

(1) 企业盈亏平衡点的销售额是多少?企业处于什么样的经营状况?

(2) 企业实现目标利润 100 万元的销售额是多少?

解:(1)

$$U = 1 - \frac{C_V}{P} = \frac{P - C_V}{P} = \frac{PQ - C_V Q}{PQ} = \frac{S - C_V Q}{S} = \frac{500 - 250}{500} = 0.5$$

盈亏平衡点的销售额为:

$$S_0 = \frac{F}{U} = \frac{200}{0.5} = 400 \text{（万元）}$$

经营安全率为:

$$L = \frac{Q - Q_0}{Q} \times 100\% = \frac{500 - 400}{500} \times 100\% = 20\%$$

参考企业经营安全状态标准,可认为该企业经营处于不太好的状态。

企业实现目标利润 100 万元的销售额为:

$$S_1 = \frac{F + M}{U} = \frac{200 + 100}{0.5} = 600 \text{（万元）}$$

(2) 多品种生产企业盈亏平衡决策法的计算

计算盈亏时,多品种生产企业的不同品种不能简单相加,只能确定盈亏平衡点的销售额和实现目标利润的销售额。

盈亏平衡点的销售额公式为:

$$S_0 = \sum_{i=1}^{N-1} S_i + \frac{F - \sum_{i=1}^{N-1} S_i U_i}{U_N}$$

式中,S_i 为边际贡献率在第 i 位(从高到低排列)的产品销售收入。因为企业安排生产的顺序一般按边际贡献率由高到低开始,优先保证边际贡献率高的产品生产,再考虑边际贡献率低的产品生产,直到第 N 种产品的生产。只有这样,才能保证企业不亏。

[例 3-8] 某企业生产系列产品,有关资料如表 3-8 所示。问:该企业盈亏平衡点的销售额是多少?

表 3-8　某企业产品有关资料　　　　　　　　　　　　　　　单位:万元

产品系列	变动成本（V）	预计销售额	固定费用
甲	350	500	共计 500
乙	300	600	
丙	220	400	
丁	300	500	

解：按边际贡献率的大小将产品组合重新排序，如表 3-9 所示。企业在保证满足市场需要的乙、丙产品的同时，必须生产一部分丁产品（$N=3$）才不至于亏损。盈亏平衡点的销售额：

$$S_0 = \sum_{i=1}^{N-1} S_i + \frac{F - \sum_{i=1}^{N-1} S_i U_i}{U_N}$$

$$= 1\,000 + \frac{500 - (600 \times 0.5 + 400 \times 0.45)}{0.4}$$

$$= 1\,050 \text{（万元）}$$

表 3-9　某企业产品的组合决策　　　　　　　　　　单位：万元

产品	U	S	$S-V$	$\sum S$	$\sum(S-V)$	$\sum(S-V)-F$
乙	0.50	600	300	600	300	−200
丙	0.45	400	180	1 000	480	−20
丁	0.40	500	200	1 500	680	180
甲	0.30	500	150	2 000	830	330

所以，企业应生产乙、丙产品，同时还应生产部分丁产品，实现销售收入 1 050 万元时才保本。

3. 盈亏平衡决策法的应用

（1）产销量的决策

企业从事某项生产经营活动，在确定保本点产销量或实现一定目标利润的产销量时，常用办法是盈亏平衡决策法。

[例 3-9]　某旅游公司经办到某风景点的旅游业务，往返 8 天，公司负责旅客在途的交通、住宿和伙食。往返一次的成本费用如表 3-10 所示。问：

（1）如果向每位旅客收费 800 元，最少要多少旅客才能保本？如果收费 1 000 元，最少要多少旅客才能保本？

（2）如果收费 800 元的预期旅客量为 50 人，企业经营安全状况如何？如果收费 1 000 元的预期旅客量为 45 人，企业经营安全状况如何？

（3）如果公司往返一次的目标利润为 2 500 元，在 800 元的价格和 1 000 元的价格条件下，分别需要多少旅客才能实现这一目标利润？

表 3-10　旅游公司业务成本　　　　　　　　　　单位：万元

项　目	费用
固定成本	8 000
其中：折旧	4 500
员工工资（含司机）	2 500
其他	1 000
变动成本（每个旅客）	600
其中：每个旅客住宿伙食费	425
每个旅客的其他变动费用	175

解：（1）如果向每位旅客收费 800 元，公司盈亏平衡点的旅客量为：

$$Q_0 = \frac{F}{P-C_V} = \frac{8\,000}{800-600} = 40（人）$$

如果向每位旅客收费 1 000 元，公司盈亏平衡点的旅客量为：

$$Q_0 = \frac{F}{P-C_V} = \frac{8\,000}{1\,000-600} = 20（人）$$

（2）如果向每位旅客收费 800 元，公司经营安全率为：

$$L = \frac{Q-Q_0}{Q} \times 100\% = \frac{50-40}{50} \times 100\% = 20\%$$

参考企业经营安全状态标准，可认为该公司经营状态不太好。

如果向每位旅客收费 1 000 元，公司经营安全率为：

$$L = \frac{Q-Q_0}{Q} \times 100\% = \frac{45-20}{45} \times 100\% = 56\%$$

参考企业经营安全状态标准，可认为该公司经营状态是十分安全的。

由此可见，公司应把价格定为 1 000 元较为有利。

（3）如果向每位旅客收费 800 元，公司往返一次实现 2 500 元目标利润的旅客量为：

$$Q_1 = \frac{F+M}{P-C_V} = \frac{8\,000+2\,500}{800-600} = 53（人）$$

如果向每位旅客收费 1 000 元，公司往返一次实现 2 500 元目标利润的旅客量为：

$$Q_1 = \frac{F+M}{P-C_V} = \frac{8\,000+2\,500}{1\,000-600} = 27（人）$$

（2）技术决策

企业选用何种技术生产产品，需要通过分析各种技术的产销量、变动成本、固定成本及盈亏平衡点后决定。

[例 3-10] 某企业计划上一条新的生产线，现有三种不同的方案，有关资料如表 3-11 所示。假设该产品的市场价格为 4 元。问：

（1）如果市场需求量为 12 000 件，企业应选择哪个方案？

（2）如果市场需求量为 12 000—25 000 件之间，企业应选择哪个方案？如果需求量在 25 000—50 000 件之间，企业应选择哪个方案？超过 50 000 件，企业应选择哪个方案？

表 3-11　各方案的成本费用　　　　　　　　　　　　　　　　　　　　单位：元

方案	单位产品变动费用	年固定费用
A 方案：自制生产线	2	20 000
B 方案：国内购置生产线	1	45 000
C 方案：进口生产线	0.5	70 000

解：（1）计算各方案的盈亏平衡点的产量：

A 方案：

$$Q_{0A} = \frac{F}{P-C_V} = \frac{20\,000}{4-2} = 10\,000（件）$$

B 方案：

$$Q_{oB} = \frac{F}{P-C_V} = \frac{45\ 000}{4-1} = 15\ 000\ （件）$$

C 方案：

$$Q_{oC} = \frac{F}{P-C_V} = \frac{70\ 000}{4-0.5} = 20\ 000\ （件）$$

由于市场需求量只有 12 000 件，刚刚超过方案 A 的保本点产量，而没有达到方案 B 和方案 C 的保本点产量，故应采用方案 A，即自制生产线。

（2）计算 A 方案与 B 方案、B 方案与 C 方案的临界点（即两个方案利润相等的产销量）。

A 方案与 B 方案临界点：

$$(P-C_{VA})Q - F_A = (P-C_{VB})Q - F_B$$
$$(4-2) \times Q - 20\ 000 = (4-1) \times Q - 45\ 000$$
$$Q = 25\ 000\ （件）$$

B 方案与 C 方案临界点：

$$(P-C_{VB})Q - F_B = (P-C_{VC})Q - F_C$$
$$(4-1) \times Q - 45\ 000 = (4-0.5) \times Q - 70\ 000$$
$$Q = 50\ 000\ （件）$$

计算结果表明：当需求量在 25 000 件以下时，应采用 A 方案；当需求量在 25 000—50 000 件时，应采用 B 方案；当需求量在 50 000 以上时，应采用 C 方案。

盈亏平衡法还适用于产品搭配决策、价格决策和成本决策等，在投资决策中应用十分广泛，计算方法也十分简单，但数据来源及真实性是关键。同时，从项目决策到项目投产有较长时间间隔，用于盈亏平衡决策方法计算的数据应是科学预测的未来数据，未来数据是该方法的难点，也是决定决策精度的重点。

五、线性规划法

企业在决策时，必须考虑如何以有限资源，发挥最佳效益。线性规划法是解决这类问题最常用的方法，其中心思想就是在受约束条件下选择最佳方案。

1. 线性规划法的原理

线性规划法是通过建立、求解线性数学模型来做决策的方法。线性规划模型有三个必备要件：第一，变量。它是线性规划模型中待定的、对决策目标实现有决定性影响的因素，一般用 X_{ij} 或 X_i 表示，一般要求非负。第二，目标函数。它是决策目标的量化，是变量的函数，如利润最大化、成本最低化等。第三，约束条件。它是实现决策目标的限制性条件，如市场需求的限制、可供资源的限制等。

有了变量、目标函数、约束条件，就可以建立起线性规划模型。一般线性规划模型可表述为以下形式：

目标函数为：
$$Z = \max(\text{或 } \min)\{C_1X_1 + C_2X_2 + \cdots + C_nX_n\}$$

约束条件为：
$$\begin{cases} a_{11}X_1 + a_{12}X_2 + a_{13}X_3 + \cdots + a_{1n}Xn < (\geqslant)b_1 \\ a_{21}X_1 + a_{22}X_2 + a_{23}X_3 + \cdots + a_{2n}Xn < (\geqslant)b_2 \\ \cdots \cdots \\ a_{m1}X_1 + a_{m2}X_2 + a_{m3}X_3 + \cdots + a_{mn}Xn < (\geqslant)b_m \end{cases}$$

传统上采用图解法和单纯形法求解线性规划模型，求解难度不大但耗时较长。随着计算机技术在企业管理中的广泛应用，用现成计算机软件包对线性规划模型求解已轻而易举。[①]

[例3-11] 某企业计划生产 A、B 两种产品，需要经过加工和装配两道工序。生产的有关资料如表 3-12 所示。问：A、B 两种产品各生产多少时，企业获利最大？

表 3-12 加工工时 　　　　　　　　　　　　　　　单位：小时

工序	工时定额		年可用工时
	A 产品	B 产品	
加工工序	125	250	150 000
装配工序	100	100	100 000
单件利润	150	200	

解： 设 A、B 两种产品的计划产量分别为 X_1、X_2，目标函数为：
$$Z_{\max} = 150X_1 + 200X_2$$

约束条件为：
$$\begin{cases} 125X_1 + 250X_2 < 150\ 000 \\ 100X_1 + 100X_2 < 100\ 000 \\ X_1 \geqslant 0 \\ X_2 \geqslant 0 \end{cases}$$

把数据输入计算机，通过有关软件包的运算便可直接得出结果：
$$\begin{cases} X_1 = 800 \\ X_2 = 200 \end{cases}$$

即企业生产 A 产品 800 件、B 产品 200 件时，获利最大。

2. 线性规划法的应用

（1）产品搭配的决策

当企业原材料供应、生产能力等资源受到限制时，可用该方法确定各种产品的计划产量，以确保获得最大利润。

---

① Lingo 软件可计算各种线性规划问题。

[**例 3-12**]　某公司以钢板为主要原材料生产四种产品，生产过程需经五道工序，生产成本、费用、市场等资料如表 3-13 所示。由于进口的限制，B、D 产品所需钢板供应紧张，最大供应量为 24 000 平方米。已知 B、D 产品消耗该钢板的定额分别为 2.4 平方米和 1.44 平方米。问：A、B、C、D 四种产品的产量计划应各是多少？

表 3-13　钢板加工工时

工序	A 产品	B 产品	C 产品	D 产品	可用工时
冲压	0.6	3	1	2	80 000
钻孔	0.9	8	—	1.5	60 000
装配	1	2	1	2.4	100 000
喷漆	0.8	4	0.6	2.4	90 000
包装	0.2	0.6	0.2	0.5	40 000
产品市场价格（元）	200	500	320	400	
产品成本（元）	90	225	165	210	
市场需求（件）	10 000—60 000	<5 000	5 000—30 000	1 000—10 000	

解： 设 X_1、X_2、X_3、X_4 分别为 A、B、C、D 四种产品的计划产量。

目标函数为：
$$Z_{max} = (200-90)X_1 + (500-225)X_2 + (320-165)X_3 + (400-210)X_4$$

约束条件为：
$$\begin{cases} 0.6X_1 + 3X_2 + X_3 + 2X_4 < 80\,000 \\ 0.9X_2 + 1.8X_2 + 1.5X_4 < 60\,000 \\ X_1 + 2X_2 + X_3 + X_4 < 100\,000 \\ 0.8X_1 + 4X_2 + 0.6X_3 + 2.4X_4 < 90\,000 \\ 0.2X_1 + 0.6X_2 + 0.2X_3 + 0.5X_4 < 40\,000 \\ 2.4X_2 + 1.44X_4 < 24\,000 \end{cases}$$

$$\begin{cases} X_1 > 10\,000,\ X_1 < 60\,000,\ X_2 < 5\,000,\ X_3 > 5\,000 \\ X_3 < 30\,000,\ X_4 > 1\,000,\ X_4 < 10\,000 \\ X_1,\ X_2,\ X_3,\ X_4 > 0 \end{cases}$$

计算结果为：
$$\begin{cases} X_1 = 55\,000 \\ X_2 = 5\,000 \\ X_3 = 3\,000 \\ X_4 = 1\,000 \\ Z_{max} = 2\,635\,000 \end{cases}$$

也就是说，当该企业 A、B、C、D 四种产品的产量计划分别为 55 000 件、5 000 件、3 000 件、1 000 件时，该企业能够获得最大利润。

（2）裁料决策

如何把整材裁成不同规格的毛坯？在这种情形下，可用线性规划法实现最优裁料，以在保证生产需要的前提下节约原材料。

[例 3-13] 某企业根据生产所需，要将一批钢管裁成长 1.5 米、2.1 米、2.9 米三种不同长度的管材。根据现有裁料经验，有五种不同的剪裁方式，如表 3-14 所示。现需三种规格的管材各 1 000 根。问：如何下料需要钢管最少？

表 3-14 裁料方案

规格（米）	方案 A	方案 B	方案 C	方案 D	方案 E
1.5	2	0	1	3	3
2.1	2	2	0	1	0
2.9	0	1	2	0	1

解： 设 A、B、C、D、E 五种不同剪裁方式分别裁 X_1、X_2、X_3、X_4、X_5 根钢管。

目标函数为：

$$Z_{\min}=X_1+X_2+X_3+X_4+X_5$$

约束条件为：

$$\begin{cases} 2X_1+X_3+3X_4+3X_5=1\,000 \\ 2X_1+2X_2+X_4=1\,000 \\ X_2+2X_3+X_5=1\,000 \\ X_1,X_2,X_3,X_4,X_5 \geqslant 0 \end{cases}$$

计算结果为：

$$\begin{cases} X_1=200 \\ X_2=300 \\ X_5=500 \\ Z_{\min}=700 \end{cases}$$

即用方案 A 裁 200 根钢管，方案 B 裁 300 根钢管，方案 E 裁 500 根钢管，即可实现下半年管数最少的目标。

（3）配方决策

生化行业面临如何在保证质量或营养的前提下选择配方，让成本最低的决策问题，这时可以使用线性规划法帮助决策。

[例 3-14] 某企业生产鸡饲料，原料选用玉米、豆饼、麦麸、鱼粉、骨粉和鸡促进素，其每公斤进价分别为 0.314 元、0.54 元、0.224 元、1.2 元、0.4 元和 0.5 元。营养成分见表 3-15。

表 3-15 各种原料的主要营养成分

原料	营养成分（%）						
	粗蛋白	钙	磷	赖氨酸	蛋氨酸	色氨酸	胱氨酸
玉 米	8.60	0.04	0.21	0.27	0.13	0.08	0.18
豆 饼	43.00	0.32	0.50	2.45	0.48	0.60	0.60
麦 麸	15.40	0.14	1.06	0.54	0.18	0.27	0.40
鱼 粉	62.00	3.91	2.90	4.35	1.65	0.80	0.56
骨 粉	—	36.40	16.40	—	—	—	—
鸡促进素	—	31.50	4.50	—	—	—	—
饲料营养标准	19.00	1.00	0.70	0.94	0.36	0.19	0.32

企业原采用传统配方（59∶25∶7∶7∶1.5∶0.5），其成本为每公斤0.42元。试确定成本最低的配方。

解： 设玉米、豆饼、麦麸、鱼粉、骨粉和鸡促进素等在新饲料配方中占比分别为 X_1、X_2、X_3、X_4、X_5 和 X_6。

100公斤饲料的原料成本为：

$$Z = 0.314X_1 + 0.54X_2 + 0.224X_3 + 1.2X_4 + 0.40X_5 + 0.50X_6$$

约束条件为：

$$\begin{cases} 8.6\%X_1 + 43\%X_2 + 15.4\%X_3 + 62\%X_4 \geq 19\% \times 100 \\ 0.04\%X_1 + 0.32\%X_2 + 0.14\%X_3 + 3.91\%X_4 + 36.4\%X_5 + 31.5\%X_6 \geq 1\% \times 100 \\ 0.21\%X_1 + 0.5\%X_2 + 1.06\%X_3 + 2.9\%X_4 + 16.4\%X_5 + 4.5\%X_6 \geq 0.7\% \times 100 \\ 0.27\%X_1 + 2.45\%X_2 + 0.54\%X_3 + 4.35\%X_4 \geq 0.94\% \times 100 \\ 0.13\%X_1 + 0.48\%X_2 + 0.18\%X_3 + 1.65\%X_4 \geq 0.36\% \times 100 \\ 0.08\%X_1 + 0.6\%X_2 + 0.27\%X_3 + 0.8\%X_4 \geq 0.19\% \times 100 \\ 0.18\%X_1 + 0.6\%X_2 + 0.4\%X_3 + 0.56\%X_4 \geq 0.32\% \times 100 \\ X_1 + X_2 + X_3 + X_4 + X_5 + X_6 = 100 \\ X_i \geq 0 \quad i = 1, 2, \cdots, 6 \end{cases}$$

经计算，当结果为 $X_1 = X_2 = X_6 = 0$，$X_3 = 86.547\,3$，$X_4 = 12.377\,7$，$X_5 = 1.084\,8$ 时，成本最低，为每公斤0.34元。

(4) 物资调运决策

大公司的生产基地和市场遍布各地，产地与市场之间距离不同，运输方式不同，单位产品运输的费用不一，如何在保证供需平衡条件下减少运费？

[例3-15] 某集团公司的甲、乙、丙、丁四个工厂月生产彩电的能力分别为5 000台、10 000台、8 000台、15 000台。其市场分布在A、B、C、D、E五个省会城市，五个城市的市场需求量分别为6 000台、8 000台、8 000台、12 000台、4 000台。运费的有关资料如表3-16所示。问：运费最低的物资调配方案是什么？

表3-16 从不同工厂到市场的单位运费

工厂	单位产品从工厂到市场的运费（元）					供应量（台）
	A	B	C	D	E	
甲	15	10	12	8	2	5 000
乙	6	5	8	10	5	10 000
丙	10	3	7	16	8	8 000
丁	8	6	5	4	6	15 000
需求量	6 000	8 000	8 000	12 000	4 000	38 000

解： 设甲厂运往A、B、C、D、E五个城市的彩电数量分别为：X_{11}，X_{12}，X_{13}，X_{14}，X_{15}；

乙厂运往A、B、C、D、E五个城市的彩电数量分别为：X_{21}，X_{22}，X_{23}，X_{24}，X_{25}；

丙厂运往A、B、C、D、E五个城市的彩电数量分别为：X_{31}，X_{32}，X_{33}，X_{34}，X_{35}；

丁厂运往 A、B、C、D、E 五个城市的彩电数量分别为：X_{41}，X_{42}，X_{43}，X_{44}，X_{45}。

目标函数为：

$$\begin{aligned}Z_{\min}=\{&15X_{11}+10X_{12}+12X_{13}+8X_{14}+2X_{15}\\&+6X_{21}+5X_{22}+8X_{23}+10X_{24}+5X_{25}\\&+10X_{31}+3X_{32}+7X_{33}+16X_{34}+8X_{35}\\&+8X_{41}+6X_{42}+5X_{43}+4X_{44}+6X_{45}\}\end{aligned}$$

约束条件为：

$$\begin{cases}X_{11}+X_{12}+X_{13}+X_{14}+X_{15}=5\ 000\\X_{21}+X_{22}+X_{23}+X_{24}+X_{25}=10\ 000\\X_{31}+X_{32}+X_{33}+X_{34}+X_{35}=8\ 000\\X_{41}+X_{42}+X_{43}+X_{44}+X_{45}=15\ 000\\X_{11}+X_{21}+X_{31}+X_{41}=6\ 000\\X_{12}+X_{22}+X_{32}+X_{42}=8\ 000\\X_{13}+X_{23}+X_{33}+X_{43}=8\ 000\\X_{14}+X_{24}+X_{34}+X_{44}=12\ 000\\X_{15}+X_{25}+X_{35}+X_{45}=4\ 000\\X_{11},X_{12},X_{13},X_{14},X_{15},X_{21},X_{22},X_{23},X_{24},X_{25},\\X_{31},X_{32},X_{33},X_{34},X_{35},X_{41},X_{42},X_{43},X_{44},X_{45}\geqslant 0\end{cases}$$

计算结果为：

$X_{14}=1\ 000$，$X_{15}=4\ 000$，$X_{21}=6\ 000$，$X_{23}=4\ 000$，$X_{32}=8\ 000$，$X_{43}=4\ 000$，$X_{44}=11\ 000$

成本最低的运输方案是：

从甲厂运 1 000 台彩电到 D 市场，4 000 台到 E 市场；从乙厂运 6 000 台到 A 市场，运 4 000 台到 C 市场；从丙厂运 8 000 台到 B 市场；从丁厂运 4 000 台到 C 市场，运 11 000 台到 D 市场。

六、决策树法

风险型决策是指决策问题有几个可行方案，每一个方案面临两个或两个以上的自然状态，每种状态的发生虽不确定，但可知其发生的概率，也可预估每一个方案在各种自然状态下的损益值。

决策树法正是对风险型决策问题决策的有效方法，它借用树状图来辅助决策。决策树的结构如图 3-2 所示，"□"表示决策点，由决策点引出的树枝，被称为方案枝，有几个方案就引出几条枝；"○"表示状态结点，由状态结点引出的树枝，被称为概率分枝，有几种自然状态就引出几条枝，该分枝之后给出收益值。

决策树法的决策流程如下：

第一，绘制决策树。有几个决策方案就画几条方案枝，有几种自然状态就画几条概率分枝。画出决策树之后，要对决策点和状态结点编号，编号的顺序是从左到右、由小到大编号，还要把有关数据（如投资额、收益、概率等）填在决策树上的相关位置。

第二，计算期望净收益值。即计算方案在不同自然状态下的期望净收益值，其计算公

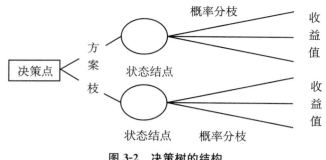

图 3-2 决策树的结构

式如下：

$$\text{某方案的期望净收益值}(E) = \sum_{t=1}^{n} \frac{\sum \text{概率} \times \text{收益值}}{(1+i)^t} - \text{原始投资额}$$

式中，i 为投资的时间价值（如银行利率）；n 为该项投资的使用寿命。期望净收益值的计算一般是从右至左依次计算，并将结果标在相应的状态结点上。

第三，剪枝。比较各方案期望净收益值，将期望净收益值小的方案剪掉，留下期望净收益值最大的方案，该方案即为决策的最优方案。

[例 3-16] 某企业为生产甲产品设计了两个方案：一是建大厂，二是建小厂。建大厂需投资 400 万元，建小厂需投资 200 万元，两个方案的使用年限都是 10 年。此间，市场需求高的概率是 0.8，市场需求低的概率是 0.2。两个方案的年收益值如表 3-17 所示。假设资金的时间价值为市场利率的 10%。请用决策树法决策。

表 3-17 各方案收益值

方案	自然状态	
	高需求（0.8）	低需求（0.2）
建大厂年收益（万元）	100	−20
建小厂年收益（万元）	40	10

解：第一步，画决策树（见图 3-3）。

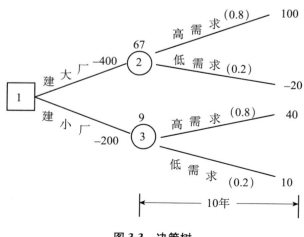

图 3-3 决策树

第二步,计算每一个方案的期望净收益值(E)。

建大厂:

$$E_{大} = \sum_{t=1}^{n} \frac{\sum 概率 \times 年收益值}{(1+i)^t} - 投资额$$

$$= \sum_{t=1}^{10} \frac{0.8 \times 100 + 0.2 \times (-20)}{(1+10\%)^t} - 400$$

$$= 76 \times 6.1446 - 400$$

$$\approx 67 （万元）$$

建小厂:

$$E_{小} = \sum_{t=1}^{n} \frac{\sum 概率 \times 年收益值}{(1+i)^t} - 投资额$$

$$= \sum_{t=1}^{10} \frac{0.8 \times 40 + 0.2 \times 10}{(1+10\%)^t} - 200$$

$$= 34 \times 6.1446 - 200$$

$$\approx 9 （万元）$$

第三步,剪枝。从以上计算结果可知,建大厂的期望净收益大于建小厂的期望净收益,故选建大厂的方案为决策的最优方案。

七、灵敏性分析

在风险决策中,由于自然状态发生概率和每一个方案在各种自然状态下的损益值是通过市场调查和预测出来的,精确度有限,因此,需要分析数据变动是否会改变最优方案的选择,这种分析就是灵敏度分析。

[**例 3-17**] 某农场准备种植甲、乙两种农作物中的一种。如果今年雨水多,种植作物甲可望获利润 50 万元,种植作物乙要亏损 15 万元;如果今年雨水少,种植作物甲会亏损 20 万元,种植作物乙可望获利润 100 万元。根据当地气象资料统计,该地区雨水多的概率为 0.7,雨水少的概率为 0.3。问:该农场应选择何种作物最佳?

解: 先计算两个方案的期望损益值。

甲方案的期望损益值为:

$$E_1 = 0.7 \times 50 + 0.3 \times (-20) = 29 （万元）$$

乙方案的期望损益值为:

$$E_2 = 0.7 \times (-15) + 0.3 \times 100 = 19.5 （万元）$$

种植作物甲的期望损益值高于种植作物乙的期望损益值,应以选种甲作物为最佳方案。假如最新气象资料表明,雨水多的概率将上升到 0.8,此时:

$$E_1 = 0.8 \times 50 - 0.2 \times 20 = 36 （万元）$$

$$E_2 = 0.8 \times (-15) + 0.2 \times 100 = 8 （万元）$$

因 $E_1 > E_2$,且二者的数值差距拉大,方案甲明显优于方案乙。但是,如果最新气象资料表明,雨水多的概率下降到 0.6,将会出现截然相反的结果:

$$E_1 = 0.6 \times 50 + 0.4 \times (-20) = 22 （万元）$$

$$E_2 = 0.6 \times (-15) + 0.4 \times 100 = 31 \text{（万元）}$$

此时 $E_2 > E_1$，种植作物乙为最优方案。既然损益值不变，雨水多的概率由 0.7 减少到 0.6 时，两个方案期望值的高低发生了转化。那么，该概率值为多大时，这两个方案的期望值正好相等呢？

设 P 代表雨水多的概率，则雨水少的概率为 $1-P$，当 $E_1 = E_2$ 时，即得：
$$P \times 50 + (1-P) \times (-20) = P \times (-15) + (1-P) \times 100$$
$$P = 0.65$$

其中，0.65 被称为决策问题的临界概率。当 $P > 0.65$ 时，种植作物甲是最优方案；当 $P < 0.65$ 时，种植作物乙为最优方案。同样，我们也可以固定概率，对收益作敏感性分析。

实际工作中，我们在可能的误差范围内对概率值、损益值等进行几次不同的赋值，计算、比较期望值，看期望值是否相差很大以至于影响最优方案的选择。如果赋值变动而最优方案保持不变，说明该决策比较稳健；如果赋值稍加变动，最优方案就从原来的方案变为另一个方案，说明该决策是不稳定的、敏感的，需要进一步提升数据精确度。

八、非确定型决策方法

由于决策者对非确定型决策的信息知之甚少，难以用有效的方法科学决策，只能凭借自身经验，因此非确定型决策法又被称为经验决策法或主观决策法。常见的非确定型决策方法有以下几种：

1. 小中取大决策法

小中取大法又称悲观决策法，是指先从每一个方案中找出收益最小者，然后从几个最小收益值中选出一个最大者，对应方案即为中选方案。

[例 3-18] 某企业拟生产一种新产品，可采用三种方案中的一种，产品的市场需求不明，有关资料如表 3-18 所示。请用小中取大决策法决策。

表 3-18 各方案收益值

方案	收益值（万元）		
	销路好	销路中等	销路差
新建生产线	40	10	-10
改建生产线	36	12	-4
租用生产线	32	14	2

解：先找出每一个方案在不同自然状态下的最小收益值，新建、改建、租用生产线的最小收益值分别是：-10 万元、-4 万元、2 万元。其中最大者为 2 万元，对应的方案是租用生产线，则该方案为中选方案。

采用租用生产线最差也能获利 2 万元，还有可能获利 32 万元。小中取大法是最保守的决策法,其决策的结果没有任何风险。

2. 大中取大决策法

大中取大决策法又称乐观决策法,是指先找出各种方案在不同自然状态下的最大收益值,然后从这些最大收益值中找出一个最大者,对应方案即为中选方案。

[例 3-19] 仍以[例 3-18]为例来说明大中取大决策标准。

解: 先找出每一个方案在不同自然状态下的最大收益值,新建、改建、租用生产线的最大收益值分别是:40万元、36万元、32万元。其中最大者为40万元,对应的方案是新建生产线,则该方案为大中取大法的中选方案。

采用新建生产线在市场销路好时能获利40万元,但在市场销路差时将亏损10万元,选择此方案的结果可能是赚得最多,也可能是亏得最多,风险极大。

3. 最小后悔值决策法

后悔值是指某一方案的机会成本与收益值之差,使用最小后悔值法时需要先求出每一个方案在不同自然状态下的后悔值,然后找出每一个方案的最大后悔值,最后从这些最大后悔值中找出一个最小值,对应方案即为中选方案。

[例 3-20] 仍以[例 3-18]为例来说明最小后悔值决策标准。

表 3-19　方案收益值

方案	后悔值(万元)			最大后悔值(万元)
	销路好	销路中等	销路差	
新建生产线	0	4	12	12
改建生产线	4	2	6	6
租用生产线	8	0	0	8

解: 先计算各方案在不同自然状态下的后悔值(计算结果见表3-19),然后找出每一个方案在不同自然状态下的最大后悔值(表中最后一列),其中最小者(6万元)对应的方案(改建生产线)为最小后悔值决策标准的中选方案。此决策标准依照的是机会损失最小的标准,具有一定的保守性。

从以上非确定型决策法的例子可以看出,由于缺乏信息,决策者只能凭个人经验和兴趣决策,用不同决策方法对同一决策问题分析,得到的决策结果大相径庭,很难区分谁是谁非。因此决策时应尽可能地收集信息、变未知为已知,先把非确定型决策问题转化为风险型决策问题或确定型决策问题,再用现代决策技术决策。

九、竞争决策方法

企业很多决策都是针对竞争对手作出的,目的在于保证企业在竞争中处于主动地位。

在一定程度上，竞争决策的成败对企业的影响比投资决策的成败对企业的影响还大，常用的竞争决策方法有：

1. 价格—效用决策法

当企业面临众多竞争对手时，降价与提高效用是常用的竞争方法，但若运用失当，企业就可能陷入灾难。

效用是西方经济学的概念，表示产品或服务给消费者带来的满足程度，它因时、因地、因人而异。通常效用的大小受产品或服务的质量、品牌、规格、色彩、环境等因素的影响。在图3-4中，横轴表示产品或服务的市场价格，纵轴表示产品或服务的效用。

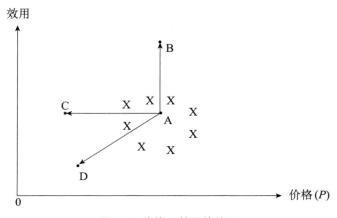

图 3-4 价格—效用的关系

若企业产品位于图中 A 点的位置，因为各企业提供的产品及价格相差无几，消费者认为买谁的都行，因此 A 点周围分布着很多价格和效用都很接近的竞争对手的产品（图中用 X 表示），各企业所占市场份额基本相同。如果各企业都安分守己，这种市场格局将维持下去；如果某企业要扩大自己的市场份额，它可以采用以下两种方法：

(1) 降价决策方法

降价促使企业产品位置从 A 点向左移动，即以更低价格向消费者提供和竞争对手相同效用的产品，吸引更多消费者，扩大市场份额。要达到这一目的，企业必须跨过两种障碍：

第一，要消除消费者"便宜非好货"的心理。若企业产品没有明显的效用标记，降价容易让消费者产生"便宜非好货"的错觉，不但不能增加销量，反而减少销量，企业的竞争位置将从 A 点移至 D 点。因此，企业降价时，必须消除消费者的这种心理。

第二，要避免在价格竞争中处于不利地位。企业降价必然导致竞争者效仿，甚至会引起一场价格战。因此企业是否能持续降价，在较长时间内保持比竞争对手更低的价格，还取决于企业的实力和成本。若企业的实力和成本不具有竞争优势，企业就会在价格竞争中处于不利地位，甚至会因降价而作茧自缚；若企业的实力和成本具有竞争优势，经过持久的价格战，竞争对手纷纷离开本行业，企业则成为价格竞争的最后赢家。

(2) 提高效用决策方法

在与竞争者同价的条件下，提高效用的企业的产品位置将从 A 点移至 B 点，同样能吸引更多消费者，扩大市场份额。问题是如何提高效用？若决策不当，企业可能花了钱，却得不到消费者的青睐。例如某企业为了提高传统出口产品竞争力，投资引进了一条现代化的包装生产线，然而新包装不但没有吸引更多新的消费者，反而让老消费者产生厌恶，这就是典型的决策不当。

提高产品效用就是更好地迎合更多消费者的需要，并切实让消费者看得见、摸得着、感受得到。提高效用的有效方法就是市场调查，在市场调查的基础上了解消费者的共同需要，进而开发产品，满足他们的需要。

2. 博弈决策法

当企业面临一个或少数几个竞争对手时，企业与竞争对手之间的行为一定会相互依赖、紧密联系，企业作决策时必须考虑竞争对手可能作出的反应。面对这种市场局势，供企业决策的方案有两个：第一个是和竞争对手合作，建立稳固、信任的关系，通过整体利润最大化保证企业获得较高收益。但是，这种合作必须得到有效监督，否则就会出现企业间欺诈，因此该方案具有很大的不稳定性。第二个是以最低风险、最大收益为标准制定对己最为有利的政策，与竞争对手短兵相接。

[例 3-21] 甲、乙两家企业共同垄断了某种产品的整个市场，这两家企业原广告支出分别为 400 万元和 600 万元，两家企业的利润分别为 1 000 万元和 1 200 万元，有关资料如表 3-20 所示。甲、乙两家企业都要考虑是否增加广告预算支出的问题。表中括号内的数据是乙企业的销售利润。

表 3-20　广告预算决策收益矩阵　　　　　　　　　　单位：万元

甲企业的广告预算方案		乙企业的广告预算方案	
		600	800
	400	1 000（1 200）	600（1 800）
	600	1 600（800）	850（1 050）

解：根据决策收益矩阵，若两家企业都维持原状，即甲、乙两家企业的广告支出仍分别为 400 万元、600 万元，它们的销售利润分别为 1 000 万元、1 200 万元；若甲企业维持原广告预算 400 万元，乙企业扩大广告预算至 800 万元，乙企业因吸引了更多的消费者（包括吸引甲企业的消费者），销售利润增至 1 800 万元，甲企业因丢失了很多消费者，销售利润急剧减少至 600 万元；若乙企业维持原预算 600 万元不变，而甲企业增加广告预算至 600 万元，因同样的原因，甲企业的销售利润增加至 1 600 万元，而乙企业的销售利润降至 800 万元；若甲、乙两家企业都分别增加广告预算至 600 万元和 800 万元，因广告效果相互抵消和广告支出增加，两家的销售利润分别减少至 850 万元和 1 050 万元。

面对此类问题，企业必须及时作出决策，力求避开在竞争中处于不利地位。如表 3-20 所示，对甲企业来说，维持原广告预算的结果是坏的结果，若增加广告预算至 600 万元，甲企业至少也能获得销售利润 850 万元，还可能获得 1 600 万元的利润。甲企业根据最小风险、最大收益的原则，应增加广告预算至 600 万元。同样的理由，乙企业也应增加广告预算至 800 万元。

上述问题的产生是因为两家企业间无任何信息沟通，或者难以互相信任，不易达成有效的默契，其结果是两家企业竞相增加广告支出。

> **案例**
>
>
>
> **重庆"顺博"年产10万吨再生铝合金锭建设项目**[①]
>
>
>
> 随着国内废铝资源的丰富以及废旧资源回收体系的不断完善，我国再生铝行业保持快速发展。目前，我国再生铝行业已经初步形成较为完善的"废铝回收—预处理—熔炼—加工利用"的产业链条，工业体系逐步完善，再生铝产量居世界第一。
>
> 铝和再生铝应用市场还在增长，再生铝产品在这些行业内的应用也在不断扩展。为了抓住这个机遇，重庆"顺博"公司决定募投资金实施年产10万吨再生铝合金锭建设项目。该项目将通过新建生产车间方式来组织实施，将年产10万吨再生铝合金锭项目的生产装置设置为两个生产车间，扩大再生铝的生产规模。
>
> 顺博公司主营业务由铝合金锭自营和受托加工两块构成。铝合金锭自营，即利用公司回收的来源于废旧汽车、建材、电器、机械等及生产过程中产生的铝屑、边角料等各方面的废铝资源，进行分选、熔炼、浇注等生产工序后，生产出各种成分和型号的铝合金锭。铝合金锭受托加工，即由客户提供加工服务，按照合同加工成一定重量和标准的铝合金锭。顺博公司营业收入和营业成本分析如表3-21和表3-22所示。
>
> 表3-21 顺博公司营业收入分析
>
> | 项目 | 2016年1—6月 | 2015年度 | 2014年度 | 2013年度 |
> | --- | --- | --- | --- | --- |
> | 主营业务收入 | 137 065.20 | 286 074.13 | 311 506.50 | 282 037.20 |
> | 其中：铝合金锭 | 136 461.94 | 284 701.90 | 309 777.90 | 280 405.38 |
> | 　　　受托加工费 | 603.26 | 1 372.23 | 1 728.60 | 1 631.82 |
> | 其他业务收入 | 1 875.32 | 4 154.23 | 3 757.96 | 5 673.95 |
> | 合计 | 138 940.51 | 290 228.36 | 315 264.47 | 287 711.15 |
>
> 表3-22 顺博公司营业成本分析
>
> | 项目 | 2016年1—6月 | 2015年度 | 2014年度 | 2013年度 |
> | --- | --- | --- | --- | --- |
> | 主营业务成本 | 126 208.67 | 270 713.85 | 295 333.56 | 269 788.05 |
> | 其中：铝合金锭 | 125 790.96 | 269 486.73 | 293 819.82 | 268 482.28 |
> | 　　　受托加工费 | 417.71 | 1 227.12 | 1 513.74 | 1 301.76 |
> | 其他业务成本 | 1 079.30 | 2 155.75 | 1 868.34 | 3 980.46 |
> | 合计 | 127 287.97 | 272 869.61 | 297 201.89 | 273 768.51 |
>
> 由表3-21和表3-22可以看出，公司主营业务收入中以铝合金锭销售为主，其他业务收入的变动对营业收入的变动影响非常小，因此公司营业收入的变动很大程度上取决于铝合金锭的销售收入变动。

[①] http://www.csrc.gov.cn/pub/zjhpublic/G00306202/201611/P020161111528840029370.pdf，有删改。

2015年6月后，国内铝价呈现了断崖式下跌，最低点一度降至9 800元/吨，给再生铝企业造成了较大的经营压力。自2015年12月开始，国内骨干企业联合行动通过减产等措施，逐步化解供应过剩的压力，铝价开始持续反弹。截至2016年上半年，顺博公司的铝价呈现较明显的反弹，上升的铝价将给公司增产的再生铝锭带来可观收益，如表3-23所示。

表3-23 顺博公司铝合金锭产能、产量、销量的相关信息

项目	2016年1—6月	2015年度	2014年度	2013年度
产量（吨）	132 427.28	249 635.33	249 655.34	222 749.37
销量（吨）	124 687.54	243 228.43	245 135.07	210 493.68
产能利用率（%）	81.49	76.81	76.82	77.26
产销率（%）	94.16	97.43	98.19	95.50
铝合金锭均价（元/吨）	10 994.31	11 705.12	12 637.03	13 321.32
单位成本	10 088.49	11 079.57	11 986.04	12 754.98
其中：废铝及原铝	8 136.81	9 135.91	9 906.45	11 158.00
燃料动力	159.84	209.34	222.81	253.51

顺博公司本次募投项目的总投资额预计为28 029.02万元，其中固定资产投资为9 645.42万元，流动资金预计为18 383.61万元，如表3-24所示。本次募投项目的生产期为10年，预计每年平均产能利用率为73.84%，即生产期内每年产量为7.38万吨铝合金锭。公司固定资产采用年限平均法摊销折旧，将折旧分摊至10年中作为项目每年的折旧费用。按照以往经验核算，不扩招员工时，每年应付职工薪酬为981.42万元。

表3-24 投资概算

资产类别	资产原值（万元）	原值占比（%）
房屋及构筑物	4 679.68	48.52
机器设备	3 236.00	33.55
运输设备	405.20	4.20
电子设备	12.00	0.12
绿化工程	84.90	0.88
其他	1 227.64	12.73
合计	9 645.42	100.00

思考题：
(1) 请你用相关的决策方法论证该方案是否可行。
(2) 通过敏感性分析，你认为该项目有风险吗？风险具体来自哪些方面？

第三节 决策艺术

决策是指利用科学方法来做正确的事情，一个优秀的领导者在注重方法的同时还会格

外重视时间和人的因素,真正做到"天时、地利、人和"。可以说,决策是科学与艺术的融合。

一、管理者行使决策的意义

决策是管理活动的"生死之地,存亡之道",管理者善做决策对企业和个人的发展均具有巨大意义:一是有助于管理者迅速获得员工信任、增加威信,二是有助于增强企业凝聚力,三是能更出色地完成任务。

1. 获得信任

善于决策的管理者因其卓越的决策能力而得到上下级信任。如果管理者不能作出良好决策,只会上传下达,充其量只是扮演了一个传话筒的角色,很快就会失去民心。优秀的管理者不是天生的,都是在一路升迁的各岗位上充分发挥其决策能力并被信任而逐渐提拔起来的。

2. 增强凝聚力

影响公司凝聚力的因素很多,领导人的决策能力是增强公司凝聚力的核心。善于决策的领导者能赢得那些六神无主的下属的佩服和信赖。

开国领袖毛泽东从井冈山到遵义,从毛委员成为党的领导核心人,依靠的就是其卓越的决策能力。

3. 更出色地完成任务

优秀的管理者将自己面临的问题或领导交办的任务看成决策问题,首先搜集信息,明确决策问题的原因及目标,动脑袋挖掘尽可能多的可行方案,并从中选择最优方案,最后才开始行动,确保出色地完成任务。

二、管理者决策前的决策

决策的成败取决于多个环节,决策之前的准备工作是就其中重要的环节之一。管理者作出决策之前,需要对决策主体、决策意义、决策信息和决策方法等方面多加考虑。

1. 明确管理者的决策权限与范围

专业的人做专业的事,把事情安排给适合的人去做本身就是非常重要的决策。明智的决策者决不做属于上级、下级或其他部门应做的决策;否则,无论决策结果是对还是错,决策者都会受到非议。

《史记》中记载:"子产治郑,民不能欺;子贱治单父,民不忍欺;西门豹治邺,民不敢欺。"讲述的是孔子的学生宓子贱,奉命担任某地方的官吏,当他到任以后,却时常弹琴自娱，不管政事。但是他管辖的地方却被治理得井井有条，民兴业旺。那位卸任的官吏，百思不得其解，因为他每天从早忙到晚，也没有把地方治理好。于是他请教子贱："为什么你能治理得这么好？"子贱回答说："你只靠自己的力量去治理，所以十分辛苦，而我却是借助别人的力量来完成任务。"聪明的决策者应该懂得放权，该让下属决策的事情就放手让下属决策。

2. 明确决策问题的意义

遇到决策问题，管理者应考虑该问题对本人、本单位的重要性。如果非常重要，就应该认真分析，慎重决策；如果不太重要，就没有必要花费太多的资源。

公司招聘总经理的决策就是重大决策，需要花费很多的人力、物力和财力谨慎地作出选择；而招聘一个清洁工的决策就是一个非常小的决策，管理者则不需要花费很多的精力作出相应的决策。

3. 预先建立信息搜集系统

搜集尽可能多的信息是科学决策的前提，但搜集信息时常会受到时间限制。一个优秀的管理者不会等到需要信息时才开始搜集信息，而是平常时刻关注自己领域的信息，并将其整理归类，形成信息搜集系统。信息搜集系统的建立，能最大限度地解决因时限而无法充分搜集信息的问题。

毛泽东说："指挥员正确的部署来源于正确的决心，正确的决心来源于正确的判断，正确的判断来源于周到和必要的侦察，以及对于各种侦察材料连贯起来的思索。"①

4. 确定科学的决策方法

科学决策的方法多种多样，穷尽所有方法对同一个决策问题分析，既没有必要也不太现实。因此，管理者在作出决策之前，应结合已知条件，选定合理有效的决策方法，作出正确决策。

三、管理者决策之道

不同的管理者有着不同的管理风格和决策方法，在特定环境中都能取得相当不错的效果，因此评价时不能一概而论。不过从这些不同的决策原则和决策方法中，我们还是可以提炼出一些放之四海而皆准的原理。

1. 充分搜集信息

决策者要充分利用信息搜集系统，以获得尽可能全面的信息。通常采用三种方式获取信息：一是问，即多征询当事人或专家的意见和看法；二是看和听，即注重实地考察，获

---

① "中国革命战争的战略问题"，《毛泽东选集》（第一卷），1946年，第163页。

得第一手资料；三是读，即多读一些报刊，了解他人的管理经验，开阔眼界，理顺思路。通常搜集的信息越充分，作决策的依据就越充足，决策成功的把握性就越大。

诸葛亮之所以能作出战略性的预见和决策，并不是因为他高卧隆中，闭门苦读，而是"或驾小舟于江湖之上，或访友寻师于洞府之间"。由于他四处游访，密切注意天下形势的变化，才能明了诸侯纷争的强弱虚实，确定联吴抗曹、先取荆州、后收巴蜀的大计。

2. 分析信息的真实性

信息的真实性体现为信息的准确性、及时性和完整性。准确性表现在真有其事，及时性表现为适用，完整性是为了避免以偏概全。报纸杂志、电视广播上刊登的信息都不是可以在决策中直接采用的信息。

3. 排除非理性的决策

管理者也是人，也会带着先入为主的观念看问题，也容易感情用事，让决策带有很强的主观性和偏见。因此管理者需要排除非理性决策，可以采用的有效方法包括尊重事实和换位思考等。

支持你的人达90％是一个令人振奋的消息，但是对另外10％的人的关注岂不更完美！真理往往掌握在少数人手中，先知先觉落寞人！管理者应转换角色思考问题，怀疑自己的思维模式和方法及决策结果，排除非理性决策。子曰："众恶之，必察焉；众好之，必察焉。"意思是大家都厌恶他，我必须要考察他；大家都喜欢他，我也必须要考察他。

4. 果断实施决策

正确决策受时空限制，此时此景的正确决策，彼时异地未必正确。"秀才造反，十年不成"这句话反映了秀才善于及时发现问题并思考，但不善于行动的个性。成功的决策者不仅要能及时拍板，作出一个明智的选择，更要能及时果断地践行自己的选择。

> **案例**
>
> #### 东阿阿胶十年间如何逆势生长？[①]
>
> 山东东阿阿胶股份有限公司于1952年建厂，1996年上市，现任总经理秦玉峰是"阿胶传统制作技艺"的唯一代表性传承人。经过多年发展，东阿阿胶已成为国内生产阿胶系列产品的最大企业，其阿胶年产量占全国总产量的75％以上，产品远销东南亚及欧美市场。2016年，东阿阿胶前三个季度营业收入达81.42亿元。
>
> 秦玉峰于2006年初在考察市场时发现，随着生活水平的提高，依靠阿胶补血的人群越来越少，营养型补血产品几乎消失。外部环境的变迁让秦玉峰心生焦虑，他意识到

---

① http://mt.sohu.com/20160923/n469004726.shtml，有删改。

企业必须重新定位，否则会被淘汰。公司邀请特劳特（中国）战略定位咨询公司为企业以及产品重新定位，同时继续投入资金作市场调研。调研发现养生概念日益受到关注，于是秦玉峰决定把阿胶从"补血圣药"定位为"滋补国宝"。从"补血"到"滋补"仅一字之差，却有画龙点睛的效果。2007—2016年这十年间，东阿阿胶主动创造新市场，把阿胶从一个边缘、低端、补血的产品，打造成滋补养生的滋补国宝，不仅救活了东阿阿胶，还救活了日益凋敝的阿胶行业。

祸不单行，2006年作为阿胶的主要生产原料驴皮出现短缺。这对于东阿阿胶来讲完全是灭顶之灾，驴皮一旦消失，企业的生产原料就此枯竭，再大的危机不过如此。秦玉峰意识到需要马上作出决策帮助企业渡过难关。秦玉峰最先想到的是国内买不到的就去国外买，但是冷静下来，他觉得这一想法太不切合实际。此举不但会增加企业生产成本，而且无法从根本上解决问题。与团队、专家沟通过后，秦玉峰放弃了最初冲动的想法，决定立即着手塑造阿胶上游行业，花费精力在全国众多省市设立养驴中心，从根本上解决原料短缺问题。在他的努力下，政府调动几百亿资金帮扶老百姓养驴，整个阿胶行业的原料来源逐渐趋于稳定。

从2006年到2016年，秦玉峰作出的两个重要决策帮助东阿阿胶顺利摆脱2006年的那场危机，让东阿阿胶在这十年中逆势生长，并成功带动整个阿胶行业的欣欣向荣，这不仅是决策科学更是决策艺术。

思考题：
(1) 秦玉峰在决策之前做了哪些工作？
(2) 秦玉峰的决策中体现了哪些管理者的决策之道？
(3) 你认为秦玉峰的决策存在哪些不足？

第四章
计划管理

卡尔森说:"没有计划就好像驾着一只无舵之船随风漂流,或者没有地图和指南针而在雾中航行。"① 英国谚语云:"对盲目航行的船只而言,所有方向的风都是逆风。"计划是管理的第一步!

---

① 迪克·卡尔森著,《现代管理——怎样做一个好经理》,国际文化出版公司,1985年,第21页。

第一节　计划概述

计划是所有管理职能中一个最基本的职能，它能告诉执行者未来的目标是什么，应采取什么样的活动达到目标，在什么地点和时间范围达到这种目标，以及由谁来执行这项活动。古人说的"运筹帷幄"，就是对计划形象的概括。

一、计划的特征

计划是企业未来的蓝图，是对企业目标及其实现途径所进行的策划与安排。没有计划，企业活动就会出现混乱和低效，企业也会走向衰败。作为企业活动的关键步骤，计划有如下特征：

1. 目标性

任何企业和个人制订计划都是为有效达到某种目标，但是在计划工作开始前，这种目标可能不十分具体，计划就是起始于这种不具体的目标。把目标具体化和明确化是计划的首要任务，其后所有工作都将围绕目标展开。

快餐店经理希望明年销售额和利润有较大幅度增长，这就是一种不明确的目标。为此，要根据过去的业绩和现在的条件确定一个可行的目标，如销售额增长15%，利润增长12%。这种具体明确的目标不是单凭主观愿望就能确定的，它要符合实际、要以许多预测和分析工作为基础。

2. 普遍性

制订计划是各级管理人员的一项共同职能，一方面现代管理十分繁杂，即便是最聪明、最能干的领导人也不可能包揽全部计划工作；另一方面，授予下属某些制订计划的权力，有助于调动下属的积极性，挖掘下属的潜能，这无疑对贯彻执行计划和高效达成目标大有裨益。因此，高层管理人员负责制订战略计划，中低层管理者负责制订具体计划。

迈克尔·波特断言："为确保职能部门的政策得以协调并指向某个系列的共同目标，当今美国公司及国外公司都强调战略计划制订。"[①]

3. 前瞻性

计划的前瞻性体现在计划是对未来活动进行安排，它虽然不能消除变化，但是能预见未来的变化，预测变化对企业的影响并准备好应对预案，这样才能保证计划的可行性。因

---

① 迈克尔·波特著，《竞争战略》，中国财政经济出版社，1989年，第1页。

此，计划管理又称未来管理。

4. 效率性

计划的效率性是指计划实施带来的效益与计划制订发生的成本之比，如果一个计划能够达到目标，但它需要的代价太大，这个计划的效率就很低，不是一个好计划。诸如小部门的一次聚会、小的作业活动，其所产生的效益无足轻重，不必耗费巨资和时间制订计划；诸如公司年会、引进设备这样影响全局和长远的活动，必须耗费巨资和时间制订计划。企业制订年度计划一般要耗费3个月时间，制订五年计划一般要耗费6个月到1年时间。

二、计划的类型

管理活动的复杂性决定了组织计划的多样性，不同组织在不同背景和不同需要下会编制出形形色色的计划，这些计划可按不同的标准进行分类。

1. 按照计划的形式分类：分为宗旨、目标、战略、政策、程序、规则、规划和预算

宗旨是社会对企业的基本要求，即明确企业是干什么的、应该干什么。如工商企业的基本宗旨是向社会提供有价值的商品和服务，大学的宗旨是培养社会所需要的专门人才。企业只有明确其宗旨，才能系统阐明一定时期内应达到的目标。

世界著名公司无一例外都有自己独特的宗旨，以此来指导公司发展。迪士尼公司的宗旨是"使人们过得快活"，微软公司的宗旨是"致力于提供使工作、学习、生活更加方便、丰富的个人计算机软件"，IBM公司的宗旨是"无论是一小步，还是一大步，都要带动人类的进步"。

目标在企业宗旨的指导下提出，它具体规定了企业及各个部门的经营管理活动在一定时期要达到的具体成果。

战略是为实现企业长远目标所选择的发展方向、行动路线以及资源分配方案的一个总纲，是指导全局和长远发展的方针。对企业来说，制定战略的根本目的在于获取相对竞争对手更为持久的优势，以最有效的方式提高企业竞争力。除长期竞争需要制定战略外，涉及长远发展、全局部署的管理活动也需要制定战略。

政策也是一种计划，它是企业决策时指导行动方针和沟通思想的明文规定，有助于事先确定某些问题，避免每次重复分析相同的事宜。政策的种类很多，如企业仅雇用具有硕士文凭的员工的政策、从企业内部提拔人员的政策、制定竞争性价格的政策等。首先，政策应该具有一定的灵活性，允许对某些事情酌情处理，否则政策就成了规则；其次，政策所规定的事宜又要被限制在一定范围内；最后，政策必须保持连续性和完整性，这样才能使政策深入人心，形成一种持久作用的机制。

程序规定了重复发生的例行问题的标准处理方法，其实质是对进行的活动规定时间顺序。制定程序的目的是减轻主管人员的决策负担，明确各个工作岗位的职责，提高管理活

动的效率和质量。此外，程序通常还是一种经过优化的计划，它是对大量日常工作过程及方法的提炼和规范化。程序多种多样，企业中所有重复发生的管理活动都应有程序。

企业上层主管部门应当有重大决策程序、预算审批程序、会议程序等；企业中层职能管理部门，应当有各自的业务管理程序；企业中有些工作是跨部门的，如新产品的开发研制工作，则应当有相应跨部门的管理程序。

规则是一种最简单的计划，是指在具体场合和具体条件下，允许或不允许采取某种特定行动的规定。规则与政策的区别在于，规则在应用中不具有自由处置权；规则与程序的区别在于规则不规定时间顺序，可以把程序看作一系列规则的总和。

规划是为实施既定方针而对目标、政策、程序、任务分配、执行步骤、使用资源等制订的综合性计划。规划一般是粗线条、纲要性的计划。

预算是用数字表示预期结果的一种报告书，也被称为"数字化"的计划。例如，企业财务收支预算，也可叫作"利润计划"或"财务收支计划"。预算可以帮助企业上层和各级管理部门的主管人员，从资金和现金的角度，全面、细致地了解企业的经营规模、重点和预期结果。一个企业的财务预算包括利税计划、流动资金计划、财务收支明细计划表和成本计划等，其中财务收支明细计划表详细规划了部门主要收支项目的金额数。

2. 按照计划的时间跨度分类：分为短期计划、中期计划和长期计划

短期计划是时间跨度在一年以内的计划；长期计划的时间跨度一般超过 5 年；中期计划的时间跨度介于短期计划和长期计划之间。大量的研究表明，长期计划工作越来越受到企业的重视，那些制订长期计划的企业，其成就普遍超过没有制订长期计划或只有一些非正式长期计划的企业。一家企业如果在新产品开发、技术开发、市场开发和人才开发等重要的经营管理活动中没有长期计划，很容易陷入困境。

此外，计划的期限不仅可以作为计划分类的依据，而且可以作为评价计划工作难易程度的标准。一般而言，期限越长的计划，工作所面临的不确定性因素越多，制订的难度也就越大。

3. 按照计划的类型分类：分为综合计划、局部计划和项目计划

综合计划涉及多方面、多目标，一般指较长时间内所执行的战略计划。当然也有综合性计划是短期的，如年度综合经营计划。局部计划是基于综合计划制订的，主要是各部门制订的职能计划，是综合计划的部门化和精细化，具有专业性的特点。项目计划是针对某一特定项目制订的计划，如某一产品的开发项目计划。项目计划类似于综合计划，但目标范围要小一些。

4. 按照计划的明确性分类：分为具体计划与指导性计划

具体计划有明确规定的目标，而指导性计划只规定工作重点，不把管理者限定在具体目标或特定的行动方案中。如一个增加利润的具体计划，可能需要具体规定在未来 6 个月内，成本要降低 4%，销售额要增加 6%；而指导性计划只需提出在未来 6 个月内，计划

利润增加 5%—10%。

5. 按照计划制订者的层次分类：分为战略计划、管理计划和作业计划

战略计划由高层管理者制订，是应用于整个企业的、为企业设立总目标和寻求企业在环境中地位的计划；管理计划由中层管理者制订，是对战略计划中目标和政策的准确定位，并赋以时间限制的计划；作业计划由基层管理者制订，是规定实现总目标的细节计划。战略计划、管理计划和作业计划在时间跨度上存在不同，战略计划时间跨度较长，一般为5年甚至更长时间；管理计划相对时间跨度较短，一般按年度制订；作业计划一般指较短时间的计划，如月度计划、周计划、日计划。

6. 按照计划的职能分类：分为业务计划、人力资源计划和财务计划

职能计划通常是指职能部门编制和执行的计划，主要包括业务计划、人力资源计划和财务计划等。其中，业务计划是企业的主体计划，主要包括生产计划、销售计划及服务于这两个计划的研发计划、技术改造计划、物资设备计划等；人力资源计划是指提升员工素质和保证员工数量，促进企业业务规模扩大的计划；财务计划是研究企业资本的有效运用，为业务发展提供财力保证的计划。

三、计划的作用

卡尔森认为："一个工商企业、一个社区、一个行业乃至一个国家的命运取决于管理者的思想和计划，良好的管理开始于良好的观点、调查和计划。"[1] 土光敏夫将计划誉为"走向未来的意志"[2]。计划的重要作用可见一斑。

1. 计划是落实和指导企业活动的依据

企业活动是由数量众多的员工在不同时间、空间进行的，为使不同员工的活动能够相互支持、彼此协调，为企业总体目标的实现作出共同的、一致的贡献，就必须事先安排和部署他们的活动。总之，计划是将目标实现所需要的活动任务进行时间和空间上的分解，以便将其具体落实到不同部门及个人，使决策得以贯彻和实施。

2. 计划是减少浪费、提高效益的方法

企业活动的实质是对资源进行加工和转换，为降低成本、保证活动顺利推进，企业必须在规定时间内提供开展活动所需的各种资源。如果提供的资源不及时、数量不足或规格不符合要求，可能导致企业活动中断；相反，提供的资源数量过多，则会导致资源积压和浪费，成本上升。良好的计划有利于企业对资源作出事先、全面的安排，使相关部门明确所需资源的时间、数量以及种类，提高企业活动的效益并有效减少资源浪费。

---

[1] 迪克·卡尔森著，《现代管理——怎样做一个好经理》，国际文化出版公司，1985年，第20页。
[2] 土光敏夫著，《经营管理之道》，北京大学出版社，1982年，第36页。

3. 计划是降低风险、掌握主动的手段

企业处于复杂变化的环境中，为保证企业适应环境变化并有效运行，管理者需要对未来企业内外部环境的变化作出预测，针对影响企业发展的因素作出合理、创新性的规划，制订出最佳方案以降低风险。计划的这种预测性使企业能够时时掌握主动，提前做好对策，应对未来企业活动中的机遇和挑战。

4. 计划是控制的依据

由于不确定因素的存在，企业的实际活动可能与预计的不完全相符，甚至可能出现较大偏差。如不同员工由于素质和能力不同，对企业任务和要求的理解可能存在差别；企业在不同环节的活动可能不平衡，缺乏衔接；企业活动所面临的环境与事先预计的可能不完全吻合等。如果不能及时发现这种偏差，找出偏差的原因并采取措施及时纠正，会导致企业决策执行的局部甚至全局失败，从而危及企业的生存和发展。计划为及时检查实际活动提供了客观依据，也为及时发现和纠正偏差制定了可靠的指南。

5. 计划是员工工作的指南

计划将企业活动在时空上进行分解，规定企业不同部门、不同时间应从事的各种活动，让各部门员工获得明确的分工和指示。计划的编制也为企业员工的工作分工和配合提供了基本依据，使其各方面的行动得到规范和约束。

孙子曰："夫未战而庙算胜者，得算多也；未战而庙算不胜者，得算少也。多算胜，少算不胜，而况于无算乎！吾以此观之，胜负见矣"。意思是对未来行动进行预测并做好计划。如果预计行不通，一般是行不通的；如果预计行得通，一般是能行得通的。所以，还是要尽量做好预测和计划。

四、计划的编制程序

计划的编制是科学管理的核心，关系到计划执行的成败和成本的高低，这就要求编制计划的管理人员具有较高的计划能力，花费足够的时间分析环境，确定有预见性的可行目标，并按照科学程序制订行动方案。具体来说，科学编制计划需经历如下步骤：

1. 机会分析

时势造英雄，机会是企业发展的难得机遇！机会分析是制订计划的前提条件，即通过平常的信息存储和专门资料收集，把握环境、预测未来，并结合自身优势确定企业的发展机会与可能遇到的挑战。

2. 选定目标

（1）选择目标及目标顺序

要做的工作千千万万，企业首先要确定在一定时间内到底要取得哪些成果、达成哪些

目标。由于时间和资源有限,企业需要分清轻重缓急,对诸多目标进行排序。不同的目标和目标顺序将导致不同的政策和行动,也会有不同的资源分配顺序及结果,因此准确选择目标序列和排序对管理至关重要。

(2) 选择适当的目标时间

目标时间太长,实现目标的动力相对较低;目标时间太短,则容易导致短期行为。恰当的目标时间是既能维持激情,也能取得显著成效的时间。一项大型工程目标的实现可能要耗费大量的资源和很长的时间,因此需要将目标和目标时间进行合理分解。

(3) 确定明确的目标

目标要有明确具体的指标和价值,尽可能数量化,以便执行和控制。如公司目标可以制定为"实现销售量 200 台,引进 10 名技工等",而不宜出现"质量上一个档次,全面推进各项工作"类的目标。

盛田昭夫说:"不管困难多大,都必须把公司引向成功的未来。任何组织、任何产业,成功的关键就是明确设定目标。"[1]

3. 确定计划的前提条件

"有条件要上,没有条件创造条件也要上!"在目标定下来之后,要细致分析实现目标需要具备的条件并予以明确。如此,既进一步论证了目标的科学性,也便于在计划实施中创造条件保证计划的实施。

4. 发掘可行方案

"条条大路通罗马",任何事物只有一种可行的方案是极少的,完成某一项任务总是有许多方法。管理者要尽可能拟定多条路径,便于从中选择出最佳方案。

5. 评估与选择方案

评估各种方案技术、经济等方面的可行性时,应重点考虑实现目标的制约因素,对制约因素认识得越深刻,选择方案时的效率越高。同时,选择方案时应遵循科学的决策原则,选择恰当的决策标准,采用恰当的决策方法,保证所选方案是最佳方案。

6. 拟定政策

政策是贯彻和实现目标的保证,它为整个企业采取行动规定了指导方针,要保证计划有效实施,必须拟定支持政策。在制定政策时要注意:第一,政策的稳定性和灵活性。没有稳定性就没有方向和秩序,朝令夕改会导致员工无所适从。不过好的政策在具备稳定性的同时,还必须随环境变化而调整。第二,政策的全面性和协调性。计划目标往往是多方面的,政策也应包括多方面,不能只顾一点不顾全面,只顾当前不顾长远。

---

[1] 杨欢进,《经营管理名言集》,中国物资出版社,1987 年,第 135 页。

7. 拟定派生计划与预算

派生计划是指围绕已制订的主体计划制订的一系列服务性辅助计划。派生计划是实现基本计划的有力保证。在拟定派生计划时要注意：需让有关人员充分了解目标、主体计划、计划前提、主要政策、抉择理由，掌握主体计划的指导思想；协调并保证各部门计划方向的一致性，防止各部门追求本部门目标而妨碍主体计划；协调各部门计划的工作时间顺序，如制造与采购、加工与装配的时间配合；制定部门预算，协调资金分配与运用，保证目标的实现。

案例

香飘飘的未来之路[①]

香飘飘公司于2015年申请首次公开发行股票。为充分利用本次公开发行并上市的良好机遇，提高募集资金使用效率，抓住女性消费者的巨大市场，香飘飘公司拟定了未来三年的发展计划。

首先，香飘飘公司确定了未来三年的整体目标：秉承"诚信、双赢"的经营理念，进一步巩固公司杯装奶茶市场领导者地位，接着发力液体奶茶市场。香飘飘公司将该目标细分为两个方向：一是杯装奶茶达到每年30万吨的产能；二是开发出液体奶茶，并达到每年10万吨的产能。

香飘飘公司认为公司所处的宏观经济、政治、法律和社会均处于正常发展状态，没有对公司产生重大不利影响，亦无其他不可抗力因素产生；另外，公司所处行业及领域也处于正常发展状态，没有出现重大市场突变情形。在此基础上，如果此次公开发行股票顺利实施且募集资金及时到位，那么上述目标将极大可能得到实现。

为了实现目标，香飘飘公司拟定了品牌提升计划、产品开发与创新计划、信息系统建设计划、人力资源开发计划以及再融资计划。具体如下：

（1）公司计划利用"香飘飘"品牌所获取的知名度和凝聚效应，积极推进"中国奶茶第一品牌"发展战略，巩固其在消费者心目中的良好形象，使"香飘飘"发展成为国际知名的快速消费品品牌。

（2）目前公司杯装奶茶年产能已达到15.40万吨，但是在旺季供不应求，淡季产能利用率较低，具有明显的季节性波动。因此公司计划实施液体奶茶与杯装奶茶并举策略，第一阶段开始"杯装奶茶自动化生产线扩建"项目，第二阶段开始"液体奶茶生产线建设"项目，并利用公司现有营销渠道投放市场，改善公司业绩季节性波动的局面。

（3）从快速消费品行业发展趋势来看，全方位的信息系统将成为企业保持核心竞争力的关键所在，因此公司将在原有运营平台的基础之上，计划搭建更为完善和强大的信息系统管理平台，实现从采购、研发、生产、销售、财务等数据的全面整合汇总。

---

① 香飘飘公司上市招股说明书，http://www.csrc.gov.cn/pub/zjhpublic/G00306202/201511/P020151113406880152230.pdf，有删改。

（4）为了满足业务需要，未来三年内香飘飘公司将在现有人力资源基础上按需引进各类人才，优化人力资源结构，计划重点引进电商营销人才。

（5）公司根据项目完成进度、经营效益和市场发展情况，合理选择通过证券市场融资或向银行贷款等多种渠道筹集资金，用于新产品开发、生产规模进一步扩大、补充流动资金。

上述计划是在香飘飘公司现有业务的基础之上，按照公司的发展战略和目标要求制订的，是公司现有业务的延伸和拓展，两者相辅相成。未来香飘飘公司的计划能否成为现实，还取决于公司执行层如何执行计划。

思考题：
（1）香飘飘公司的发展计划属于哪种类型的计划？
（2）该计划目标有哪些不足之处？
（3）请叙述你为香飘飘公司科学制订发展计划的思路与注意事项。

第二节 战略规划

子曰："人无远虑，必有近忧。"战略作为计划的一种，事关企业长远发展，是为实现企业长远目标而绘制的蓝图。不同企业在不同环境下采取的战略虽不同，但是每个企业在制定战略规划时都无一例外地会利用科学的方法进行分析。

一、战略规划的特征

战略规划是在市场经济条件下，为求得长期生存和稳定发展，在分析内外部环境的基础上，对企业总体目标、经营方向、方针、策略等全局性问题所做的谋划。战略规划具有以下显著特征：

1. 长期性

战略规划管理又称未来管理，它不是针对眼前问题就事论事式的被动管理，而是着眼于企业未来、谋求企业长期生存和稳定发展，是未雨绸缪式的主动管理。当企业短期利益和长期发展相矛盾时，从战略的角度考虑，企业可能要牺牲眼前利益而保证长期发展。

2. 全局性

战略规划是企业最高层从全局出发，明确企业发展方向并制定长远目标的过程，它追求企业整体最优化而不是局部利益最大化。

万科公司为一心一意做好房地产，大卖与房地产不相关的业务。即使其旗下"怡宝蒸馏水"的生产能力位居国内第一、在广东水饮料市场的占有率位居第一，也被列出转让名单。

3. 抗衡性

市场竞争如战争般残酷，优胜劣汰是竞争的基本法则。企业规划长远蓝图时，必须考虑竞争对手的实力和反应，具有明确的针对性和抗衡性，因此，战略又被称为保持竞争优势的"法宝"。

4. 科学性

战略规划不是走形式、赶时髦，也不是不切实际的空想和幻想，是建立在一定假设基础上的先知先觉，是经过全体员工共同努力能够实现的行动方案。这样的战略才具指导和激励作用，才能保证和促进企业稳定发展。

不少企业不顾自身实际，盲目跟风市场，房地产热时进入房地产行业，互联网热时进入互联网行业，生物医药热时投资医药行业……热闹过后"尸横遍野"。

5. 风险性

环境处于不断变化中，即使是建立在对环境发展趋势预测基础上的战略规划及其实施也存在风险。战略规划并不能保证企业一定能成功，但增加了企业成功的可能性；没有战略规划，企业不一定失败，但获得成功的概率微乎其微。

6. 相对稳定性

战略实施耗时长、耗资巨大、涉及面广，关系企业存亡，其成效又非短期可以显现。因此，实施战略规划必须一以贯之，不能操之过急，更不能半途而废，只要企业环境没有发生根本性变化，就不应改弦易辙，切忌"前人挖沟后人填"和"一任领导一套规划"。当然，企业环境不可能一成不变，有必要及时微调战略，但不宜伤筋动骨。不同时期的战略规划要保持连贯，本期战略规划是建立在前期规划基础上，是对前期战略规划的完善和发展。

二、战略规划制定过程

战略规划制定是战略规划的摇篮，包括确定战略使命、战略分析、战略评价与选择、战略实施与控制四个阶段。

1. 确定战略使命

战略使命是企业在未来一段时间内价值观念、行为准则和宗旨的总称，包括企业哲学和企业宗旨。企业哲学即一个企业生产经营活动中体现出来的价值观、信念以及行为准则；企业宗旨则是社会对企业的基本要求，即明确企业将会从事什么样的业务活动，涉及企业的总目标、经营范围。企业战略使命是社会利益、企业利益和员工利益的统一，既体现了企业责任和社会利益，又反映了全体员工的意志。确定企业使命应该避免过于狭隘或过于空泛，具有一定的哲学高度。

联想的战略使命是"为客户利益而努力创新"，华为的战略使命是"持续为客户创造最大价值"。

首先，企业战略使命具有纽带作用。一方面，战略使命将分布于不同部门的员工连在一起，让他们在各自岗位实现自我价值，共同致力于企业目标的实现；另一方面，战略使命将企业几代人的努力连接起来，让一代又一代的人朝着既定目标奋斗不已。其次，企业战略使命具有稳定作用。其所规定的企业宗旨、发展方向和行为准则具有长期效应，能在较长时间内影响企业行为。再次，企业战略使命具有激励作用。它反映全体员工意志，把众多志同道合的员工组织到一起，激励他们在各自的岗位上为实现自己的理想而努力，正是这种努力保证了企业目标的实现。最后，企业战略使命不仅体现了企业全体员工的价值观、行为准则和社会责任，反映了社会整体利益，对整个社会起到一种提醒、引导的作用，也为企业树立了良好形象。

毛泽东说："我们来自五湖四海，为了一个共同的目标走到一起来。"这一口号吸引了数以百万计的各界有志者成为忠实的革命者。美国未来学家约翰·奈斯比特认为："如果没有战略使命，战略规划就一文不值。"[①]

2. 战略分析

战略分析是指分析与评价影响企业发展的关键因素，确定战略选择时应考虑的具体影响因素，并根据分析结果确定企业未来目标的分析过程。常用的分析方法包括：

（1）SWOT 分析法

制定战略的起点通常是 SWOT 分析法。该分析方法从企业的优势（Strengths）、劣势（Weakness）、机会（Opportunities）和威胁（Threats）四个方面入手寻找企业最合适的战略。影响企业的环境因素是多方面的，决定企业优劣势的因素也是多方面的。在进行 SWOT 分析时，可以采取对各要素打分再加权平均的方法计算出企业的优势、劣势、机会与威胁，然后将这些指标描绘在坐标系中，得到 SWOT 矩阵。

如图 4-1 所示，当处于第 I 象限时，企业有明显的优势，也有机会，应该采取扩张型战略，集中优势资源，抓住机会谋求快速发展。

当处于第 II 象限时，企业虽然面对很多机会，但是与同行相比，缺乏竞争力，企业应慎重决策，整合内部资源，迅速形成某一方面的优势，避开和竞争者进行正面竞争，条件具备就发展，条件不具备就维持。

当处于第 III 象限时，企业在竞争中明显处于劣势，环境也对企业不利，企业正处于内忧外患的局面，应采取缩短战线、增收节支、加强内部管理、提高企业素质、积极寻找机会的防御型战略。

[①] 约翰·奈斯比特著，《大趋势——改变我们生活的十个新方向》，科学普及出版社，1985 年，第 92 页。

图 4-1 SWOT 矩阵分析图

当处于Ⅳ象限时,企业在同行中有明显的优势,但大环境对企业不利,企业应积极跨行业寻找机会,拓展经营领域,实行多元化经营。

一个好的战略应该充分发挥企业优势抓住机会,同时尽力化解威胁避免劣势。在具体分析时,可以通过内部分析做到"知己",寻找企业优势和劣势,有效利用企业自身资源,发挥核心竞争力。通过外部分析做到"知彼",寻找外部环境给企业带来的机会和有可能对企业构成的威胁。环境因素的任何变化都可能给企业带来机会或威胁,决定企业和其竞争者竞争格局的任何因素变化都会形成企业新的竞争优势或劣势。因此,企业要关注自身、竞争者和环境的任何变化,及时捕捉机会,避开威胁,扬长避短,争取竞争的主动地位。

《孙子兵法·谋攻篇》中说:"知己知彼,百战不殆;不知彼而知己,一胜一负;不知彼,不知己,每战必殆。"这要求企业既要了解自身优劣点,也要对竞争对手了如指掌。

(2) 市场结构分析法

企业的竞争地位以及应采用的竞争战略与其所处的市场结构有非常密切的关系,表 4-1 反映了企业竞争地位与市场结构之间的主要关系。

表 4-1 市场结构与竞争

特点	市场结构			
	完全竞争	垄断竞争	寡头垄断	完全垄断
企业数量	非常多	很多	很少几个	单个
市场价格	完全不能控制	有限控制	取决于其他企业	完全能控制
产品的差异性	无	有	无	独家生产
新企业进入	非常容易	较容易	相当困难	不可能
非价格竞争的采用	不采用	较多采用	更多地采用	主要采用

企业根据市场结构确定竞争策略时,应注意以下事项:一是企业所处的地位不是绝对不变的。随着市场的变化和竞争者的进出,企业所处的竞争地位会发生变化。二是企业在制定竞争战略时,不应以同行企业数量多少评价竞争激烈程度。现实往往是少数几个竞争者进行着激烈的竞争。三是谨防价格陷阱,企业普遍采用降价策略来增加销量、提高市场占有率。很多企业采用这一价格竞争策略获得了成功,但这毕竟是一种传统的办法,如果

运用不当可能会落入价格陷阱。如低质陷阱，即降价使消费者产生低质量的错觉，进而影响产品形象，使降价策略达不到预期效果。市场经济成熟的国家，价格竞争正在逐渐被非价格竞争取代。如可口可乐与百事可乐之战、日美汽车大战等均采用的是非价格竞争，不过非价格竞争的难度要比价格竞争大得多。

（3）寿命周期分析法

产品寿命周期是指产品从投放市场到被市场淘汰所经历的时间。根据产品在其寿命周期不同时期呈现特点的差异，可将寿命周期分为投入期、成长期、成熟期和衰退期四个阶段，如图 4-2 所示。产品在不同时期的特点不同，企业采取的战略也不同。

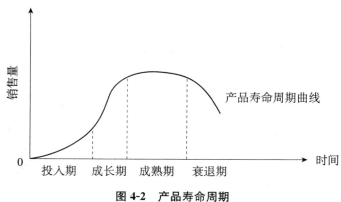

图 4-2　产品寿命周期

投入期的特点是产品设计、生产制造工艺不定型，产品质量不高；操作者熟练程度低，废品率高，产品成本高；消费者缺乏对产品的认识，市场一时难以打开，销售量不大。在这一时期，企业要投入大量的资金进行大张旗鼓的宣传，完善产品的设计和制造工艺。在战略上要突出一个"短"字，即在最短的时间内，力争提高产品质量，降低产品成本，提高销量。

成长期的特点是产品逐渐定型，制造工艺逐渐完善，产品质量不断提高，成本不断降低；市场销路逐渐打开，销售量和利润迅速上升；生产企业逐渐增加，竞争日趋激烈。这一时期，企业的战略要突出一个"快"字，即在营销上突出企业产品特点，树立产品品牌，尽快占领市场，同时要科学定价，广开销售渠道，提高市场占有率。

成熟期的特点是产品在市场上已家喻户晓，并趋向饱和；竞争对手的产品已进入成长期，竞争异常激烈。企业在这一时期的战略要突出一个"改"字，一方面改进产品、吸引更多的消费者，另一方面不断开拓新市场。

衰退期的特点是市场上已出现替代品或换代新产品，需求开始下降；企业销量和利润迅速下降；企业竞相降价销售，以减少产品库存和资金积压。这一时期，企业战略要突出一个"换"字，即尽快淘汰老产品，上新产品。

在产品寿命周期中，企业获利最大的时期是产品的成长期和成熟期，因此企业要想方设法地延长这两个时期。延长的主要方法有：一是实施产品渗透，完善产品以扩大现有市场需求；二是进行产品开发，通过提高产品质量，改进产品性能，增加产品的花色品种以吸引更多的新老顾客；三是开拓产品市场，在维持原市场的同时，积极寻找新市场、新领域。

3. 战略评价与选择

在进行战略的评价与选择时有两个问题需要明确，即企业所具有的核心竞争力是什么？企业应从事怎样的业务活动？可供企业选择实施的战略有很多种类型，如企业在制定总体战略时可以选择发展战略、维持战略或者收缩战略，每一个类型中还有更细分的战略类型，如发展战略中企业是选择一体化战略还是多元化战略，这就要求企业根据战略分析结果对具体战略进行评价与选择，最适合的战略才能最有利于企业今后在复杂环境中的发展。

战略的评价与选择一般要通过以下三个步骤完成：首先，拟定多种可行并适用于企业的战略；其次，根据一系列科学的评价标准和评价过程对每种可行战略进行评价；最后，根据评价结果选取最有效的战略。

4. 战略实施与控制

战略的实施，即企业按照所制定的战略开展生产经营活动。战略在制定后只有通过实施才能够产生价值。战略在实施前需要制订详细的行动计划，把目标、任务和责任进行细分并落实到具体的组织部门和组织成员。战略实施过程中需根据战略的需求协调组织结构，做好分工与合作的组织工作，同时还需要制定完善的员工绩效考核标准和企业规章制度。

为保证战略能够有效地实施，还需要对实施过程进行控制。战略的控制贯穿于战略实施的全过程：首先，要制定衡量战略实施效果的评价标准，包括费用标准、收益标准和流动性标准等；其次，衡量每个阶段战略实施的实际效果，并与评价标准作对比，看是否达到预期效果，并分析实施过程中出现的问题；最后，根据绩效偏差采取相应的纠偏措施，保证战略能够顺利进行。

三、总体战略

总体战略又称公司层战略，是企业最高层次的战略，也是企业战略的总纲领。总体战略根据企业目标选择企业的经营领域，并在所经营领域内合理配置企业活动的资源，一般包括：

1. 成长战略

成长战略以发展为核心，强调充分利用外部环境的机会，深入挖掘企业内部资源，以求企业能够向更高层次发展。一般企业不受发展限制时会优先考虑成长战略，成长战略又可以分为：

（1）一体化战略

一体化战略指企业对于那些具有优势的产品或业务沿着经营链条纵向或横向延伸，扩大经营规模的战略。沿着纵向发展的战略被称为纵向一体化战略，这种战略有利于节约上下游市场上的交易成本，保证产品质量和客户，但这样做也会增加企业的管理成本，并不能无限制扩大规模。沿着横向发展的战略被称为横向一体化战略，这种战略有利于减少竞争压力,实现规模经济。横向一体化战略适合行业竞争激烈、规模经济显著并具有一定垄断地位的企业。企业通过控制销售商实现一体化的战略被称为前向一体化战略,这种战略适合销售成本较高或销售环节利润高、产业增长潜力大的企业;通过控制供应商实现一体化的战略被称为后向一体化战略,这种战略适合供应成本高或供应环节利润高、产业增长潜力大的企业。

(2) 多元化战略

多元化战略指企业为占有更多市场、避免单一经营带来的风险而进入与现有产品或业务不同领域的战略。如果企业以现有业务为基础进入相关产业市场,则该战略为相关多元化战略或同心多元化战略。相关多元化战略有利于运用原有企业资源获取融合优势,适合具有较强竞争优势但成长能力逐渐下降的企业。相应地,如果企业进入与现有业务不相关的领域的战略则为非相关多元化战略。该战略有利于分散风险、寻找新的利润增长点、充分利用资源等,适合缺乏竞争力且不具备转向相同产业领域能力的企业。非相关多元化战略主要目标是从财务上考虑平衡现金流或者寻找新的利润增长点。

波士顿矩阵是一种评估多元化经营的企业中相对业务绩效的方法,如图 4-3 所示。它运用特定市场的增长率和企业所占份额两个因素评价组织业务,进而指导企业制定相应战略。在波士顿矩阵中,横轴表示产品市场占有率,企业根据行业特点确定某一市场占有率标准(图中以 50% 的市场占有率为标准);纵轴表示销售增长(以销售增长率指标来衡量),一般以 10% 为标准。首先,通过市场占有率标准和销售增长率标准,把整个平面分为四个象限。然后,根据有关资料计算企业产品市场占有率和销售增长率,确定企业产品所在象限,进而采用相应策略。

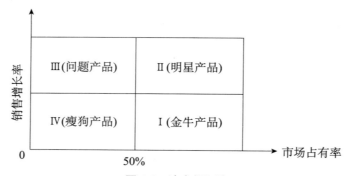

图 4-3 波士顿矩阵

金牛产品,即处于第 Ⅰ 象限的产品。该类产品市场占有率高,销售增长率低。这说明企业市场竞争力强,所处行业正处于成熟期,销售增长缓慢。企业的策略是维持,即以较少的投入(给牛吃的是草),获取丰厚的利润(挤出的是牛奶)。金牛产品是企业主要的获利产品,也是企业的当家产品。

明星产品,即处于第 Ⅱ 象限的产品。该类产品处于市场占有率高、销售增长率高的两高状态。这说明企业产品具有很强的竞争力,产品所处行业也是正在发展的行业,该产品的希望很大,是企业未来的金牛产品。企业的策略是发展,即大力支持,包括加大人力、物力等资源投入力度,使其尽快增长。

问题产品,即处于第 Ⅲ 象限的产品。该类产品是市场占有率低、销售增长率高的产品。该类产品市场竞争力不强,但所处行业为看似正在发展中的行业。企业的策略是谨慎行事,深入分析竞争者实力,预测市场发展,在此基础上再确定企业应采取的对策。如果市场需求仍有较大增长空间,企业又能形成竞争的比较优势,应采取大力发展方针,即大力增加人力、财力的投入,使问题产品转为明星产品;如果市场需求的增长是偶然的或竞争者的实力过于强大,企业无法形成竞争优势,企业只能采取维持方针,切忌盲目跟风、增大投入。

瘦狗产品,即处于第Ⅳ象限的产品。该类产品是市场占有率低、销售增长率低的"两低"产品。该类企业产品既缺乏市场竞争力,又没有发展前途,企业应采取撤退策略。

企业的产品结构可能是金牛产品、明星产品、问题产品和瘦狗产品的组合。理想中的企业产品组合是既有明星产品,也有金牛产品;如果只有金牛产品,企业当前效益很好,但缺乏未来当家的产品;如果只有明星产品,由于当前没有足够的资金流入,明星产品得不到更好的培育。

维珍集团(Virgin Group)是一家由350家公司构成的商业帝国,是英国最大的私营企业。维珍集团的多元化可能是世界上最成功的多元化实践之一。从杂志生意开始,维珍逐渐将商业触角伸至邮购领域、唱片领域、铁路领域、饮料领域、电信领域、音乐领域、航天航空领域等。维珍超越常规的一系列发展在英国商业领域中是一个独一无二的现象,是建立在"品牌信誉"的基础之上,在消费者脑海里,这个品牌代表了质量高、价格廉,这是其他品牌无法比拟的。[1]

2. 维持战略

维持战略又称稳定战略,是企业在一定时期内维持现状的战略。企业不可能长期持续高速发展,当经过一段时期的扩张,内部条件和外部环境发生变化时,企业就应采取稳定战略以巩固取得的成果,为以后的发展创造条件。值得注意的是,维持战略不是消极等待,在市场竞争中,企业犹如逆水行舟,不进则退。企业维持战略既要为企业发展积蓄后劲,又要巩固自身地位,防止竞争对手进攻。实施维持战略的前提条件主要包括企业外部环境相对稳定、企业高速发展后、企业在行业中遥遥领先时、企业外部环境急剧变化、企业发展局势不明朗时等。

实施积极有效的维持战略,企业必须做到:一是巩固目标市场,适当增加宣传,给竞争对手一种错觉,积极做好产品售后服务,改善和巩固企业和中间商的关系,稳住顾客,保持市场占有率。二是改善组织结构,在组织结构稳定的前提下理顺关系,提高管理水平,增强组织适应能力。三是加强队伍建设,一方面采用各种切实措施稳住企业现有人才,对企业员工进行培训,提高业务素质;另一方面广纳贤士,为企业扩张积蓄力量。四是完善产品,做到降低产品成本、提高产品质量、增强产品性能、提高产品竞争力。

3. 防御战略

防御战略指经营环境的变化对企业产生了非常不利的影响而使企业处于被动地位,企

---

[1] 王前锋,《企业战略管理案例集》,清华大学出版社,2015年,第87页。

业一时无法改变这种局面而选择以退为进的战略。当外部环境发生了不利于企业的变化时，如突发事件、限制性政策和法规的出台、宏观经济严重不景气、强大竞争对手进入目标市场、产品已进入衰退期、市场需求急剧下降等因素会使企业处于非常不利的地位，甚至给企业带来严重危机。这时企业应主动避开威胁，保存自己，以图再起，只有这样才能保证企业长期的保值增值。

防御战略是一种极具挑战性的战略，常用的防御战略一般包括：

(1) 紧缩战略

当企业面临市场需求逐渐下降，产品进入衰退期或资源枯竭而难以维持现有规模时，企业应实施"冬眠"战术，从量上压缩规模，降低成本费用，减少资金积压，以保存实力，另寻新的突破。

(2) 撤退战略

撤退战略是当企业面临强大竞争对手进攻而在某些领域处于非常被动的地位，或财务出现危机时，企业从全局出发而撤出某些领域和市场的战略。与紧缩战略不同的是，撤退战略使企业发生了质的变化，如转让一部分竞争力弱而亏损的子公司，停止某些产品生产，退出某些市场等。

惠普中国新闻发言人表示，亚太市场数码相机产品竞争激烈，日韩厂商实力较强，惠普判断未来亚太区市场的竞争优势和业务状况并不理想，于是主动选择退出亚太地区数码相机市场。退出后，惠普将更多精力集中到打印机、PC、服务器这些能给企业带来高回报的优势业务上。

(3) 清算战略

清算战略是当企业已无力改变破产的命运时，转让企业全部资产、偿还债务、停止全部经营活动的战略。清算分为自愿清算和强制清算两种，前者是为避免企业更大损失而由股东大会决定实施，后者是为避免债权人更大损失而由债权人大会提出经法院批准执行。

(4) 新生战略

新生战略即企业处于破产的边缘，而又有生存欲望时采用的重整旗鼓、背水一战的战略。由于企业已面临绝境，获得新生的可能性极小，只能采用没有把握的超常规疗法：第一，组织重建。即进行全面的企业机构调整，更换重要领导，任用有魄力、有创新意识、有方法的管理者，精简管理组织，迅速提高组织效率和企业凝聚力。第二，财务重建。树立债权人、所有者对企业的信心，内部增收节支，优化资本结构，盘活资产。第三，市场重建。客观分析竞争对手和市场发展趋势，重新进行市场定位，调整产品结构，重建企业形象和营销渠道。

四、基本竞争战略

企业业务活动的发展依赖于其核心竞争力，一项业务具体获取怎样的竞争优势或者在什么范围内获取竞争优势则是基本竞争战略所考虑的问题。基本的竞争战略包括：

1. 低成本战略

低成本战略是企业在保证质量的前提下，采用各种手段使成本处于同行业的最低水平，在竞争中仍可在本行业中获得高于平均水平的利润，占据竞争中有利地位的战略。

（1）实施低成本战略的条件

第一，市场容量大而稳定。低成本战略只有在产量提升之后才有效果，产量提升的前提条件是市场容量较大，能在低价位上接受如此大的产量。

第二，较高的管理水平。低成本战略要求比同行更有效率地进行管理，降低成本和有关费用才能凸显优势。

第三，所有企业生产的都是标准产品。即不同企业间的产品没有质的差别，价格竞争成为市场竞争的主要手段。

（2）实施低成本战略的优点

第一，可以与同行竞争者进行长期抗衡。由于企业成本低于竞争对手，企业获利时，对手仅能保本；当企业保本时，对手就可能因亏本支持不下去而退出竞争。

第二，可以更灵活地应对供方抬高要素价格的压力。由于企业成本低于同行业竞争者的成本，企业比竞争者更能消化要素价格上涨的压力。

第三，可以有效阻止潜在竞争者的进入。由于有成本优势，采用低价策略，可使潜在竞争者意识到无利可图而放弃竞争。

第四，可以更有效地与替代品生产企业进行竞争。当出现替代品时，企业可以通过降价稳定顾客。

（3）实施低成本战略的风险

第一，投资利润率低，投资回收期长。为了降低成本，企业需要增加相关投资，如扩大生产规模、进行工艺改革等，因此投资回收期要比高成本企业要长。而且技术进步有可能与增加投资获得相同的低成本效果，先前的投资回收面临着较大的风险。

第二，设备过时。若有更先进的生产线问世或有更好的替代品出现，都可能使企业蒙受设备"未老先衰"的风险。

第三，市场需求的变化。尤其是市场需求从注重产品价格向注重产品质量、品牌、功能等方面转变时，企业的成本优势不再具备竞争力。

三鹿奶粉创始之初凭借低成本战略迅速崛起，稳坐中国奶粉行业第一把交椅整整15年。然而当外部环境发生变化、原材料价格不断上涨、市场竞争不断加剧时，三鹿仍然坚持低成本战略。为控制成本，三鹿过于压低鲜奶供应的价格，导致部分鲜奶供应商为维持其利润，向奶源添加有毒物质，最后引发毒奶粉事件，使其遭遇灭顶之灾。企业走低成本战略之路时需谨慎，仔细分析自身是否具备实施条件，不要让三鹿"低成本事件"再次上演。[①]

2. 产品差异化战略

产品差异化战略是企业提供在行业中具有独特性的产品或服务以满足一部分消费者的

[①] 王前锋，《企业战略管理案例集》，清华大学出版社，2015年，第121页。

特殊偏好，从而吸引和稳定这类消费者的战略。

（1）产品差异化的形式

产品差异化主要表现在：产品在功能、质量和造型方面的差异；产品在包装、色彩、规格方面的差异；产品在销售地点、服务质量、售后服务等方面的差异以及商标的差异。

（2）实施产品差异化战略的优点

第一，企业可以有限控制市场和价格。由于企业独家生产这一特色产品，其他竞争者不易进入，而且差异化的存在让替代品也难以产生威胁，企业在一定程度上形成了对该特色产品的完全垄断，在一定范围内可自行定价而不会引起消费者的需求变化。

第二，企业可以获得超额利润。由于竞争者无法进入，消费者又比较偏爱，企业可以在一定程度上维持高价格，获得超额利润。

（3）实施产品差异化战略的风险

第一，开发费用较高。特别是当这一特色产品因为价格过高不能为消费者所接受时，就会造成企业的巨大损失。

第二，销量受到限制。特色产品主要迎合部分消费者偏好，不易扩大市场占有率，销售规模难以有所突破。

第三，差异化不被认同。有些产品虽具有明显的内在特色，但不易被消费者认同，这种特色就是无效的特色。如有的彩电企业向农村市场推销时，强调彩电的高清晰度、多功能等特色，但农村消费者对这些特色并不敏感，他们更多地注重低价格。

（4）实施产品差异化战略的方法

第一，定价差异化，如以高价显示产品身价。

第二，包装差异化，如以不同包装配合不同消费者。

第三，宣传差异化，如特色宣传。

第四，服务差异化，如独到的售后服务。

第五，品牌差异化，如树立名牌等。

Zara 被称为"时装行业的 Swatch 手表"，有人形象地将其成功的秘诀归纳为"一流的形象、二流的设计、三流的价格"。一流的形象和二流的设计是其差异化的重要表现，其关键在于"款多量少"的经营策略，这与传统服装企业追求"款少量多"恰恰相反，在顾客独占心理的驱动下，Zara 新款服装总是一上架就在很短的时间内被抢购一空。[①]

3. 集中化战略

集中化战略指企业集中全部资源满足特定消费者的特殊需要，以有限的资源取得某一狭小领域的竞争优势而令竞争者难以进入的战略。这种战略一般适用于中小型企业。

（1）实施集中化战略的条件

第一，有保证企业生存和发展的市场容量。如果该市场规模太小，不足以保证企业的生存，企业就不能以此作为目标市场。

第二，大企业不愿进入。如果这一市场规模太大，就可能吸引强大的竞争对手进入而

---

① 王前锋，《企业战略管理案例集》，清华大学出版社，2015年，第117页。

使企业处于不利地位。

第三，该市场有明显特色，没有非常相似的替代品。如果存在替代品，就会挤占该狭窄市场，削弱集中竞争的优势。

（2）实施集中化战略的优点

第一，可以采用专业化生产经营方式，效率较高。集中化战略集中生产某一领域的产品，强调分工和专业化，生产效率能够得到有效提高。

第二，可以取得某一狭小领域的竞争优势。集中化战略避免了在大范围内与竞争对手直接竞争，对于还无法与大型企业相抗衡的中小企业，该战略增强了它们的相对竞争优势。

第三，可以与强大竞争者和平共处。集中战略只涉及某一领域的生产，能够有效避免与强大竞争对手的正面冲突，使企业处于一个缓冲地带。

（3）实施集中化战略的风险

第一，强大竞争者可能随时进入该领域。如果强大竞争者进入将给企业带来毁灭性的灾难。如中国现代照明行业鼻祖——上海亚明灯泡厂的经营范围是国际市场，当其转向国内某些地区时，就会给当地灯泡生产行业带来沉重打击。

第二，当市场需求发生变化时，企业因失去需求而无立足之地。由于技术进步、价值观念和消费偏好变化等原因可能使集中战略的目标市场与总体市场趋同，在产品或服务需求上差异变小，此时集中化战略便失去了竞争根基。

第三，当竞争者也采用集中化战略时，可能将该特殊市场纳入其目标市场，给企业带来威胁。

格兰仕总体战略是以集中一点为核心。当从早期羽绒服装行业转型时，格兰仕选择将企业资源大规模转移到家电行业，又在家电行业选择集中全部资源专攻微波炉这一种产品，而且在其后的经营中始终坚持集中一点毫不动摇。与我国众多家电企业一味想做大相比，格兰仕似乎更看重做强做久。格兰仕曾经说过与其去做500强，不如做500年。因为专注制造，才使格兰仕迅速获得全球范围的规模优势和成本优势。[①]

案例

九牧集团战略分析[②]

九牧厨卫股份有限公司于1990年成立，在20多年的发展过程中，制定了"改善和提高家居生活品质"的使命，致力于打造"中国洁具行业第一品牌"。

为实现这一战略使命，九牧集团分析整理了影响企业发展的关键性因素，并对公司内部的优势、劣势，公司外部的机会、威胁进行了分析，并在此基础上提出了四种可供选择的方案，如表4-2所示。

---

① 王前锋，《企业战略管理案例集》，清华大学出版社，2015年，第111页。
② http://www.docin.com/p-291081014.html，有删改。

表 4-2 可供选择方案

内部因素＼战略选择＼外部因素	S（优势） 1. 个性化设计； 2. 健康贴心； 3. 产品的使用寿命长； 4. 节水、安全； 5. 售后服务完善； 6. 在同档次的品牌竞争中价格较为实惠。	W（劣势） 1. 产品更新周期长； 2. 包装普通，促销活动少； 3. 在福州市区无正规专卖店； 4. 在福州品牌知名度不高。
O（机会） 1. 购买洁具的需求随着购买房产的增长和人口的增加而不断上升； 2. 在福州，洁具品牌混乱； 3. 目前金属铜价格一直起伏，但总的趋势跌大于涨，故洁具价格偏于下降。	SO 对策 1. 利用良好的质量、优质的售后服务吸引顾客； 2. 利用品牌优势在洁具市场中树立良好的品牌形象； 3. 设计贴心，抓住消费者心理。	WO 对策 1. 在福州投资广告，让更多人选择九牧； 2. 参考其他品牌，完善自身产品； 3. 强化整体形象包装，高度提升九牧品牌形象，消除劣势； 4. 利用促销活动提升销量，巩固目标市场。
T（威胁） 1. TOTO、美标等高端品牌的竞争； 2. 辉煌等低端产品以价格优势抢占市场。	ST 对策 1. 提高产品附加值； 2. 生产多样化产品； 3. 采用分期付款的方式。	WT 对策 1. 深入了解客户，以更好地满足顾客的需要； 2. 调整专卖店（可以以旗舰店方式引领市场）； 3. 与装潢公司合作推广品牌。

考虑到市场上的巨大机会以及公司自身的优势明显，九牧集团最终选择扩张性战略决策，并按照以下三个方面开始实施决策：

第一，要求售后部门提供更加贴心的售后服务，通过良好的售后服务，使消费者更加满意其产品，增强消费者对品牌的忠诚度。

第二，要求销售部门强化产品形象包装，高度提升九牧品牌形象。

第三，要求研发部门制定有效、快速的研发程序，加快卫生陶瓷的新产品的开发周期，并为消费者提供更加贴心的产品定制服务。

思考题：

（1）谈一谈九牧集团是如何制定战略规划的？在战略分析中运用了哪些理论与方法？

（2）九牧集团提出的策略分别是总体战略中的哪些策略？

（3）该战略分析中还存在哪些不足？

第三节 目标管理

目标管理是围绕目标所进行的一系列管理活动。它既是一种管理上的激励技术，又是一种全员管理的民主形式；既是一种崭新的管理制度，又是一种科学的管理思想。作为一种先进的现代管理方式，目标管理在全球范围内被广泛使用。

一、目标管理的基本思想

"目标管理"的概念由管理专家德鲁克1954年在《管理实践》一书中最先提出，其后他又提出"目标管理和自我控制"的主张。德鲁克认为，并不是有了工作才有目标，而是有了目标才能确定每个人的工作，所以"企业的使命和任务必须转化为目标"。如果一个领域没有目标，这个领域的工作必然被忽视，管理者应该通过目标对下属进行管理。当最高层管理者确定了企业目标后，必须对其进行有效分解，转变成各个部门以及每个人的分目标，管理者根据分目标的完成情况对下属进行考核、评价和奖惩。

目标管理的提出正值第二次世界大战后西方经济迅速恢复和发展的时期，企业迫切需要采取新的方法来调动员工积极性以提高竞争力，因此目标管理这一方法迅速在美国流行，并很快为日本和西欧国家的企业所仿效，在企业管理中大行其道。

目标管理的具体形式各种各样，但基本方法一致，即企业管理者和下属一起协商，根据使命确定一定时期内企业的总目标，由此决定管理者和下属的责任和分目标，并把这些目标作为评估和奖励每个部门和个人贡献的标准。目标管理的指导思想以Y理论为基础，即认为在目标明确条件下，人们能够对自己负责。

目标管理是泰勒科学管理的进一步发展，与传统管理方式相比有鲜明的特点：

1. 强调以目标为中心的管理

目标管理以制定目标为起点，以目标完成考核为终点。工作成果是评定目标完成程度的依据，也是人事考核和奖评的依据，更是评价管理工作绩效的唯一准则。至于完成目标的具体过程、途径和方法，上级并不过多干预。所以，在目标管理制度下，监督成分很少，而控制目标实现的能力却很强。

2. 重视人的因素

目标管理是一种参与的、民主的和自我控制的管理方法，也是一种把个人需求与企业目标结合起来的管理方法。在这一管理方法下，上级与下属相互平等、相互尊重、相互依赖、相互支持，下属在承诺目标和被授权之后是自觉、自主和自治的。

3. 建立目标体系

目标管理强调在尽力完成企业员工分目标的基础上实现企业的总目标。目标管理通过专门设计将企业整体目标逐级分解，转换为各部门、各员工的分目标。在目标分解过程中，权、责、利定位明确，而且相互对等。这些目标方向一致，环环相扣，相互配合，形成协调统一的目标体系。

二、目标管理的程序

目标管理作为一种科学管理方法,需要按照科学的程序来实施,具体做法可分为以下三个阶段:

1. 目标的设置

目标设置是目标管理最重要、最基础的阶段,只有设置好目标,才能有后续一系列管理控制活动,目标设置可以分为四个步骤:

(1) 设置预定目标

预定目标是一个暂时的、可以改变的目标预案。它既可以由上级提出,再同下属讨论;也可以由下属提出,再经上级批准。无论哪种方式,必须共同商量决定。领导者必须根据企业使命和长远战略,估计客观环境带来的机会和挑战,认清企业优、劣势,对企业能够完成的目标做到心中有数。

(2) 重新审议组织结构和职责分工

目标管理要求每一个分目标都有确定的责任主体,因此预定目标之后,需要重新审查现有组织结构,根据新的目标分解要求进行调整,明确目标责任者,协调关系。

(3) 设定下属的目标

在商定下属分目标之前,下属要明确企业规划和企业目标。讨论中上级要尊重下属,平等待人,耐心倾听下属意见,帮助下属设定一致性和支持性目标。所设定的下属的分目标应满足以下条件:分目标要能够量化,便于考核;要分清各目标的轻重缓急,以免顾此失彼;分目标既要有挑战性,又要有实现的可能性。每个员工和部门的分目标要和其他的分目标协调一致,支持企业目标的实现。

(4) 确定目标制定后的事宜

分目标制定后,要授予下属相应配置资源的权力,实现责、权、利统一。同时由下属写成书面协议,编制目标记录卡片,待企业汇总所有资料后,绘制出目标图。

2. 实现目标过程中的管理

目标管理重视结果,强调自主、自治和自觉,但这并不等于管理者可以放手不管。相反,由于形成了目标体系,一环失误就会牵动全局,因此,管理者对目标实施过程中的管理不可或缺。目标实施过程中,首先,要利用管理者和下属经常接触的机会和信息反馈渠道进行定期检查;其次,要向下属通报进度,便于互相协调;最后,要帮助下属解决工作中遇到的困难。当出现意外和不可测事件,严重影响企业目标实现时,也可修改原定的目标。

3. 总结和评估

到预定期限后,首先下属需要进行自我评估,提交书面报告;然后领导和下属一起考核目标完成情况,决定奖惩;同时讨论下一阶段目标,开始新的循环。如果目标没有完成,应分析原因、总结教训,切忌相互指责,从而保持相互信任的氛围。

日本东芝公司在制定公司目标时，先从高层管理人员确定公司战略和目标，再由上至下，逐级确立各级目标。其中下级目标是多次和上级进行沟通，双方一致商定后最终确立的，保证了最终目标的制定是下级员工接受和认可的。公司编写的《目标管理实践》指出：每个职工亲自参与目标，无疑会感到自己为实现目标负有责任，并以极大的热情投入。[1]

三、目标管理的优点

目标管理能够迅速风靡全球，被众多企业争相效仿，足以见其魅力所在。归纳起来，目标管理有如下优点：

第一，目标管理给企业内易于度量和分解的目标带来良好的绩效。那些在技术上具有可分解性的工作，由于责任和分工明确，目标管理常常会起到立竿见影的效果。而在技术上不可分的团队工作则难以采用目标管理。

第二，目标管理有助于改进组织结构的职责分工。当企业目标和责任明确时，就不容易产生授权不足与职责不清等问题。

第三，目标管理有助于调动员工的主动性、积极性和创造性。目标管理强调自我控制、自我调节、将个人利益和企业利益紧密联系起来，能够有效提高员工的士气和动力。

第四，目标管理表现出良好的整体性。目标管理能促进企业员工之间的意见交流和相互了解，改善人际关系。

德鲁克说："通过目标进行管理的最大一个优点也许就是这会使一个经理人能够控制自己的行为。自我控制意味着更强有力的推动：想要做得更好，而不是能凑合过去就行了。"[2]

四、目标管理的缺点

没有任何一种理论或者方法十全十美，目标管理也是如此。在实际应用中，目标管理暴露出一些明显的缺点，主要表现在：

1. 目标难以制定

企业许多目标难以定量化、具体化；许多团队工作在技术上不可分解；企业环境变化越来越快，企业内部活动日益复杂，企业活动的不确定性越来越大。

2. 目标管理的 Y 理论不一定存在

目标管理的人性假设以 Y 理论为基础，对员工的工作动机看得过于乐观，认为大部分人都是有事业心和上进心的，会为获得工作上的成就感而发挥工作潜力并承担责任。但现

---

[1] 王春莉，"对东芝公司目标管理的案例分析"，《中国市场》，2011年，第22期。
[2] 彼得·F. 德鲁克著，帅鹏等译，《管理实践》，工人出版社，1989年，第157页。

实并非完全这样，尤其在目标设定与奖励挂钩后，员工为达到规定目标以获得丰厚奖励，不再仅仅追求精神上的满足，而是会出现互相猜疑、钩心斗角的不良氛围。

美国心理学家哈里·莱文森认为："目标管理的最大问题在于没有考虑员工的动机，忽视了人性因素的作用。"①

3. 目标的商定可能增加管理成本

在形成统一目标的过程中，商定目标、上下级沟通以及统一员工思想等工作会花费大量的时间和精力，可能会忽略相互协作的重要作用，并有滋长本位主义、短期行为和急功近利的倾向。

4. 过分强调短期目标

目标管理在设置目标时一般都为短期目标，很少超过一年。由于计划的初衷和绩效的衡量均以该目标为基础，这会使员工只关心短期目标。但是短期目标的实现有可能是以损害长期目标为代价的，如企业为追求短期目标可能会忽视科技创新、声誉信誉的培养，进而阻碍了企业长期的发展。

5. 有可能使计划缺乏灵活性

目标管理通过反复协调与整合才能确定目标，而且目标一经确定不能轻易更改。而组织发展是一个动态的调整过程，组织环境也在不断变化，可能会对组织造成较大影响。确定性目标在环境变化较大时难以使组织及时作出有效调整，而且修改和变更目标程序复杂导致管理者做决策时犹豫不决，对组织工作造成不利影响。

五、目标管理失败的可能原因

目标管理在众多企业中都取得了不俗的成效，惠普公司和联想公司的目标管理应用就是非常成功的案例。但是如果企业在进行目标管理时忽略了一些重要原则，将会导致目标管理的失败。具体如下：

1. 目标设定中未能发挥下属的主动性和民主性

目标管理是一种参与、民主和自我控制的管理方式。如果制定的目标没有体现出民主性，员工将被动地接受目标而缺乏效率。适当的、具有挑战性的目标可以激发员工的工作积极性。如果目标制定过低会使企业缺乏活力，制定目标无法通过员工的积极性和创造性的工作来完成，也难以适应市场经济环境。

2. 管理者指令超出了下属的目标体系范围

目标高低程度难以把握，如果目标制定过高超出下属目标体系范围，一方面员工很可

---

① Levinson H., "Management by Whose Objectives?", *Harvard Business Review*, 1970, 48 (7/8), 125-134.

能无法完成规定目标,进而影响到企业总体目标的实现;另一方面会给员工造成过大压力,这种压力可能会诱发员工为达成目标而采用不道德或违规的一些手段,从而破坏企业和谐积极的氛围。

3. 管理者缺乏实施过程中的了解、指导、支持和协调

管理者应该在员工按照自己的想法达成目标的同时对员工行为及时了解、指导,避免偏离初始目标方向。对企业发展作出突出贡献的员工应采取相应的奖励政策,鼓励其他员工向其学习。发现员工工作方向偏离初始目标时,应及时评估并将评估信息反馈给员工,同时采取一定措施保证员工按照以前设定的目标方向前进。如果管理者缺乏实施过程中的管理,任由员工自由发展,很容易偏离轨道而无法完成目标任务。

案例

惠普公司的目标管理[①]

惠普公司是一家全球领先的计算、成像解决方案与服务的供应商。2016 年在《财富》世界 500 强名单中,惠普公司名列第 96 位,销售额达 1 098 亿美元,实现盈利 50 亿美元。

在惠普公司众多的管理制度中,最让管理者引以为傲的就是目标管理制度,其公司创始人戴维·帕卡德在《惠普之道》中曾骄傲地宣称:没有任何管理原则比"目标管理"原则对惠普的成功有如此大的贡献。

惠普公司采用 SMART 原则来进行目标的设定,其中 S 即 Specific,指目标的清晰性;M 即 Measurable,指所设目标的可评测性;A 即 Achievable,指目标的可实现性;R 即 Relevant,指目标与工作的相关性;T 即 Time,指目标实现的时间性。在 SMART 原则的指导下,公司高层和部门主管一起来制定公司整体目标,共同决定本阶段公司需要完成的任务;在整体目标之下,公司高层将结合公司现有的部门设置情况,将整体目标分解到各个部门,并指明部门主管负责具体目标的实现。之后,在部门主管的帮助下,由各个部门的员工自己动手,制订工作计划并自主设计阶段性目标,主动提出实现阶段目标的策略和方法。在此过程中,部门主管只是指导者和讨论对象,不会越俎代庖,更不会给员工施压。最后,部门主管会充分授权给员工,并编制目标记录卡。

公司整体目标以及员工的阶段性目标确定后,惠普公司利用 GAP 分析方法来检查员工阶段性目标的实现情况。GAP 分析(GAP Analysis),也称差距分析,是指主管和员工通过分析现状和目标之间的差距,及时发现目标可能无法按时实现的风险,进而作出切中要害的判断,重新找到实现目标的方法。根据 GAP 分析与检查的结果,在每一个过程目标实现后,惠普公司会激发员工的脑力及主动思考能力,对于没有完成好任务的员工,帮助他分析原因,激励他克服困难,迈开脚步更好地完成工作。

[①] http://www.vccoo.com/v/d16bfa,http://www.aiweibang.com/yuedu/77228321.html,有删改。

> 在目标任务终止期，惠普公司会进行总体性的绩效评估，如果没有完成目标，要检讨原因；如果超出预期，或者完成了当初看上去难以完成的目标，则要分析成功的原因，并与团队分享经验。正是通过目标管理制度，惠普公司实现了一个又一个阶段性的目标。
>
> **思考题：**
> （1）惠普公司的目标管理制度是如何将目标层层分解到员工的？
> （2）惠普公司的目标管理制度是如何避开目标管理可能的失败的？
> （3）惠普公司目标管理的诸多做法是否符合目标管理的要求？

第四节　网络计划技术

对于组织经济活动和实施管理来说，网络计划技术是一种被广泛使用的科学方法，并凭借其自身显著的优点得到了世界各国的普遍重视。

一、网络计划技术的基本原理

网络计划技术是一种计划管理方法，于 20 世纪 50 年代后期在美国逐渐发展起来。1957 年美国杜邦公司研究成功并首次运用网络图解来制订一个化工厂的施工项目计划，通过调整和优化各道工序间的相互关系及所需工期，使建设周期缩短两个月。1958 年美国海军特种部队计划局在研制"北极星"导弹潜艇过程中，为科学管理和组织参加该工程的 3 000 多个企业，提出了一个以数理统计为基础，以网络图分析为主要手段，借助电子计算机的新型计划管理方法，并付诸实施。该方法使"北极星"导弹潜艇的研制任务提前两年完成。此后，网络计划技术在世界各国得到迅速推广。

网络计划技术是一种统筹安排工程项目和生产任务的现代化管理方法，常称之为统筹法。该技术通过绘制网络图与网络计算，找出关键工序与关键路线，并利用时差不断地改善网络计划，对流程、资源和成本进行优化，并在方案实施过程中进行有效控制，确保预定目标顺利实现。

网络计划技术特别适用于一次性生产或单项工程的项目，如大型研制工程、航天工程与原子能工程、建筑工程与桥梁工程、大型设备的制造、新产品的开发与研制、设备的大修工程、关键零部件的制造等。

二、网络计划技术的作用

在社会化大生产不断发展的今天，工业生产、农业生产、军事活动、国防建设和科学实验等方方面面，都形成了庞大、复杂的系统。网络计划技术在处理这些庞杂、宏大的项目时显现出以下巨大的优势：

1. 能够清晰表明各活动先后顺序和逻辑关系

网络图能够清晰、准确地表达项目中各项活动以及活动实施的先后顺序与逻辑关系，管理者据此找出关键线路，并对计划进行全面考虑、统筹安排，突出重点，保证整个工程如期完成。

2. 可对进度和资源利用进行优化

根据关键线路调整非关键线路上的事项和工序，对人力、财力和物力进行综合平衡，寻找优化进度和资源的路线，在最短时间内充分利用资源。

3. 降低管理风险

网络图客观地刻画了整个工程的各个环节，可以清楚地观察到工程实施时存在的关键环节和困难环节，并预测这些环节对工程的影响程度，在制订计划时可以据此事先做好防范风险的措施。

4. 便于组织与控制

管理者可以基于网络图把整个工程分成多个局部系统进行分析。针对每个局部系统进行管理有利于提高组织与控制效率，在确保每个局部顺利实施下达到整体最优化。

三、网络图构成要素

网络图是网络计划技术的基础，由结点、箭线和线路三个基本要素组成。一个项目可以被分解为多项活动，根据这些活动完成的时间顺序，将其用箭线连接起来形成相互关联、具有先后顺序的箭线图即为网络图。

1. 结点

结点，也称事项，用"○"表示；圆圈内编号被称为结点编号。结点不消耗资源，也不占据时间和空间，只表示某一活动开始或完工的瞬间。最初的结点（只有箭尾连接的结点）表示起点，最后的结点（只有箭头连接的结点）表示终点。一个网络图只能有一个起点和一个终点，其他结点都是中间结点。

2. 箭线

箭线表示工序（作业、活动等），用"→"表示。活动的范围可大可小，大的可以以设计工作作为一个活动，小的可表示绘制某一个零件的图纸。箭尾表示活动开始，箭头表示活动完成，箭的方向表示活动方向。箭线长短不表示活动时间长短，只表示逻辑先后关系。箭线两端都必须有结点相连接，箭线上面注明活动名称，可以用大写字母表示或直接写明，也可以用箭线两端结点的编号表示 (ij)；箭线下面注明活动的作业时间，或用 TA

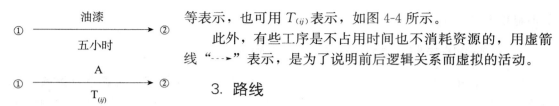

图 4-4 网络图的构成

等表示，也可用 $T_{(ij)}$ 表示，如图 4-4 所示。

此外，有些工序是不占用时间也不消耗资源的，用虚箭线"--→"表示，是为了说明前后逻辑关系而虚拟的活动。

3. 路线

从网络图的起点出发，沿着箭线方向前进，到达整个任务完成终点所形成的通道被称为"路线"，它是结点和箭线的组合。一个网络图往往会有多种路线，其中耗时最长的路线为关键路线。关键路线决定整个项目完成的最短时间，网络图的优化以关键路线为基础进行。

四、网络计划技术的操作步骤

在应用网络计划技术处理问题时，需要按照科学的步骤进行，否则复杂的工序会让使用者眼花缭乱。具体如下：

1. 明确目标，分解任务

网络计划技术的第一步是要明确待建项目各方面的信息，包括项目的工作量、技术、经济和工期等方面的要求；其次，要将待建项目分解为一系列小项目或工序。分解原则是从上到下，逐步细化。表 4-3 是某建筑企业建筑一座写字楼的项目分解表。

表 4-3 某写字楼的项目分解表

工序代号	工序名	紧前工序	预计时间（天）
A	审查设计和批准动工	—	50
B	挖地基	A	32
C	搭脚手架和砌墙	B	80
D	建造楼板	C	30
E	安装窗户	C	16
F	搭屋顶	C	16
G	室内走线	D E F	28
H	安装电梯	G	28
I	铺地板和墙面砖	D	24
J	安装门和内部装饰	I H	16
K	验收和交接	J	6

注：紧前工序是在实施一道工序之前必须完成的工序。

2. 绘制网络图

待建项目被分解为一系列工序后，需要按照一定规则把各工序的逻辑关系反映在图上，即绘制网络图。

绘制网络图时需要遵照以下规则：第一，所有箭线方向都自左向右，不准反向，保证网络图不出现循环线路；第二，箭线首尾必须有结点连接，一个网络图必须有且只有一个起点与一个终点；第三，结点必须编号，且顺序是自左向右，后结点的编号必须大于前结点的编号，即 $i<j$；第四，两个结点之间只能有一条箭线直接连接，不允许有两条箭线直接连接，即 (ij) 只能表示一个活动。若两点间出现两条或两条以上箭线，则可增加结点，用虚箭线连接。善于运用虚箭线会给绘制网络图带来方便，但虚箭线过多会将网络图复杂化，不能随意增加。网络图的正误画法如图 4-5 所示。

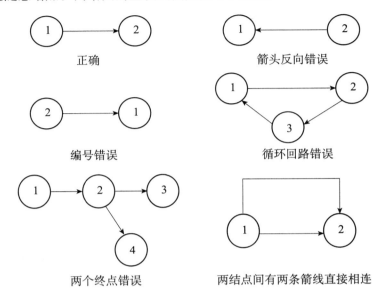

图 4-5　网络图的正误画法

继续以表 4-3 中建筑写字楼项目为例，编制完成项目分解表后，需要遵照以上规则来绘制网络图，以清楚展示各工序的前后逻辑关系，如图 4-6 所示。

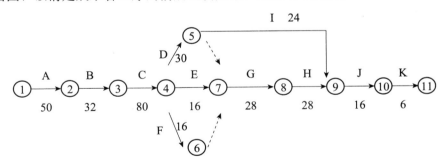

图 4-6　某建筑写字楼项目网络图

3. 计算网络时间

计算网络时间是指在网络图基础之上对项目涉及的时间参数进行计算，包括作业时间估计、结点时间参数计算、活动时间参数计算以及时差计算。

4. 网络优化

网络优化是网络计划技术的最后一步，即根据计算出的时间参数寻找最优线路，确保项目的工期最短、成本最低。

五、时间参数的计算

时间参数的计算关系到网络优化的完成，十分关键。在这一过程中，需要完成四种时间参数的计算：

1. 作业时间的估计

作业时间是指在一定生产技术条件下，完成该项工作（或工序）所需要的时间。作业时间单位一般采用日或周，也可以采用小时或月，可根据整个项目工期长短来确定。作业时间的估算一般有两种方法：

（1）单一时间估计法

单一时间估计法是在估计活动的作业时间时，只确定一个时间值。这个时间值应以完成该项活动可能性最大的作业时间为准，不应受活动重要性和合同规定期限的影响。也就是说，不要因为某项活动重要就多估计一些时间，也不要因为某项活动合同规定期限紧就少估计一些时间。

（2）三值时间估计法

三值时间估计法是在估计活动的作业时间时，对每一项活动所需要的作业时间先预估三个值，然后再求出加权平均值作为该活动的作业时间。

三值时间估计法中需要预估的三个时间值分别是乐观时间值、可能时间值和悲观时间值。其中，乐观时间值指一切顺利时，完成一项活动所需要的最短时间，用 a 表示；可能时间值指在正常条件下，完成一项活动可能实现的时间，用 m 表示；悲观时间值指在不利条件下，完成一项活动所需要的最长时间，用 b 表示。

三种时间值被估计出后，分别赋予其相应的权数计算平均值作为该活动的作业时间。一般采用以下公式计算：

$$T=(a+4m+b)/6$$

三值时间估计法确定的作业时间具有随机性，适用于不可知因素较多，而又无先例可循时，如研制项目、新产品开发等。

2. 结点时间参数的计算

结点的时间参数包括结点的最早开始时间和最迟结束时间，计算结点的时间参数有利于下一步计算工作时间参数。

（1）结点的最早开始时间

顾名思义，结点的最早开始时间就是该结点最早开始工作的时间，每一个箭头结点（j）的最早开始时间等于箭尾结点（i）的最早开始时间与两结点间活动的作业时间之和，即：

$$T_{E(j)}=T_{E(i)}+T_{(i,j)}$$

其中，$T_{E(j)}$ 表示箭头结点 j 的最早开始时间，$T_{E(i)}$ 表示箭尾结点 i 的最早开始时间，$T_{(i,j)}$ 表示活动 $i-j$ 的作业时间。当一个结点有几条箭线进入时，取箭头结点 j 的最早时间与两结点间活动作业时间和数中的最大值。其公式为：

$$T_{E(j)}=\max(T_{E(i)}+T_{(i,j)}) \quad i<j$$

令始点结点的最早开始时间为零，其他结点最早开始时间由始点事项开始，自左向右，顺箭线方向逐个计算，直至终点事项。结点时间的计算方法有两种：一种是公式计算法，另一种是图上计算法。

[例 4-1] 分别运用公式计算法和图上计算法来计算图 4-7 中各结点的最早开始时间。

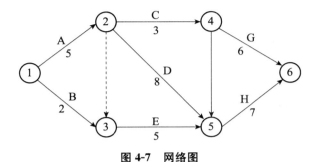

图 4-7 网络图

① 利用公式计算法计算

$T_{E(1)} = 0$

$T_{E(2)} = T_{E(1)} + T_{(1,2)} = 0 + 5 = 5$

$T_{E(3)} = \max\{T_{E(1)} + T_{(1,3)}; T_{E(2)} + T_{(2,3)}\} = \max\{0+2; 5+0\} = 5$

$T_{E(4)} = T_{E(2)} + T_{(2,4)} = 5 + 3 = 8$

$T_{E(5)} = \max\{T_{E(2)} + T_{(2,5)}; T_{E(4)} + T_{(4,5)}; T_{E(3)} + T_{(3,5)}\} = \max\{5+8; 8+4; 5+5\} = 13$

$T_{E(6)} = \max\{T_{E(4)} + T_{(4,6)}; T_{E(5)} + T_{(5,6)}\} = \max\{8+9; 13+7\} = 20$

② 利用图上计算法计算

根据网络时间计算的基本原理，在网络图上直接进行计算，并将计算的结果数值标记在网络图上，如图 4-8 所示。最早开始时间用"□"表示；最迟结束时间用"△"表示。

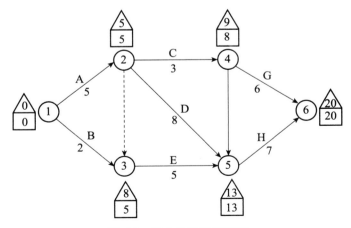

图 4-8 图上计算法示意图

(2) 结点的最迟结束时间

结点的最迟结束时间是该结点结束工作的最迟时间，每一箭尾结点（i）的最迟结束时间等于箭头结点（j）的最迟结束时间与两结点间活动的作业时间之差，即：

$$T_{L(i)} = T_{L(j)} - T_{(i,j)}$$

其中，$T_{L(j)}$ 表示箭头结点 j 的最迟结束时间，$T_{L(i)}$ 表示箭尾结点 i 的最迟结束时间，$T_{(i,j)}$ 表示活动 $i-j$ 的作业时间。当一个结点引出的箭线不止一条时，取箭头结点 j 的最迟结束时间与两结点间活动的作业时间差数中的最小值。其公式为：

$$T_{L(i)} = \min(T_{L(j)} - T_{(i,j)}) \quad i < j$$

令终点结点的最迟结束时间等于终点结点的最早开始时间，其他结点最迟结束时间由终点事项开始，自右向左，逆箭线方向逐个计算，直至始点事项，重点事项的最迟开始时间等于其最早结束时间。

[**例 4-2**] 仍以图 4-7 为例，分别利用公式计算法和图上计算法来计算网络各结点的最迟结束时间。

①利用公式计算法计算

$T_{L(6)} = T_{E(6)} = 20$

$T_{L(5)} = T_{L(6)} - T_{(5,6)} = 20 - 7 = 13$

$T_{L(4)} = \min\{T_{L(6)} - T_{(4,6)}\ ;\ T_{L(5)} - T_{(4,5)}\} = \min\{20 - 9\ ;\ 13 - 4\} = 9$

$T_{L(3)} = T_{L(5)} - T_{(3,5)} = 13 - 5 = 8$

$T_{L(2)} = \min\{T_{L(5)} - T_{(2,5)}\ ;\ T_{L(4)} - T_{(2,4)}\ ;\ T_{L(3)} - T_{(2,3)}\} = \min\{13 - 8\ ;\ 9 - 3\ ;\ 8 - 0\} = 5$

$T_{L(1)} = \min\{T_{L(3)} - T_{(1,3)}\ ;\ T_{L(2)} - T_{(1,2)}\} = \min\{8 - 2\ ;\ 5 - 5\} = 0$

②利用图上计算法计算

根据网络时间计算的基本原理，计算结点的最迟实现时间，并将结点的最迟实现时间填在"△"内，如图 4-8 所示。

3. 活动时间参数的计算

活动时间的参数有四个，即活动的最早开始与最早结束时间、最迟开始时间与最迟结束时间。

（1）活动的最早开始时间

用 $ES_{(i,j)}$ 表示，它等于该项活动箭尾结点的最早开始时间，可用公式表示为：

$$ES_{(i,j)} = T_{E(i)}$$

（2）活动的最早结束时间

用 $EF_{(i,j)}$ 表示，它等于该项活动的最早开始时间与活动的作业时间之和，可用公式表示为：

$$EF_{(i,j)} = ES_{(i,j)} + T_{(i,j)}$$

（3）活动的最迟结束时间

用 $LF_{(i,j)}$ 表示，它等于该项活动箭头结点的最迟结束时间，可用公式表示为：

$$LF_{(i,j)} = T_{L(j)}$$

（4）活动的最迟开始时间

用 $LS_{(i,j)}$ 表示，它等于该项活动的最迟结束时间与活动的作业时间之差，可用公式表示为：

$$LS_{(i,j)} = LF_{(i,j)} - T_{(i,j)} = T_{L(j)} - T_{(i,j)}$$

4. 时差计算及关键路线的确定

（1）活动总时差

活动总时差是在不影响整个计划项目完工的条件下，某项活动（工作）的最迟开始时间与最早开始时间之差，或一项活动最迟结束与最早结束时间之差。时差越大，机动时间越多，潜力也就越大。时差是确定关键路线的依据。

（2）关键路线

在网络图中，总时差为零的活动被称为关键活动，连接关键活动所成的路线被称为关键路线，是网络图所有路线中时间最长的路线。

活动的时间参数的计算可根据公式在表格上进行。以图 4-6 为例计算活动的时间参数，结果如表 4-4 所示。

表 4-4 时差计算表

工序名称	结点编号		作业时间 $T_{(i,j)}$	最早开始与结束时间		最迟开始与结束时间		时差	关键线路
	i	j		ES	EF	LS	LF		
A	1	2	5	0	5	0	5	0	√
B	1	3	2	0	2	6	8	6	
	2	3	0	5	5	8	8	3	
C	2	4	3	5	8	6	9	1	
D	2	5	8	5	13	5	13	0	√
E	3	5	5	5	10	8	13	3	
F	4	5	4	8	12	9	13	1	
G	4	6	6	8	14	14	20	6	
H	5	6	7	13	20	13	20	0	√

活动时间参数的计算是一件十分有意义的工作，能够掌握各项活动的开始时间和结束时间，便于安排各项工作；明确了关键工作和非关键工作，便于分清工作的轻重缓急；量化了各项工作的时间差，便于合理调配资源。

六、网络计划的优化

网络计划优化就是针对某一初始方案，进行定量分析，作出科学调整，使其在某种约束条件下达到最优化。网络优化的具体途径有：

1. 流程调优

运用组织程序，调整作业之间的逻辑关系，缩短工期的方法叫作流程调优。现实中进行流程调优时主要采取四种措施：一是向关键路线要时间，寻求最有利的关键活动来压缩作业时间；二是充分利用时差，向非关键路线要资源，把人力、物力集中在关键活动上；三是采用平行交叉作业和改变活动衔接关系等方法缩短总工期；四是采取一切可压缩活动作业时间的综合措施，如改单班制为多班制、搞技术革新、采用新工艺等。

需要注意的是，不管采取哪一种措施进行流程调优，都必须先衡量经济效益，不能片面追求缩短工期。

2. 资源调优

保持逻辑关系不变，利用机动时间，调整活动时点或资源强度，优化资源使用的方法叫作资源调优。

资源调优主要是采取错、降、延三种措施达到目标。"错"指利用机动时间把资源使用有矛盾的活动互相错开；"降"指利用机动时间增加关键活动的工时，减少每天的资源用量；"延"指上述两种措施无效时，适当延长总工期来消除冲突。三种措施中，"错"是最省事的办法，但除非机动时间充裕，否则不易做到；"降"需要周密计算，虽然要花点力气，但比较有效；"延"是以牺牲时间为代价来解决矛盾，只是在不得已时才采用。

资源调优是一项非常具体的工作，它要求按每一个工种、每一类物资、每一种设备具体加以平衡，较为复杂，因此，必须认真细致地进行调整。现以车辆使用调度为例，介绍单种资源调优的方法和步骤。

[**例 4-3**] 某运输科计划用 16 天时间向前线作战部队运送一批物资，其原始网络图如图 4-9 所示。问在不改变逻辑关系的条件下，每天需要几台汽车？每天车辆应怎样分配，才能消除冲突？原定工期是否可行？（注：各箭线上方括号内的数据为完成该活动的工作量，以车日表示其单位，由每天行车的台次折算求出）

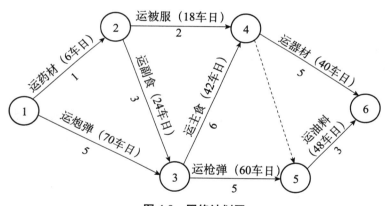

图 4-9 网络计划图

这是一种典型的单资源调优问题：用车数量有一定的限制，即车辆资源有限；装卸所需要的人力、机械等不加考虑，即人力、机械资源不限。因此，调优的目的是保证用车不发生冲突，并尽量做到均衡出车、连续作业。解决步骤为：首先绘制时标网络，再计算资源强度。

本例的资源强度，指每天派车的总台数及各项作业每天的平均用车数。它等于整个计划的总工作量（或某项作业的工作量）除以总工期（或该作业的工时）。即：

$$R = \frac{总工作量}{总工期} \quad 或 \quad r = \frac{工作量}{工时}$$

根据上式，求得在原定工期内，完成任务每天所需派出车辆的数量（R）为：

$$R = \frac{总工作量}{总工期} = \frac{6+70+24+18+42+60+40+48}{16} = \frac{308}{16} = 19.25 \text{（车日）}$$

由于每天出车只能取整数，故每天必须派出 20 台车，才能具备完成任务的条件。调优时，则以每天出车 20 台作为调度的依据（即每天不应超过 20 台）。

根据上式，求得本例各项作业用车的资源强度分别为：

运药材 $r_a=6/1=6$；运炮弹 $r_b=70/5=14$；运副食 $r_c=24/3=8$；运被服 $r_d=13/2=9$；运主食 $r_e=42/6=7$；运枪弹 $r_f=60/5=12$；运器材 $r_g=40/5=8$；运油料 $r_h=48/3=16$。

资源强度计算完毕，将它们填入网络图（见图 4-9）。

（3）统计资源用量

统计资源用量的目的，是为了把单位时间内同时展开的作业所需的资源累加起来，然后与资源限额（本例就是每天出车 20 台）相比较，分析是否需要进行调整。从图 4-10 中调优前每天的统计数字可以看出，有 6 天用车数超过了限额，因此需要调整。调整的方法，主要是利用机动时间做文章。具体做法有三种：一是将作业错开；二是降低资源强度；三是延长计划的总工期。归纳起来，就是向关键路线要时间，从非关键工作挖潜力。

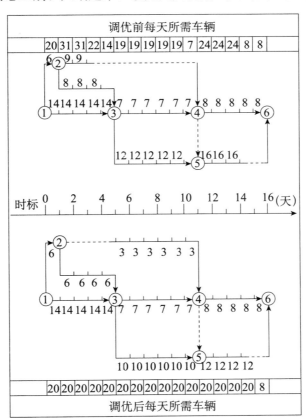

图 4-10 用车调优示例图

注：调优后，工作"②→④"的前 4 天因资源冲突不能安排作业，故用虚线表示。工作"①→②""②→③"和"②→④"已无机动时间，实际变成了关键工作。

（4）确定保障顺序

所谓确定保障顺序，就是调整作业时点的时候，按"先急后缓、由重及轻"的原则确定资源分配的优先权。具体原则有：一是已开工又不允许中断的工作优先；二是关键工作优先；三是有效机动时间小的工作优先；四是上述条件相同时，资源强度大的工作优先。

（5）逐时段平衡调整

调整资源用量的时候，除消除冲突外，还应尽量做到资源的用量均衡，作业连续不间断。调整时段的划分，可按相邻两个关键结点之间的距离去考虑。调整时，按照上述资源分配的顺序，逐时段地进行推演，把矛盾彻底解决，调整即告结束，如图 4-10 所示。

本例优化后的方案见图 4-10 中的下半部分。这一方案由于达到了均衡、连续、不冲突的要求，可在原定时间 16 天内完成，因此是最优方案。有些时候无法在原定工期内解决资源冲突的矛盾，如果不希望延长工期，就应增加作业班次或修改资源限额去适应。

3．成本调优

一项工程或活动的成本由直接成本和间接成本两部分组成。直接成本指生产人员的工资、原材料费、燃料费及工具的折旧费等，可直接计入成本。它与各工序的作业时间长短有关，周期愈短，费用增加的幅度愈大，见图 4-11 中的 $C1$。间接成本指管理人员的工资、采购费、办公费、保险费等，它们均可按工序所消耗的时间比例进行分配，与周期成正比，是一条直线，见图 4-11 中的 $C2$。将此两笔费用相加，则可得出总成本曲线 C。从曲线 C 可以看出，生产周期过长或太短，其总成本都会增加，其中有一个合适的周期，其数值最小，被称为最小成本周期。成本优化的目标，就是要找出总成本最小的工期，以提高经济效益。

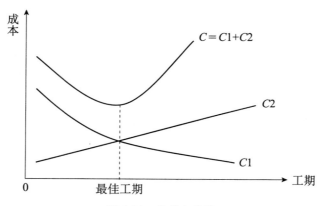

图 4-11　总成本曲线

计算直接成本与活动工期的关系比计算间接成本与活动工期的关系更复杂，是网络计划分析的重点，因此，需要着重研究直接成本问题。缩短活动工期可以通过适当增加直接成本加以解决，但当活动工期缩短到一定程度后，增加直接成本效果甚微，此时的生产周期被称为极限时间（或赶工工期），与之相对应的费用被称为极限费用（或赶工费用）；延长工期可以适当降低直接成本的开支，但工期延长至一定程度，直接费用也不能再减少，此时的生产周期被称为正常时间（或正常工期），与之相对应的成本被称为正常费用；见图 4-12。

为简化计算，通常用一段直线去代替 ab 这段曲线。直线 ab 的倾斜程度被称为赶工费率，它表示缩短单位生产时间所增加的费用。直线越陡，增加的费用越高。其计算公式为：

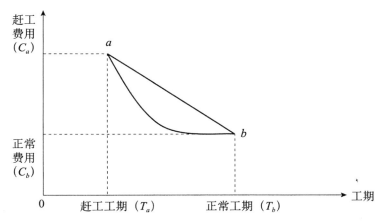

图 4-12　赶工费率

$$\text{赶工费率} = \frac{\text{赶工费用} - \text{正常费用}}{\text{正常工期} - \text{赶工工期}} \quad \text{或} \quad e = \frac{C_a - C_b}{T_b - T_a}$$

知道了 T_a、T_b 和 C_a、C_b 的数据，就可求出赶工费率 e。例如，赶工费用 $C_a = 5.2$ 万元，正常费用 $C_b = 4$ 万元，正常工期 $T_b = 6$ 周，赶工工期 $T_a = 3$ 周，则活动的赶工费率为：

$$e = \frac{5.2 - 4}{6 - 3} = 0.4$$

知道了某一活动的赶工费率，可以找到 T_a 与 T_b 间任何一点的费用。e 值越大，说明为缩短工期所付出的代价越大。因此，在进行成本调优时，首先要缩短关键路线上 e 值最小的活动的作业时间。

进行成本调优的一般步骤是：首先找出网络图的关键路线，作出基本分析；然后选择赶工费率最小的关键工序，研究缩短工期的幅度；再计算缩短工期后总成本 C 的数值；之后再更新网络计划时间参数；最后重新选择压缩对象，反复进行调整，直至不能继续缩短工期。

[**例 4-4**]　某项任务的网络图如图 4-13 所示，有关资料如表 4-5 所示，试通过成本—工期优化，选择该项任务的最低成本和最佳工期。

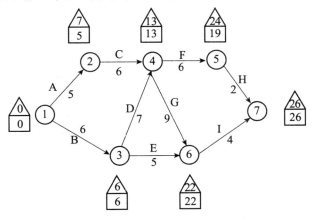

图 4-13　成本优化原始网络图

注：图中各工序的工时均为正常工期。

表 4-5 直接成本和间接成本的原始资料

工序	工期（周）		费用（万元）		赶工费率 e（万元/周）
	正常	赶工	正常	赶工	
A	5	1	3	5	0.5
B	6	3	4	5.2	0.4
C	6	2	4	7	0.75
D	7	5	4	10	3
E	5	2	3	6	1
F	6	4	3	6	1.5
G	9	5	6	11	1.25
H	2	1	2	4	2
I	4	1	2	4.7	0.9
间接成本 C_2＝1 万元/周					

按上述步骤，调整如下：

(1) 第一次调整

①找出关键路线，作出基本分析

从结点参数计算得知，关键路线为 B、D、G、I，总工期为 26 周。直接成本＝3＋4＋4＋4＋3＋3＋6＋2＋2＝31（万元），间接成本＝1×26＝26（万元），初始方案的总成本＝31＋26＝57（万元）。

②选择压缩对象，决定压缩的幅度

为使赶工付出代价最小，压缩应从关键路线上 e 最小工序开始。查表 4-5 得知，B 的 e 为 0.4 万元/周，较工序 D、G、I 均小，故被选为压缩对象。在关键结点①—④间，有 A、C 和 B、D 两条线路：5＋6＝11（周），6＋7＝13（周）。可设法将 B、D 这条线路压缩 2 周，令二者相等。由于 B 的极限时间不得小于 3 周，故只将 B 压缩 2 周（由 6 周压缩为 4 周），不压缩 D，即可达到目的。

③计算调整后的总工期和总成本

赶工直接成本增加额 ΔC_1＝0.4×2＝0.8（万元）

赶工后的直接成本 C_1＝31＋0.8＝31.8（万元）

总工期 T＝4＋7＋9＋4＝24（周）或总工期 T＝26－2＝24（周）

赶工后的间接成本 C_2＝1×24＝24（万元）

总成本 C＝C_1＋C_2＝31.8＋24＝55.8（万元）

④更改网络计划时间参数

经调整后，新网络图有 A、C、G、I 和 B、D、G、I 两条关键线路，总工期为 24 周，如图 4-14 所示。

(2) 第二次调整

在第一次调整基础上，继续寻找 e 最小工序进行压缩。令关键工序 A 和 B 各压缩 1 周（B 已到极限），此时：

赶工直接成本增加额 ΔC_1＝(0.5＋0.4)×1＝0.9（万元）

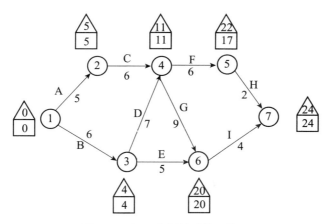

图 4-14 经一次调整后的网络图

赶工后的直接成本 C_1＝31.8＋0.9＝32.7（万元）

总工期 T＝3＋7＋9＋4＝23（周）或总工期 T＝24－1＝23（周）

赶工后的间接成本 C_2＝1×23＝23（万元）

总成本 C＝C_1＋C_2＝32.7＋23＝55.7（万元）

经调整后，新网络图还是有 A、C、G、I 和 B、D、G、I 两条关键线路，总工期为 23 周，如图 4-15 所示。

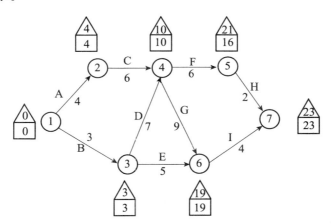

图 4-15 经两次调整后的网络图

(3) 第三次调整

在第二次调整基础上，继续寻找 e 最小工序进行压缩。因为 B 已压缩到极限，D 的 e 很高，所以选择将关键工序 I 压缩 3 周（I 已到极限）。此时：

赶工直接成本增加额 ΔC_1＝0.9×3＝2.7（万元）

赶工后的直接成本 C_1＝32.7＋2.7＝35.4（万元）

总工期 T＝10＋9＋1＝20（周）或总工期 T＝23－3＝20（周）

赶工后的间接成本 C_2＝1×20＝20（万元）

总成本 C＝C_1＋C_2＝35.4＋20＝55.4（万元）

经调整后，新网络图还是有 A、C、G、I 和 B、D、G、I 两条关键线路，总工期为 20

周，如图 4-16 所示。

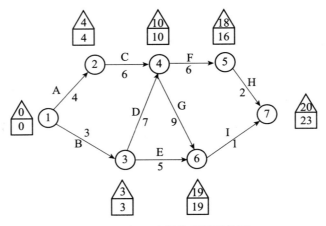

图 4-16 经三次调整后的网络图

(4) 第四次调整

在第三次调整的基础上，继续寻找 e 最小工序进行压缩，如图 4-17 所示。在关键结点 ④—⑦ 间，有 F、H 和 G、I 两条线路：6+2=8（周），9+1=10（周）。可设法将 G、I 这条线路压缩 2 周，使二者相等。由于 I 已不能再压缩，G 的极限时间不得小于 5 周，故只将 G 压缩 2 周（由 9 周压缩为 7 周）。此时：

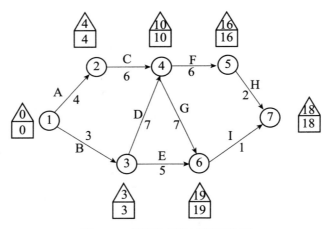

图 4-17 第四次调整后的网络图

赶工直接成本增加额 $\Delta C_1 = 1.25 \times 2 = 2.5$（万元）
赶工后的直接成本 $C_1 = 35.4 + 2.5 = 37.9$（万元）
总工期 $T = 10 + 7 + 1 = 18$（周）或总工期 $T = 20 - 2 = 18$（周）
赶工后的间接成本 $C_2 = 1 \times 18 = 18$（万元）
总成本 $C = C_1 + C_2 = 37.9 + 18 = 55.9$（万元）

(5) 第五次调整

同理，令工序 F 和 G 同时缩短两周，如图 4-18 所示。此时：
赶工直接成本增加额 $\Delta C_1 = (1.5 + 1.25) \times 2 = 5.5$（万元）

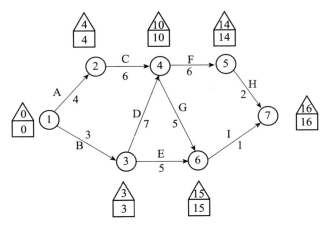

图 4-18 经五次调整后的网络图

赶工后的直接成本 $C_1=37.9+5.5=43.4$（万元）

总工期 $T=10+6=16$（周）或总工期 $T=18-2=16$（周）

赶工后的间接成本 $C_2=1\times 16=16$（万元）

总成本 $C=C_1+C_2=43.4+16=59.4$（万元）

（6）第六次调整

同理，令工序 A 和工序 D 同时缩短 2 周，如图 4-19 所示。此时：

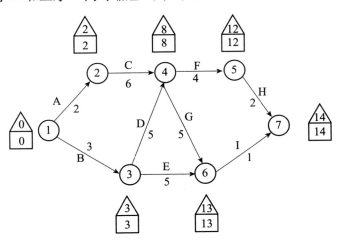

图 4-19 经六次调整的网络图

赶工直接成本增加额 $\Delta C_1=(0.5+3)\times 2=7$（万元）

赶工后的直接成本 $C_1=43.4+7=50.4$（万元）

总工期 $T=3+5+5+1=14$（周）或总工期 $T=16-2=14$（周）

赶工后的间接成本 $C_2=1\times 14=14$（万元）

总成本 $C=C_1+C_2=50.4+14=64.4$（万元）

至此，因关键线路上的工序已缩至最短时间，计算到此结束。现将各次调整的计算结果列表，如表 4-6 所示。可见，最优工期为 20 周，最低费用为 55.4 万元。它比原始方案缩短 6 周，节约开支 1.6 万元（57－55.4）。

表 4-6　工期与成本的关系

总工期（周）	直接成本（万元）	间接成本（万元）	总成本（万元）
14	50.4	14	64.4
16	43.4	16	59.4
18	37.9	18	55.9
20	35.4	20	55.4
23	32.7	23	55.7
24	31.8	24	55.8
26	31.0	26	57.0

案例

网络计划技术

某工程双代号施工网络计划如图 4-20 所示。该进度计划已经监理工程师审核批准，合同工期为 23 个月。

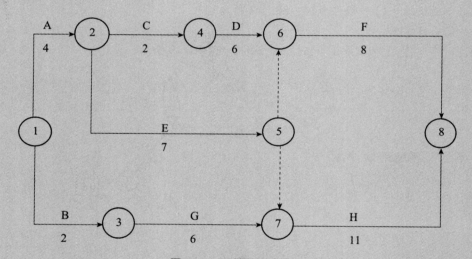

图 4-20　工程网络计划图

思考题：

（1）该施工网络计划的计划工期为多少个月？关键工作有哪些？

（2）计算工作 B、C、G 的总时差和自由时差。

（3）如果工作 C 和工作 G 需共用一台施工机械且只能按先后顺序施工（工作 C 和工作 G 不能同时施工），该施工网络计划应如何调整较合理？

第五章
组织管理

IBM公司创办人汤姆·华生（Thomas Watson）说："我的责任不是建构一个事业，而是**建构**一个组织，用这个组织建构这个事业。"组织管理是指通过建立组织结构、规定职务或职位、明确责权关系等，以有效实现组织目标的过程。

第一节 组织概述

台湾政治大学前校长吴思华说:"组织是互相依赖共同争取资源的联盟,单一企业的生存决定彼此之间的依赖关系。"组织帮助企业明确组织成员的责任、义务与权限,形成组织成员之间、组织部门之间确定的关系,实现共同的组织目标。

一、组织的特征

组织就是由两个或两个以上的人组成的有特定目标和一定资源并保持某种权责结构的群体。组织的特征可以概括为四点:

1. 组织有特定的目标

目标是组织的愿望和外部环境结合的产物,所以组织的目的性不是无限的,而是受环境影响和制约的,这个环境包括物质环境及社会文化环境,有了目标后组织才能确定方向。特定的目标是组织设立的前提,它反映了组织所希望达到的预期成果。

彼得·德鲁克说:"并不是有了工作才有目标,而是相反,有了目标才能确定每个人的工作。所以企业的使命和任务,必须转化为目标。"也就是说,我们不能仅仅依靠现有的条件和资源,做到怎样算怎样,还必须有所要求,创造条件去设定并实现更高的目标。

2. 组织有分工与协作关系

为了实现组织目标,必须把组织分成若干进行专门活动的部门,同时又要加强各部门之间的协调与合作才能保证组织工作的有效性。即组织内部既要分工明确,又要互相沟通、协作,以达成共同的目标。

3. 组织有明确的权责结构

部门分工后为了完成所分配任务以及协调部门之间的关系,需要赋予相应部门一定的权利,同时为了避免权利被滥用又必须有一定的规章制度规定部门所承担的责任。这种权责结构表现为层次清晰,任务有明确的承担者,并且权力和责任是对等的。

4. 组织是一个动态的过程

组织是不断发展变化的,随着企业规模的扩大与职能的变更以及适应内外部环境的变化,组织结构也会相应变化。

联想公司从"平底快船"到"大船结构"再到"舰队结构"的过程,就是在企业规模扩大的同时，组织结构相应改进的过程，也是组织发展变化的过程。①

二、正式组织与非正式组织

正式组织是一个有形的单位官方组织，是实现目标的保证；非正式组织是一个客观存在的、有形或无形的民间组织，是"人和"在组织的体现，对正式组织的通畅运行具有重要的调和作用。

1. 正式组织

正式组织是企业内所有成员互相沟通，为既定的共同目标采取行动，并依法或依有关规章制度组建的机构。每一个正式组织都包含以下内容：

第一，一个职能系统，人们可以实现专业分工。在一个组织中，如果一个人不明确自己该干什么，就会像无头的苍蝇不知所措，因此职能系统非常重要。

第二，一个有效的激励系统，引导成员为实现企业目标而努力。如可口可乐公司采用的年度激励计划和股票期权计划，极大地激励了员工，提高了员工的积极性，为可口可乐公司的发展奠定了基础。

第三，一个权力（权威）系统，使下级接受上级的指令。企业跟军队一样，如果军队的士兵都不接受军官的指挥，各自行动，那么这个军队肯定打不了胜仗。

第四，一个科学的决策系统，为企业的发展指明方向。决策的方向错了，即使规划再严密、员工再努力、远景再美好，那也是枉然。

2. 非正式组织

非正式组织是因感情、爱好和兴趣等因素联系在一起，而不是按正式的隶属关系形成的群体。

（1）非正式组织的特征

第一，非正式组织的成员是以感情为基础进行合作和认同的。非正式组织成员之间通过交往行为使人际关系密切，情感交流频繁，能较好地满足成员的社交欲、归属感、安全感、受人尊重等需要，使群体产生一种比较一致的行为趋势，从而以共同的感情和认识来对待工作和人际交流。

第二，非正式组织的行为规范是非制度化的。非正式组织相对于正式组织而言，组织形态松散，人员进出自由，结构不稳定，人与人之间的关系随意。

第三，非正式组织具有自卫性和排他性。尽管在小组内部信息渠道通畅，成员之间能够彼此交流，倾吐衷肠，但对组织以外的组织及成员却有较强的自我防卫意识，而且这种群体成员的活动与交流不希望有外人参与。

（2）非正式组织的类型

具体包括：情感型非正式组织，即以深厚感情和友谊为基础而形成的非正式组织，如同学会；爱好型非正式组织，即出于共同的兴趣和爱好而形成的非正式组织，如业余网球

---

① http://www.jieju.cn/News/20110321/Detail111330.htm，有删改。

俱乐部；利益型非正式组织，即以成员的共同利益为基础而形成的非正式组织，如消费者协会；亲缘型非正式组织，即由亲缘关系而形成的非正式组织，具有比较稳定、凝聚力强的特点，如同乡会。

(3) 非正式组织的积极作用

第一，增强组织内职工间的凝聚力。非正式组织中的成员具有相同的观念、爱好、价值观等因素，更容易团结起来朝着同一个目标努力。

第二，提高信息沟通效率。非正式组织不像正式组织那样具有严格的层级关系，能够建立便于信息传递的网络体系，使人们更快地传递信息。

第三，促进激励作用。在非正式组织中成员的地位受到认同，如果管理者能够与非正式组织保持良好的联系，积极发挥其作用，非正式组织成员会更有责任感，积极地为管理者出谋划策。

在惠普公司，经理们经常在空暇之余举办咖啡会谈和其他非正式员工聚会。这些讨论，内容涉及方方面面，因此能够让员工放松、启发他们的思想，也容易产生新的创意，同时也可以增强员工的企业责任心和自豪感。对员工进行积极的引导，使员工在内部得到了良好的沟通，有利于组织的健康发展。

(4) 非正式组织的消极作用

第一，抵制变革。当组织采取变革性措施，并且这些变革措施触及非正式组织成员的自身利益时，他们就会采取抵制的措施。这时，非正式组织转变成了组织变革的绊脚石，有损于正式组织目标的实现。

第二，传播谣言。当正式渠道的信息沟通不畅或中断时，往往会产生小道消息或谣言。由于非正式组织遍布正式组织的各个角落，经其传播的谣言不仅速度快，而且辐射面广，会对正式组织产生极为不利的影响。

第三，损害团结。非正式组织容易产生"拉山头""搞派系"的现象，致使正式组织内部派系林立，各派系之间明争暗斗的不良风气不利于正式组织内部的团结。

非正式组织的存在及其活动，既可对正式组织目标的实现起到积极作用，也会产生消极影响。管理者必须正视非正式组织存在的客观性，允许和鼓励健康的、有利于公司发展的非正式组织的存在，为它的形成与发展提供条件；必须与非正式组织进行充分的信息沟通，把非正式组织的目标引导到有利于整个组织目标实现的轨道上来。

三、组织的功能

组织能够把现有的人、财、物、信息等资源整合，从而以最优的形态实现组织的目标。组织对于发挥集体力量、合理配置资源、提高劳动生产率等多方面具有重要的作用。具体表现如下：

1. 载体功能

计划的付诸实施以及领导和控制等管理职能都要借助组织这一载体才能够运行，组织是连接管理各项职能的纽带,没有科学的组织结构和有效的组织运行,任何决策、计划都无法实施,领导、控制等各项职能更无从谈起。

德鲁克说:"组织是一个有机体,因企业之不同而不同。一个有效而健全的组织必须依策略而定。"健全的组织成为付诸实施计划、领导和控制等管理职能的载体,有效地保证了组织职能的运行。

2. 稳定社会秩序功能

一方面,组织是社会生产活动的主要方式和经济行为的主要载体,组织的稳定有利于社会秩序的稳定;另一方面,社会中的大部分个体存在于组织中,个体的相对稳定也促进了社会秩序的稳定。

3. 凝聚功能

对于组织成员而言,组织无疑起到了凝聚个体的功能。一方面,组织目标和使命的确定与贯彻融合了个人目标与组织目标,形成了强大的向心力;另一方面,组织的合理设计有利于激发组织成员的积极性和创造性,将组织成员的目标和兴趣特长等因素与组织活动融为一体,促进组织的良好发展。

4. 增值功能

组织创造的价值并非组织成员个体创造价值的简单加总,组织的分工与合作使得成员的优劣势互补,并能够对资源进行有效配置,放大个体贡献的总和,实现"1+1>2"的效果。

彼得·德鲁克说:"组织的任务就是使普通人作出非凡的事。"组织能使个体的价值得到放大。电影《怦然心动》里有句话叫作:"整体胜于局部之和。"

四、组织结构的类型

组织结构是组织在责、权、利方面的动态结构体系,其本质是为实现组织战略目标而采取的一种分工协作体系,组织结构必须随着组织的重大战略调整而调整。组织结构有直线制、职能制、事业部制等类型。

1. 直线制组织结构

直线制组织结构是产生最早也是最简单的一种组织结构,该组织结构中管理者与基层员工有直接隶属关系,每个组织成员只向上一级负责,不设职能部门。该类组织结构权责清晰、信息传递速度快、管理效率高;但是由于大小事务都要由管理者(经理)解决,随着企业规模扩大和经营范围变广,管理者就会难以应对,整个组织也难以产生效率。因此,直线制组织结构适合业务简单、规模较小的企业。其组织结构形式如图5-1所示。

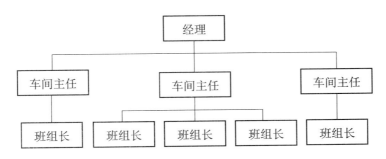

图 5-1 直线制组织结构

2. 职能制组织结构

职能制组织结构在直线制结构的基础上设立职能部门，通过专业化分工，使职能管理者分担直线制中经理的任务。职能部门在自己业务范围内有权向下层管理者进行管理，拥有广泛的管理职权。该类组织结构实行了专业化分工，分担了高层管理者的任务，有利于发挥职能管理者的作用；但是下级部门成员除了服从上级执行领导管理之外，还要服从职能管理者的指挥，违背了统一指挥的原则。其组织结构形式如图 5-2 所示。

3. 直线职能制组织结构

直线职能制组织结构是在各级行政管理者下设立相应的职能部门，但仅作为行政管理者的参谋部。在直线职能制组织中，行政管理者统一对下级进行行政指挥，职能部门为行政管理者拟订工作计划、方案等，对下级只起业务上的指导作用，无权直接指挥下级。直线职能制结构稳定性高，职责明确且易于沟通，有利于提高组织效率和发挥组织整体功能；但该类组织结构职能部门之间联系较少，难以协调各部门间的关系和统一目标。直线职能制结构将直线制结构和职能制结构有机结合起来，取长补短，被大多数企业所采用。其组织结构形式如图 5-3 所示。

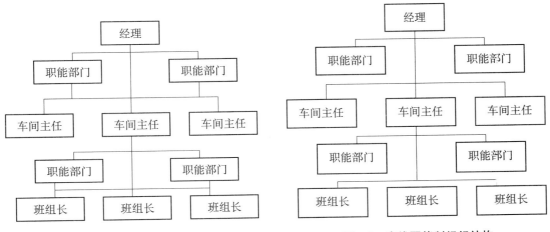

图 5-2 职能制组织结构　　　　图 5-3 直线职能制组织结构

4. 事业部制组织结构

事业部制组织结构是在总公司统一领导下，按产品、地区或市场设立若干分公司或事业部（如图5-4所示）的一种组织结构。事业部制是一种分权的管理组织结构形式，其特点是"集中决策，分散经营"。公司最高管理层拥有决策权、财务控制权和监督权等，通过制定政策来管理各事业部，各事业部是总公司控制下的利润中心，具有利润生产、利润核算和利润管理的职能，实行独立经营与单独核算，拥有一定的经营自主权，并设有相对完善的职能部门。事业部制结构不仅有利于高层管理者专心于组织长远发展的安排，避免从事大量的管理工作而力不从心，而且有利于充分发挥事业部管理者的积极性；但是由于各事业部独立性较强，导致高层管理者控制力不足，削弱了整体的向心力。事业部制结构只有在企业规模较大且下层单位能够成为独立事业部时才宜采用。

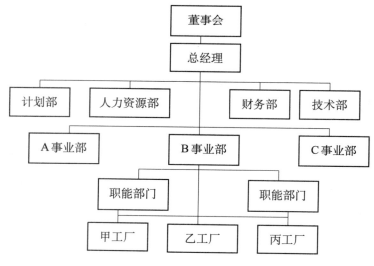

图5-4 事业部制组织结构

经营业务的不断扩大和上市的驱动迫使中石化组织结构向事业部制变革。变革后的中石化由三大事业部构成，分别是处于经营过程上游的勘探、生产事业部，处于中下游的炼油、营销事业部与石化事业部。中石化建立了规范的法人治理结构，实行集中决策、分级管理和专业化经营的事业部制管理体制。现在，中石化的经济实力和抗风险能力处于大型公司前列，假如没有一个"合身"的组织结构，中石化要想取得这样的成绩几乎是不可能的。[①]

5. 矩阵制组织结构

矩阵制组织结构又称规划—目标组织结构。在矩阵制组织结构中，成员要受两位分管不同方面的管理者的领导，可以划分为按项目设置的矩阵制结构和按地区设置的矩阵制结构。按项目设置的矩阵结构，是指为了完成某项特定任务，从不同部门抽调人员组建项目

---

① http://blog.163.com/chinaco_huacai/blog/static/18395925201231413740859/，有删改。

小组，任务完成之后，成员仍回到各自部门中去的一种组织结构，结构形式如图 5-5 所示；按地区设置的矩阵结构，是指在每一个地区建立起该地区负责人和公司职能部门共同领导的机构，使横向结构和纵向结构有机地结合起来的一种组织结构，结构形式如图 5-6 所示。

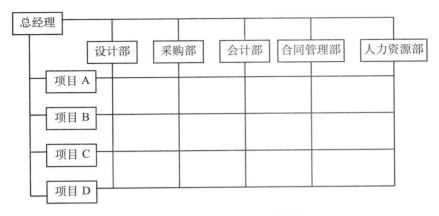

图 5-5　按项目建立的矩阵结构

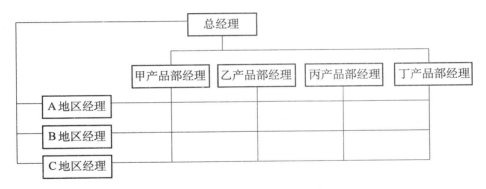

图 5-6　按地区建立的矩阵结构

矩阵制结构既加强了不同部门之间的沟通交流，也使组织成员具有项目小组那样的灵活性，提高了人员利用效率；但是该类组织结构中组织成员受双重领导，很容易产生所在部门领导与所在项目领导在指令上的冲突。矩阵制结构特别适用于价值高、小批量的单件制造业企业，如建筑公司、飞机制造公司等。

IBM 公司把多种划分部门的方式有机地结合起来，使其组织结构形成了"活着的"立体网络——多维矩阵。IBM 既按地域划分区域，如亚太区、中国区、华南区等，又按产品体系划分事业部，如 PC、服务器、软件等事业部；既按银行、电信等行业划分，又按销售、渠道、支持等职能划分；等等。所有这些纵横交错的部门划分有机地结合为一体。[1]

---

[1]　http://news.mbalib.com/story/233138，有删改。

6. 委员会制组织结构

委员会制组织结构是一种集体参与和集体决策的组织形式，是一种常见的管理组织形式，如现代企业中的董事会和监事会等。按工作时间性质的不同，委员会可分为常设委员会和临时委员会。常设委员会长期存在，旨在促进协调各方面的工作，并且有制定和执行企业重大决策的职能；临时委员会是为某一特定工作而设立，当这项工作完成后，该委员会也宣告解散。按权力的不同，委员会可分为执行管理职能的委员会和不执行管理职能的委员会。执行管理职能的委员会参与直线管理，并有权作出决策；不执行管理职能的委员会作为企业参谋与咨询的管理机构，不直接参与决策。

委员会组织结构有利于集思广益，便于组织内部的协商与协调；但该类组织结构会造成折中调和的失误决策，而且责任不明确，缺乏动力，不利于决策、组织、领导等管理职能的实现。

高盛集团内部实行董事会统一领导，决策权高度集中于董事会。管理层下设管理委员会、公司风险委员会、部门风险委员会、资本承诺委员会、信用政策委员会、创新产品评审委员会、操作风险委员会、财务委员会等各种委员会，各委员会起到了核查和平衡的重要作用。在管理程序上，最高层是以董事长（兼 CEO）和首席运营官为首的一个由 6 个人组成的执行委员会，从全局上进行统筹管理，不代表任何特定部门的利益。[1]

五、组织生命周期理论

企业的发展伴随着组织结构的发展，企业发展到某一水平，就必须有与之相适应的组织结构。合理的组织结构促进企业的发展，不合适的组织结构阻碍企业的发展，甚至使企业陷入危机。典型的组织发展一般经过创业、集体、规范化和精细化四个阶段，如图 5-7 所示。

1. 创业阶段

创业阶段，组织的重点是生产产品和获取订单以求得生存，因此不需要太复杂的管理，由创业者本人进行监督就可以控制整个团队，其阶段特点是组织制度不健全，更多地依靠创业者的个人创造性和英雄主义。经过 1—3 年的发展，随着组织的成长，雇员数量日益增加，而创业者是技术导向型的，他们可能会倾向于将精力集中于制造、销售、技术和服务上而忽视管理方面的问题。然而此时企业更需要一个职业化的领导来进行科学的指导和管理控制，所以要么是创业者成长为职业化的领导，要么创业者找到一个更职业化的经理人。在创业阶段的后期，领导力危机引发第一次组织变革，标志着第一阶段的结束。

---

[1] http://wallstreetcn.com/node/264206，有删改。

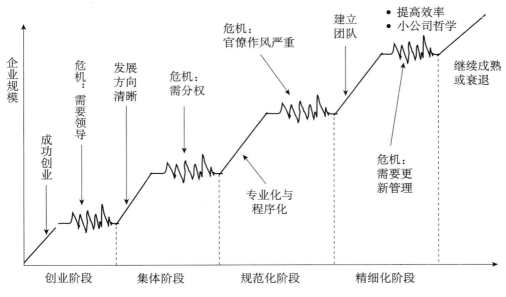

图 5-7　组织的发展阶段

2. 集体阶段

企业进入持续成长期，随着组织结构功能化、会计制度建立，以及资本管理、激励机制、预算制度、标准化管理的出现，组织变得更加多样化和复杂化；同时，企业在市场上取得成功，人员迅速增多，规模不断扩大，员工情绪饱满，对组织有较强的归属感。

集体化是指企业透过很多专业化的经理人去管理若干部门，建立一个管理团队去指导员工工作，引导员工执行决策层的决定。在这种管理方式下，基层管理者逐渐发现他们受到"自上而下"领导体制的强大约束，他们开始在一定范围内获得自信并希望有更大的自主权，然而当高层管理者由于其得力的领导和愿景使组织获得成功而又不想放弃其职责时，就会发生自主权危机，此时就需要授权，并建立一个更为规范的管理体系。那么企业就能进入发展的第三个阶段，即规范化阶段。

3. 规范化阶段

在规范化阶段，企业已有相当规模，增加了许多生产经营单位，甚至形成了跨地区经营和多元化发展，各种正式的管理系统被一一建立起来，如正式的产品组群、正式的规划评估、中心化的支持系统、企业人员的海外协调，以及企业资本支出、产品组层面上的投资回报责任、基层员工的利益均享促进，等等，以此来协调和监督组织管理。企业建立起规范的沟通与控制系统，不同层级管理者负责不同层级的管理职责，呈现出稳定的组织局面。至此，许多规章制度、工作程序和手续，逐渐形成了官样文章，产生了"官僚主义危机"，组织制度和规程的繁衍可能开始束缚中层管理者，中层管理者可能厌恶上级的干涉，创新会受到限制。

4. 精细化阶段

在精细化阶段，企业可以通过团队建设化解官僚习气的危机，将组织高层和基层之间的各个职能部门进行弱化,把决策权分散到团队这一层级上。同时,企业规模越来越大,反应也越来越迟缓,需要企业实现扁平化管理,恢复活力。因此,要有小公司思维,通过适当拆分和多元化运作,努力恢复创业阶段的创新意识和激情作风。在该阶段应注意避免安于现状,激励、协调与合作对组织的长期发展显得更为重要。

案例

海澜之家——"男人的衣柜"[①]

"海澜之家"品牌自2002年推出以来,以高品质、中低价位为市场定位,品种齐全的货品选择,一站式选购方式引发了中国服装市场的新一轮革命,被称为"男人的衣柜"。目前,海澜之家负责平价男装品牌"海澜之家"、运动休闲时尚品牌"爱居兔"以及低价男装品牌"百依百顺"的运营管理。

平价品牌顺应行业趋势

走进海澜之家门店,各色产品几乎覆盖了所有男性消费者所需的服饰及配件,大至西服夹克,小至鞋袜围巾,颜色丰富、型号齐全、便宜百搭,最重要的是其产品售价是传统男装品牌的三分之一。以实惠的价格获得质量保证的男装产品一直是公司追求的理念。业内分析人士认为,海澜之家的平价品牌发展战略顺应了产业发展机遇,通过产品的高性价比及将产品的商务和时尚元素相结合,与电商销售形成差异化竞争,能够抵御网购冲击,在竞争相对激烈的男装市场中独树一帜。

加盟商进阶财务投资者

海澜之家主要依靠加盟店进行外延扩张,然而其经营模式独特。区别于传统男装的加盟模式,公司没有设置各级代理,所有加盟商均直接与公司签订协议。海澜之家有100多名专门的渠道拓展员,主攻二三线城市的核心商圈,通过严密的数据分析测算商圈的综合能力,选定达标门店后将数据反馈给加盟商,由其决定是否参与投资;加盟商也可主动提供门店资源,但需要符合公司选址标准。为保证海澜之家全国统一的营运管理模式和品牌形象,所有门店的内部管理均由海澜之家全面负责。"千店一面",使海澜之家实现了统一管理的高品质营销网络。这样的加盟模式降低了加盟商的从业要求,缩短了加盟模式的分利环节。

目前,海澜之家按产品、地区和市场设立了浦东海澜、供应链公司和爱居兔公司,并分别设有相对完善的职能。海澜之家明确了二三线城市的定位,并通过引入财务投资者,在二三线城市迅速拓展渠道,品牌知名度和认可度较高,这为公司渠道的持续扩张奠定了良好的消费基础。

思考题:

(1) 海澜之家的经营模式体现了组织的什么功能?

(2) 你认为海澜之家是什么类型的组织结构?为什么?

[①] http://www.stcn.com/2014/0411/11325845.shtml,有删改。

第二节 组织结构设计

组织结构设计是把实现组织目标所要完成的任务，划分为若干不同性质的业务工作，然后再把这些工作"组合"成若干部门，并确定各部门职责与职权的过程。即对组织内的部门、层次和职权进行划分的过程。

一、组织结构设计的决定因素

企业组织结构及其运行，总是发生在一定的环境中，受制于一定的技术条件，并在组织战略的指导下进行。组织设计必须考虑这些因素的影响。此外，组织的规模及其所处阶段不同，也会对组织的结构形式提出相应的要求。组织结构设计主要考虑以下因素：

1. 组织规模

不同规模的组织会采用不同的组织结构形式，同一个企业在发展的过程中，随着组织规模的扩大，也会对组织结构进行调整，联想公司从"平底快船结构"调整为"大船结构"，再调整为"舰队结构"就充分说明了这一点。

2. 组织战略

组织战略是实现组织总目标的长远规划，决定着组织在一定时期内的活动方向和工作内容。当组织战略发生变化时，组织结构应当顺应战略的调整而进行调整。

3. 组织环境

如果企业所处环境稳定，则组织结构是规规矩矩的、较传统的，整个组织结构的专业化、分工与阶层性和稳定性程度很高；但如果企业环境动荡不定，则组织就不得不采取富有弹性的、权变性的结构，组织内部的相互依赖程度增加，从而使组织具有很强的应变能力，成为一个不断变革的经济有机体。

4. 技术因素

具有不同技术特点的组织，其组织结构有很大的不同。如在纺织印染厂，一般有纺纱、织布、印花和染色等基本生产单位，并有相应的技术职能部门；而在汽车制造厂，一般有底盘、车桥、发动机、水箱和总装等基本生产单位。技术特点的不同导致了这些基本单位的形成，而这些基本单位又会使组织结构呈现出不同的特点。

5. 权力分配

权力的分配与高层管理者有关，如偏好集权的管理者，习惯把权力向上集中，不愿采用事业部制这种分权化程度较高的组织结构；相反，偏好分权的管理者，习惯把权力下放，偏好于采用扁平化的组织结构。

赫伯特 A·西蒙说："一个正式组织，就是劳动分工和权威分配（安排）的一个计划。"在设计组织结构的过程中，劳动分工与权力分配即是对组织进行细化安排。

二、组织结构设计的程序

合适的组织结构能有效地积聚新的组织资源，同时协调好组织中部门与部门之间的关系、人员与任务之间的关系，使员工明确自己在组织中应有的权力和应承担的责任，有效地保证组织活动的开展。具体操作步骤如下：

第一，确定组织目标。即在综合分析组织外部环境和内部环境的基础上，合理确定组织的总目标及各种子目标。

第二，确定业务内容。根据组织目标，确定为实现组织目标所必须进行的业务管理工作，并按其性质进行分类，明确每种业务的活动范围和工作量。

第三，层次化与部门化。根据组织规模、技术特点和业务工作量的大小，确定需要设计的单位和部门，并把性质相同或相近的管理业务工作分归到适当的部门和单位，形成层次化和部门化的结构。

第四，配备人员。根据各部门所分管的业务工作和对人员素质的要求，挑选和配备称职的人员及行政负责人，明确其职务和职称。

第五，规定职责权限。根据目标要求，明确规定各单位和部门及其负责人对管理业务应负的责任和评价工作业绩的标准；同时，根据业务工作的需要，授予部门及其负责人相应的权力。

第六，联成一体。明确规定各单位和部门之间的相互关系，以及它们之间信息沟通和相互协调方面的原则和方法，把组织实体的各个部分衔接起来，形成一个能够协调运作，有效实现企业目标的管理组织系统。

三、组织结构设计的原则

西方管理学家曾提出过一些组织设计的基本原则，如管理学家厄威克曾比较系统地归纳了古典管理学派泰罗、法约尔、韦伯等人的观点，提出了 8 条指导原则。随后，组织结构设计的原则在不断改进完善，特别包括以下几个原则：

1. 目标至上

目标至上指进行组织结构设计时应该以实现组织目标为最终目的，目标是组织存在的根本价值所在，因此在决定组织中部门划分、管理幅度、权利与责任以及规章制度时都应考虑组织目标如何实现。特别地，在企业环境变化导致组织目标发生变化时，组织结构的设计也应当根据新设定的组织目标及时作出调整。

2. 管理幅度

管理幅度也叫管理跨度，是一个上级管理者能够直接、有效地指挥和监督下属人员的人数。管理层次则是组织中从最高管理层到基层工作人员之间的管理层次的数量。因此，管理幅度与管理层次成反比关系。管理幅度越大，则管理层次越少；反之，管理幅度越小，则管理层次越多。在组织结构的高层管理幅度一般为4—8人，低层管理幅度一般为8—15人。

英国杰出的海军将领纳尔逊将军的管理经验是："一艘主力舰队出航时要八艘巡航舰护航""一艘巡航舰出航时要有八艘驱逐舰护航"。这样一来，火力在配备及指挥调度上都是协调的，在实际海战中互为支援、照应，其协同作战的整体效果能发挥到极致。法国葛雷可拉斯的"从属理论"：一个人管理八个人是最适当的。现在许多军队中"九条好汉一个班"，即一个班长带八个兵，也是如此。

3. 统一指挥

该原则最早由法约尔提出，指每一个下属应当而且只能向一个上级主管直接负责。如果两个或两个以上的管理者同时给某一下属下达命令，很容易出现命令冲突的状况，给下属工作带来困难。如果下属必须受到多个管理者的指挥，如矩阵组织中的管理，那么管理者应事先互相沟通，达成一致后再下达命令。

4. 权责对等

"权"是管理职位所具有的发布指令和希望指令得到执行的一种权力；"责"是对相应职权所应承担的责任。权责对等是指一定的权力应与一定的责任相一致。责大于权，会造成人们对责任的逃避；权大于责，将导致权力的滥用。人既有渴求某种权力的心理，又有逃避责任的心理，因而会具有扩大权力和缩小责任的倾向。

5. 分工与协作

员工应该明确自己所承担的工作责任、权力以及由此带来的利益。专业化分工不仅适用于生产技术工作，也同样适用于管理工作。实行专业化分工管理，有利于提高整个企业的经营管理水平，适应管理工作日益复杂化的要求。

6. 执行与监督分离

进行组织结构设计时应注意将执行部门与监督部门分离，避免利益关联和权利关联。执行者与监督者的一体化会导致监督失效，很容易出现权力被滥用、权责不对等的现象。

7. 精简与效率

精简指组织结构简单、组织成员精干，避免冗杂的组织体系能够有效地减少协调工作，便于信息的传递与组织部门之间、组织成员之间的沟通；而精干的组织成员则会提高工作效率，降低管理成本。

8. 适当授权

管理者没有必要事必躬亲，相反，应尽量调动下属的自主性。一方面，不发动大家共同完成任务，管理者本人不仅无法完成任务，亦不能进行有效的管理；另一方面，没有一定的权利，下属无法充分发挥其才能，对企业的发展无疑是一种损失。

> **案例**
>
> **国美扁平化组织架构**[①]
>
> 面临经济增长放缓、消费习惯改变、电商崛起等多种因素的冲击，当前整个零售业的大环境并不景气。据统计，在已发布半年报的A股、H股零售企业中，净利润增速、毛利率普遍下滑，部分企业甚至出现巨亏。由于国美进行了一系列组织结构上的变革，因此在行业景气度较低及企业增长外部动力不足的情况下，国美销售收入仍然实现了连续6季同比增长。
>
> 国美以前的组织模式是一级市场来带二级市场。举例来说，广东国美管江门，体现在供应链的支撑上，商品也是先发到广州再调到二级市场的江门，这其实在效率上已经大打折扣。而财报显示，二级市场无论销售总规模及同店增长都比一级市场高出一倍，这代表了二级市场高速增长的态势。因此，国美把二级市场独立出来，独立考核，把组织做扁平。国美加大与超市、商场、百货等业态渠道融合的力度。国美上半年与物美、摩登百货、浙江联华等合作，下半年继续推进与位于北京、上海、广东、河北、河南、辽宁、山东等大型超市百货地方连锁合作。国美上市公司部分新增79家联营门店，销售收入二季度环比增加60%。
>
> 按照这一设计，国美原来由四个大区管辖54个分公司，再由54个分公司管辖129个城市的结构，调整为七个大区直接管辖200家分公司的结构，即将原来二级市场里的75家分公司独立出来，直接划归大区管辖，而原来四个大区变成七个大区。实践证明，这是国美提升供应链效率，提升消费者消费体验的重要战略。组织扁平化带来供应链效率的大幅提升，国美的供应链将不再通过一级市场分向二级市场，而是直接延伸到全国各个城市，这造就了国美依然在电器行业屹立不倒。
>
> 国美在线的定位已经重新调整为以垂直家电业务为核心的全渠道商品服务平台。国美在线重点包装差异化产品，形成差异化，将原来由一级分公司管理的75个二级分公司独立为自主经营分公司，将每一个分部打造成一个小微型创业团队，并用新的激励机制调动人员能动性，加强二级市场快速发展和精细化管理。基于IT系统的区域间商品的差异化需求、配送信息搜集、数据直接导入到仓库，也在无形中缩减了以前因信息传递需要而设置的机构层级，进而实现组织结构的扁平化。
>
> **思考题：**
> (1) 国美扁平化组织结构设计的决定因素有哪些？
> (2) 总结一下国美设计扁平化组织架构的程序。

---

① http://mt.sohu.com/20150527/n413897755.shtml，有删改。

第三节　组织变革

罗伯特·雅各布斯（Robert Jacobs）说："未来成功的组织，将会是那些能够快速、有效、持续、有系统地进行变革的组织。"变革的成功率并不是100%，甚至很低，常常使人产生一种"变革是死，不变也是死"的恐惧。但是市场竞争的压力，技术更新的频繁和自身成长的需要，"变革可能失败，但不变肯定失败"，因此"变则通，通则长久"。

一、组织变革的特征

组织变革是指主动、科学地对组织结构、沟通渠道、职能部门设置、组织与外部环境关系等进行有目的、系统的调整和革新，以适应组织内外环境的变化，提高组织效能。成功的组织变革能够提高组织的效能，尤其在动荡的环境下有利于组织抓住机遇，顺利地成长与发展。组织变革具有以下特征：

1. 变革性

组织变革过程，无论是局部性变革还是整体性变革，都会对原有组织中的组织结构、沟通渠道、职能部门设置和成员关系等内容进行部分或全部调整，改变了原有的组织格局。

2. 创新性

组织是一个开放且复杂的系统，这种系统处于多重环境之中，并与环境相互影响。组织要能生存、发展和壮大，必须依据外部环境及内部条件的变化，适时调整其目标与功能。

3. 持久性

由于组织活动、组织运行效率和员工工作内容的调整，以及新技术、新方法的运用，变革后原有组织的生产经营效率会发生变化，其影响是持久性的。

罗歇·马丁·杜·加尔在《蒂博一家》中说："变革不会在一天内完成，也不会在一代实现。"

4. 能动性

组织变革不会自发产生，需要有人发现变革的必要性，提出变革的方案，进而推动变革的展开。推动组织变革的人被称为变革代理人，通常是组织管理者，也可以是咨询机构等非管理者。

沃伦·本尼斯说："当今组织面临的主要挑战，是要能够对变化的条件作出反应和适应外界的压力。"面对急剧变化的环境，组织在需要变革的时候应能及时地作出反应，以适应新环境、面对新挑战。

二、组织变革的外部原因

组织是从属于社会大环境系统中的一个子系统，适者才能生存与发展。外部环境变了，整个组织就要相应地进行变革。引起组织变革的外部因素可以归纳为以下几个方面：

1. 技术因素

现代科学技术的迅速发展，对组织结构、管理幅度、管理层次与组织运行等都带来了巨大的冲击，同时也对组织变革提出了新的要求。如以计算机技术为代表的信息化社会的到来，影响到原组织中的人员结构、信息传递方式和沟通方式等，这些方面的变化要求组织进行变革。

2. 政治与法律因素

政治与法律因素的变化包括国家宏观经济调控手段的改变、国际国内政治环境的变化、国家产业政策的调整与产业结构的优化、国家有关法律法规的颁布与修改等，其中任何变化对企业正常营运造成显著影响都要求组织重新考虑自身的产业领域和发展战略，进而对组织进行调整。

针对20世纪70年代发生的石油危机，美国政府下令对耗油量大的凯迪拉克轿车征以每辆1 000美元的重税，对中等耗油量的道奇轿车征以每辆500美元的中等税，而对耗油量小的不征税，以此引导消费者选择低耗油量的轿车，减轻石油危机的压力。此政策一出台，凯迪拉克和道奇的生产厂商不得不采取措施进行变革，以适应政治环境变化的影响。

3. 经济因素

经济因素包括经济发展水平、前景和经济周期等，经济环境时刻在变化着，并朝着全球化和网络化方向发展。经济环境的变化会严重影响组织的运营，成功的组织将是能根据竞争的需要作出相应快速变革的组织。例如，在经济繁荣时期，组织设计以获取更多利润为重点；而在经济不景气时期，组织设计应更加注重风险的防范。

亚洲金融危机爆发时，李宁公司首次遇到发展瓶颈，年销售额10亿元的门槛怎么也突破不了。面对危机，李宁公司踏上变革之路：清除家族人员管理，确定专业化的发展战略，加强技术研发能力，引入信息化的管理方式。[①]

[①] http://finance.sina.com.cn/stock/hkstock/ggscyd/20120716/070712573611.shtml，有删改。

4. 社会因素

社会发展呈现出全球人口老龄化、组织员工多元化和家庭结构小型化等趋势，这要求组织重新审视自己的目标消费群体及其需要，进而对组织进行调整。

5. 市场环境因素

市场环境因素的变化主要来自：买方、供方、行业竞争者、潜在竞争者和替代品生产企业五个方面，任何一方发生了变化都需要组织面对新形势作出适当调整。如买方需求发生变化时，要求组织生产的产品应满足买方的新需求。

6. 资源因素

资源因素的变化包括原材料、人力资源、能源因素的变化，如原材料的质量、数量或者价格的变化都会冲击原有组织的运行方式。人力资源逐渐由劳动型转化为知识型时需要组织由命令式管理转向自我管理的方式。

三、组织变革的内部原因

除了外部环境变化，组织也需要根据内部情况的变化，及时调整和完善自身结构和功能，以提高其适应环境、求得生存和发展的应变能力。组织内部条件变化包括组织目标、结构、内部矛盾冲突、职能的变化以及员工价值观、社会心理的变化。具体包括：

1. 组织目标的选择与修正

组织目标的选择与修正决定着组织变革的方向，同时也在一定程度上规定了组织变革的范围。一般地，当组织的既定目标已经或即将实现，或组织既定目标无法实现，或组织目标在实施过程中与组织所处环境互不适应时，都必须重新确定目标或对原有目标进行修正，这一切都要求组织进行变革。

2. 组织职能的变化

现代组织的职能和基本内容也发生了变化，更注重职能的细分和社会责任，要求组织职能更专业化和社会化，从而引起组织在权责制度和分工合作等方面的调整。

3. 组织规模的变化

当组织规模随着组织发展逐渐扩大时，组织结构也应该相应地作出调整，如在组织发展初期，规模小、生产单一，仅需要采用相对简单的直线制结构，而当组织扩大到一定规模，出现了多部门、多项目的情况时就要采用事业部制或矩阵制等相对复杂的组织结构。

中国石化组织结构向事业部制变革源自其经营业务的不断扩大和上市，其需要一个更加高效的组织结构保证经营活动的顺利开展。

4. 组织成员内在动机与需求的变化

在组织中，员工的个体行为动力是组织运行有效性的基础，个体成员的行动又是以各自的需要为基础的，因此一定的组织结构总是与一定的成员需要相适应的。如当成员希望得到具有挑战性并能促进个人成长的工作，而组织倾向于工作简单化及专业化时，就限制了员工的成长与发展，此时就要积极地进行组织变革。

四、组织变革阻力的来源

每件事的发生必然有它的原因，要想从根本上解决问题，就必须找到问题的根源。推动组织变革的过程中往往会遇到各种各样的阻挠，阻碍变革的顺利进行，而组织变革取得成功的关键在于，尽可能地不要让那些导致反对变革的因素发挥作用，最大限度地缩小反对变革的力量，使变革的阻力尽量降低。找到组织变革阻力的来源，方能对症下药、有效解决矛盾。

1. 个人阻力

（1）习惯现状

组织成员往往对已经熟悉的工作内容和工作环境感到认同，熟悉的工作内容有利于提高组织成员的工作效率，熟悉的工作环境有利于组织成员之间的沟通。一旦变革改变了组织结构、人事安排，或者采用了新技术，均意味着组织成员需要重新适应环境，重新摸索提高工作效率的方法、学习新技术等，这些都会导致组织成员产生抵制组织变革的心理。

（2）担忧风险

组织变革增加了组织未来生产运行的不确定性因素，尤其在组织成员对变革信息了解不充分时会对变革产生怀疑与担心的态度，这也会阻碍变革的顺利展开。

（3）威胁既得利益

组织变革意味着原有的组织设计被改变，管理层、职能部门以及部门之间的关系有可能会被调整，这些操作会不可避免地触碰到一些组织成员的既得利益，威胁到他们的收入、福利、权力和晋升机会等。这些组织成员为了维护自身利益会极力阻挠变革的实施，这也常常是组织变革的最大阻力。

《管理大师圣经》一书中说："绝大多数变革都遭遇那些来自最需要改变的人的抗拒。"

2. 群体阻力

（1）组织文化的冲突

组织功能的有效发挥是建立在组织哲学、价值观和行为规范等组织文化因素基础之上的，组织的平稳运行需要组织文化与组织发展相配套。当组织进行变革时，原有组织文化会在一定程度上与变革内容不符，从而阻碍变革。

（2）组织关系的破坏

组织结构的变革势必会打破原有组织成员之间的人际关系，这要求组织成员需要重新适应调整后的关系网络。在新的关系未确立之前组织成员之间难以磨合，尤其在出现利益冲突的情况下会严重阻碍变革的进程。

（3）资源的匮乏

组织变革的顺利展开需要资本、技术、人才和政策等多方面资源因素的支持，众多的组织变革失败都是资源匮乏所导致的。如改革开放以来，大量在建的开发区和软件工业园都是因为资源的限制无法顺利完成。

五、排除组织变革阻力的方法

组织变革过程是一个破旧立新的过程，自然会面临推动力与制约力相互交错和混合的状态。组织变革的管理者的任务，就是要采取措施改变这两种力量的对比，促使变革更顺利地进行。

1. 加强与组织成员间的沟通

在进行组织变革之前首先应向组织成员传达有关变革的信息，明确组织变革的目的和重要性，与组织成员进行有效的沟通，包括与高层管理者的沟通、与强有力阻力者的沟通、与普通组织成员之间的沟通。在与高层管理者进行沟通时应重点强调变革对组织发展的意义，目的在于获取他们的支持以便变革后续的推行；在与强有力阻力者沟通时通常采用谈判的方式，通过提供一定的利益条件换取阻力的减小，以解决利益冲突的问题；对于普通组织成员需要进行细致的沟通，帮助他们了解变革的目的，并鼓励他们参与到变革中，消除对变革的怀疑与顾虑。

2. 支持和鼓励变革成员

为了减少变革过程中的阻力，管理者需要采取一定的支持与鼓励措施，如适当的物质奖励、短期休假或者心理咨询与治理等措施，变革会因此赢得组织成员的支持，但这种方法也比较消耗时间和精力，为此组织需要付出较高的费用。

通用电气前总裁杰克·韦尔奇说："当时我在任总裁的时候，75%的时间都花在挑选、评估、鼓励我的团队。"

3. 必要时采取强制措施

如果组织在面临突发状况需要作出迅速变革时仍然面临着变革阻力，管理者可以利用权力强制推行变革。强制措施花费少，但可能使组织成员产生强烈的不满情绪，为组织后期的发展埋下隐患。

4. 注重变革成员的选择

选择那些接受变革并支持变革的组织成员，给予福利或职位上的激励，一方面可以增加变革的动力，而且这一部分组织成员会逐渐成为变革的主力军；另一方面也给那些阻碍变革的组织成员施加了压力，使其向变革方向靠拢。

六、组织变革的模式

对于企业组织变革的必要性，有这样一种流行的认识：企业要么实施变革，要么就会灭亡。然而事实并非总是如此，有些企业进行了变革，反而加快了灭亡。这就涉及组织变革模式的选择问题。激进式变革力求在短时间内，对组织进行大幅度的全面调整，以求彻底打破初态组织模式并迅速建立目的态组织模式。渐进式变革则是通过对组织进行小幅度的局部调整，力求通过一个渐进的过程，实现初态组织模式向目的态组织模式的转变。

1. 渐进式变革模式

渐进式变革是一种渐进的、步伐较慢的变革模式。渐进式变革模式出现的原因一般为市场因素或资源因素发生了变化，组织的部分需要进行相应的变动。渐进式变革模式的特点在于：它是一种逐步展开的持续改进活动，建立在原有组织基础之上；在这种组织变革模式中，组织功能与组织价值观没有发生根本改变；通常渐进式组织变革只是改变组织的一部分而不是整个组织。渐进式组织变革因为变革缓慢风险较小，是一种应用广泛的变革方式。

2. 激进式变革模式

激进式变革是与渐进式变革相对立的一种剧烈的、彻底的变革模式。激进式变革模式的出现往往是由于组织受到外界环境变化的强烈冲击，如在中国刚刚加入世界贸易组织时要求进出口公司在较短时间内建立质量管理体系，这要求组织在短时间内作出调整以适应环境。这种变革模式的特点在于：它是在短时间内完成的一种剧烈的组织调整活动；变革不只是发生在组织中的某个部分，而是发生在组织中的各个层面；变革会影响到组织结构、工艺流程和价值观等重要内容；这种变革方式通常受到外界的时间限制，发生时间较短。激进式变革进度较快，效果显著，但如果管理者经验不足、准备不够充分就很容易失败，并不是一种应用广泛的变革方式。

七、组织变革的模型

组织变革是一个复杂、动态的过程，需要有系统的理论指导。管理学家们对此提出了行之有效的理论模型，适用于不同类型的变革任务。

1. 库尔特·卢因变革模型

德国心理学家库尔特·卢因（Kurt Lewin）认为，在组织变革中，人的变革是最重要的，组织要实施变革，首先要改变成员的态度。他从探讨组织变革中组织成员的态度出发，提出组织变革要经历三个阶段：

（1）现状的解冻

在这一阶段，要明确变革的必要性，改变组织成员的习惯与传统，鼓励人们接受新的观念，使组织成员、群体乃至整个组织都能清楚地认识到组织变革的必要性与紧迫性，产生共识。首先,管理者要向员工介绍组织问题,指出必须进行变革的形势和压力,描述组织变革后将会有怎样美好的未来,使员工产生理解、支持变革的愿望;然后,改变组织成员的态度,因为组织成员态度转变的过程,反映着组织变革的基本过程——通过增加变革的压力,减少反对的障碍;最后,采取一系列的正负强化措施,加速解冻的过程。

(2) 转变到新的状态

这是实施组织变革的过程,往往是由一个变革领导小组推动,向员工解释变革的理由、内容、日程的安排、对组织和员工个人可能产生的影响等。鼓励员工参与变革计划的拟定和执行,随时出面解决变革过程中出现的新问题。

(3) 重新冻结新的现状

即把变革后出现的状况稳定下来,为此应系统地收集变革取得成功的客观成果,并把这些信息及时、经常地反馈给变革的参与者,提高他们的信心。

库尔特·卢因认为组织变革是变革推动力和变革阻力较量的结果,推动力强于阻力会促进组织变革,阻力强于推动力则会维持现状甚至倒退。

2. 卡斯特变革模型

美国华盛顿大学弗里蒙特·E. 卡斯特(Fremont E. Kast)教授与詹姆斯·E. 罗森茨韦克(James E. Rosenzweig)在其合著的《组织与管理——系统方法与权变方法》一书中,把组织变革分为六个步骤:

第一,组织进行自我回顾、反省和批评,对组织内外环境进行必要的调查研究;

第二,通过调查研究,发现问题,并认识到组织变革的必要性与紧迫性;

第三,通过分析找出原因,测定现状与变革前景之间的差距,确定变革的方向;

第四,对可供选择的方案进行评估、选择最佳方案;

第五,实施变革,按照选定的方法进行变革的具体行动;

第六,检查变革的成果,找出今后进一步改进的途径,进而使变革过程又回到第一步,如此循环,使组织不断得以完善。

卡斯特的变革模式是一个不断发现问题,同时不断解决问题的滚雪球的过程。

3. 约翰·科特变革模型

美国哈佛大学教授约翰·科特(John Kotter)被认为是世界顶级企业领导与变革领域最权威的代言人,他认为一个渐进式变革一般会经过以下八个步骤:

第一,研究有关市场和竞争激烈程度的真实状况,发现现实和潜在的危机或机遇并商定对策;

第二,建立一个强大的致力于变革的委员会,使委员会同心协力;

第三,努力构思设想,制定相应的战略,指明变革的方向,确立实现这一目标的战略;

第四,传播变革设想,委员会以自己的言行告诉员工该怎么做;

第五,授权各级员工采取行动,消除障碍,鼓励冒险和反传统的观念和行动;

第六,创造短期的利益,制订旨在取得收益的计划,大力奖励给组织带来收益的人;

第七,利用已得的信誉,改变不符合变革的制度结构和政策,雇用、提拔和培养能实施改革设想的人；

第八，让改革的新办法制度化，加强员工培训，物色新的领导人。

八、组织变革的趋势

在 20 世纪 90 年代初，组织为了适应内外部环境在复杂性和动态性方面的变化，逐步打破传统组织结构的限制，产生了许多新型组织，这些新型组织也是组织变革的一个发展趋势。

1. 团队化组织

团队化组织是指两个或两个以上相互作用和相互依赖的个体，为了实现某个特定目标而结合在一起的工作群体。团队化组织消除了跨部门沟通、分工过细、决策缓慢和灵活性差等金字塔形组织的缺点，塑造了一种自主、创新、灵活和相互紧密合作的工作气氛，通过个体的共同努力和协同作用，使群体的绩效远远高于个体绩效的总和。团队化组织的特点在于其组织结构呈哑铃型，团队化组织将组织高层和基层之间的各个职能部门进行分解和弱化，把决策权分散到工作团队这一层次上；团队组织的员工都是专业人才，横向流动频繁的团队工作性质既减少了他们从事单一工作产生的枯燥感，也使他们的技能实现了多样化，变专才为通才。

唐僧四师徒性格迥异，却历经百险，团结一致，坚定地朝目标前进，终于求取到真经。唐僧团队主要包含四种角色：德者、能者、智者、劳者。唐僧目标明确、品德高尚，为德者；孙悟空能力无边、行动灵活，为能者；猪八戒在团队中协调各方，为整个团队的工作氛围带来活力，为智者；沙僧工作踏实、任劳任怨、心思缜密，有良好的团队合作精神，为劳者。他们分工明确，德者领导团队，能者攻克难关，智者出谋划策，劳者执行有力。由不同风格成员组成的企业团队，尽管会发生矛盾，但成员之间优势互补并且目标一致，容易取得成功。[①]

2. 扁平化组织

网络技术使信息传递发生了革命性的变化，信息可以在同一层次上传递和共享，而不必经过中间环节，因此大量的中间管理层成为阻碍组织效率提升的因素。扁平化组织正是一种通过减少管理层次、压缩职能机构、裁减管理人员而建立起来的紧凑而富有弹性的新型组织，它具有敏捷、灵活、快速和高效的优点。扁平化组织的特点为：第一，围绕工作流程而不是部门职能来建立组织结构；第二，纵向管理层次简化；第三，企业资源和权力侧重于基层；第四，顾客需求驱动。

美国广播公司（ABC）出品的经典剧目《实习医生格蕾》中，从"西雅图圣恩"医院转变为"格蕾·斯隆"医院，不仅仅是名称的变动，而且从管理学的角度昭示了一个组织

---

① http://www.ceconline.com/leadership/ma/8800067194/01/，有删改。

的成长和发展路径。"格蕾·斯隆"医院，是完全以专家为主导的"散漫性分权"的管理体制，每个专家以自己为主导，指挥着自己的团队。正是采用了这种扁平化的管理模式，才使得医院充满了活力，这一有机结构在高度紧张和复杂的环境中能得到高质量的运转。[1]

3. 无边界组织

美国通用公司董事会主席杰克·韦尔奇首先使用了无边界组织这一术语，无边界组织是指组织的横向、纵向和外部边界不由某种预先设定的结构所限定或定义的组织结构。其中，横向边界是由工作专门化和部门化形成的，纵向边界是由组织层级所产生的，外部边界是组织与其顾客、供应商等之间形成的隔墙。无边界组织力图消除指挥链，并授权团队取代部门以保持灵活性和非结构化，从而能够适应剧烈变化的外部环境。管理者可以通过跨职能团队替代职能部门相关工作的方式，取消组织的横向边界；通过跨层级团队或参与式决策等手段，取消组织的纵向边界，使组织结构扁平化；通过与供应商建立战略联盟等举措，取消组织的外部边界。

4. 虚拟组织

虚拟组织是一种区别于传统组织的以信息技术为支撑的人机一体化组织，该组织以现代通信技术、信息存储技术以及机器智能产品等为依托，打破地域和产权上的限制，整合、开发并利用各成员单位核心能力实现传统组织的职能及目标。在形式上，虚拟组织没有固定的地理空间和时间限制，组织成员通过高度自律和一致的价值取向实现团队的共同目标。这种组织的最大优点在于强强联合，实现了核心能力的搭配与创新，在实践中产生了巨大的效益。

案例

"企鹅"变变变[2]

腾讯于1998年年初创立，当时年幼的"企鹅"规模小、人心齐、管理简单，因此组织机构设置并不复杂，为职能式组织架构。但随着腾讯的发展，至上市前，其业务部门已增至30多个，人员规模也达到两三千人，彼时的组织架构已经无法跟上组织发展的步伐，致使公司在管理上出现一系列问题。与此同时，在外部市场环境方面，网络游戏、网络媒体、移动互联网等市场机会均已出现，在看到这些机会萌芽后，腾讯管理层果断进行了新业务布局，并制定了"打造一站式在线生活平台"的战略发展方向，以期把腾讯做成互联网上的"水"和"电"。

由职能式转向业务系统制

正是基于上述管理问题，以及新的战略与业务布局，2005年，以上市为分水岭，腾讯对其组织架构进行了第一次大规模调整，由原来的以职能分工为特征的职能式组织

---

[1] http://www.ceconline.com/leadership/ma/8800067194/01/，有删改。
[2] http://mt.sohu.com/20150531/n414164953.shtml，有删改。

架构调整为以产品为导向的业务系统制组织架构，以提高决策效率，快速响应环境变化。而随着业务的发展，这种组织架构也为腾讯带来了"大公司病"的困扰。例如各部门产品依赖QQ软件作为资源导入，在激烈争夺资源的过程中，严重破坏了QQ的品牌形象与用户体验，也导致部门矛盾和创新不足；很多新的产品与领域难以被清晰地划归到某一业务系统，出现不同产品团队争夺某一产品的现象，致使很多新产品在研发初期内耗严重。

由业务系统制转向事业群制

面对用户新需求、新技术、新业务模式层出不穷的市场环境，2012年5月18日，腾讯对其组织架构进行了7年以来最大规模的调整，从原来的以产品为导向的业务系统制升级为事业群制，对原有业务进行了较为彻底的梳理与重构。这次组织架构调整根据各个业务的属性，对组织单元的边界划分更加清晰，减少了业务重叠而产生的部门矛盾，同时也使得组织单元更加专注和聚焦，从而更加深刻理解并快速响应用户需求，发挥了事业群内部的"小公司"精神。

同时，这次组织架构调整也推动腾讯核心业务从社交一个方向向社交、游戏、网媒、无线、电商和搜索六个方向突进，这样腾讯一直以来赖以生存的根本由一变六。这六大业务在技术工程与企业发展两个事业群的技术支撑与资源供给下更加协同，充分发挥了"一个腾讯"大平台的整合优势。

公司级组织的升级与分拆

继2012年5月组织架构调整之后，腾讯又分别在2013年1月、3月和9月连续对旗下几大事业群的架构进行了一系列调整优化，其中变化较大的是对移动互联网事业群（MIG）相关业务的分拆，使其聚焦于浏览器、安全、搜索、应用平台等平台型业务。

面对公司整体增长放缓的现状以及移动互联网社交产品——微信迅速崛起的机会，2014年5月6日，腾讯宣布成立微信事业群（WXG），并撤销腾讯电商控股公司，将其实物电商业务并至今年3月刚刚入股的京东，O2O业务并至微信事业群。此次调整使微信由一个产品升级为战略级的业务体系，并承担起腾讯在移动互联时代战略转型与业务持续增长的重任。

在随后5个月的时间里，腾讯同样进行了一系列组织架构的微调，包括7月撤销网络媒体事业群的腾讯微博事业部，10月调整互动娱乐事业群自研游戏组织体系等。

思考题：
(1) 试从内外两个方面分析腾讯组织变革的原因。
(2) 腾讯的组织变革是渐进式还是激进式？为什么？

第四节　组织文化

优秀的组织除了具备严密有效的组织结构之外，还应该具有强有力的组织文化。如果说组织结构、厂房设备是组织运行的"硬件",那么组织文化则是组织的"软件",起到统一组织上下的目标、行为标准、价值观与信念的作用,是组织高效运作的保证。

《追求卓越——美国管理最佳公司的经验》一书访问了全美最优秀的62家大公司,归纳出它们成功的八个因素:行动神速、顾客至上、支持创新、尊重员工、重视价值观、不离开本行、精兵简政、宽严并举,每一个都是组织文化。

一、组织文化的特征

组织文化是组织在长期生存和发展过程中形成的,具有本组织特色的,为多数组织成员认同且遵循的最高目标、基本信念、价值标准和行为规范。一个组织一旦形成了它特有的组织文化,便会成为塑造内部员工行为和关系的规范,对维系企业成员的统一性和凝聚力起很大的作用。组织文化具有以下特征:

1. 独特性

由于不同组织的生产经营管理特色、组织传统、组织目标和组织员工素质等内部特征不同,而且组织所处的国家地区、时代背景、行业特点也不同,每个组织都有自己鲜明的个性和特色,以及独特的文化积累。

2. 人本性

组织文化强调的是一种以人为本的文化,要求在企业管理中要理解人、尊重人和关心人,注重人的信仰、道德标准、价值观与行为规范在管理中的作用。一方面,组织文化保证了组织成员的全面发展,起到了激励员工、凝聚员工的作用;另一方面,组织成员会反过来不断发展和升华组织文化。

3. 整体性

企业文化的孕育和培养以整体的利益和目标为出发点,并建立在组织这个有机整体之上,强调上下同欲的整体价值观和团结协作方式。人的发展和组织的发展密不可分,组织文化能够引导组织成员把个人奋斗目标融于组织目标,追求组织的整体优势和整体意志的实现。

宁波摩士集团走出了一条以企业为本,"摩高敬天、士事爱人"的"天、企、人"分三合一的文化建设路子。摩士正是抓住了企业文化核心部分的塑造,用心处理好"天、企、人"分三合一的关系,才能做到将"敬天爱人"和"用心、虚心、爱心、雄心"等形成企业精神,直接或间接地影响员工的思想行为和企业整体行为。[①]

---

① http://www.qyglzz.com/view.php?id=4345,有删改。

4. 可塑性

组织文化通过组织生存和发展的过程逐渐总结、培育和积累形成，继承了组织优秀的传统和习惯。同时组织又是长期发展变化的，组织文化通过后天努力加以培育和塑造，不断适应组织所处环境的变化。因此组织文化并非一成不变，而是会随组织内外环境的变化而加以调整的。

二、组织文化的结构

组织文化是组织在长期的实践活动中所形成的，并且为组织成员普遍认可和遵循的，具有本组织特色的价值观念、团体意识、工作作风、行为规范和思维方式的总和。一般认为，组织文化有三个层次，即物质文化、制度文化和精神文化。

1. 物质文化

即以物质形态表现出来的组织文化，如产品和各种设施等构成的器物文化。其中组织的生产经营成果是物质文化的首要内容，组织的生产环境、建筑、办公环境、广告、产品包装等也是物质文化的重要内容。

2. 制度文化

即为了完成组织目标而采取的对组织成员行为给予一定限制的文化，包括规章制度、组织机构和组织成员的行为准则。制度文化具有普遍性和强制性的特点，从组织的各项制度中可以看出它蕴含的组织文化。组织的工艺流程、考核奖惩制度和规章条例等都是制度文化的内容。

3. 精神文化

即在组织生产经营过程中，受一定的社会环境和意识形态影响而长期形成的一种为全体组织成员认同的基本信念和价值观，是组织文化的灵魂，包括组织精神、组织哲学、组织道德、组织价值观、组织风貌等内容，是组织意识形态的总和。

沃尔玛的创始人山姆·沃尔顿所倡导并奉为核心价值观的"顾客就是上帝""尊重每一位员工""每天追求卓越""不要把今天的事拖到明天""永远为顾客提供超值服务"等服务原则和文化理念，被世人称为宝典。[①]

三、组织文化的功能

组织文化越来越受企业界的青睐，最根本的原因是它具有一些非常重要的功能。为了尽可能地发挥组织文化的作用，学者们也相继探讨了组织文化具有哪些功能。根据国内的

---

① http://blog.sina.com.cn/s/blog_3fad17c90100htzo.html，有删改。

主流思想，可以将组织文化的功能归纳为以下八个方面：

1. 导向功能

组织文化的导向功能指组织文化能够引导组织成员选择正确的价值观和行为标准，并把行为动机引导到组织目标上来。优秀的组织文化应该包含组织成员的理想和追求，能够引导他们为了实现理想，同时也是为了实现组织目标而奋斗。当组织文化能够使组织成员了解他们所追求的目标是崇高的、具有伟大意义的时，组织成员会为此不懈努力甚至作出个人牺牲。

2. 凝聚功能

当组织文化中的价值观被组织成员所认同，便会在组织成员中产生共同的目标和理想，此时组织成员把自己的工作看作是组织中不可或缺的一部分，为了组织目标而奋斗。组织文化在这一过程中作为黏合剂从各个方面把组织成员团结起来，形成强大的凝聚力。正所谓"人心齐，泰山移"，凝聚在一起的组织成员为了实现共同目标而努力，推动组织不断前进。

日本八佰伴集团总裁和田一夫说："一个企业若没有共有的价值观，员工们多元的价值追求将把组织撕裂。"因此，建立企业独有的共同价值观，能够帮助将企业成员团结起来，为企业目标共同努力奋斗。

3. 激励功能

良好的组织文化能够使组织成员从内心产生一种高昂的情绪和奋发进取的精神，并能够有效地激发组织成员的积极性和首创精神。组织文化注重人的因素，在以人为本的企业文化氛围中，组织成员之间、管理者与组织成员之间互相理解、互相关心，当员工受到鼓励与支持时就会产生极大的责任感，从而为组织努力拼搏。此外，组织精神和组织形象对组织成员也有着极大的激励功能，尤其当组织文化建设产生良好的影响时，组织成员会产生强烈的荣誉感和自豪感，进而会加倍努力，用自己的行动去维护组织的荣誉和形象。

4. 纽带功能

一方面在组织内部，如组织各部门之间、组织成员之间，由于各种原因难免会产生一些矛盾；另一方面在组织外部，如组织与环境、顾客、其他组织和社会之间也都会存在不协调、不适应的问题，这些问题出现时需要进行沟通与调整。组织文化恰是解决这些问题的纽带，组织哲学和组织道德规范能科学地处理这些矛盾，自觉地约束组织的不良活动行为，完美的组织形象也正是调节的结果。

5. 约束功能

组织文化中的规章制度表现出强制性约束功能，而组织道德则会影响组织成员的价值观和道德心理，潜移默化地约束着组织成员作出正确的行为抉择。相对规章制度的"硬约束"来讲，这种"软约束"可以有效地避免强制性措施对组织成员心理造成的不良冲击，并很好地缓解了成员的反叛心理，使组织上下一心。

时下中国，在企业界流行一句话：三流的企业人管人，二流的企业制度管人，一流的企业文化管人。

6. 辐射功能

即组织文化不仅会在组织内发挥功能，对本组织员工产生影响，而且会通过各种渠道对社会产生影响。组织文化的传播对树立企业在公众中良好的形象有很大帮助，社会公众可以通过组织标识、广告、产品、服务以及成员行为等途径了解和吸收组织文化，进而组织文化会对社会文化产生很大影响。

四、组织文化的塑造

组织文化是组织里一种贯穿始终的属性，它涉及组织的各个层面。许多企业在发展过程中失败的原因是它无法在发展业务的同时兼顾组织文化的发展。由于组织文化的塑造是一个长期过程，伴随着组织的发展和环境的变化而不断调整，管理者需要理解、诊断和推进组织文化及其变革，以提升组织的效率。

1. 组织文化的分析诊断

在对组织文化进行塑造之前首先应对组织已创造的组织文化进行调查，并根据一般环境分析和任务环境分析评价已有的组织哲学、组织价值观、组织精神、组织道德和组织形象等内容哪些是恰当的、符合时代需求的，哪些是过时的、应当舍弃的。通过对组织文化的分析诊断找出能够为组织后续发展有所帮助的已有文化，并结合企业优劣势、机遇和挑战明确最具核心竞争力的组织文化。

2. 组织文化的定位

在对已有组织文化分析诊断之后，应该确定组织的价值观和组织文化体系的框架。其中，组织价值观标准的选择应满足以下要求：一是要科学、明晰且具有组织自身的特点；二是要体现组织的宗旨和战略目标；三是要体现组织成员的意志，得到组织成员的认同；四是要保证组织文化与社会环境相融合，符合社会和时代的需求。围绕组织价值观确定组织文化目标，建立相应的组织道德、制度、形象等文化要素，形成一个完整的组织体系框架。此外，组织往往会运用精炼确切的语句将组织文化的核心内容表现出来，如中粮集团的组织文化核心即为"忠良"二字。

3. 组织文化的升华提炼

当组织经过一段时间的发展并取得一定的进步和成功时，需要及时总结组织成功的原因并提炼其中的核心要素。这些成功要素可能是组织文化的一种表现形式，具有可参考或者复制的一般性意义。对这些要素进行加工整理，会得出支撑组织不断进步的深层理念和精神，赋予组织文化新的内涵。而且组织在取得成功的同时，往往会吸引更多、素质更高的组织成员加入组织。另外，当组织管理过程中发生冲突时，组织需要自觉地进行文化的梳理与总结，通过集体系统的思考对价值观进行发掘和讨论，并在共同使命和愿景的引领下确定价值共识。

4. 组织文化的执行

组织文化的执行首先要求管理者身体力行作出表率，引领和促进组织文化的落实。同时需要充分利用宣传工具和手段强化组织成员的组织文化意识，使组织成员从内心里响应号召，为实现组织目标努力拼搏。而且还需要加强相应规章制度和奖惩制度的建立，约束和激励组织员工的行动向组织价值观靠拢。组织文化的执行应该遵循"从易到难、由内而外、循序渐进"的原则，并注意文化传播渠道的建设和维护。

5. 组织文化的发展与调整

组织文化的发展和调整是永无止境的，它关乎组织的生存与发展，是一个需要不断思考与总结，不断否定与肯定的过程。因此，一个健康的组织需要有一个动态发展的文化体系与之匹配，但文化体系并不能自动进化，需要组织管理者持续不断的实践与思考，根据组织内外的环境与组织发展的需要进行组织文化的更新、进化甚至再造。在对组织文化进行调整时，只有牢牢把握价值观管理这个核心，组织文化的建设才不会出现大的偏差或失误。

瑞典电器设备制造公司伊莱克斯（Electrolux）过去曾是一个工程导向的重型制造厂，现在要转变成一个创新的、以设计为驱动的企业，公司主管意识到企业要获得新生，必须改变整个企业对于一个产品诞生过程的认识，而现存的企业文化并非公司高层管理者所想要的。随后，CEO斯特伯格和高级主管海尔特森展开了长达六周的调查研究，与数百位公司的管理者面谈，向他们解释规划中的组织新文化核心所在，即消费者和创新。在公司新文化模式确定之后，对于那些沉迷于旧组织文化的人，公司主管会给予告诫；而对那些反对改变且不适应新组织文化者，则会给予严厉的指责，直至清除。[1]

> **案例**
>
> ### 华为"狼性文化"[2]
>
> 狼是一种让人畏惧、讨厌的动物，极少有人愿意与狼相提并论，但是华为却自诩为狼。任正非从1988年2万元创办华为以来，带领着华为狼群，与市场中的豹子、狮子拼杀，一路攻城略地，到2014年公司营业收入已超过2 870亿元，成为全球领先的信息与通信解决方案供应商。
>
> 《华为基本法》是华为企业文化的直接体现，狼性企业文化是华为的核心竞争力。《华为基本法》是华为实现核心能力构建和提升的纲领性文件，以书面的形式表现，以

---

[1] http://money.163.com/16/0818/14/BUOQP057002557RH.html，有删改。
[2] http://www.binzz.com/wenzhang/3101.html，有删改。

制度的方式约束，将核心竞争力具体的体现出来。据悉，华为公司共有5个官方报刊：《营赢》《华为技术》《华为服务》《华为人》《ICT新视界》，专门为企业沟通和文化建设搭建桥梁。

华为的"狼性文化"，强调的是狼的其他一些品质和秉性。

像狼一样嗅觉敏锐

狼性文化的首要之义是敏锐的嗅觉，指的是危机感、远见与设计感。哪位企业家能说自己的企业很成功、从来都是顺境大于逆境？在中国企业家光鲜一面的背后，更多的是艰难和辛酸。华为近30年的历史，是一个不断应对危机、解决危机的过程。如果华为领导者缺少对内外环境强烈的危机感和忧患意识，华为也许早已被历史的巨流所吞没。任正非认为在IT和互联网行业，中国是大有前途的，中国企业是大有可为的。这就是任正非对未来的敏锐嗅觉。华为能够走到这天，重要的一点就在于华为的领导者对5年、10年之后的发展，对所处行业、技术、市场以及组织自身的变化，有一种远见和长远的规划。

像狼一样持续进攻

华为狼性文化的第二个定义，就是不屈不挠的进取精神、奋斗精神。

在华为最初的十年中，既缺资本，又缺技术，更缺人才，而且自己的对手爱立信、诺基亚、西门子、阿尔卡特、朗讯、北电网络等企业，个个实力强劲。为了生存下去，为了抢夺订单，华为通常不择手段地去达成自己的目标。在与同城对手中兴通讯的竞争中，即便是赔本也要拿下项目。那时候，凡是有华为的地方，一定会掀起血雨腥风。被灌输狼性文化的华为拿下了本被国外同行完全占领的国内一个又一个电信市场。华为的目标是成为一个国际化、有竞争力的公司，公司不排除任何有助于到达目标的措施。华为内部说，凡是华为认定的目标，均会不惜一切代价去达成，这一点至今未变。狼性文化淋漓尽致地彰显了华为对竞争力、对企业强大的渴望。

像狼一样群体奋斗

华为推崇群体英雄文化，成为具有凝聚力的团体，类似于军队的族群——头狼发出号令的时候，所有能听到号令的狼群都会迅速集结、进入战斗状态。从《华为的冬天》到《华为的红旗还能打多久？》无不流露出华为的忧患意识，而对未来的担忧就要求团队团结，不能丢失狼性。"胜则举杯相庆，败则拼死相救"是华为狼性的体现。而当华为成为全球领导者的时候，如何与竞争对手、与行业的第一军团们一起建立规则，共同维护行业的商业生态平衡，是华为未来所要应对的重大挑战。华为要与竞争对手有竞有合——合作建立在妥协与竞争的基础上，联合"瓜分"世界市场。

狼性是企业文化特性的浓缩，华为十分重视企业文化，任正非对此有着精辟的论述："世界上一切资源都可能枯竭，只有一种资源可以生生不息，那就是文化。精神是可以转化成物质的，物质文明有利于巩固精神文明，我们坚持以精神文明促进物质文明的方针。"

思考题：

(1) 华为的企业文化包括哪几个结构层次？

(2) 狼性文化在华为的发展过程中发挥着怎样的作用？

(3) 你认为在华为未来的发展中"狼性文化"何去何从？为什么？

第五节　学习型组织

作为伟大团体成员的感觉是什么？最引人深思的回答是：觉得自己属于一个比自我强大的组织。也就是大伙心心相连，共创未来的那种经历。对他们来说，这种感觉是他们一生中最突出、生命力完全发挥的一段岁月。有些人一生都希望重温这种经历。

一、学习型组织的特征

学习型组织是通过培养弥漫于整个组织的学习气氛、充分发挥员工的创造性思维能力而建立起来的一种系统的、创造性的、扁平的、符合人性的、能持续发展的组织。一个典型的学习型组织应该具备以下几个特征：

1. 具有很强的自我学习能力

学习型组织的本质特征在于它具有很强的自我学习能力，这里的学习能力包括四种含义，即终身学习、全员学习、全过程学习和团体学习。"终身学习"是组织成员均应在工作中持续不断的学习，正所谓"活到老，学到老"，这样才能形成组织良好的学习氛围；"全员学习"是从组织的高层管理人员到基层操作人员都要全身心地投入学习，尤其对于决策与管理人员，他们决定了组织的发展方向和命运，更需要努力学习；"全过程学习"是学习必须贯彻于组织系统运行的整个过程之中，强调边学习边准备、边学习边计划、边学习边推行；"团队学习"是不但要重视个人的学习，更要强调组织成员的合作学习和群体智力的开发，团队才是最基本的学习单位。学习型组织只有通过持久的学习，及时发现和解决发展过程中的障碍，才能不断突破组织成长的极限，使组织获得源源不断的动力。

2. 以自主管理为导向

自主管理是能够使组织成员边工作边学习，将工作和学习紧密结合的方法。具体指当组织成员发现工作中的问题时，可以自己选择伙伴组成团队，确定改革的目标，通过调研和原因分析，制定相应的措施并组织实施，最后根据检查效果进行评定总结。自主管理方式可以有效地避免权力控制型组织可能出现的决策层失误问题，毕竟许多工作在基层组织的成员有更好的想法和经验，决策时有着更准确的把握。因此要充分发挥员工的管理积极性，实行自主管理。在这个过程中，不仅能使组织成员逐渐形成共同的愿景，还能够以开放求实的心态互相切磋，不断地学习与创新，在提高个人能力的同时也增加了组织的应变能力、创新能力和发展能力。

3. 组织结构扁平化

学习型组织结构的典型特点是扁平化，即仅包含最高层的决策层和最基层的操作层，很少有中间的管理层。这样的组织结构能够尽可能地将决策权向基层组织成员转移,基层组织成员有了充分的决策权,同时也承担了有关责任。扁平化的组织结构免去了中间琐琐的传送过程,强化了上下级之间的信息沟通,高层决策管理者能够清楚基层组织成员的工作动态,基层组织成员也能够了解高层管理者的工作内容。扁平化组织促使组织内部互相理解、互相学习、互动思考、协调合作,产生巨大且持久的创造力。

4. 组织边界被重新界定

学习型组织边界的确定建立在组织要素与外部环境要素互动关系的基础上,不再是传统组织根据职能或部门划分的"法定"边界。组织像生物有机体一样,存在各种隔膜使之具有外形或界定,但是物质仍然能够有效地在隔膜之间穿梭。同样,组织各部门之间、上下级之间虽然不可避免地存在着边界"隔膜",有管理决策者、基层操作人员的区分,也有不同部门工作性质上的差别,但信息、资源、思想与观念等也应该能够轻松高效地穿过这些边界。这样组织才能作为一个整体,超越各个组成部分的功能。

5. 领导者角色的重新定位

在学习型组织中,领导者充当着设计师、仆人和教师的角色。领导者的设计工作是一个对组织要素进行整合的过程,他不仅要设计组织的结构、组织政策和策略,更要设计组织发展的基本理念;领导者的仆人角色表现在他对实现愿景的使命感,他自觉为实现愿景不懈奋斗;领导者作为教师的首要任务是协助组织成员对组织现状和环境动态进行正确、深刻的把握,深化他们对组织系统的了解,促进每个人的学习。

二、学习型组织要素——五项修炼

美国学者彼得·圣吉是学习型组织理论的奠基人,他在 1990 年出版的《第五项修炼》(*The Fifth Discipline*)一书中最早提出了学习型组织(Learning Organization)管理观念,指出现代企业所欠缺的就是系统思考的能力,这是一种整体动态的搭配能力,因为缺乏这种能力许多组织无法有效学习。

1. 建立共同愿景——打造生命共同体

组织的共同愿景(Shared Vision),来源于员工个人的愿景而又高于个人的愿景。它是组织中所有人的共同理想,能使不同个性的人凝聚在一起,朝着组织共同的目标前进。共同愿景的建立过程实际上是一个整合过程,它将组织中某一部分或者某个人的愿景扩大整合成为组织共同的愿景,组织培养成员主动而真诚地奉献和投入的思想,而非被动地遵从。共同愿景能激发出强大的力量,一个缺少全体成员共有的目标、价值观与使命的组织,必定难成大器。彼得·圣吉认为建立共同愿景的方法主要有以下几个方面:

第一,鼓励建立个人愿景。共同愿景是从个人愿景汇聚而成的,建立共同愿景的组织,必须持续不断地鼓励员工发展自己的个人愿景,而不是仅仅附和别人的愿景。

第二,塑造整体愿景。当组织成员能分享组织的整个愿景时,每个人都会对整体分担责任,而不是只对自己那一部分负责,顾全大局、奉献精神就会随之产生。

第三，学会聆听。组织中愿景真正的分享与融汇不是短时能实现的，需要经过长期不断的交流沟通，在聆听之间逐渐融汇出更好的构想。

平安保险公司的企业使命是：对客户负责，服务至上，诚信保障；对员工负责，生涯规划，安家乐业；对股东负责，资产增值，稳定回报；对社会负责，回馈社会，建设国家。中国平安倡导以价值最大化为导向，以追求卓越为过程，做品德高尚和有价值的人，形成了"诚实、信任、进取、成就"的个人价值观和"团结、活力、学习、创新"的团队价值观。集团贯彻"竞争、激励、淘汰"三大机制，执行"差异、专业、领先、长远"的经营理念。①

2. 改善心智模式——用新眼睛看世界

常用于改善心智模式（Improve Mental Models）的方法是在组织中营造开放与实质贡献的氛围。"开放"就是想什么说什么，可克服讨论中人们不愿把真正想法说出来的毛病；"实质贡献"是指在决策时，以组织的最高效益为目标，而不是邀功作秀、追求升迁和名利。当开放与实质贡献成为主导价值观后，人们变得更能摊开心中各种不同的观点，并且有效地讨论这些观点。

几十年以来，美国三大汽车公司认为人们购买汽车所考虑的是式样，而不是品质或可靠性。调查结果一致显示美国消费者对式样的关切高于品质。然而德国和日本汽车制造商慢慢地教育了美国消费者品质与式样并重的好处，使美国消费者的偏好逐渐改变，结果这两国制造的汽车在美国汽车市场的占有率逐渐提高。

3. 团队学习——激发群体智慧

团队学习（Team Learning）使团队智慧大于个人智慧的总和，通过集体的思考和分析找出个人弱点，提升个人能力，强化团队向心力以作出正确的组织决策。一方面，只有通过个人学习，组织才能学习，虽然个人学习并不保证整个组织也在学习，但是没有个人学习，组织学习无从开始；另一方面，虽然团队学习涉及个人的学习能力，但基本上它是一项集体的修炼，仅强调个人修炼是没有意义的。

个人的能力强并不必然代表组织的能力强，究其深层原因就是缺乏团体学习的修炼。团体在组织中的作用是至关重要的，也是最佳的学习单位，组织内通过建立更多的学习团体，进而培养出组织整体一起学习的氛围。团体学习的修炼必须精于运用"深度汇谈"与"讨论"这两种不同的团队交谈方式。

（1）深度汇谈

美国量子物理学家戴维·伯姆首次提出深度汇谈的理论和方法。深度汇谈指组织成员在无拘无束的交流中展现各自的想法，暂停个人的主观思维，彼此用心聆听，其目的在于使团体的智慧超过个人智慧的总和，超过任何个人的见解，而不是赢得汇谈。有效的深度汇谈一般需具备三个条件：一是提出观点并接受询问与检验；二是组织成员必须视其他参与者为合作伙伴，增强团队成员之间的互动；三是有一位"辅导者"把握深度汇谈的内容

---

① http://pingan.cn/csr/index.shtml，有删改。

和方向，并使每位参与者认识到自己观点的重要性。

(2) 讨论

团队学习过程中深度汇谈应与讨论交叉运用。深度汇谈通过自由交换思想产生新的观点，讨论则是提出不同的看法并加以辩护，通过讨论能够就某一具体问题达成协议并作出决定。彼得·圣吉认为深度汇谈与讨论规则和目标存在差异，如果不能加以区分很难实现有效的团队学习。

我们可以这样表述世界一流的球队："就像其他专业领域一样，球员们也是由一群专家组成的团体，他们的表现依靠个人的卓越以及团体的良好合作。他们都了解彼此有互补的必要，并努力设法使他们更有效地结合。然而有趣的是，不在球场上时，按照社会的标准来看，他们多数是古怪的。他们绝不是那种能跟别人打成一片，或者刻意改变自己来迎合别人的人。"

4. 自我超越——实现心灵深处的渴望

自我超越（Personal Mastery）是突破极限的自我实现，从有形的标准来看，是在专业上或技巧上达到了某一水准。生活中各个方面都需要自我超越的技能，无论是专业方面或自我成长方面。精通自我超越的人，能够不断实现他们内心深处最想实现的愿望，他们全心投入，不断创造和超越，是一种真正的终身学习。高度自我超越的人具有共同的基本特质：认为愿景是一种驱使人向前的使命，而不仅仅是一个美好的构想。彼得·圣吉认为实现自我超越需要分为以下几个方面：

第一，坚定自己的愿景。个人愿景是要实现但仍未实现的愿望，它能够聚焦人才，不断增强组织力量。

第二，保持创新性张力。愿景与现实之间的差距是创造力的来源，而创造性张力是自我超越的核心所在，它能够改变对失败的看法，也能够帮助组织锻炼坚强的意志。

第三，诚实面对真相。根除令组织无法看清真实现状的障碍，只有诚实面对才能改善组织对事物的看法，才能脱离假象对组织的禁锢。诚实面对真相可以通过如讨论的方式使成员提出困惑并予以解答，这样才能不断完善组织。

第四，运用自身的潜意识。将潜意识和意识结合起来，把潜意识当作修炼来提升。整个组织的学习意愿和能力，来自于个人的学习意愿和能力，没有个人的学习作为基础，组织无法真正地学习与成长。因此，组织应充分认识到个人成长对组织的重要作用，并创造鼓励个人发展的组织环境。

5. 系统思考——见树又见林

系统思考（System Thinking）要求组织成员通过信息的搜集与甄别掌握事件的全貌，避免见树不见林的思考方式，培养纵观全局的思考能力，看清楚问题的本质。彼得·圣吉认为系统修炼的精义在于心灵的转换，在思考事物的因果关系时，不能只研究简单的线段式因果关系，更应该把注意力放在环状因果的互动关系上。彼得·圣吉系统思考的微妙法则包括以下几个方面：

第一，今日的问题来自昨日的解。即今天的问题经常来自昨天的解决方案。人们往往把问题从系统的一个部分推移到另一个部分，当事者却未察觉。这是因为在系统中解决第一个问题者和承接新问题者经常不是同一个人。

第二，推力越大，反弹力量也越大。系统思考对这种现象有一个名称——补偿性回馈，意指善意的干预引起了系统的反应，但这反应反过来抵消干预所创造的利益。如有人越努力地工作，领导施加给他的工作就越多。

第三，渐糟之前先渐好。许多管理的干预行为常在恶果显示之前呈现出良好状况的假象。以为问题已经不存在了，但在二三年甚至四年之后以前的问题会再次出现，甚至引发新的问题。

第四，显而易见的解往往无效。即由于人们习惯运用自己熟悉的方法解决问题，但根本的问题并没有改善，甚至更加恶化。

第五，对策可能比问题更大。有些干预对策不仅没有起到改善的效果，反而会造成极危险的后遗症。

第六，欲速则不达。当成长过速时，系统自己会以减缓成长的速度来寻求调整。

第七，因与果在时间上并不紧密相联。复杂系统的基本特性是"因"与"果"在时间与空间上并不是紧密相连的。

第八，寻找小而有效的高杠杆解。小而专注的行动如果用对了地方，能够产生重大、持久的改善。比如让船改变方向，不是靠推动船头，而是靠船尾的舵。

第九，鱼与熊掌可以兼得。有时候对于两难的矛盾，由系统的观点深入观察变化过程并进行思考，而不以僵硬的两分法来解决，就能识破静态片断思考的错觉，看到全新的景象。

第十，不可分割的整体性。在判断整体时应遵循"系统边界原理"，即应该研究互动因素，而不是以组织或系统中因功能而划分的人为界限、为出发点。如《易经》中的一个观点，即"阴中有阳，阳中有阴"，二者是互动的。

第十一，没有绝对的内外。系统思考有时会将造成问题的"外"部原因，变成系统的"内"部原因来处理，这是因为解决问题的关键往往存在于企业内部与外部之间的关系中。

在学习型组织的五项修炼中，圣吉把系统思考的修炼视为核心技能，这是因为系统思考能融合其他各项修炼成一体，防止组织在真正实践时，将各项修炼看成互不相干的**修炼**或一时流行的风尚，割断彼此之间的联系。没有系统思考，人们就无法探究各项修炼之间是如何相互影响的。

三、创建学习型组织的意义

在知识经济时代，知识的积累需要学习，创新的起点在于学习，环境的适应依赖学习，应变的能力来自学习。创建学习型组织，就是要比竞争对手学得更好、变得更快。创建学习型组织是时代的主旋律，也是企业快速发展的必然选择。

1. 解决了传统组织适应能力差的缺陷

传统组织中成员的分工、竞争与独立既增加了组织成员的冲突，也降低了组织的整体力量，而且组织目标的设定往往仅关注于短期的问题，忽视了长远的、根本的和结构性的问题，这使得组织在急剧变化的环境面前十分脆弱。学习型组织从理论上分析了传统组织的这些缺陷，提出了"五项修炼"的解决方案。

2. 为组织创新提供了一种新的技术手段

学习型组织提供的每一项修炼都由许多具体方法组成，这些方法易于理解与操作，成为组织创新的一种重要的技术手段。此外，还可以通过实验的方法帮助企业管理者尝试各种可能的构想或策略，在实验和学习中找到最能适应环境的策略搭配。

3. 充分发挥组织成员潜能

在学习型组织中，组织成员能够充分发挥工作潜能，创造出超乎寻常的成果，由真正的学习领悟出工作的价值所在，追求精神上的满足与自我实现，并与组织融为一体。

4. 提升企业的核心竞争力

在知识经济时代，获取知识和应用知识的能力将成为竞争能力高低的关键。一个组织只有通过不断学习，拓展与外界信息交流的深度和广度，才能立于不败之地。人们可以运用学习型组织的基本理念，去开发组织创造未来的潜能。

四、学习型组织的建立

学习型组织的建立，不是一蹴而就的。大多数成功的例子表明，成功的获取，需要经过不断努力，必须认真培育观念，长期稳步地提高管理效率。当然，也有一些改变是很迅速的。任何期望成为学习型组织的企业，都可以先采取一些简单的步骤，具体如下：

1. 创造良好的学习环境

学习新的技术或方法需要消耗一定的精力和时间，而且学习过程中会增加犯错与失误的机会，因此对于组织成员学习是具有冒险性质的，需要创造良好的学习环境，以排除组织成员对于学习的顾虑。良好的学习环境应该具备以下四个特征：第一，具有较多培训和实践的机会；第二，组织成员的学习行为获得支持与鼓励；第三，奖励在学习方面作出突出贡献以及具有创新思维的组织成员；第四，允许组织成员在学习过程中犯错误。

2. 设计学习过程

在提供了良好学习环境的基础上还需要精心设计组织成员的学习过程。设计学习过程的任务一般包括：实施并监督信息的收集、实验、反馈和总结措施；建立知识与资源共享的学习系统；对有效资源进行合理的配置；制定规范的标准，保证学习任务能够严格系统的完成。

3. 改善学习方式

学习过程中往往由于某些原因使组织不利于深入的学习，如当组织成员为了自身利益而故意隐瞒某些重要信息而无法共享，不能达到学习效用最大化的效果。此时应当采取适当的学习方式来改善不良现状，如通过提问方式、反省方式以及假定测试的方式等都有助于改善学习状态。提问有助于组织成员进行思考；反省有助于组织成员对过去行为进行反思，是进步的重要动力；假定测试则可以使组织成员对自己的观点予以怀疑，有助于更深入的学习。

案例

无限极"无极限"[①]

无限极（中国）致力于为大众提供高品质的中草药健康产品，至今，"无限级"品牌价值经世界品牌实验室评估为 368.89 亿元人民币，在"中国 500 个最具价值品牌排行榜"中榜上有名。

无限极公司 1992 年成立于广州，发展过程几经曲折，1998 年因为国家相关政策而陷入发展的低谷，业务几乎停顿，部分基层员工和业务伙伴对公司的未来感到迷茫。后来，公司董事长李惠森先生自国外带回英文版书籍 The Trust Effect: Creating the High Trust, High Performance Organization，在公司内部翻译后组织经理级以上的同事学习，通过对这本书的集体学习，无限极公司开始了高度信任氛围的建设和有效授权的落实，鼓舞了士气、凝聚了人心，员工和公司同舟共济、共克难关，平稳地度过了转型期。第一次的"悦读"，让无限极迈入发展的快车道。由此，无限极公司认识到，组织的共同学习对于企业的发展至关重要，于是开启了构建"学习型组织"的旅程。

领导：以身作则、共同成长

"领导"，是拉动无限极公司建设学习型组织的第一驾马车。公司要求管理层保持不断学习的精神，不断与时俱进，并能带动团队一起学习，实现集体的共同成长。为此，公司规定，在高层管理者的 KRA 考核中，文化的比例需占 20%，这既是对管理层的学习要求，也希望能带动团队集体共同成长。

系统：构建机制、营造学习"场"

"系统"，是拉动无限极公司建设学习型组织的第二驾马车。无限极公司建立了一系列的机制，营造学习的"场"，以促使员工集体学习成为常态。这些机制包括：团队沟通机制、定期分享机制、经费支持机制。

媒体：传递信息、分享成长

"媒体"，是拉动无限极公司建设学习型组织的第三驾马车。无限极公司认为，传播对于建设学习型组织同样非常重要，通过公司内部的一系列媒介平台，可以将公司的文化、思想、理念以及相关政策、指导方针快速传递给员工，并及时得到员工的反馈。从早期的企业内刊、OA 办公平台到现在的内部的微信平台，媒介的形式在变化，但对于学习的传播和分享没有改变。

在多年的发展过程中，无限极正是按照"领导＋系统＋媒体"的模型来推进学习型组织的建设，完成从集体"悦读"到组织跃进的转变。

思考题：
(1) 无限极公司是如何打造学习型组织的？
(2) 学习型组织的构建给无极限公司带来了哪些好处？

[①] http://www.ebusinessreview.cn/articledetail—274960.html，有删改。

第六章
沟通艺术

现代管理的趋势是以人为本、以情度理,核心是沟通、沟通、再沟通!孙子曰:"上下同欲,士可为之死,为之生。"沟通能创造和谐、赢得人心,善用人际沟通、组织沟通和公共关系之术的企业更易团结一致,更上一层楼。

第一节 沟通概述

沟通无处不在！从饭桌间的闲聊到职场间的谈判，人通过沟通传递思想、观点、情感和态度。尽管沟通的方式千差万别，但其特征、功能、原则和过程大同小异。

一、沟通的特征

沟通是发送者凭借符号载体将观念、思想与情感等信息传递给发送者，并获得理解、达成协议的过程。"锣不敲不响，话不说不明"，人通过沟通传递、处理和共享信息，让他人迅速获取信息并给予反馈，达到双向互动、共同进步的目的。沟通有如下特征：

第一，沟通是信息的传递。发送者将信息传递给接收者，若接收者未接收到信息，则意味着沟通没有发生。好比说话者说话但没有任何听众，船员向邻船打旗语但未被看到，均无法构成沟通。

第二，沟通是信息的理解。沟通信息不仅要传递，还需被理解，后者更重要但常常被忽视。如张三用汉语和他的美国朋友彼得交流，彼得听见了但无法理解，这就不是沟通。完美有效的沟通，应是信息传递后接收者理解的意思恰好与发送者表达的含义完全一致。

第三，沟通需要中介。发送者无法将信息像有形物品那样传递给接收者，总是需要一定的符号，如语言、肢体动作和表情等来实现传送。发送者会将信息翻译成符号传递给接收者，然后接收者再将符号翻译成信息进而实现沟通。

第四，沟通需要双向互动。沟通不是纯粹单向的活动，成功的沟通不仅是发出信息，还要保证信息被准确理解，这就要求沟通双向互动。双方在此过程中不断互换角色，调整交流内容和形式，进而达到相互理解的目的。

通电话时，如果对方说话时你默不作声，那么在一段时间后他会说："喂？"于是你马上回应："我听着呢"。在确认你还在倾听时，对方才会继续说下去，否则他会认为通话已被中断。即便当面交谈，有时也会出现一方发问："嘿，你在听我说吗？怎么面无表情，也不说句话？"其实另一方正在认真倾听。

第五，沟通不可逆。"说出去的话，泼出去的水"，沟通信息一旦发出就无法收回，产生的影响也无法完全消除，因此沟通是不可逆的。良好的沟通需要积极主动，但更需要双方谨言慎行。

在一言堂式会议中，上级传达了很多信息，但员工接收没有、理解没有、记住没有等都是未知数。而在互动式会议中，上级不仅传达信息，还掌握员工对信息的接收程度，便于上下级及时沟通，保持公司内部的信息通畅。互动式的会议效果一定优于一言堂式的会议效果。

二、沟通的功能

先沟先通，不沟自然不通！李开复说："你不可以只生活在一个人的世界中，而应当尽量学会与各阶层的人交往和沟通，主动表达自己对各种事物的看法和意见。"沟通的功能主要表现在：

1. 信息传递功能

决策者需要综合人事、生产、销售、研发、环境和市场等信息作出决策，只有建立在充分信息基础上的决策才可能是最优决策；管理者需要掌握员工信息，才能提出有效激励政策；管理者必须让下属知道并充分理解制定的政策，才能有效执行。管理重要功能的实现，都离不开沟通。

2. 情绪表达功能

管理者不能简单地把下属看作理性人，事实上人的情绪波动很大，高兴时可能开怀痛饮，不快时可能垂头丧气。有效的人际沟通可以为情绪表达提供足够的途径，让人尽快消除不良情绪，迅速回到理智状态。

3. 控制功能

一方面，有效沟通能让管理者及时了解计划执行情况，发现和解决问题；另一方面，管理者通过沟通让下属知道什么是对的、什么是错的，为什么对或错，让他们改变心智，实现自我控制。

4. 激励功能

良好的沟通能拉近上下级和同级之间的心理距离，加深彼此间的感情和友谊，增强凝聚力，在内部营造出一种"人和"的氛围，极大激发员工为企业努力工作的积极性。

郭嘉是曹操的得力谋士之一，善用激励式劝说法是他获得曹操赏识和器重的重要原因。建安三年（198年），曹操领军征讨吕布久攻不克，将士疲惫，于是想罢兵撤退。但郭嘉看出胜机，以事实为依据指出吕布有勇无谋、锐气已衰却谋略未定，只要稍作坚持就可击败吕布。郭嘉的激励式劝说法令曹操消除对战事久拖的挫败感，重新树立战胜吕布的信心，最终歼灭吕布，为统一北方奠定了基础。[①]

三、沟通的原则

哈洛尔德·康茨说："以接收者易于理解的语言和传递方式所进行的沟通才具有明了性"，沟通过程中恪守清晰、目的明确、宽容和真诚四大原则才能提高沟通效率，实现有

[①] 改编自《郭嘉缘何会获得曹操的赏识？》，http://blog.sina.com.cn/s/blog_9ffd30b80102vsyx.html。

效沟通。

1. 清晰原则

清晰原则是沟通的首要原则,恪守该原则沟通者需要做到三个方面:第一,使用沟通对象的常用语言,防止沟通产生理解偏差。第二,沟通的信息量控制得当,避免一次传递太多信息而导致出错;确需传递较多信息时,应建议沟通对象记录要点。第三,明确传达信息,如在上级下达工作指令时,应当将任务内容、完成时间、配备资源、完成效果等明确地告诉下级。

2. 目的明确原则

沟通是在传播信息和交流情感中达成目标的过程,只有明确沟通目的并采取具体方式才能实现预期效果。如员工在与管理者面谈前,需要清楚面谈的目的是汇报进度还是获取资源和支持,是表现自己还是致力于提高部门绩效,明确目的后再采取合适的措辞和方式沟通。

乔布斯要求员工沟通时必须直截了当,一旦发现其谈话拐弯抹角、漫无目的,就会立即打断对方。他认为做生意没有用来浪费的时间,工作关系应当简单化,这种理念极大地提高了员工的工作效率,帮助苹果公司的产品迅速风靡全球。[1]

3. 宽容原则

宽容原则是指人要有宽广的胸怀和包容的心态,能平和地接受各种想法和见解,而不是一听到异议就与别人争执、划清界限。人际沟通应做到求同存异,对他人多一份宽容和理解,否则会造成沟通失败、关系破裂。"唯宽可以容人,唯厚可以载物",保持宽容更容易被对方接纳信任,建立良好的人际关系。

林逋在《省心录》中曾道:"和以处众,宽以接下,恕以待人,君子人也。"意思是沟通过程中应和气地与众人相处,宽厚地对待下属,包容地对待有过失的人,以宽容的态度、宽广的胸襟待人,这样的人才是君子。

4. 真诚原则

真诚原则是指沟通要态度诚恳、真心实意,切忌虚伪造作、假话连篇。程颐说:"以诚感人者,人亦以诚而应。"沟通者应以真诚打动他人,营造安全的沟通氛围,进而使对方敞开心扉,同样以真诚回应。一旦沟通者表现得不够真诚,过早进入对方安全区、挖掘对方的痛苦,对方会把自己封闭得更紧,造成沟通不畅。

四、沟通过程

沟通过程由发送者、编码、信息、渠道、接收者、解码和反馈等七个要素组成。沟通

---

[1] 改编自《乔布斯强势?专制?还是直接?》,http://www.managershare.com/post/112385。

信息来源于沟通意图，信息经过发送者编码后，通过一定渠道传递给接收者，接收者将接收到的信号解码，然后给发送者反馈。整个沟通过程如图 6-1 所示。

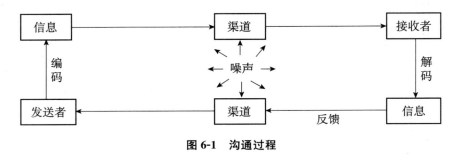

图 6-1　沟通过程

噪声是对信息传送、接收和反馈造成干扰的因素，整个沟通过程都可能受到噪声的影响，如难以辨认的字迹、电话中的静电干扰、接收者在接收信息过程中的"走神"以及生产现场中机器设备或人群的背景噪音等。噪声可能影响到沟通过程的任何环节，包括发送者、渠道和接收者。

1. 发送者

发送者把头脑中的想法编码并生成信息，被编码信息质量高低受到发送者的技能、态度、知识以及价值观四个方面的影响。"茶壶装汤圆，有嘴倒不出"表达的就是发送者有想法，但不能将想法编码成信息传递出去。

2. 渠道

渠道是发送者传递信息时用到的媒介物，如演讲、面谈、电子邮件和电话等。任何信息沟通渠道都有可能受到噪声干扰从而让传递的信息发生扭曲或者失真，恰当的渠道就是沟通信息失真最少的通道。

3. 接收者

在信息被接收之前，接收者必须先将其转化为自己可以理解的形式，即解码。与发送者一样，被解码信息的质量也受到接收者的技能、态度、知识以及价值观四个方面的影响。当信息的接收者不能正确的解码时，必然会误解信息，甚至完全无法交流。

4. 反馈

沟通过程中尤其应注意信息反馈，若无反馈，沟通过程就是单向的，无法实现双向互动。反馈是增强沟通效果的强有力因素，它让发送者能够判断接收者是否正确理解信息，从而不断调整和补充。

苹果公司尤其注重用户沟通之道。苹果公司会向已购买产品的用户发送正式的电子邮件并附带调查问卷，来自全球的用户填写调查问卷，并登录主页提问或致信。电子邮件是苹果公司发送其编码信息的渠道，用户收到邮件并解码，然后将他们的信息通过邮件或者网站反馈给苹果公司,构成了一个完整的双向沟通循环过程。①

> **案例**
>
> **妻子的生日礼物**
>
> 妻子非常想要一颗钻戒当生日礼物,但她没对丈夫直说,却说:"亲爱的,今年不要送我生日礼物了,好不好?"
> "啊?为什么?"丈夫诧异地问。
> "明年也不要送了。"
> 丈夫眼睛睁得更大了。
> "把钱存起来,存多一点,存到后年。"太太不好意思地小声说,"我希望你给我买一颗小钻戒……"
> "噢!"丈夫说。
> 生日那天,她还是得到了礼物——一颗钻戒。
> **思考题:**
> (1) 这段对话体现了沟通的哪些功能?
> (2) 简述这段对话的沟通过程。

第二节　人际沟通

人际沟通是人的基本需求,是发挥个人才能、融入社会的有效途径,更是组织沟通和公共关系的基础。孔子曰:"可与言而不与之言,失人;不可与言而与之言,失言。"把握好人际沟通的特征、作用、障碍和方法,言之有道、言尽其意,方能避免失言又失人。

一、人际沟通的特征

人际沟通是信息在个人间的双向流动,是人与人进行信息传递和情感交流、达成共识并建立信任的过程。人际沟通具有以下特征:

第一,人际沟通的参与者互为主客体。人际沟通双方作为主体有各自的动机、目的和立场,会设想和判断自己发送信息的效果,双方都处于积极主动的状态中。信息在两者间不是简单的单向传递,而是双向互动的交流。

第二,人际沟通是一种动态过程。沟通双方不断更新自己的信息,始终相互作用、相互影响。如甲先发言,乙的发言则是对甲发言后的反应,同时也是对甲接下来发言的刺激,甲接下来的发言也有同样的特点,这种动态特性存在于甲乙沟通的始末。

---

① 何岑成、胡文婷,"苹果公司用户沟通之道",《经营与管理》,2012年第2期,第33—35页。

第三，人际沟通双方有统一或近似的编译码系统。要实现人际沟通主体间的相互理解和协同共进，要求沟通中的发送者和接收者有着相似的背景或知识水平，能够理解对方表达的信息。

二、人际沟通的渠道

管理者可以根据问题的性质选择不同的沟通渠道，如正式的报告、公告、便条、面谈、打电话、发送电子信息、写备忘录、演讲等，与其他经理或员工沟通。

正如不同输油管道的输油能力不同，不同渠道的信息传递能力也不同。通常用渠道丰富程度来表示某种渠道传送信息的多少。按照渠道丰富程度由低到高的顺序可以将管理者常用的沟通渠道排列成如图6-2所示的形式。

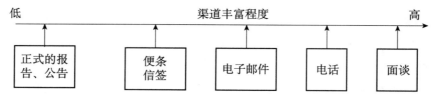

图 6-2　渠道丰富程度顺序图

每一种沟通渠道都有优劣势，如渠道丰富程度最高的面谈具有传递信息数量大、反馈快、针对性强的优点，但也存在没有记录、不容易快速传播的缺点；渠道丰富程度最低的正式报告或公告，虽然传递信息速度慢、数量小且反馈慢，但是传播面广、能保存。

管理者应该了解每一种沟通渠道的优劣势，并根据传递信息的日常性和正式程度选择恰当的沟通渠道。

突发事件发生后，需要使用丰富程度高且反馈迅速的渠道传达和通报信息，管理层应及时与媒体和公众面谈，以诚恳的态度和完善的应急机制直面公众。天津"8·12"爆炸事故发生后，首场新闻发布会既没有见到分管主政官员，安监部门也没有出席，备受公众诟病。在此后的新闻发布会上，安监部门虽有所回应，但按照应急管理应该出席的分管市领导却迟迟未见露面，再次引发网民的质疑和吐槽，政府公信力极大受损。①

三、人际沟通的作用

子曰："言不顺，则事不成。"人际沟通与日常的工作和生活息息相关，说话不顺当合理，事情就办不成。良好的人际沟通能促使人与人的关系更加融洽，能指导企业作出更合理的决策，其作用如下：

---

① 改编自《人民网详解天津爆炸新闻发布会出现的4大问题》，http://news.sohu.com/20150817/n419043583.shtml。

1. 信息充分，决策正确

管理者决策时，无论是问题的提出、认定和各种方案的比较，都需要企业内外部、国内外市场、技术、价格、资源、人力和士气等相关信息。有效的人际沟通能让管理者以较低成本获得充足信息，作出正确决策。

为何盛极一时的诺基亚在智能手机战中败走麦城？INSEAD 战略学教授 Quy Huy 等人的深入调查表明，内外部信息获取不充分是诺基亚失败的主要原因。公司内部蔓延的组织恐惧让中层经理不敢向上报告真实信息，常常报喜不报忧；高管们接收的信号过于乐观导致其对外部环境的变化缺乏足够的危机感。诺基亚的决策得不到有效信息一错再错，最终无力应对手机行业四伏的危机。[1]

2. 关系融洽，配合默契

人际关系融洽指彼此了解、感情和睦、配合默契，能促进员工、上下级之间建立良好的人际关系。领导者深入基层关心员工，虚心听取大家意见，就能与员工建立融洽的关系；相反，领导者总是摆出一种"高高在上、不食人间烟火"的姿态，刻意疏远员工，一定会造成人际关系紧张。

子曰："侍于君子有三愆：言未及之而言，谓之躁；言及之而不言，谓之隐；未见颜色而言，谓之瞽。"意思是在与人交流的过程中要注意避免犯三种过失：还没有问到你的时候就说话，是急躁；已经问到你的时候你却不说，叫隐瞒；不看脸色而贸然说话，是睁眼瞎。避免以上三种过失，人与人之间的关系才能和谐融洽。

3. 相互理解，协调行动

人际沟通让人理解他人行为，同时作出合理反应达到相互协调的目的。沟通活动的核心体现在相互理解、协调一致，即使出现不协调，也能通过沟通调节不和、消除芥蒂达成一致。

四、人际沟通的障碍及应对策略

随着人与人交流愈发频繁和沟通形式愈发多样，人际沟通的障碍也不断增多，主要体现在语言、文化、地位、知识经验、信息表达、心理等方面。沟通障碍是人际关系融洽的拦路石，熟知这些障碍及其应对策略有利于对症下药，提升人际交往能力。

1. 语言差异

中国地域辽阔，方言众多，往往一江之隔就可能导致两岸言语不通。如"鞋子"的四川话发音，在北方人听来颇像"孩子"；"郊区"的广东话发音，北方人常常听成"娇妻"；

---

[1] 佚名，"谁'杀死'了诺基亚"，《发明与创新》，2016年第1期，第46—47页。

等等。特别是在跨国公司，员工来自于不同的国家，语言差异将是沟通的主要障碍。因此国内场合交流中要尽量使用普通话，国际场合中要尽量使用双方都懂的语言，如英语。

2. 文化差异

由于不同的民族、种族、宗教、政治、文化和历史等，人与人之间会存在着或多或少的文化差异。沟通者应了解各地不同的文化传统，学会入乡随俗，避免先入为主。

一位英国男青年邀一位中国女青年出游，为了取悦女友，特地买了一束洁白的花带到她家。不料女青年的父亲一见便勃然大怒，把他轰了出来，他却不知道祸因所在。在英国男青年看来，白色象征纯洁无瑕，他选择白色的花完全是一片好意，根本没有想到，在中国白色的花是吊唁死者用的。

3. 地位差异

一般人在接收信息时不仅会判断信息本身，还会根据信息发送者的地位高低来理解信息，如员工对领导的沟通往往顾虑重重。沟通者应营造宽松的环境，提倡平等坦诚地沟通。

4. 知识经验差异

沟通双方知识经验水平相差太大会让接收者无法理解发送者的意图，造成沟通失败。因此沟通应充分考虑接收者的知识经验，用浅显易懂的语言与之交流。

一位秀才去买柴，他对卖柴的人说："荷薪者过来。"卖柴的人不懂"荷薪者"，但是懂"过来"，于是把柴担到秀才面前。秀才问他："其价如何？"卖柴的人只懂"价"，于是就告诉秀才价钱。秀才接着说："外实而内虚，烟多而焰少，请损之（你的柴外表是干的，里头却是湿的，燃烧起来，会浓烟多而火焰小，请便宜一些卖吧）。"这回卖柴的人完全听不懂，担着柴走了。

5. 信息含糊

对同一思想、同一事物，由于表达能力的不同，有的人吐字不清晰、语义含糊，容易让接收者误解。沟通者应尽可能表述得规范清晰，避免用有歧义的语言。

某学生给学校领导写信："新学期以来，张老师对自己十分关心，一有进步就表扬自己"。校领导纳闷，这究竟是一封表扬信，还是一封批评信？因为"自己"一词不知是指"老师自己"还是"学生自己"？幸好该校领导作风踏实，马上开展调查，才弄清这是一封表扬信，其中的"自己"乃是学生本人。

6. 心理因素

个人的心理因素，比如性格、态度、情绪等容易成为信息传递和交流的障碍。通常人在情绪悲伤、思绪混乱时会无法完整正确地理解沟通信息。

五、人际沟通的方法

工欲善其事，必先利其器！人际沟通通常采用的方法有倾听、演讲、写作、谈判、面谈等，根据不同的场合选择合适的沟通方法，才能搭建好人与人之间的沟通桥梁。人际沟通的方式主要有以下几种：

1. 倾听

倾听与听见不同，听见是一个生理过程，取决于耳朵如何对震动作出反应，听见声音不一定能获取其中的信息；而倾听是将注意力集中于当前声音的有意识行动，是实现有效人际沟通的重要策略。

《资治通鉴》记载：上（唐太宗）问魏徵曰："人主何为而明，何为而暗？"对曰："兼听则明，偏信则暗。"意思是倾听需要讲究方法，多方面听取意见才能够明辨是非，只听信一方面意见就容易作出错误的判断。

以下方法可以帮助提高倾听的效果：

第一，创造良好的倾听环境。倾听环境对倾听质量有较大影响，当谈话内容属于私事或机密信息时最好选择安静、封闭的谈话场所；当谈话目的是引起大家共鸣，则最好选择公开场合，如电视台、网络等。

第二，保持良好的精神状态。倾听是包含肌体、感情、智力的综合性活动，肌体和精神准备不足会降低倾听质量。当情绪低落或烦躁不安时，倾听效果一定不好。保持良好的精神状态，沟通者最好能做到：首先，保持强烈的兴趣。人对感兴趣的事物会认真倾听；不感兴趣时会心不在焉。其次，尽可能集中精力。倾听时要随时提醒自己需要解决的问题，同时保持与谈话者的眼神接触，但不宜过久，长时间盯着对方会让双方都局促不安。最后，维持身体和大脑的警觉。全神贯注不仅要用耳朵，还要用整个身体去听对方说话，并且保证躯干、四肢和头处于适当位置，如有人习惯把头稍偏一点来集中精神。

第三，建立信任关系。信任是双方交流的前提，是唤起对方兴趣的钥匙，是维持交流积极主动的保障。交谈时有意无意的撒谎，都可能让对方觉得受到欺骗，导致交谈中断或效果不佳。

第四，使用开放性动作。一个人的身体姿势会暗示出他对谈话的态度，自然开放性的姿态表示接受、容纳、感兴趣与信任，封闭性的姿态如交叉双臂、跷二郎腿则会表达出不耐烦、抗拒或高傲。

第五，及时用动作和表情给予呼应。倾听时应适时用多种对方能明白的动作与表情来表达自己的理解和兴趣，如微笑、皱眉、迷惑不解等。

第六，适时适度提问。沟通的目的是获得信息，知道彼此在想什么、要做什么。适时提问可向对方表达自己的兴趣，同时通过对方回答的内容、方式、态度、情绪等获得所需信息。

第七，建立日常性倾听制度。对管理者而言，仅仅培养个人的倾听技能还远远不够。

只有设计出有效程序，制度化、日常化顾客、员工等的"倾听"，才能做到主动有序的全面倾听。

2. 演讲

演讲是一个人在公共场合与一群人双向沟通的过程，成功的演讲可以有效地传递信息、沟通感情、鼓励群众和坚定信念。优秀的演讲需要做到以下方面：

第一，做好充分的准备。"准备的失败就是失败的准备"，无论管理者做何种演讲，都应做好以下准备：首先，演讲应"语不惊人死不休"，主题尽可能新颖、有针对性，像磁石一样迅速吸引住听众；其次，切忌读稿，准备演讲要点而不是完整的演讲稿，避免照本宣科；最后，营造演讲环境，包括桌椅、视听设备等，充分利用幻灯片、投影仪、录像带、音响等视听设备加强演讲效果。

第二，巧妙地开好头。"好的开端是成功的一半"，演讲开始时应直奔主题，用短小精悍的开头引起听众的兴趣。例如，"我今晚要给您讲述令人激动振奋的电脑多媒体程序，然后告诉您这种程序将如何改变您的工作和生活方式。"

第三，时时想着听众，适时提问交流。例如，"我想问一下在座的诸位，哪位知道过去 24 小时里在中国有多少孩子出生？"

第四，始终抓住听众的注意力。例如，"我想知道，如果我告诉您，您的计算机在买进时已经过时了，您有何感想？"

第五，引用名言或经典案例。例如，"一位伟人曾说：'每个人的经历远远超过他的想象范围。'正因如此，经验比想象更能影响人的行为。"

第六，感染听众的情绪，动之以情，晓之以理。例如："好心的人们，您只要掏五十元线，就可以让这个孩子活下去，直到下年的收获季节，那时他就可以养活自己。"

第七，注意演讲的姿势，自然而不造作。使用有意义的手势，可以加强演讲效果，如表达内心深沉情感时采用柔和缓慢的手势。

第八，成功的收尾。"编筐编篓，难在收口"。成功的收尾既是演讲的终点，又是引发听众思维的新起点，正所谓"言犹尽而意无穷"。

历史上，但凡卓越的领导人都是演讲高手。丘吉尔在英法联军全线溃退、德国法西斯步步紧逼的危急关头，凭借令人热血沸腾的演讲，鼓舞了全英国人民的斗志，纷纷拿起武器，投入世界反法西斯战争；周恩来总理在万隆会议的演讲中，一举征服众人，在全世界面前成功地展示了新中国领导人的崭新形象。正所谓"一人之辩，重于九鼎之宝；三寸之舌，强于百万之师"。

3. 写作

写作，从形式上是具有一定行文格式的书面语言，从内涵上是具有创造性和真情实意的重要沟通方式，简单的记录或者抄袭均不属于写作范畴。无论是内部沟通还是外部沟通，企业均离不开写作。对内部而言，公司成立时需要拟定章程、制定规章制度和职务说明书等，日常管理中需要制订月度计划、年度计划等；对外部而言，写作显得更为普遍，如财务报告、市场调研报告、商务交往信件与函件等。通常，优秀的写作会遵循以下四个原则：

第一，正确。正确是写作的首要原则，要求写作的文章材料要真实可靠、观点要正确无误、语言要恰如其分。尤其是对写作主旨的把握，在写作前一定要下一番功夫，明确写作意图，正确传递信息。

第二，清晰。在正确表达的基础上写作应该力求清晰，清晰的文章能引起读者的兴趣，让读者正确领会作者的含义。要做到清晰，应注意文章总体布置，包括标题、字体、页边距等，尤其要适当留白，挤在一起的文字很难阅读。如果是手写，则不能太潦草。

第三，完整。写作一大优势是完整地描述事实和表达思想，让人有充分时间思考问题。电话或是当面交谈均会遗漏内容，写作也不例外。为了完整表述，写作时应该反复思考检查，不断增补重要事项。

第四，简洁。"简洁"似乎与"完整"是一对矛盾，但其实是一个"度"的把握。"完整"能够全面表达沟通内容，但不代表要把所有事实和观点罗列纸上，通常可以通过排序把不太重要的事项删除，再逐句评估，将琐碎无意义的文字精简。

4. 会议

会议是管理活动中频繁使用的重要工具，是众多公司决策的中心环节，目的是收集众人意见、以最优方式处理问题。高效组织会议、实现预期目标，离不开以下会议技巧：

第一，明确会议目的。会议开始前，主席应明确会议目的，并设定相应具体目标。会议目的切忌含糊，否则会让会议变成天南海北的闲聊会。

第二，造成"自我群感"。主席应从心理上想方设法营造参会者对会议群体的归属感，促使参会者认真倾听、畅所欲言。

第三，处理好显在与潜在目标的关系。会议显在目标是指主席明确清楚地向全体参会者宣布的目标；潜在目标是指会议未公开宣布，但实际上随着会议进展逐渐达到的目标。主席应始终保持头脑清醒，灵活创造良好的会议气氛。此外，会议目标有近期较易达到和远期较难实现之分，安排会议时，主席应尽快实现近期较易达到的目标以激发参会者的信心和兴趣。

第四，利用与会者的经验专长。会议开始时参会者可能对会议不甚了解，但每个成员都有自己的学识文化和阅历经验，主席应尽量调动潜在因素的功能，发挥参会者的聪明才智。提出合理化建议的方式可以是口头发言，也可以在意见簿上留言。

第五，讨论。主席的基本责任之一是鼓励和促进讨论，对讨论的问题不必规定某种答案，应允许不同意见的提出。参加讨论的成员是平等的，不存在谁服从谁的问题，都应服从于事实或真理。

第六，提问。善于提出问题是主持会议的重要技巧，提问可以吸引全体的注意力，有助于深入思考。提问时要把握时机，问题明确具体，切忌语言含糊。尤其当讨论已涉及某个问题但焦点又不明确时，及时提出问题常能使讨论形成高潮。

第七，对不同意见的处理。素质、阅历、观念的不同导致参会者对问题的解释不同，因此会议不可避免地会出现不同意见甚至争执。主席在处理不同意见时应把握的原则是：避免不必要的冲突，引导不同意见向会议主题靠拢。具体措施包括：首先，主席对不同意见深思熟虑后，提出多数人接受的观点，结束争论；其次，对争论双方或各方的观点加以澄清，分析分歧原因，了解协调的可能性；再次，将争论问题作为会议主题之一，展开全面讨论，深化会议；最后，分歧难以弥合时应暂时放下，进入下一项会议议程。

第八，重申共识，反思分歧。对共识给予必要重申，让参会者心中有数；对不能取得一致的意见，请参会者在会后沟通或反思，必要时向有关人员汇报。

第九，总结经验和教训，巩固会议成果。在同一个坑里跌倒多次毫无改进的企业，必然没有什么希望。

第十，给予奖励。对表现突出的人员给予物质、精神的奖励，提高参与决策的积极性、增强忠诚度。

5. 谈判

谈判是为达成双方都可接受的条件而进行的活动，其基本要素包括谈判主体（谈判当事人）、谈判客体（谈判议题及内容）、谈判目的和谈判结果。如何扬长避短，最大程度发挥自己的优势，力争在谈判中占据主动，是每一位谈判者关注的重点。有效谈判应注意以下原则：

第一，将心比心。谈判切忌以己方观点，索求无度，漫天要价。《菜根谭》有云："交友须带三分侠气，做人要存一点素心。"谈判时要有仁厚之心，多为对方着想。双方将心比心，能带来皆大欢喜的双赢结果；否则，双方互不相让，充满火药味，最后将难以达成任何建设性结果。

第二，洞悉优势。在对对方立场、观点有初步认知后，谈判者要详细列举双方在谈判中所占的优劣势，尤其要将己方优势全盘列出，作为谈判人员的筹码；同时要注意己方劣势，以免仓促迎敌，被攻得体无完肤。

第三，模拟演习。谈判前应预先模拟各种可能发生的状况，制订出应对的行动方案，以免实际遭遇时惊慌失措、难以控制局面。小到谈判座位的选定，大到对手可能提出的要求，都可依状况的轻重缓急，详加模拟。

第四，底线界清。通常谈判时双方只想到可以获得多少，却忽略会付出多少、让步多少才可皆大欢喜。因此谈判前务必要把己方的底线界清：可让什么，可让多少，如何让，何时让，为何要让。否则，一旦对方咄咄逼人，己方束手无策任由对方宰割，就失去了谈判的本意。

第五，了解对手。谈判前了解对方可能采取的策略及谈判对手的个性特点，依据对方信息制订周密的谈判计划，哪怕是生活中的细节问题也不要放过，"知己知彼，方能百战不殆"。

假设谈判对手喜欢打球，不妨在会谈前寒暄，刻意提及，将对方的戒备先行缓和；会后若有时间，可邀请对方一起运动，以培养宽松的谈判气氛。值得注意的是，球场也是另一张谈判桌，有助谈判达成，因为在交往中，双方可以增进感情，缩小分歧；而且，体贴入微的关怀会给对方留下深刻的印象。

第六，要有耐心。俗话说，"病急乱投医""狗急跳墙"，在剑拔弩张、激烈火爆之际，缺乏耐心是谈判大忌。谈判常有持久战要打，一谈四五个钟头的现象时有发生，双方无论是心理上还是生理上都承受巨大煎熬，此时坚持就是胜利。

第七，随机应变。谈判如战斗，战场状况瞬息万变、硝烟弥漫。"智者千虑，必有一失"，谈判者必须做到临场发挥、随机应变。如果对手突然提出的某种要求出乎己方预料，己方人员一定要随机应变、见招拆招，可先施缓兵之计再图谋对策。

第八，好聚好散。双方若不能达成圆满结果，谈判面临破裂时，也不要逞一时口舌之快，伤了双方和气。双方若是撕破脸皮，以后再想谈判，也要颇费周折，付出巨大的代价。"买卖不成情义在"，双方好聚好散，为下回谈判的成功做好铺垫。

此外，以下方法和技巧能够让面谈起到事半功倍的效果：

第一，入题技巧。包括从题外话入题，从介绍己方谈判人员入题，从"自谦"入题，从介绍本企业的生产、经营、财务状况入题，从具体细节入题，从一般原则入题等。

第二，阐述技巧。阐述时语言应富有弹性，发言要紧扣主题，措辞要得体不走极端，表达须准确易懂、简明扼要、条理分明。注意语调、语速、声音、停顿和重复，恰当使用解围用语，慎用否定性语言结束谈判等。

第三，提问技巧。包括借助式提问、强迫选择式提问、引导式提问、协商式提问等。借助式提问，如"我们请教顾问后对该产品价格有充分了解，请您考虑是否把价格再降低一些？"强迫选择式提问，如"付佣金符合国际贸易惯例，我们从法国供应商那里一般可得到3%到5%的佣金，贵方同意吗？"引导式提问，如"经销这种商品，我方利润很少，如果不给3%的折扣，我方难以成交，所以我们把折扣定为3%，你一定会同意的，是吗？"协商式提问，如"你看给我方的折扣定为3%是否妥当？"

第四，答复技巧。包括针对提问者的真实心理答复，不要确切答复对方的提问，降低提问者追问的兴致，让自己获得充分的思考时间，礼貌地拒绝不值得答复的问题，找借口拖延答复等。

6. 面谈

面谈是指任何有计划和受控的、在两人（或多人）之间互有听和说的谈话，其目的是在有限时间内获得尽可能多的信息。面谈一般分为准备、实施、评价及决策四个阶段，具体如下：

第一，准备。面谈前安排好时间、地点、环境，促进面谈者与被面谈者间的关系；要精心设计面谈问题，鼓励信息共享，以高效获得所需信息。

第二，实施。按照事先准备实施面谈，可根据情境需要作出临时改变，但要遵循两个原则：一是尽量开诚布公；二是尽量以"建立和睦的关系"开始。

第三，评价。从面谈中获取的信息会不断增加对被面谈者的认识，根据认识和对方的个性、态度、外表获取的印象，就逐渐产生评价。得到最终评价应当中止面谈，延长面谈不会得到有用的东西，有时反而会影响已作出的决策。如当顾客已决定购买产品，销售商仍继续阐述其产品的优点，顾客可能不再信服他对产品的中肯评价。

第四，决策。通常获得最终评价后执行决策，有时决策与评价同时进行。决策应客观，坚决抵制在评价过程中和在面谈结束前作出结论。若没有获得完全信息就作出决策，可能会过于主观，如受被面谈者服饰、口音或其他个人特征的影响。

> **案例**
>
> ### 《欢乐颂》：看曲筱绡如何拿下 GI 项目[①]
>
> 电视剧《欢乐颂》中，曲筱绡父亲创立的曲氏集团以建筑材料起家，主营业务涉及大型机械设备、墙体、地面、卫浴等民用领域。适逢德国著名空调品牌 GI 在国内进行大型中央空调合作招标，该集团以此作为契机，试图将业务拓展到公共设施领域。为了得到父亲的赏识，曲筱绡自告奋勇成为 GI 品牌投标策划的负责人。
>
> 然而作为一个草莽进场的门外汉，曲筱绡有些束手无策，无奈之下敲开了女强人安迪的房门以寻求帮助。安迪原本是华尔街投资公司的高管，回国后担任投资公司晟煊集团首席财务官，在商海拼搏多年，经验丰富。安迪就资料和现状结合谈起，一步步向曲筱绡剖析 GI 进入中国的可行性。当安迪第一次说到行业领域的市场容量并辅以专业解释时，曲筱绡一脸茫然表示难以理解，安迪无奈，只好用更易懂的语言解释，并列出详细提纲让曲筱绡深入研究。
>
> 皇天不负有心人，曲筱绡终于制定好一份完整的可行性分析报告。曲筱绡父亲召集相关负责人开会，曲筱绡汇报，各部门负责人评价。但是，各部门负责人顾虑重重不敢肆意发表评论。曲筱绡见无法得到真实充分的反馈，便开门见山地说："大家不要怕得罪我，我是真心想要拿下 GI 项目，在这里虚心向大家学习，希望大家畅所欲言，我们共同努力实现目标！"此话一出，各部门负责人不再沉默，有效沟通得以进行。
>
> 一周后，GI 品牌方来到曲氏公司谈判，曲筱绡立足曲氏公司现状，从行业特点、销售渠道等多方面分析公司的优势，完美地展现了其大型中央空调合作项目的实施计划。对方负责人质疑曲筱绡资历尚浅，希望她能阐述代理 GI 品牌的原因，曲筱绡一时之间不知如何回答，只好借去洗手间为由向安迪求助。安迪分析了对方问题的本质，指导曲筱绡顺利过关。项目通过后，GI 品牌方与曲氏负责人一起吃饭，在需要向对方用英文介绍上海菜时，曲筱绡再一次卡了壳，幸亏安迪一直用蓝牙耳机与她保持通话，再一次出手相救。最终，曲筱绡磕磕绊绊地拿下了 GI 品牌的代理。
>
> **思考题：**
> (1) 在曲筱绡拿下 GI 项目的过程中，遇到了哪些人际沟通障碍？
> (2) 该故事中采用了哪些人际沟通的方法？

第三节 组织沟通

约翰·奈斯比特说："未来竞争将是管理的竞争，竞争的焦点在于社会组织内部成员之间及其外部组织的有效沟通之上。"组织沟通是组织内部的黏合剂、催化剂、润滑剂，

---

① 改编自电视连续剧《欢乐颂》。

优秀企业通常以正式和非正式沟通并用、纵向和横向沟通结合管理组织内部，实现上下一心。

一、组织沟通的特征

组织沟通就是组织内部的沟通，是为组织中两个或两个以上的员工或团体之间达成共识而交换信息的过程。查尔斯·贝克说："沟通是组织的生命线，传递着组织的发展方向、期望、过程、产物和态度。"组织沟通主要包括以下特征：

1. 目的性

任何组织都有一定的目标和任务，目的性是指组织沟通通过时刻影响组织成员的行为，促使个体目标与组织目标相吻合，最终实现组织整体目标。

2. 预定性

组织沟通常按预先设定的流程实现，在预先设定的约束和规范下，组织信息传递遵循一定的方向和轨道，不能随意更改和变动。

3. 与组织规模的相关性

组织沟通有效性与组织规模高度相关。组织规模越大，组织沟通越规范，沟通过程越长，同时组织沟通有效性越差；相反，小组织规模的组织沟通过程虽短，但沟通有效性较好。

二、组织沟通的渠道

组织沟通的渠道是组织沟通过程中使用的沟通媒介，包括正式沟通渠道和非正式沟通渠道，由管理者负责建立和维护。正式沟通按照正式组织系统与层次沟通，具有权威性；非正式沟通不受组织监督，不拘于形式，是正式沟通的有机补充。

1. 正式沟通渠道

正式沟通是在组织系统内部依据组织明文规定的原则进行信息传递与交流的过程，如组织之间的公函来往、组织内部的文件传达、召开会议和上下级间的情报交换等。正式沟通具有沟通效果好、约束力强、易于保密和权威性强等优点，主要包括：

（1）向下沟通

向下沟通是高层管理者向下属发送信息的过程，是正式沟通中常见、效果显著的一种。向下沟通要求管理者准确传达任务信息，鼓励下属积极执行，并适时指导。

老子曰："太上，不知有之；其次，亲而誉之；其次，畏之；其次，侮之。"这句话概括了四种不同类型的管理层：最高等级的管理层是"不知有之"，员工们感觉不到管理层的刻意经营，自由发挥所长，给自身、机构和社会带来最大好处；次一级的管理层是"亲而誉之",他们受到员工们的赞誉,并鼓励员工有效沟通,向共同愿景迈进;再次一级的管理层是"畏之",员工们因害怕管理层一味听从领导指示,结果下情无法上达、政令不能下传,最终被淘汰;最低等级的管理层是"侮之",他们的讲话和作为受到员工们的讥笑嘲讽,矛盾不断加深,向下沟通完全无法进行,最终只有死路一条。

(2) 向上沟通

向上沟通是在组织层级中由下而上传递信息的过程,许多组织都不断致力于改善向上沟通。可采用的机制包括建议箱、员工调查、开放政策、管理信息系统报告、员工与管理层间的直接交流等。

双汇集团注重倾听员工,为员工提供高效率的沟通渠道,为公司营造和谐的沟通氛围。公司采取座谈会、经理信箱、微信群、短信、电话等方式,同时各基层工会定期组织召开员工代表座谈会、大学生座谈会,倾听一线员工的心声、呼声和怨声,了解员工工作、生活中的困难,共同讨论问题解决方案。①

(3) 水平沟通

水平沟通是同级管理人员或员工之间的信息沟通,可以在部门之间或之内发生。其目的不仅是通知,还有要求支持或协作等意图。

2. 非正式沟通渠道

非正式沟通渠道独立于正式沟通渠道之外,以私人接触而非组织系统进行沟通。它与组织等级权力无关,跨越层级实现"沟通无限制",极大地弥补了正式沟通形式刻板、传递缓慢的不足。非正式沟通渠道常用两种形式:

(1) 巡视管理

巡视管理指管理者与员工直接交流以了解当前发生的事情。管理者与员工一起工作、交流沟通,从员工那里直接了解各个部门或组织的状况。巡视管理对于所有层级的管理者都有效。

ARCO公司总裁保持着拜访地区经理办公室的习惯,他对与分公司经理的会面不屑一顾,而是愿与分公司最低级的员工交谈,并总是充当不速之客,力求获得最真实的信息。百事公司总裁则总是从上层人员开始交流,他一般直接与高级品牌副经理见面并询问:目前公司如何?

(2) 小道消息网

小道消息网是一种联系所有员工的非正式内部沟通网,它能够帮助管理者了解到正式渠道无法提供的信息,如利用小道消息填补信息空白、澄清管理决定等。小道消息网沟通

---

① 改编自《最佳雇主奖案例申报——双汇集团》,http://news.xinhuanet.com/tech/2016-10/20/c_1119696049.htm。

有两种主要形式：一种是流言蜚语式，主要由个人传播；另一种是组群式，每个人都向他人发布消息。

许多经理认为小道消息有百害而无一利，应尽可能消除，但实际上小道消息网传播的信息中有70%—90%的内容准确。因此，经理们应该注意小道消息的两面性：一方面，接受并使用小道消息网与员工沟通；另一方面，有效控制沟通方式，以免小道消息网沟通成为消息的唯一来源。

三、组织沟通的作用

没有沟通组织就没有发展！松下幸之助说："企业管理过去是沟通，现在是沟通，未来还是沟通。"沟通渗透于管理的方方面面，其具体作用体现在：

第一，组织沟通是促进企业文化形成的重要因素。企业文化是企业的灵魂所在，是企业发展壮大的助推器。组织沟通能够形成独特的沟通文化，进而发展为企业文化。

雀巢成立之时，围绕信任、互相尊重和沟通三大价值观建立了其独有的企业文化。管理层和员工通过日常工作建立起直接频繁的沟通关系，举行定期双向交流会，开展公平建设性沟通，清除各部门间的沟通障碍。在创造共享价值（CSV）的理念下，雀巢的企业文化大放异彩。[①]

第二，组织沟通是组织的生命线。任何组织都是在不同部门相互协作的过程中实现目标，良好的组织沟通则是组织内相互协作的前提和保证。无效的组织沟通会导致组织的主要功能（如商品生产或提供服务）无法实现，导致组织无法生存。

第三，组织沟通是统一思想和行动的保证。有效的组织沟通有利于员工稳定情绪、保持思想一致，有利于协调统一组织行动、实现共同目标。

日本企业家重视企业内部的感情沟通，公司管理者不是终日埋头在办公室里，而是经常和下属、职工打电话或面谈。有的企业家几乎每天都同基层管理者边吃饭边谈话，有的高层管理者甚至同下属工厂全体员工一起野餐、跳舞。据粗略统计，中层管理人员有1/3—2/3的时间花费在参与下层人员的活动上，高层管理人员花费的时间则高达60%。

第四，组织沟通是有效的决策和执行力的前提。好的决策灵感有时候来自基层，组织沟通能够充分发挥员工的聪明才智，让决策更加科学有效。管理层还可以通过组织沟通全面把握项目进度，更有效地实现组织目标。

四、组织沟通的障碍

组织沟通涉及企业的不同层面、不同部门、不同渠道，地位与权力的差异、需求与目

---

① 改编自《杰出企业奖案例申报——雀巢（中国）》，http://news.xinhuanet.com/tech/2016-10/20/c_1119695722.htm。

标的差异、渠道与任务的不匹配以及正式沟通渠道的缺乏等都会导致信息在传递过程中被丢失和被曲解，形成沟通障碍。

1. 地位与权力的差异

地位和权力的差异导致上下级之间存在信息不对称问题，组织沟通效果大打折扣。下级可能不愿意将坏消息向上级传递，以免给上级带来不好的印象，而上级也难以觉察到下级的碌碌无为。

2. 部门间需求与目标的差异

不同部门的需求和目标不同，各个部门都从本部门利益出发思考问题，很容易导致组织沟通障碍。如生产部门只关心生产效率，则不能完全理解营销部门需尽快将产品推销给消费者的需求。

3. 沟通渠道与组织任务不匹配

沟通渠道与组织任务的不匹配会让传递的信息过期或失真，严重阻碍组织发展。如果集权沟通结构被用于非日常性任务，就可能导致信息不足，难以决策。当组织内的信息流与组织目标一致时，组织的沟通是最有效的。

4. 正式沟通渠道的缺乏

组织必须以员工调查、开放政策、时事通信、备忘录、任务小组以及人员联络等方式提供充足的向上、向下以及水平的沟通渠道。缺乏正式渠道，组织就无法开展整体沟通，更谈不上有效的组织沟通。

五、组织沟通的策略

沟通有碍，除必有方！针对不同组织沟通的障碍，应采用不同的策略来克服，这是塑造优秀沟通文化的必经之路。常见的组织沟通策略有以下几种：

1. 形成鼓励性沟通氛围

鼓励性氛围促进开放，防御性氛围限制沟通。鼓励性氛围让人在陈述观点时感到安全，确信自己有价值、被人重视，人与人之间能够进行广泛的沟通。而在防御性氛围中，发言者让听者感受到威胁，因而变得谨慎和退缩，难以听清信息并常常歪曲发言者的价值观和动机。

2. 建立有效的信息沟通系统

杰克·韦尔奇强调："在组织内部建立起上情下达、下情上达的有效信息沟通系统极为必要。"这一系统既能保证上级及时掌握进度，获得作为决策基础的准确信息，又能保证指令的顺利下达和执行。

切斯特·巴纳德总结了如下经验：第一，应明确宣布信息交流沟通渠道，做到人人知晓；第二，及时公布官方一切任命，明确个人岗位责任，明确宣布组织机构的设置和调整，对员工说服教育等；第三，把组织内部的每个人纳入这种信息交流系统之中；第四，信息交流的路线越直接，层次越少，距离和时间越短，就越好；第五，应当注意信息交流系统的完整性，组织首脑的指令要确保做到逐级传达，人人皆知，防止"串线"或越级现象的发生；第六，首脑机关或总部的工作人员必须能够胜任工作。①

3. 明确传达组织理念，建立信任氛围

沟通充分有效的企业中，各级别、各部门员工都很清楚组织目标和工作内容。他们不会花费时间猜测高层管理者的想法，更不会从收到的信息中寻找隐含意思。明确传达组织理念的关键是要做好以下方面：

第一，重复信息。有效沟通需要重复发布信息，让信息在组织内深深扎根。有些专家认为，只有当人听到某条信息重复六遍后，才能相信并消化这一信息。

第二，使用简单的语言。语言可能成为沟通的障碍，管理者应选择好措辞，注意表达逻辑，保证发送信息清楚明确、易于接收者理解。

第三，运用多种沟通渠道。员工对接收信息的方式有自己的偏好，高层管理者不应该过于依赖一种沟通方式向员工传递信息，多种交流方式结合并用才能让内部沟通达到最佳效果。

4. 扫除跨文化沟通的障碍

随着世界经济的一体化和区域经济集团化的不断深化，跨文化沟通已成为现代社会的重要特征。无论在公司、地区还是国际范围内都应注重跨文化沟通，扫除沟通障碍，以避免犯下不可挽回的错误。成功企业的做法有如下几种：

第一，强化海外商务旅行和工作经历。员工通过海外实践和旅行经历获取在沟通中应对其他文化差异的技能，减少日后工作中文化沟通障碍。

第二，通过培训增强跨文化工作能力。跨文化内部培训包括研讨会、课程、语言培训、书籍、网站、讨论、录像和模拟演练等。

华为员工开始海外任职前会在培训部门接受日常培训和特殊培训，日常培训包括研讨会、语言训练、讨论和模拟训练等，特殊培训包括文化差异以及相关产品培训等课程。通过持续不断的跨文化培训，员工逐渐形成跨文化意识，大大提高跨文化工作能力。②

第三，聘用合适的人员赴海外任职。根据需要聘用来自多种文化背景的员工或具有广泛国际经历的人员，并分派到相应的海外分公司。

为减少任职失败的可能性，惠普公司建立了驻外任职候选人才信息库。员工可通过内

---

① C.I. 巴纳德著，《经理人员的职责》，中国社会科学出版社，1997年10月，第169—184页。
② 宋蕾，"华为公司在北美市场的跨文化管理研究"，《武汉理工大学》，2012年。

部网将简历发送至信息库,并参与任职模拟练习。这种自我选择方法,让员工感受到在国外必须跨文化沟通,同时候选人才信息库也向管理层提供了重要信息,帮助他们选择适合职位的候选人。

第四,在企业文化中遵循多样化政策。多样化是企业战略的重要特征,企业通过多样化政策营造良好的跨文化沟通氛围,让员工队伍趋于多元化,鼓励员工珍视工作场所的文化差异。

拥有多元文化的跨国企业LG集团将跨文化培训项目融入多样化政策,提出口号"培养全天候的人才",即通过完善的培训体系培养能适应各种情况、应付各种挑战的全面人才。公司的员工跨文化培训形式多样,如给外派人员培训当地语言、文化、历史、哲学等多方面内容;通过"LG MBA"培训班提高管理人员的跨文化管理技能等。[①]

案例

谷歌沟通:当最牛的路由器[②]

谷歌成立于1998年,主要从事互联网产品与服务的开发,业务涉及互联网搜索、云计算、广告技术等,被公认为全球最大的搜索引擎。2016年,谷歌以2 291.8亿美元的品牌价值荣登BrandZ全球最具价值品牌百强榜榜首。

独特的沟通是谷歌大放异彩的推力之一!谷歌认为,信息是企业赖以生存的生命之源,是员工创新的源泉,信息流动与共享是创新的必备条件。为创造良好的沟通环境,谷歌在公司内部设立多种沟通渠道,形成多样化沟通形式,确保信息全面、高效、真实地传达。

"共享一切"是谷歌一贯秉持的原则。每个季度,谷歌管理层都会就企业现状拟一份深度报告呈交给董事会,董事会会议结束后,他们将该报告与员工们分享。共享还体现在邮件抄送中,这是路由器的关键,将能共享的信息共享给所有可能需要的人。

关注坏消息,为真话营造安全环境。TGIF(Thank God, It's Friday. 感谢上帝,今天是星期五)是谷歌在每周五下午举行的交流大会,会上设有一个不设限的问答环节,被称作"多莉机制"。任何不能或不愿当面提问的员工都可以把问题发给"多莉",由其他人投票表决问题的好坏,无论问题尖锐与否,首席执行官及团队都必须按照问题列表从头至尾逐一回答。谷歌还规定员工可以直接给领导发邮件阐述自己的想法和建议,并在公司内部开展一系列广泛的调查。例如公司定期向员工调查关于其上司的意见,最优秀的上司将成为来年的榜样,最糟糕的上司将受到培训和指导,这种措施能够促使75%的人在一个季度内好转。

---

① 赵艳丰,"LG公司跨文化培训启示"《现代企业教育》,2011年第15期,第26—29页。
② 改编自埃里克·施密特、乔纳森·罗森伯格、艾伦·伊格尔著,靳婷婷译,《重新定义公司:谷歌是如何运营的》,中信出版社,2015年,第161—191页。

以人为本，为员工尽可能提供沟通的渠道。谷歌的 OKR（Objective and Key Results，目标与关键成果）考核制度，要求每个季度每个员工都需要更新自己的 OKR，并在公司内发布，让大家快速了解彼此的工作重点，保持各个团队的紧密协作。Google Cafes（谷歌咖啡）为员工以及跨团队之间创造了各种舒适的工作环境，鼓励团队之间的接触和沟通。每逢周五，谷歌的两位创始人还会与员工们共进晚餐，此时员工们可以向他们提出种种要求。畅所欲言的环境提高了员工的工作效率，新的创意和想法不断在聊天中诞生并投入实际应用。

做最牛的路由器，谷歌将沟通做到了极致。借助一系列扁平化的管理措施，谷歌以信息的流动和共享为中心构建流畅的内部沟通系统，在浮浮沉沉的浪潮中始终保持着活力。

思考题：
(1) 举例说明谷歌进行组织沟通采用的渠道。
(2) 谷歌运用了哪些组织沟通的方法？

第四节　公共关系

内求团结，外寻发展，协调好外部关系是组织发展的基础！社会由不同的组织和个人组成，公共关系则是组织外部关系的统称，它是联系组织与公众的桥梁，是研究组织外部沟通的科学，更是传播塑造组织形象的艺术。

一、公共关系的特征

佛靠金装，人靠衣装！公共关系是组织塑造良好公众形象的手段，是组织以沟通为本、以真诚为则、以传播手段为径，与利益相关者建立双向交流、互惠互利的长期管理活动。其特征包括：

1. 形象至上

公共关系活动的根本目的是在公众中塑造、建立和维护组织的良好形象。良好形象是组织的重要财富，既与组织整体有关，也与公众状态和变化趋势直接相连。组织必须有合理的经营决策机制、正确的经营理念和创新精神，根据公众需要及时调整行为，不断改进产品和服务。只有获得公众的支持和理解，组织才能生存。

2. 沟通为本

组织与公众打交道实际上是通过信息双向交流和沟通来实现的，正是通过双向交流和信息共享过程，才形成了组织与公众之间的共同利益和互动关系，成为公共关系区别于法律、道德和制度等意识形态的地方。

3. 互惠互利

社会组织应追求自身利益的最大化，但很多组织在逐利过程中为求得一时私利而迷失方向，最终失去更多，甚至什么都没得到。造成这种现象的根本原因在于：利益都是相互的，从来没有一厢情愿的利益。"与人方便，就是与己方便"，对于社会组织而言，公共关系工作之所以有必要，就在于它能协调双方关系，实现双方利益最大化。

4. 真诚

自艾维·李提出讲真话的原则以来，告诉公众真相一直是公关工作的基本信条。尤其在信息及传媒手段空前发达的现代社会，任何组织都无法长期封锁、控制消息以隐瞒真相、欺骗公众。正如美国前总统林肯所说，"你可以在某一时刻欺骗所有人，也可以在所有时刻欺骗某些人，但你绝对不能在所有时刻欺骗所有人。"因此，公共关系强调真诚原则，要求公关人员实事求是地向公众提供真实信息，以取得公众的信任和理解。

《论语·颜渊》记载：子贡向孔子请教治理国家的办法。孔子说：粮食充足，军备充足，老百姓信任。子贡问：如果不得不去掉一项，先去掉哪一项？孔子说：去掉军备。子贡问：如果不得不再去掉一项，再去掉哪一项？孔子说：去掉粮食。民无信不立，没有诚信，便没有立足之地。诚信是立人之本，立政之本，立商之本。商海浮沉，唯厚道不破。

5. 长远观点

公共关系是通过协调沟通树立组织形象、建立互惠互利关系的过程，既包括向公众传递信息，也包括影响并改变公众态度，还包括组织转型，如改变现有形象、塑造新的形象。所有这一切，都不是一朝一夕就能完成的，必须经过长期艰苦的努力。因此，公共关系组织和公关人员不应时时计较一城一池的得失，而要着眼于长远利益，持续不断地努力，付出总会有回报。

二、公共关系的构成要素

公共关系是由组织、公众和传播三个要素组成的系统，组织作为公共关系的主体，利用不同传播媒介与公众建立良好的关系。三个要素既有独自的功能，又相互影响、相互促进，形成推进企业发展的整体效应。

1. 组织

公共关系是一种组织活动而非个人行为，因此组织是公共关系活动的主体，是公共关系的实施者、承担者。公共关系将组织分为四种：第一类是营利性组织，即以营利为目的、追求经济利益最大化，如工商企业、旅游服务企业、保险公司等；第二类是服务性组织，即不以营利为目的，而以服务对象的利益为目标，包括学校、医院、慈善机构等；第三类是公共性组织，即以谋求社会利益为目的服务于整个社会和公众，保证社会不受内部不良因素影响和外来干涉，如政府、军队、消防部门等；第四类是互利性组织，即以组织内部成员间互获利益为目标，如政党、工会组织、职业团体等。

马云曾将自己在云峰基金所得收益全部捐赠给阿里巴巴公益基金，如此以个人名义的捐款是个人行为，而非公共关系；但若马云以阿里巴巴的名义进行捐款，可以把这种行为理解为一种旨在提高组织（公司）的知名度和美誉度、扩大组织影响的公共关系行为。

2. 公众

公众是公共关系的对象，即与社会组织发生相互联系和作用，其成员面临共同问题、共同利益和共同要求的社会群体。公众随时可以表达自己的意志和要求，主动对公关主体的政策和行为作出积极反应，从而对公关主体形成舆论压力和外部动力。任何组织都有特定公众，组织在计划和实施自己的公关工作时必须认真分析和研究自己的公众对象，并根据其特点及变化趋势制定和调整公关政策。

3. 传播

公共关系传播是一种有组织、有计划、有规模的信息交流活动，是社会组织开展公共关系的重要手段，通常由组织传播职能的部门或个人根据公共关系计划编制对组织有利的信息，目的是通过双向交流和沟通促进组织与公众的了解、共识、好感和合作，树立组织在公众心目中的良好形象。

三、公共关系的作用

公共关系是一种特殊的管理职能，它紧跟社会趋势，帮助组织保持与社会同步；使用有效途径传播信息，塑造组织良好形象；协调组织和公众的关系，实现相互交流、理解、认可与合作。公共关系的主要作用如下：

1. 采集信息、监测外部环境

公共关系帮助组织从微观和宏观两个层面上采集信息：微观层面上，采集公众对组织管理水平、员工服务态度、产品服务性能的评价以及目标公众需求和偏好信息；宏观层面上，搜集与组织有关的各类外部信息，包括外部环境信息，如政府政策、新闻媒介传播效果和舆论指向、竞争对手动向等。组织利用公共关系有效检测所处环境，为其发展提供足够可靠的信息资源。

2. 传播信息、树立形象

"酒香不怕巷子深"的经营观念已无法适应竞争日益激烈的现代市场经济，组织迫切需要走出去。通过公共关系活动建立良好信誉和形象，有助于推出新产品、创造"消费信心"，也有助于筹集资金、吸引人才和寻找协作者，更有助于协调和社区的关系、增强相关部门对企业的信任。

3. 协调沟通、调节应变

公共关系是组织与公共利益相协调的润滑剂和平衡杆，公关人员要协调好与政府、新闻界、消费者、社区以及竞争对手之间的关系，及时将组织决策、执行情况公布于众，并依据反馈信息做出适当调整。积极的公共关系活动有助于促进企业与社会的有机结合，达到企业利益与社会利益共同最大化。

隆庆集团通过多年的实践总结出"关系也是生产力"的名言，它们充分认识到搞好企业与各方面的公共关系可以给企业营造良好的经营环境，创造出更大的经济效益。集团的组建过程涉及大量资产变更和人员分流，由于集团与各方面尤其是政府各部门之间具有良好的公共关系，仅用一个月就完成了集团组建。

四、公共关系的障碍

公共关系本质上是信息沟通的过程，同样存在很多障碍，主要体现在个体差异、组织机构差异和时空障碍上。公共关系人员应给予足够重视，找到根源并采取相应措施消除障碍，争取公众的理解与支持。

1. 个体差异障碍

社会个体呈现出多样性，利益、观念、性格和情感的种种差异让双方在沟通过程中障碍重重。公共关系人员应用平等、开放和宽容的心态开展公共关系，在理解公众的基础上构建更和谐的公共关系。

2. 组织机构障碍

组织机构障碍是指与组织机构有关的障碍，主要包括传递层次过多、机构臃肿、效率低下和渠道单一。传递层次多会造成信息严重失真，机构臃肿会减慢信息传递速度，效率低下会中断信息传递路径，沟通渠道单一会造成决策所需信息量明显不足。组织应根据实际情况进行科学分析，建立精简高效的组织系统。

3. 时空障碍

时空障碍是指时间和空间不同产生的障碍。在公众舆论和群体心理变化的不同阶段，公共关系应综合外部环境、公众信息需求和敏感度等因素，营造出有利于信息传播的时空条件，科学掌握向特定区域的目标公众传播信息的最佳时间。

微信以春节为契机、传统电视媒体为传播渠道，鼓励公众在春晚中"摇一摇"抢微信红包，成功开启移动支付红包大战。此次公共关系策划克服了时空障碍，不仅一举俘获了三四五线城市的微信用户，更培养了用户在未来更普遍的移动支付场景中的使用习惯，让微信拥有更大的主动权和传播优势。

五、公共关系的策略

在处理公共关系时，通常需要与顾客、新闻媒体、社区和政府等群体处理好关系。

不同的群体有着不同的特点，相处之道不能千篇一律，必须因人制宜，用不同策略来处理。

1. 顾客关系

顾客是组织提供产品或服务的对象，既包括有形产品，也包括无形产品（即劳务）的消费者；是组织面对数量最多的公众，是组织对外公共关系的首要对象，也是维系组织生命的动脉。

良好的顾客关系是组织发展的基础，组织应按照"顾客第一"或"顾客至上"的理念来规划公共关系，努力创造良好的组织形象和产品服务形象，争取顾客并开拓市场，实现公共关系目标。一旦与顾客发生纠纷，组织应在"顾客永远是对的"这一最高准则的指导下迅速作出反应，给予妥善解决，争取顾客谅解。有条件的组织应尽可能建立顾客关系的科学管理机制，通过开展消费指导、消费教育活动，建立一支充分信任该组织的稳定的顾客队伍。

2. 新闻媒介关系

新闻媒介既指作为社会组织的报纸、杂志、电台、电视，也指在这些组织中工作的记者、编辑人员。新闻媒介具有双重身份：一方面，它是组织公共关系的客体，是企业竭力追求的公众；另一方面，它是组织实现公共关系目标的重要中介，是企业与其他公众进行沟通的桥梁和纽带。

新闻媒介在传播信息方面具有其他媒介无法比拟的优势，一方面能够帮助组织向公众传递信息，对其产生潜移默化的影响，营造有利的舆论环境，这一点在危急公关中尤为重要；另一方面其提供的顾客需求信息是企业预测市场、完善决策的重要信息来源。

在与新闻界打交道时，最佳途径是同新闻界人士建立个人关系和友谊，在此过程中应注意以下两点：一是相互了解，"知己知彼，百战不殆"，公共人员应对新闻记者的工作过程有详细了解；二是要具备新闻工作者的职业观念，既要实事求是，又要真诚委婉。

21世纪网质疑农夫山泉水源质量的文章曾一度让农夫山泉陷入"质量门"。而后，农夫山泉与《京华时报》的不当沟通导致《京华时报》连发报道对农夫山泉的用水标准进行70多个版面的攻击，将"质量门"上升为"标准门"。虽然后来《人民日报》权威发声消除质疑，但在处理与《京华时报》关系上的失败导致农夫山泉宣布退出北京桶装水市场，极大地损害了农夫山泉的声誉。[①]

3. 社区关系

社区是指组织所在区域以及与组织邻近的环境，社区公众是指组织所在区域（市、区、乡、镇、街道、村）的地方政府、其他社团和居民。社区公众与组织之间有着千丝万缕的联系：社区居民可能成为组织的员工或是组织的稳定顾客，社区其他社团可以成为组织良好的合作伙伴，社区当地的政府是组织的"父母官"。能否和社区公众建立良好的关

---

① 张静，"农夫山泉'标准门'事件的危机公关研究"，《兰州大学》，2014年。

系，关系到组织及员工能否拥有一个安静和谐的生产生活环境。

要与社区搞好关系，组织需要做到：第一，热心社区的公益事业，密切与社区公众的往来，加强双方的沟通了解；第二，保护好社区生态环境，不能给社区公众的生产生活造成负面影响；第三，可以适当资助地方教育、文化、艺术、体育、医院以及社会福利机构，包括养老院、残疾人基金会、疗养院等；第四，若与社区公众发生纠纷，组织要勇于面对问题，采取积极措施解决问题，及时平息社区公众对组织的批评和不满，尽力消除冲突和矛盾，化干戈为玉帛。

4. 政府关系

政府是国家权力的执行机关，是对社会公共事务进行管理的机构。政府依据统一的法律、法规和政策，对社会活动进行管理指导；组织作为社会的一分子，必须对政府的依法管理予以服从。政府和社会其他组织相比，在拥有权力、掌握资金、了解信息、控制舆论上具有较大的优势。因此，组织应处理好与政府的关系，争取政府对组织的了解、信任和支持，从而扩大组织影响。

协调好与政府的关系，通常要做到：第一，组织要合法经营、照章纳税，不做有损社会公益的事情；第二，注意与政府的信息沟通，了解政策的办事程序，时刻关注法规政策的变动，必要时向政府汇报组织现状，让政府了解真实信息，进而制定出有利于组织生存发展的法规政策；第三，多与政府进行感情交流，通过邀请政府领导出席组织的有关活动加强双方联系。

位居美国汽车业第三把交椅的克莱斯勒公司曾经创下了亏损116亿美元的纪录，并且濒临破产的边缘。临危受命的艾科卡在其他方案都行不通的情况下，决定以公司全部资产做抵押向美国联邦政府申请贷款。消息传开，举国哗然，反对声不绝于耳，联邦政府一时拿不定主意。为了争取到全国公众和政府的理解支持，艾科卡发起了强大的舆论攻势。媒介发表了一系列阐述公司主张并附有艾科卡亲笔签名的社论。同时，艾科卡还派出专人到国会和联邦政府进行游说活动。这些公关活动的开展，使公众逐渐恢复了对公司的信任，国会也终于在圣诞节前夕通过了贷款法案。有了这笔巨资的支持，克莱斯勒公司最终起死回生。

案例

呷哺呷哺应对"3·15鸭血危机"始末[①]

呷哺呷哺以新颖的吧台式就餐形式和传统火锅结合，开创了时尚吧台小火锅的新业态。在18年的发展历程中，呷哺呷哺秉持"卫生清洁第一、营养快捷为要、大众消费是本、亲切关怀得宜"的经营理念，成功地在30多个城市直营开店500余家，并连续7年位列"中国餐饮百强企业"。

---

① http://www.xiabu.com/？c=news&m=view&id=69，有删改。

2015年3月15日，CCTV新闻频道《共同关注》栏目重磅报道"北京鸭血9成是假的"，记者抽样调查显示呷哺呷哺、小肥羊等火锅企业售出的鸭血产品中检测出猪源性成分。新闻一出，公司被推向风口浪尖。面对突如其来的危机，呷哺呷哺立即响应，于当日19：21通知其三个大区、九个省市的近500家门店停售鸭血；20：40，公司率先发布企业声明，表明高度重视此事件的态度，承诺将联合新闻媒体、政府部门和第三方检测机构立刻开展调查；21：05，公司发布停售公告以及媒体沟通渠道信息，安排专人处理媒体征询。一时间，疑似产品从市面上消失，媒体和消费者也有了与企业正式沟通的途径。

公司随后抓住此事件的根源——"鸭血究竟是真是假"，积极配合北京市食品安全监控中心相关执法人员对呷哺呷哺统一采购的鸭血进行取样，并于3月16日早上7：00将产品运回呷哺呷哺总部封存检测。公司总部和门店积极配合各级政府部门的检查，并提供了全面、完善、翔实的供应商资质证明、进销存台账记录和品质检验报告。3月26日，初步检验结果公布，北京市大兴区食药监局前往呷哺呷哺总部解封3月15日当晚封存的鸭血产品，呷哺呷哺在第一时间接受了媒体的采访，宣告鸭血继续售卖。3月30日，呷哺呷哺收到北京市食品药品监督管理局抽检鸭血的书面检测报告，报告中称未检出猪源性成分。

4月3日，呷哺呷哺发表官方声明，详述事实并表明立场与态度——呷哺呷哺坚持品质，并诚恳感谢舆论监督。同时，权威媒体站台发声，更有视频媒体远赴山东呷哺呷哺上游供应商鸭血厂探究制作全程，谣言不攻自破。与此同时，呷哺呷哺于4月8日借力鸭血风波设置："我躺枪，你乐享，安心鸭血免费送"活动，任意现金消费即送鸭血，以实际行动有力告知有菜有真相。此活动推出后，呷哺呷哺4月9日港股的股价涨幅高达19.10%。

思考题：
（1）呷哺呷哺在"3·15鸭血危机"中表现出的公共关系有何特征？
（2）呷哺呷哺公共关系在此次事件中发挥了哪些作用？
（3）呷哺呷哺如何处理与顾客、媒体、政府的关系？

第七章
领导的科学与艺术

　　火车跑得快，全靠车头带！领导能力的高低直接影响着组织的运行与发展，领导学家伯纳德·巴斯认为，领导者对人类文明的影响程度不亚于人类文明对领导者的影响程度，卓越的领导者因其在社会生活中发挥着突出作用而成为一种稀缺的社会资源。

第一节 领导概述

领导是风,下属是草,风往哪边吹,草就往哪边倒。领导是指挥、带领、引导和鼓励追随者为实现组织目标而努力的过程。领导是一种影响力,是领导者与追随者之间互动的过程而非职位。普奥瑞娜说:"领导力不是由头衔、地位或官阶层次决定的,而是必须具有驾驭和左右变革的能力。"

一、领导的三要素

韩非子曰:"明君之所以立功成名者四:一曰天时,二曰人心,三曰技能,四曰势位。"贤明的君主之所以能立功成名的原因有四个:一是天时,二是人心,三是技能,四是权势地位。技能和权势地位是领导者的能力和影响力,人心是追随者的归顺程度,天时是领导过程的情境,领导三要素包括:

1. 领导者

领导者指从事领导工作的人。对于承担不同管理职能的领导者而言,拥有一定的素质和技能是其完成组织使命、实现组织目标的基本前提。领导者所需要的三大基本技能包括:

第一,技术技能。技术技能指正确掌握从事工作所需的技术和方法的技能,包括三个方面:一是掌握专业技术,如公共预算技术、工程设计技术、各种机器设备的操作技术和人员功能测评技术等;二是掌握工作方法和程序,如行政执行方法、机关办公的收文和发文程序等;三是掌握工作制度和政策,如行政许可制度、税收制度与法律、会计制度和财务规定、人事制度和人事政策等。

第二,人际技能。人际技能指有效地与他人共事和促进团队合作的技能,主要包括三个方面:一是处理人际关系的技能,主要是协调技能和沟通技能,领导者处于组织结构网络的结点上,与上、下、平级发生着广泛联系,有时还要与组织外部发生联系,熟练运用人际技能处理这些关系,保持相互信任和真诚的合作态度,能够使管理工作事半功倍;二是识人用人的技能,管理是一个借力活动,因此领导者必须深入了解他人,用人所长,避人所短;三是评价激励的技能,组织成员的工作积极性和创造性不会自发产生,需要领导者给予激发,领导者应该掌握现代评价和激励方法,以便客观公正地评价他人,并给予激励。

第三,概念技能。概念技能指对复杂情况进行分析、诊断、抽象和概括化的技能,包括三个方面:一是预测技能,组织及其环境处于不断的变动之中,领导者应密切注意组织内部各个组成要素的相互作用以及组织与环境的互动关系,预测各个要素在当前的微妙变化对组织未来的发展会构成哪些可能的影响;二是判定技能,组织发展过程中经常会因一些意想不到的问题而造成混乱的局面,领导者需要敏捷地从混乱而复杂的局面中辨别各个要素的相互作用，迅速判定问题的实质，以便果断决策；三是概括技能，领导者应依据信息作出决策，凭借概括技能，从纷繁复杂的信息中提取出对组织全局和组织战略有重要影响的关键信息。

三种技能在不同管理层次中的要求不同，技术技能由低层向高层的重要性逐渐递减；概念技能由低层向高层的重要性逐步增加；人际技能对不同管理层的重要程度区别不十分明显，但比较而言，高层要比低层相对重要一些。越是处于高层的领导者，越需要制定全局性的决策，他们的决策影响范围更广、期限更长，因此他们需要更多地掌握概念技能，进而把全局意识、系统思想和创新精神渗透到决策过程中。

2. 追随者

追随者是在组织内基于共同的目标和价值观而追随领导者被领导的人。美国著名的管理学家罗伯特·E. 凯利从批判性思考和参与度两个行为维度出发，将追随者分为五大类，如图 7-1 所示。其中，批判性思考是指追随者考察、分析和评价组织活动的能力，参与度是指追随者参与组织事物的意愿强烈程度。追随者的类型具体包括：

图 7-1　追随者类型

第一类，疏远型追随者。这类追随者是参与度低却具有批判性思考的追随者。这类人常感觉受到了不公平待遇，自认为工作杰出却未被组织赏识。他们愤世嫉俗，疏远他人，不愿参与相关政策的制定。疏远型追随者常常关注组织活动中的负面事件，忽略正面事件。

第二类，顺从型追随者。这类追随者是参与度高但不具有批判性思考的追随者。这类人常在领导者面前说"是的"。尽管他们在工作中表现得很积极，但若接受的指令与社会标准、组织政策相违背，也可能给组织带来危害。顺从型追随者多半是由苛求、独裁的领导者或者过于僵化的组织结构造成的。

第三类，被动型追随者。这类追随者是参与度不高也不具有批判性思考的追随者。这类人依赖领导者为自己设计好的一切，缺乏对工作的热情、主动性和责任感，需要领导者对他们不断地进行强化和指导。因此，领导者可能常常把被动型追随者看成是偷懒的、无能的甚至是愚笨的人。

第四类，高效型追随者。这类追随者是参与度很高同时也具有批判性思考的追随者。这类人不畏惧风险和冲突，有勇气发动变革，敢冒风险为组织谋利益，因此常常被认为是积极者，并且在自我管理型团队中如鱼得水。高效型追随者对领导者来说有价值，能够辅佐领导者并且值得依赖，从而减轻了领导者的很多任务负担。

第五类，功利型追随者。这类追随者是适度参与并具有适中批判性思考的追随者。这类人的行为因情景而变。他们不会轻易地表现出他们的态度，并总是展现出模棱两可的形象。这有利也有弊：从积极的方面来说，当组织处在艰难时期，功利型追随者总是知道利用什么资源来完成任务；从消极的方面来看，这种行为也可以解读为"完弄政治游戏"，或者只是为私人利益着想。

罗伯特·E. 凯利曾说过："说到追随与领导，领导者的贡献平均不超过两成。任何组织和企业的成功，都是要依靠团队而不是个人。"组织的成功或失败，不仅依赖于组织如何被领导，还取决于组织成员如何追随领导者。最有效的追随者是那些能够独立思考、有责任心并且致力于实现组织目标的下属，即高效型追随者。他们在为组织作出贡献的同时，也为自身未来的领导角色积蓄了力量。

子曰："君子怀德，小人怀土；君子怀刑，小人怀惠。"

意思是人有君子与小人之分，君子有高尚的道德，他们胸怀远大，视野开阔，考虑的是国家和社会的事情；而小人则只知道思恋乡土和小恩小惠，考虑的只是个人和家庭的生计。

3. 情境

世界组织行为学大师保罗·赫塞曾说过："一个好的领导者不应只是一个命令者，他在领导和管理团队时，不应使用一成不变的方法，而是应随情境的变化及员工的不同来调整自己的领导方式。"情境指在组织内部，领导者和追随者发生互动时所处的组织形式、领导文化、群体状况和工作任务等。情境具体包括：

（1）组织形式

组织形式主要包括权威层次和组织结构两个方面。一是权威层次，指领导者在组织中的层级。随着领导者在组织阶梯中的不断晋升，对领导产生关键影响的行为类型也在发生重大改变：基层领导者安排工作、确定工作日程和培训基层员工等；中层领导者一般解决工作单元和团队绩效等问题；而处在组织高层的领导者拥有更大的自主权，花费较多的时间用以制定政策及协调活动等。二是组织结构，指协调和控制组织活动的方式。领导者应该认识到，组织结构不仅是组织存在的形式，也是组织完成工作的一种工具，采取适当的组织形式，如适当定型化（组织的标准化程度）和集中化（决策权在整个组织中的扩散程度），有利于领导活动的有效性。

（2）组织文化

组织文化在很大程度上决定了员工对组织的认知及他们在组织中的行为方式，并会影响他们看待、定义、分析和解决问题的方式。领导者可以通过引导组织文化的变化，来领导组织，影响组织成员的行为。如沃尔玛创始人山姆·沃尔顿致力于将沃尔玛打造成为低成本零售商，因此公司里到处流传着关于沃尔顿节俭的故事，他的节俭精神也一直影响着今天的沃尔玛。

（3）群体状况

群体状况指群体成员的兴趣、背景状况、群体的内聚力、群体内部之间互相接受和容纳的程度等。当组织成员作为一个群体，在向下交付一项任务之前，领导者必须考虑影响群体状况的相关因素，这些因素有助于员工有效协调，完成任务，可以使群体的工作变得更有效率。尤其是群体长期磨合的不成文规则，更是直接影响着领导的有效性。

（4）工作任务

工作任务指组织在现阶段需要完成的目标，与每个成员息息相关，也是组织绩效考核的关键。因此，领导的有效性与任务完成的情况高度相关。对于不同复杂程度的任务，领导者应选取相应的领导方式：对于简单和重复性的任务，领导者可以给予下属一定的自由度，发挥员工的积极性；对于较为复杂、需要深厚的专业知识才能完成的任务，领导者应该选择一种参与性较强的方式集思广益。

二、领导权力的来源

著名的心理学家马基雅维利曾说过："有效的领导者是权力的使用者，是那些能够利用技巧和手段达到自己目标的人。"权力是领导者的标志，也是实施领导行为的基本条件。没有权力，领导者就难以有效地影响下属，实施真正的领导。根据领导权力来源的不同，领导者的权力可分为：

1. 职位权力

职位权力指因领导者在组织中的职位，由上级和组织赋予的权力，并受组织规章的保护，属于正式的权力。这种权力与领导者的职位相对应，与特定的个人没有必然联系，在职就有权，不在职就无权，人们出于压力和习惯不得不服从这种权力。职位权力包括：

（1）法定权力

法定权力指组织中等级制度规定的正式权力，与合法的职位联系在一起。组织正式授予领导者一定的职务，给予领导者相应的权势和支配地位，让其有权指挥和命令下属。法定权力的大小是领导者职位高低的标志，是其他各种权力运用的基础。

比尔·布拉德利议员进入参议院的时候，他的头上有两个光环，他不仅是普林斯顿大学最优秀的学生，还曾是美国职业篮球联赛的著名球星。有一次他被邀请去一个大型宴会发表演讲。这位自信的议员坐在贵宾席上等待发表演讲。这个时候一个侍者走过来，将一块黄油放在了他的盘子里。布拉德利立刻拦住了他："打扰一下，能给我两块吗？""对不起，"侍者回答，"一个人只有一块黄油。""我想你一定不知道我是谁吧。"布拉德利高傲地说道："我是罗氏奖学金获得者、职业篮球联赛球员、世界冠军、美国议员布莱德利。"

听了这句话，侍者回答道："那么，也许您也不知道我是谁吧？""这个啊，说实在的，我还真不知道。"布拉德利问道，"您是谁呢？""我啊，"侍者不紧不慢地说："我就是主管分黄油的人。"①

（2）奖赏权力

奖赏权力指通过控制对方重视的资源而影响对方的权力，如给予加薪、额外津贴和晋升等。奖赏权力建立在利益性遵从的基础上，当下属认识到服从领导者的意愿能够带来更多的物质或非物质利益满足时，就会自觉地接受领导，领导者也因此享有了相当的权力。奖赏权力可以增加领导者对下属的引导，提高工作效率和员工满意度，但这种权力的激励作用要视奖励的大小和公平性而定。

（3）强制权力

强制权力指通过负面处罚或剥夺利益来影响他人的权力，如扣发工资奖金、批评、降职乃至开除等惩罚性措施。与奖赏权力相对，这种权力依赖于下属的恐惧感，下属如果不服从领导，领导者就可以批评、惩罚和处分下属。领导者拥有这种权力是必要的，但决不能滥用，以避免走向专制、独裁等极端。

林登·约翰逊总统熟谙强制权力的运用，并且乐于运用它。他曾经告诉一位白宫工作人员："你只要记住一点，白宫里只有两种人，一种是大象，一种是蚂蚁。而我是这里唯一的大象。"

2. 个人权力

个人权力指由领导者个人的某些特殊条件（如高尚的品德、丰富的经验、卓越的工作能力和良好的人际关系等）而具有的权力，属于非正式的权力。这种权力不由外界赋予，它产生于个人的自身因素，其影响比职位权力更具有持久性。个人权力包括：

（1）专家权力

专家权力指通过自己在特殊领域的专长和技能来影响他人而具有的权力。在组织中，专家权力的实现来自下属的尊敬和信任，即下属感到领导者具有某种专门的知识、技能和专长，能帮助他，为他指明方向、排除障碍，达到组织和个人的目标。一些软件专家、知名律师、医学教授、建筑工程师以及其他方面的专家都会因为他们的专业技能而获得一定的专家权力。

（2）关系权力

关系权力指由于领导者和追随者之间的关系强度产生的潜在影响而具有的权力。关系权力也叫感召权、模范权等，这是与个人的品质、魅力、经历和背景等相关的权力。一个拥有独特的个人特质、超凡魅力和思想品德的领导者，会让下属认同他、敬仰他、崇拜他，以至达到下属要模仿他的行为和态度的地步，这样就形成了关系权力。在组织中，关系权力的实现来自下属对上级的信任，从而使其钦佩、模仿和跟从领导者。

领导者能否建立起真正的权威，有效地领导，主要不在于正式权力的影响力，而决定

---

① 克里斯·马修斯著，林猛、吴群芳译，《硬球：政治是这样玩的》，新华出版社，2003年，第263页。

于其个人权力的影响力。领导者的职务和权力可以通过法定方式取得,而威望、威信只能靠自己的努力建立起来。当一个领导者有了很高的个人权力的影响力,树立了很高的威信时,其权力才能真正地发挥作用,其管理效率才能达到最佳境界。

三、领导的作用

拿破仑曾经说过:"一头绵羊带领一群狮子,敌不过一头狮子带领的一群绵羊。"美国著名的经理人 G·雷蒙德曾说过:"领导者不应只是告诉他人怎样做的家伙,而是要激发队伍产生一定的抱负,并朝目标勇往直前。"一位优秀的领导者能够把一支平庸的队伍调教成一支富有战斗力的队伍,从而改变这支队伍的命运。具体而言,领导的作用体现在以下几个方面:

第一,为组织设定明晰的目标。世界级管理大师班尼士曾说过:"领导是创造一个令下属追求的前景和目标,并将它转化为大家的行为,并完成或达到追求的前景和目标的过程。"现代科技越来越复杂,市场竞争如此激烈,靠个人奋斗既不可能征服科技高峰,也不可能战胜竞争对手。领导者必须习惯于为他们的组织建立目标,率领全体员工共同努力,使全体员工为之奋斗、为之奉献,而不是简单地服从和投入。要使员工能够奉献于组织共同的愿景,就必须使目标深植于每个员工的心中,和每个员工信守的价值观相一致,以达成组织目标。

第二,指导员工行动。美国电话电报公司(AT&T)总裁拉尔德·格尼恩说:"任何公司里的任何一个执行总裁的首要任务就是为整个公司制定公司目标,指出工作的愿景。他的责任是向自己的下属指明前进的方向,告诉他们球门在哪里,该往哪里冲,又应该通过什么样的方式来实现这些目标。他是唯一能够做到这一点的人。"在人们的集体活动中,需要有头脑清晰、胸怀全局、高瞻远瞩和运筹帷幄的领导者帮助人们认清环境和形势,指明活动的目标和达到目标的途径。领导者只有站在下属的前面,用自己的行动带领人们为实现组织的目标而努力,才能真正有效地达成组织目标。

第三,协调冲突。在许多人协同工作的集体活动中,即使有了明确的目标,但因各人的才能、理解能力、工作态度、进取精神、性格、作风与地位等不同,以及外部各种因素的干扰,人们在思想上会产生各种分歧,从而在行动上偏离目标的情况是不可避免的。因此,就需要领导者来协调人们之间的关系和活动,把大家团结起来,朝着共同的目标前进。

据《桐城县志》记载,清代康熙年间,文华殿大学士兼礼部尚书张英的老家人与邻居吴家在宅基地问题上发生了争执,家人飞书入京城,让张英招呼"摆平"吴家。而张英回馈给老家人的是一首打油诗:"千里修书只为墙,让他三尺又何妨。万里长城今犹在,不见当年秦始皇。"家人见书,主动在争执线上退让三尺,下垒建墙,而邻居吴氏深受感动,退地三舍,建宅置院,于是两家的墙院之间就有了一条宽六尺的巷子。六尺巷由此而来,这条巷子作为中国文化的遗产,是中华民族和睦谦让美德的见证。"六尺巷"已成为谦让、宽容与和谐的代名词,堪称处理冲突的典范。

第四，激发员工的潜能。通用电气前 CEO 杰克·韦尔奇曾说过："虽然我不是吊灯中最耀眼的一个，但多年以来，我始终相信自己能够使所有的'灯泡'发射出最大的光亮，让我的成员重新充电，充满新鲜血液。"当人们在学习、工作和生活中遇到困难、挫折或不幸时，或某种物质、精神的需要得不到满足时，就会影响工作的热情。这时需要领导者来为他们排忧解难，激发和鼓舞他们的斗志，发掘、充实和加强他们积极进取的动力。

台地石油公司创始人之一布勒·皮肯斯曾说过："领导能力是把那种良好的意图转变为积极行动的品质，它能够使一个散漫的个体组织成为一个强大的团队。"引导不同员工努力朝向同一个目标，协调他们的矛盾，激发他们的工作热情，使他们在生产经营活动中保持高昂的斗志和积极性，是领导者在组织中必须发挥的具体作用。

案例

卡尔的新任命

A 公司主要在全球范围内根据用户需求设计并销售机械零件。卡尔原本是该公司生产部的总经理，其主要工作是根据订单要求，统一制订生产目标与计划，并协调督促各车间按时完成分配的产品组件生产任务。卡尔为激励部门员工提高效率，制定了一套奖惩制度，奖励平均用时最短的车间，惩罚在规定时间内未能完成任务的车间。在卡尔的这种管理下，生产部的员工热情高涨、动力十足，整体工作效率十分不错。

最近，卡尔被任命为设计部的经理，在此之前，卡尔从没有做过设计工作，也没有管理过这项工作。设计部的员工都是经验十足的工程师，尽管每个人的设计原则与方法都不一样，但工作绩效都很好。新上任的卡尔发现这一点后，认为这会影响员工整体的工作效率。于是卡尔经过仔细观察，制定了一种折中的设计原则与方法，规定部门统一使用这种方法，并每周按时亲自抽查。

然而，没有设计经验的卡尔靠观察研究出的这种设计方法事实上很不科学。对此，设计部的员工主要有三种想法：第一种认为，反正这种错误的设计原则是经理自己制定的，自己只需要按规定做事就行，出了问题也怪不到自己头上。第二种虽然知道这种不科学的方法会大大降低自己的工作效率，但出于不想得罪领导还是积极响应卡尔的规定。第三种不愿让自己的工作效率受到影响，但同时也不愿向卡尔指明其错误，于是只在卡尔抽查的时候使用规定的设计原则与方法。

不久后，设计部的绩效果然越来越差。很多员工的工作效率都大大降低，私下里偷偷抱怨说卡尔不懂设计。抱怨声被传到了卡尔上司的耳朵里，卡尔最终被调回到了原来的部门。

思考题：
(1) 卡尔在生产部的管理过程中使用了哪些权利？
(2) 为什么卡尔最终会被调回原部门？
(3) 设计部三种不同想法的员工分别对应哪一种追随者？

第二节　现代领导理论

领导理论的核心是影响领导有效性的因素以及如何提高领导的有效性。围绕这些问题，领导理论研究经历了四个阶段，前三个阶段的研究包括领导特质理论、领导行为理论和领导权变理论，它们被合称为现代领导理论；第四个阶段是多元化领导理论研究阶段。无论从研究主题、研究方法还是研究结论来看，不同理论之间相互交融与借鉴，形成了一幅色彩斑斓的领导科学研究的"丛林"图景。

一、领导特质理论

亚里士多德曾说过："人持续一种行为，就会塑造一种特质。行为公正，你就成为公正的人；行为克己，你就成为节制的人；行为勇敢，你就成为一名勇士。"特质指个人行为中重复发生的规律性及趋势。领导特质理论是研究领导者特质与其影响力及领导效能关系的理论，重点阐述领导者和非领导者个性特质的差别。

领导特质理论按其对领导特质来源的不同解释，可分为传统领导特质理论和现代领导特质理论。传统特质理论又被称为"伟人论"，认为领导者具有的特质是天生的而非后天培养的。此理论集中关注于那些公认的社会、政治和军事方面的伟人的天生禀赋和特质，如托马斯·杰斐逊、林肯和甘地等，现在已很少有人赞同这样的观点。现代领导特质理论则认为领导者的特质和品质是在实践中形成的，可以通过教育和训练培养，具体包括：

1. 大五人格模型（Big Five-Factor Model）

大五人格的初始模型是由美国心理学家雷蒙德·卡特尔于 1961 年提出的，是用以划分人格类型的最广泛使用的方法。它能够可靠地将人们的大多数特质划分为五个维度（如图 7-2 所示），这种划分不受年龄、性别、种族和语言的影响。这五种因素提供了丰富的概念架构，同时整合了人格心理学理论和许多相关的研究成果，具体包括：

（1）经验的开放性

经验的开发性表示个体吸收新知识和以开放性的心态接受新体验的程度。经验开放性较高的领导者比较富有想象力，思路开阔、好奇心强，更有可能是战略性全局式的思考者。如高层领导者，需要及时了解市场趋势、竞争威胁和新产品信息等，用来指定战略计划。经验开放性较低的领导者可能较为实际，兴趣比较狭窄，他们做事更喜欢使用经证实有效的方式，不喜欢随意尝试新的方式，如生产流水线的基础管理者和快餐店的经理，这些职位更需要实用性的决策，而不是战略计划。

（2）尽责性

尽责性表示个体在工作的时候，表现出的自我控制、条理性和责任心程度。尽责性较高的领导者具有高度的计划性，办事井井有条，认真严肃地对待承诺。尽责性较低的领导者则具有创造性，不受规章制度约束，不愿意承担长期性的工作。相比于尽责性较低的领

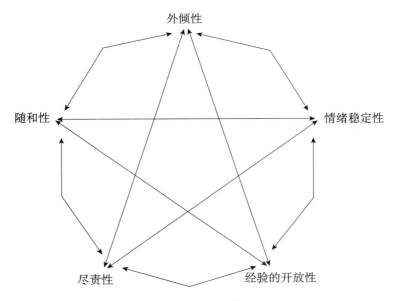

图 7-2 大五人格模型的示意图

导者,尽责性较高的领导者更易于在遵守规章制度、监督项目等关注细节的工作中获得成功。

(3) 外倾性

外倾性表示个体人际互动的数量、密度和对人际关系的舒适感程度。外倾性较强的领导者好交际,富有竞争精神,有决断力,善于影响和控制他人。外倾性较低的领导者更愿意独自工作,一般对影响他人和与人竞争不感兴趣。优秀的领导者常常比非领导者更具有外倾性,同时领导者的决断力、竞争精神和自信程度会影响他们能否成功完成对群体、团队的构建和实现组织目标。

(4) 随和性

随和性表示在群体环境下,个体与他人融洽相处的程度。随和性较高的领导者更有魅力,他们处事老练、待人热情、平易近人、乐观向上。随和性较低的领导者更容易表现出感觉迟钝、不擅长和人交往、性情乖戾、冷淡和悲观等特性。高随和性的领导者较难做出不受欢迎的决策,但在处理冲突和绩效问题时存在障碍。因此,尽管随和性较高的领导者比随和性较低的领导者能更好地构建团队,但在通过他人获得成果方面存在困难。

(5) 情绪稳定性

情绪稳定性表示个体承受压力、失败或者批评的能力。情绪稳定性较高的领导者能够冷静沉着、乐观,就事论事地看待错误和失败,善于隐藏其情绪。情绪稳定性较低的领导者在面对压力或受到批评时会变得紧张、焦虑或情绪爆发。追随者会模仿领导者在高压力时期的情绪和行为,所以在压力下仍保持沉着、不易被触怒的领导者,有助于群体在不利环境下坚持完成任务和工作,反之亦然。

研究者进行了一项重要的综合分析,整合了既往的 73 项研究成果,将大五人格模型与领导力挂钩。与领导力的关联系数最高的是外倾性(0.31),其次是尽责性(0.28),随后是经验的开放性(0.24);随和性与领导力的关联程度较差(0.08),而情绪稳定性与领导力的相关系数则为负数（-0.24）。换句话说，具有较强外倾性的人更像是一名领导者——他们努力工作并带来变革，但不关心自己是否受众人喜欢或者令众人满意。①

现代科学管理之父彼得·德鲁克在为《未来领导者》一书所写的序言中，把对领导及领导者的看法归纳为以下几点：

第一，领导者的唯一定义是：一个拥有追随者的人。有些人是思想家，有些人是预言家。两种人都重要，都为社会所急需。但是，如果没有追随者，就不称其为领导者。

第二，有效的领导者并不一定是深受爱戴的人。他是一个能够让追随者做正确事情的人。成绩最重要，而不是受欢迎程度。

第三，领导者经常露面，他们因此以身作则。

第四，领导不是等级、特权、名誉或金钱，而是一种责任。

2. 柯克·帕切克和洛克的领导特质理论

著名的管理学者柯克·帕切克和洛克经研究发现：领导者与非领导者之间主要有六种不同的特质，这六种特质对一个人能否成为有效的领导者具有至关重要的作用。它们分别是：进取心、领导意愿、诚实与正直、自信、智慧和工作相关的知识，表 7-1 简要描述了这六种特质。

表 7-1 区分领导者与非领导者的六种特质②

特质	表现
进取心	领导者很努力，有着较高的成就愿望。他们进取心强、精力充沛，对自己从事的活动坚持不懈、永不放弃，并有高度的主动性。
领导意愿	领导者有强烈的愿望去影响和统率别人，他们乐于承担责任。
诚实与正直	领导者通过真诚无欺和言行一致的行为，在他们与下属之间建立起相互信赖的关系。
自信	为了让下属相信自己的目标和决策的正确性，领导者必须有高度的自信。
智慧	领导者需要具备足够的智慧来收集、整理和解释大量信息，并能够确立目标、解决问题和做出正确决策
工作相关的知识	有效的领导者对有关企业、行业和技术的知识十分熟悉，依靠广博的知识做出睿智的决策，并能认识到这些决策的意义。

领导特质理论侧重于比较领导者和追随者、高层领导和基层领导、成功领导和不成功领导之间的个体差异，对领导特质研究有一个显著特点：分类细致，内容极为广泛、丰富和具体。这对于完整地认识和把握领导特质的内在构成和具体内容提供了丰富的理论基础，为选拔和培训领导者提供了依据。同时，仅仅依靠领导者的特质并不能够充分地解释有效领导，完全基于特质的解释忽视了领导者与下属的相互关系以及情境因素。

美国前总统理查德·尼克松所著的《领导者》一书中，对法国总统查尔斯·戴高乐的

---

① 克里斯托尔斯·F. 阿川、罗伯特·N. 罗瑟尔，《卓越的领导力：理论、应用与技能开发》，清华大学出版社，2010 年，第 36 页。

② 陈树文，《领导学》，清华大学出版社，2011 年，第 48 页。

评价是，后者是他见过的最伟大的领导者之一。尼克松基于观察，列出了戴高乐的一些情况：（1）他体现出高贵的尊严。戴高乐有一种坚决的气质，向外表达着与他人的距离和他的高傲。他高大的身材和高傲的举止不断地传递着这样一个信息：他不是普通人。（2）他精于公开演讲的艺术。他有着深沉、平缓的嗓音和平静、自信的举止。（3）他扮演着自己的角色。他与新闻界的会面就好像皇室与群众的会面一样。这些都是作为一个卓越的领导者应具备的特质。

3. 成功领导者公式

成功领导者公式是领导特质理论的另一种发展形式，以多层金字塔的形式（如图7-3所示）给出。其中金字塔的每一层代表了一种不同的领导基本特质或要素。这些要素彼此之间既相辅相成又相互制约。

（1）交际能力

交际是领导者公式的第一基础。优秀的领导者必须是优秀的交际者，善于用语言和非语言方式与不同的人打交道；必须是超凡的听众，可以了解下属正在想什么；必须是个别谈话的专家，

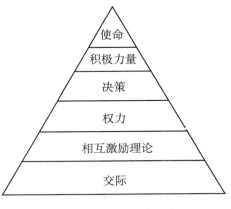

图7-3　成功领导者公式

善于通过机敏的个别交谈，使难以驾驭的下属安分守己；必须了解班组动力学，从而造就一批死心塌地地支持自己的职员；必须拥有杰出的公共演讲能力和书写技能，以清晰地传达自己的想法与命令。

（2）善用相互激励理论

相互激励理论是领导—下属关系得以建立的人际关系基础，能赋予任何一种领导风格以实质性的内容。相互激励理论指出，两个人（或一个群体）之间关系的改善和加强，必须以一种能令双方都会满意的报酬作为互换条件。接受了恰当的报酬，下级才会追随他们的领导者，领导者才可以继续领导下去。一位好领导不仅要提供报酬的合适数量，更要提供合理的报酬。事实上，领导提供给下属的最佳报酬就是他自身良好的领导方式，而下属提供给领导的最佳报酬就是他对领导的支持。

（3）谨慎使用权利

相互激励理论能够充分发挥下属的积极性，但如果没有足够的组织纪律与权威控制，也很难实现有效的领导。因此领导者必须敏感地运用激励方法，将它与更多的组织性和可接受性结合起来。具体来说，开发与利用个性权力要机敏，要尽可能多地利用你的职务权力来帮你说话。尤其是在情况危急时，优秀的领导者更应该表现出坚强有力的领导风格。但这并不意味着独裁专制式的领导方式，关键在于找到自由与权威控制这两者作用的平衡点，即确定权威阈。权威阈是赋予领导或下属的自由度。领导可以有温和、敏感和适中的风格，但这些风格必须有利于建立和维护一种坚定稳固的权威阈，这样才能够在给予下属有效行动需要的自由的同时形成必需的组织纪律。

（4）自信决策

良好的决策能力是成功领导者的一个首要标准。良好的决策与领导形象类型之间的相

关系数很高。当领导者以迅速果断的方式做出尽可能最佳的决策时，最能得到下属的尊敬。大多数人都可以通过符合逻辑的决策系统或程序来提高他们的决策技能。领导者还可以积极借助集体智慧，只要集体决策过程有利于制定良好的决策，就应该运用这一过程。对于坏决策，领导者要勇于纠正，听之任之只会带来更糟糕的结果。

（5）树立积极的领导力量

如同其他因素一样，积极力量也是领导基础的组成部分，能够产生建设性的活动，鼓舞下属的斗志。积极力量来自积极的态度，而积极的态度又存在于领导者的个性权力之中。因此，在任何时候，领导者都必须使自己处于活动的中心位置，通过良好的信息传递系统，将领导的积极力量传达到每个成员身上，不论这些成员离他有多远。同时应建立第二渠道的非正式传递网络，以了解消极的抵制力量。

（6）善于提出使命

使命是领导者创造积极力量的一种扩展形式。不能简单地将使命看作是目标，它反映的是组织机构的至高目标，必须既能激励领导者，又能鼓舞下属。使命有两个目的：一是使集体万众一心，二是以正确的方向引导他们前进。例如里根在总统竞选中提出了"重建传统的美国的使命"，这不仅捕获了听众的心，产生了极大的凝聚力，更驱动着他自己和群众朝着这个方向前进。

二、领导行为理论

领导行为理论强调的是领导者的具体行为方式，而非内在的特质对领导有效性的影响。此理论注重考察那些成功领导者做些什么、怎样做的，优秀领导者的行为与较差领导者的行为有无区别等，以试图找到能够获得领导有效性的行为模式。领导行为理论具体包括：

1. 三种作风理论

美国奥瓦尔大学的研究者、著名的心理学家库尔特·勒温通过和同事一起研究发现：团队领导者并不是以同样的方式表现他们的领导角色，领导者通常有不同的领导风格，这些不同的领导风格对团队成员的工作绩效和工作满意度有着不同的影响。在此基础上，勒温提出了三种作风理论。该理论从如何运用职权出发，把领导风格分为三类（如图7-4所示）：

（1）专制式领导

在专制式领导风格下，领导者只是关注工作的目标、任务及工作效率，监督和控制团队成员的工作，认为决策是自己一个人的事，下级不能染指；下属要求绝对服从领导者的指示。这种家长式的作风容易导致上级与下级之间存在较大的心理隔阂，下属对领导者存在戒心和敌意，常常只是被动、盲目和消极地遵守制度，完成指令。长此以往，这种领导方式易导致群体成员产生挫折感和机械化的行为倾向，缺乏团队创新和合作精神，甚至产生敌对行为。

亨利·福特曾聘请著名汽车专家詹姆斯·库兹恩斯出任福特公司总经理。库兹恩斯通

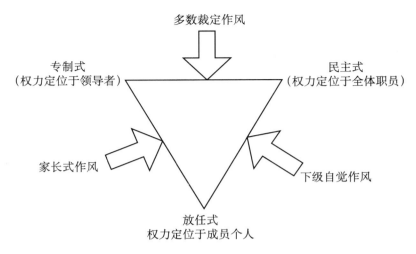

图 7-4 领导行为的三种作风

过采取装配流水线、完善销售网络等措施使得福特牌汽车风靡市场、畅销全世界。然而后来亨利·福特突然辞退了库兹恩斯自己担任总经理。他专横跋扈、独断专行，既听不进不同的意见，也不愿接受建设性的咨询。家长式的作风使得福特公司的经营管理陷入了极度的混乱之中。终于，福特公司濒临破产，老福特将"死亡公司"的拐杖交给了 28 岁的孙子亨利·福特二世。小福特"三顾茅庐"聘请原通用公司前总裁欧内斯特·普里奇担任总经理。当年公司即扭亏为赢，数年后更是成为美国最大的汽车销售公司。这时小福特犯了同爷爷一样的错误。他毫不客气地对普里奇说："搞这行我已经毕业了。"随后他掌握了公司全部权利，一切都由自己说了算，架空董事会，忽视下属意见，还因为无法容忍比他更有才能的管理天才李·艾柯卡而突然辞退艾柯卡。这种管理方式导致人才纷纷离去，公司又一次陷入破产的境地，小福特不得不宣布辞去董事长职务，聘请家族以外的人来管理公司。[①]

（2）民主式领导

在民主式领导风格下，领导者发动下属参与讨论，集思广益，然后决策；团队成员自己决定工作的方式和进度，工作效率比较高。团队工作的各种意见和建议将会受到领导者的鼓励，并且很有可能会被采纳，一切重要的决策都会经过充分的协商讨论后做出。在这种领导风格下，团队成员的工作动机和自主完成任务的能力较强，责任心也较强。

（3）放任式领导

在放任式领导风格下，领导者很少运用职权，其职责仅仅是与企业外部环境联系并为下属提供必要的资源支持，以有利于下属的工作；下属工作拥有极大的自由度，能够按照自己的方式工作。在这种团队中，非创造性的活动很多，工作进展不稳定、效率不高，成员之间存在过多的与工作无关的争辩与讨论，人际关系淡薄，但很少发生冲突。

勒温试验结果证明：放任式领导工作效率最低，只能达到社交目标，无法完成工作目

---

① 袁辉，《管理学》，北京邮电出版社，2013 年，第 239 页。

标；专制式领导虽然通过严格管理达到了工作目标，但群体成员情绪消极、士气低落、争吵较多；民主式领导工作效率最高，不但能完成工作目标，而且群体成员关系融洽，工作主动积极，有创造性。但是勒温的研究只是领导模式研究的起点，其结论很快就受到了相关研究的质疑，研究者们后来发现了更为复杂的结果：各种不同的领导风格是因时因地而异的。在实际的组织和企业管理中，很少有极端型的领导活动存在，大多数领导者都是介于专制式、民主式和放任式之间的混合型。

2. 连续统一体理论

美国管理学家罗伯特·坦南鲍母与沃伦·施密特在1958年的《哈佛商业评论》上发表了"怎样选择领导模式"一文，提出了领导行为连续统一体理论。与勒温的研究领导风格要么民主、专制，要么放任不同，连续统一体理论认为，领导可以是一个连续的统一体，该统一体反映了员工参与决策的程度，因而领导也可以是民主和专制的混合型。该理论的基本思路是把"民主"和"独裁"作为领导行为的两个极端，然后把领导者运用职权的自由度看作一个逐渐增强或者减弱的谱带，这一谱带可以分为以下七种模式（如图7-5所示）：

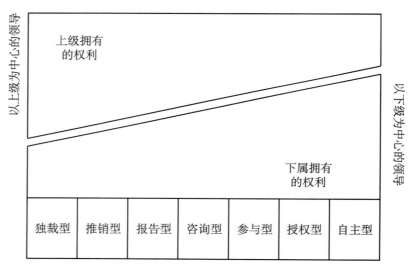

图7-5　领导行为的连续统一体

第一种模式：独裁型。这种领导模式的全部决策权归于领导者，决不允许下属直接参与决策。在组织活动中，从发现问题到提出方案再到拍板定案，完全由领导者一人决定。领导者可以考虑下属的需求和情绪，但不许下属介入，因而决策实施过程中有可能采取强制措施。

拿破仑毫不掩饰自己的独裁者作风，他做事果敢、自信。1799年，拿破仑在法国发动雾月政变，成功成为法兰西共和国第一执政。政变的当晚，拿破仑就下令起草了著名的《拿破仑法典》，其中很多条款由拿破仑本人亲自参加讨论并最终确定。他曾说："一个统治者对人民应该举止端庄，但是不要奉承群众，因为那样一来群众的要求稍不满足就以为受了欺骗。"他的独裁风格适应了当时法国内忧外患的需要，受到了绝大多数法国公民的拥戴。[①]

第二种模式：推销型。这种领导模式的决策权依然在领导者，下属同样不能参与。但同独裁型的差别在于决策的执行在于说服而非强制，是常见的领导者兜售决策的方式。领导者向下属尽可能地说明执行该决策能够给下属带来什么好处，这种模式接近所谓的"开明专制"。

第三种模式：报告型。这种领导模式同样是领导者决策，但是鼓励下属就决策提出自己的意见。一般来说，这种类型的领导者会召集会议或者举行座谈会，号召员工提出问题，但领导者掌握着问题的解释权，已经胸有定见，只是通过解释来说服员工接受决策。

第四种模式：咨询型。这种领导模式允许下属有限度地参与决策，但领导者占据决策的主导地位。其标志是领导者掌握识别问题和提出方案的权利，当领导者征求下属意见的时候，他实际上已经有了初步的决策预案。他会欢迎下属提出不同的意见和建议，并在方案中尽可能吸收下属的思想成果，不同程度地采取下属的建议，但决策最终由领导者定夺。

第五种模式：参与型。这种领导模式的决策权由领导者和下属分享，识别和提出问题的责任在领导者，其然后同下属一道商议问题的解决办法，提出方案。同咨询型的差别在于下属这时可以提出不同方案，而不仅仅是修改方案的不同意见。领导者在同下属会诊问题的过程中，会提出多个选择方案，最后定案的选择权仍然归属于领导者。

第六种模式：授权型。这种领导模式的决策权实质上已经转移到下属手中，领导者只确定相关问题和方法边界，指出决策的原则、先决条件和可接受的限度。因而决策是由领导者确定决策目标和约束条件，具体方案交由下属自主决定。

第七种模式：自主型。这种领导模式的决策权彻底下移，领导者只提供决策的保障条件，对下属不加其他限制，还予以保证实施。从界定问题到寻求方案，再到定夺，全部交由下属处理。领导者也可以参与决策，但这种参与是同其他员工一样，以普通组织成员的身份介入，而且要避免职权对决策的影响。这种模式在企业和政府中都很少见，但是科研机构和自愿组织大多采取这种模式。

坦南鲍姆认为，不能轻率地认为哪一种模式一定好，哪一种模式一定差，应该在具体条件下善于考虑各种因素的影响，采取最恰当的领导风格，来达到领导行为的有效性。在领导方式的选择上，领导者与下属之间的互信程度，对领导方式的选择和实施具有重要的积极影响。如果互信程度较高，那么首长式的集权就不会招致"独裁"的指责，放权也不会被下属看作是推卸责任。反之，如果互信程度较低，那么首长式的单独决策就会招致下属的非议，让员工自主决策也会使下属感到领导者的无能。

3. 管理系统理论

美国密歇根大学的伦西斯·利克特教授于1967年提出了管理系统理论。利克特在连续统一体理论的基础上，提出了四种领导方式：

第一种：剥削式的集权领导。这种领导方式是极端专制的领导方式，采取此种领导方

[①] 吴爱明，《领导执行力》，广西人民出版社，2014年，第94页。

式的领导者极为独裁。凡是决策，大都由管理上层做出，然后以命令宣布，必要时以威胁和强制方法执行，领导者不轻易相信下属。沟通方式采取自上而下的命令方式，主要采取批评、警告和处罚等方法，偶尔用奖赏来激励下属。

第二种：仁慈式的集权领导。这种领导方式类似于开明专制，领导者对下属有一定的信任，采取奖赏兼惩罚的激励方法，适当授权，允许下属发表想法和意见，但是对最终的决策权严格控制。在上下级关系上，上级虽然态度谦和，但下属仍小心翼翼。

第三种：协商式的民主领导。在这种领导方式下，领导者掌握主要的决策权，具体问题的决策权则适当授予下属，并且允许充分的协商沟通。沟通的方式是双向的，不仅注意上情下达，同时也注意下情上达。

第四种：参与式的民主领导。在这种领导方式下，领导者充分信任下属，提出需要达到的目标，鼓励下属提出意见和设想，并且积极采纳，领导者常常以群体成员的身份与下属一起工作，上下级之间的信息畅通无阻。同时，上下级之间的交往体现出充分的友谊和信任。

利克特曾说过："大凡绩效最佳的主管，主要关心的是部属中的人性问题，并设法组成一种有效的工作群体，着眼于建立高绩效的目标。"他提倡下属参与管理，认为参与式的民主管理是效率最高的领导方式。在这种领导方式下，组织制定目标和实现目标的情况是最令人满意的，生产效率会高于采取其他领导方式的组织。

4. 四分图理论

美国俄亥俄州立大学人事研究委员会以亨普希尔为首的一批学者，从1945年开始研究领导行为，并提出了领导行为四分图理论。他们经过调查，列出了1 790种刻画领导行为的因素，通过不断概括，最后归纳为工作组织和生活体贴两大类。工作组织指领导者为了实现组织目标，建立明确的组织模式、意见交流渠道和工作程序的行为。生活体贴指领导者建立相互信任的气氛、尊重下级意见以及注重同下级感情等问题的行为。根据他们的研究，组织和体贴不是一个连续体的两个端点，而是领导行为的一个二维的组合，如图7-6所示。

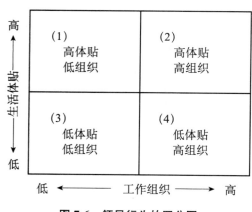

图7-6 领导行为的四分图

第一，高体贴低组织型领导。这类领导者尊重下属的意见，给下属以较多的工作主动权，体贴他们的思想情感，注意满足他们的需要，平易近人，作风民主。但组织内部规章制度不严，工作秩序不佳，领导者也较少指派任务给下属，这是一个较仁慈的领导者。

第二，高体贴高组织型领导。这类领导者与第一类领导者在关心体贴下属方面完全相同，同时注意严格执行规章制度，建立良好的工作秩序和责任制，在下属的心目中可亲又可敬，这是一个高效成功的领导者。

第三，低体贴低组织型领导。这类领导者不注意关心爱护下属，不与下属交换思想、交流信息，与下属关系不太融洽，同时也不注意执行规章制度，效率低下，这是一个无能、不合格的领导者。

第四，低体贴高组织型领导。这类领导者注意严格执行规章制度，建立良好的工作秩序和责任制，经常下达组织任务给下属，注重组织的效率和效果，强调对员工的控制和监督，但对下属的关心体贴不够，这是一个较为严格的领导者。

四分图理论的提出者认为，高体贴高组织型领导有助于组织内部工作效率的提高，并且常常比其他三种类型的领导者更能使下属达到高绩效和高满意度。不过，对于一些特定的情境，高体贴高组织型领导也并不一定能够产生积极的效果。四分图理论是从两个角度考察领导行为的首次尝试，为领导行为的研究开辟了新的途径。

5. 管理方格理论

在领导行为四分图的基础上，俄亥俄州立大学的罗伯特·布莱克和简·莫顿于1964年合著了《管理方格》一书，提出了研究领导方式及其有效性的管理方格理论。他们将四分图中的体贴改为了对人的关心，将组织改为了对生产的关心，将这两类领导行为的坐标各划分成9等分，如图7-7所示。

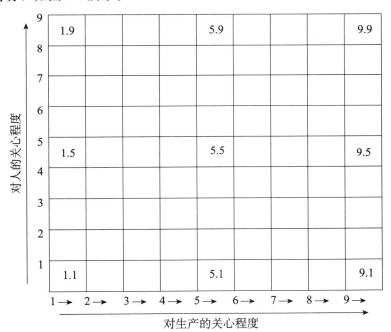

图 7-7 领导行为的管理方格

（1.1）表示缺乏型管理。这是一种既不关心生产，也不关心员工的领导方式。这种领导者并不对组织叛逆，恰恰相反，他们对组织高度依恋，仅仅是缺乏热情和上进心而已。他们是理性而非糊涂，其行为总是试图以最小的付出来保住自己的职位，具有"熬出来"的资历优势。他们的座右铭是"没有功劳也有苦劳，没有苦劳也有疲劳"。

（9.1）表示任务型管理。这是一种"一心扑在工作上"的领导方式。这种领导者只重点抓工作任务，不大注意对人的关心。领导者的特点是有坚强的信念、不易屈服，有极强的控制欲，并力图证实自己各方面都能精通。当遭遇失败时，他们常常会以暴怒来发泄；

当组织发生冲突时，他们会以压制的态度来对待。

（1.9）表示俱乐部型管理。这是一种追求下属拥戴和支持的领导方式。这种领导者对下属十分关心，重视自己与下属、上司和同僚的关系，但忽视工作状况。俱乐部型管理的本质是领导者担心遭到抵制，期望得到别人的支持和拥戴。这类领导者常常秉持"多栽花，少栽刺"的宗旨，主动关心下属的需求是否得到满足，避免将自己的意志强加于人，致力于搞好上下级关系，创造一个友好的温暖氛围。

（5.5）表示中庸型管理。这是一种介于"铁面包公"和"笑面弥勒"之间的领导方式。领导者对生产和人的关心都不偏重，采用这种领导方式的领导者行事的原则是始终与多数派保持一致，而不是跑到前头。他们不采取命令来促使工作的完成，而是以激励和沟通来推动员工工作。他们的领导风格是组织化的，很少有鲜明的个人特色。

（9.9）表示理想型管理。这是一种个人与组织、工作与情感达到高度和谐的领导方式。领导者不但对工作和人员都予以高度关心，而且会把二者融为一体。理想型管理的本质是建立个人发展与组织成长之间的内在联系，个人通过组织目标凝聚为团队，组织目标在个人的自我实现中完成。这种类型的领导者会把自己的精力集中于决策上，注重具体计划要同利害相关者一起完成，同时组织构架责任明确、程序清晰和规则完善。

除这些基本型外，还有很多组合，如（1.5）表示领导者比较关心人，不大关心生产；（5.1）表示领导者比较关心生产，不大关心人；（9.5）表示领导者重点在于抓生产，也比较关心人；（5.9）表示领导者重点在于关心人，也比较关心生产。

布莱克比较推崇（9.9）理想型管理方式。他认为，在对生产的关心和对人的关心这两个因素之间，并没有必然的冲突，企业领导者应该客观地分析企业内外的各种情况，把自己的领导方式改造成（9.9）理想型管理方式，以达到最高的效率。后来他在《新管理方格》一书中补充指出，哪种领导形态最佳要看实际工作效果，最有效的领导形态不是一成不变的，而要依情况而定。

三、领导权变理论

随着领导特质理论和行为理论研究的进一步深入，很多研究者开始将关注的目光投向了情境因素，相应地产生了领导权变理论。权变指主体根据情境因素的变化而适当调整自己的行为，以期达到理想的效果。领导权变理论是关于领导者在不同的领导情境中，如何选择相应的领导方式，实现有效领导的理论。该理论认为，领导方式的有效性取决于具体的情境和场合，领导是一种动态的过程，必须随着相应的情景而变。具体包括：

1. 菲德勒权变模型

美国著名的心理学家和管理学家弗雷德·菲德勒1965年发表于《哈佛商业评论》的论文"让工作适应管理者"首次提出了权变领导模式，比较完整地展现了他的基本思想。菲德勒把领导方式和所处的环境联系起来研究，他认为任何领导形态都可能有效，其有效性完全取决于与环境是否适应。

菲德勒将领导者的领导风格分为两类：一是关系导向型，这类领导者对其最不喜欢的下属仍能给予好的评价，常常被认为对人宽容、体谅和友好；二是任务导向型，这类领导者对其最不喜欢的同事会给予较低的评价，常常被认为是惯于命令和控制下属。他把领导者对其最不喜欢的下属做出的评价定量化为 LPC（Least Preferred Co-worker，即最不愿共事的同事）值，即给出 16 组形容词，每个词汇都要按照从 1（最消极）到 8（最积极）的等级，对其最不喜欢的下属进行评估。通过测定 LPC 值的大小，从而判断领导者属于哪一种领导风格（如图 7-8 所示）。

快乐—8 7 6 5 4 3 2 1—不快乐
友善—8 7 6 5 4 3 2 1—不友善
拒绝—1 2 3 4 5 6 7 8—接纳
有益—8 7 6 5 4 3 2 1—无益
不热情—1 2 3 4 5 6 7 8—热情
紧张—1 2 3 4 5 6 7 8—轻松
疏远—1 2 3 4 5 6 7 8—亲密
冷漠—1 2 3 4 5 6 7 8—热心
合作—8 7 6 5 4 3 2 1—不合作
助人—8 7 6 5 4 3 2 1—敌意
无聊—1 2 3 4 5 6 7 8—有趣
好争—1 2 3 4 5 6 7 8—融洽
自信—8 7 6 5 4 3 2 1—犹豫
高效—8 7 6 5 4 3 2 1—低效
郁闷—1 2 3 4 5 6 7 8—开朗
开放—8 7 6 5 4 3 2 1—防备

图 7-8 菲德勒 LPC 问卷的内容

通过对 200 多个群体的调查、观察和收集数据，菲德勒得到了不同情景下不同领导者的 LPC 值（见图 7-8），并分析了影响领导活动的各种情境因素，找出了对领导活动具有普遍影响和高度相关的关键因素。最终，他把领导者面临的情景因素概括为三类：

第一类，领导者和下属的关系。领导者和下属的关系反映了下属对领导者的信任和追随程度，直接决定着领导者的影响力。一般可以用下属提名的方法加以检验，即由下属提出最有影响力、最有威信的领导者姓名，以排名数量多少和排序先后的差别来确定这种关系的好与差。菲德勒认为，这一点对一个领导者来说，是其领导成功与否的最重要条件。

第二类，工作任务结构。工作任务结构具体指下属工作程序化、明确化的程度。如果下属工作的性质单纯，任务目标明确，其就能够明确承担责任，领导者就可以下达具体命令。如果工作任务的性质非常规，领导和下属均对工作目标不明晰，就不宜下达具体命令。

第三类，领导者拥有的职位权力。职位权力是非个人能力的权力，这种权力同领导者自身的水平和修养无关，而同组织的支持程度有关，如开除雇员的权力、提升部下的权力和发放奖金的权力等。菲德勒指出，拥有明确职位权力的领导者比没有这种权力的领导者更容易使下属追随自己。

图 7-9 中的折线是不同情境下有效领导风格的连线。按照这一匹配关系，在情境 4、5、6 中，LPC 值与领导绩效呈正相关，关系导向型领导者最有效；情境 7 处于平均线上，LPC 值与领导绩效接近零相关，领导风格不明确；而在情境 1、2、3、8 中，LPC 值与领导绩效呈负相关，任务导向型领导者最有效。简单来说，对于领导者属于中间状态的情

境，适用于关系导向型的领导风格，而对于两极情境，则适用于任务导向型的领导风格。

上下级关系	好				差			
任务结构	明确		不明确		明确		不明确	
职位权力	强	弱	强	弱	强	弱	强	弱
情境类别	1	2	3	4	5	6	7	8
情境特征	有利				中间状态			不利
有效的领导方式	任务型				关系型		不明确	任务型

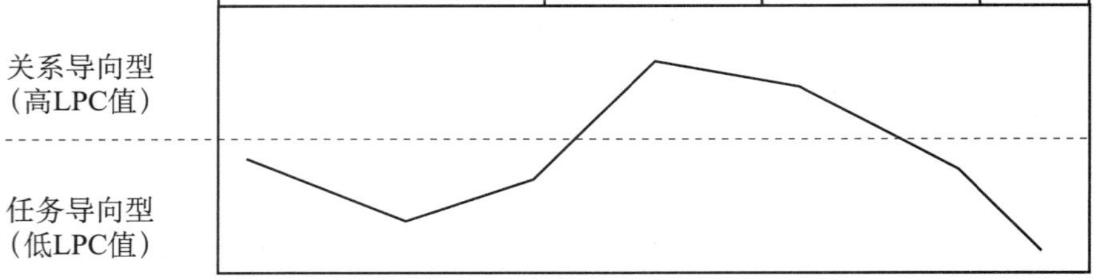

图 7-9　菲德勒权变模型

按照菲德勒模型，没有普遍有效并适用于任何情况的领导模式。任何领导方式都可能有效，关键是要与特定的情境相适应，即应当根据领导者的个性及其面临的组织环境的不同，采取不同的领导方式。菲德勒模型最大的优点在于它吸收了过去有关领导行为的研究成果，以社会学的调查研究方法论证了与情景相对应的不同领导方式的存在。但是该模型也存在一些缺陷，情境变量过于复杂而难于评估，实用性不大。

阿兰·罗宾斯认为自己是一位出色的领导，总是愿意给曾经犯过错误的人重新开始的机会。他的塑料加工公司可以将废旧的塑料奶瓶与苏打转化为仿木制品，公司雇用了大约 50 名员工。在刚开始经营这家公司的时候，罗宾斯希望能够同时成为员工的老板和朋友。他不仅为加班的工人提供冰镇啤酒，还为他们提供私人贷款。他强调团队合作，反对对员工进行毒品检测，因为他既不愿意花这笔钱，也不愿意显得对员工不信任。同时他也不相信员工会在醉酒或吸毒后冒险工作，可是他错了。在罗宾斯所处的环境中，关系导向型的领导方式不起任何作用。因为那些技术水平低的工人大多数来自收入较低、毒品泛滥的地区，他们还不习惯罗宾斯给予他们的如此充分的自由。他们经常迟到、矿工，甚至在车间里打架斗殴。现在，罗宾斯已放弃了要成为员工的朋友的想法，他说："光是保证他们每天都来上班就已经够忙的了。"[①]

2. 情境领导理论

保罗·赫塞和肯尼斯·布兰查德在 1969 年合著的《组织行为管理》中提出了情境领

[①] 查理德·L. 达夫特著，韩经纶等译，《管理学》，机械工业出版社，2003 年，第 485 页。

导理论。该理论认为，有效的领导行为要把工作、成员关系和下属成熟度结合起来考虑。赫塞和布兰查德将成熟度定义为个体完成某一具体任务的能力和意愿的程度，其中能力是指表现出来的知识、经验与技能，意愿是指表现出来的信心、承诺和动机。当下属渐趋成熟时，领导行为要作相应调整，才能取得有效的领导效果。

情景领导理论将领导过程分为三步：第一步是识别对下属的任务和要求，这是研究下属成熟度的前提。因为成熟度与工作有关，所以被要求完成的工作任务不同，需要员工的成熟度也不同。第二步是判断下属的成熟度，根据员工能力与意愿高低程度的不同组合可以形成四种不同的成熟度水平（R_1 无能力且无意愿，R_2 无能力但有意愿，R_3 有能力但无意愿，R_4 有能力且有意愿）。第三步是选择适宜的领导风格，领导者通过不同程度的工作行为和关系行为来影响下属。其中，工作行为指领导者对下属的指导性行为，即告诉下属关于任务的具体内容；而关系行为指领导者对下属倾听、沟通并予以必要支持的行为，即鼓励下属参与讨论，帮助员工完成任务，如图 7-10 所示。

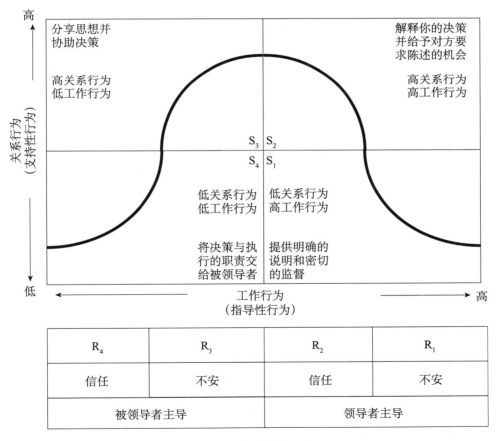

图 7-10　情景领导理论

（1）告知式（S_1）

处于 R_1 水平的员工对工作完全没有准备，领导者需要明确地告诉他们做什么、在哪里做、什么时候做及怎样做。这一阶段不应给予过多的支持行为与双向沟通，过多的支持行为会误导下属，让其认为领导者可以容忍或接受不佳表现。这一阶段最佳的领导风格是高工作低关系行为，也就是告知式领导。

（2）推销式（S_2）

处于 R_2 水平的下属，他们虽然缺乏必要的知识与技能，但具有工作的意愿与动机，有积极参与决策的愿望。因此领导者不仅要多给予工作指导，还要给予支持或鼓励。这一阶段应采取高工作高关系行为的领导风格，领导者通过向下属解释决策原因，让下属觉得得到重视，因此这种风格被称为推销式领导。

（3）参与式（S_3）

处于 R_3 水平的下属具备足够的能力，但缺乏信心和动机。他们不需要大量的工作指导和指示，但需要领导者在心理上予以支持和鼓励。这一阶段的领导风格是低工作高关系行为，领导者对具体任务可以放手，但需要强化沟通和激励，通过鼓励下属参与决策激发其工作意愿，建立信心。这种方式强调下属的参与，被称为参与式领导。

（4）授权式（S_4）

处于 R_4 水平的下属有足够的能力、意愿和信心。对于这样的下属，领导者基本上可以放手，无为而治。在工作实践中，这样的下属具有的知识和技能可能远胜于领导者，他们不需要什么指导或指令，有信心并能够主动完成工作，也不需要过多的鼓励和沟通。领导者的工作主要是合理的评价其工作结果，相适应的领导风格是低工作低关系行为。这种领导风格强调对下属的充分信任，决策权和执行权都会下移，被称为授权式领导。

任何理论都是简化的现实世界。正如歌德的名言：理论是灰色的，而生命之树常青。情景领导理论也是如此，它把影响领导行为有效性的因素简化为三个：一是下属的成熟度，二是领导者的工作行为，三是领导者的关系行为。但是现实世界并没有那么简单，领导的有效性取决于领导者、下属、同事、组织、工作要求及时间限制，尤其是这些因素之间的相互作用，构成了错综复杂的领导活动情境。

美国通用汽车公司总经理艾尔弗雷德·斯隆，在聘请了著名的管理专家彼得·德鲁克担任公司的管理顾问以后就告诉他："我不知道我们要你研究什么，要你写什么，也不知道该得出怎样的结果。这些都应该是你的任务。我唯一的要求，只是希望你把认为正确的东西写下来。你不必顾虑我们的反应，也不必怕我们不同意，尤其重要的是，你不必为了你的建议易于被我们接受而想到调和和折中。在我们公司里，人人都会调和和折中，不必劳驾你。"斯隆对德鲁克采取的领导方式就是授权式。之所以这样，是因为德鲁克是著名的管理专家，他既有能力，也愿意挑重担。而换了别人，斯隆是不会这么放手的。[1]

3. 路径——目标理论

路径——目标理论是由多伦多大学的组织行为学教授罗伯特·豪斯于 20 世纪 80 年代提出的领导权变理论，也是当今倍受关注的领导理论之一。该理论认为，领导效率是以激励下属并使下属得到满足的能力来衡量的。其基本原理：一是领导方式必须是下属乐于接受的方式，通常能够给下属带来利益和满足的方式，才是他们乐于接受的；二是领导方式必须具有激励性，激励必须以绩效为前提，同时需要领导者帮助和支持下属，以促成绩

---

[1] 王岩、郭志达，《组织行为学》，经济管理出版社，2013 年，第 210 页。

效。因而领导者的基本职能在于制定人们期望得到的合理报酬,并为下属目标实现扫清道路。该理论的权变因素分为三类:

(1) 领导者行为

从权变的思想出发,豪斯将领导的行为分为四类:

第一,支持型领导。即领导者对下属态度友好,而且平易近人,能够对下属表现出真诚的关系和理解,包括关注下属的福利和需要,平等对待和尊重下属。在下属需要帮助时,支持型领导者会真诚地给予帮助。

第二,指导型领导。即领导者对下属需要完成的任务会进行说明,包括对他们有什么希望、如何完成任务、完成任务的时间限制等。指导型领导者能够为下属制定明确的工作标准,并向下属解释清楚,指导不厌其详,规定不厌其细。

第三,参与型领导。即领导者邀请下属一起参与决策,包括同下属一起探讨工作,征求他们的想法和意见。参与型领导者通过集体决策,集思广益,将下属的建议融入团体或组织将要执行的决策中。

第四,导向型领导。即领导者鼓励下属制定较高的工作目标,同时也为其制定较高的工作标准。导向型领导者还信任下属,认为其有能力制定并完成具有挑战性的目标,并且会为其寻求改进工作的方法。

(2) 情境因素

情境因素又分为两类:

第一,下属的特性。这与情境领导理论中下属的成熟度相似,如果下属的能力和技能很低,领导就要考虑一些特殊的培训,以帮助员工改进业绩;如果下属以自我为中心,领导就需要用奖励来激励他;目标不明确的下属就需要一个指导型的领导来告诉他工作应该怎样去做;专家则需要一个参与型的领导来创造自由和民主的工作氛围。

第二,工作环境。具体包括:一是任务结构,与菲德勒模型中的任务结构类似;二是正式权力系统,包括领导者使用合法权力的多少、政策及规章限制下属行为的程度;三是工作群体特性,指下属的受教育程度和群体内的关系。由于工作环境不同,相应的领导风格也不尽相同。

(3) 奖励

领导者可以通过下面两种方式激励员工:

第一,说明下属怎样做可以获得奖励。领导者可以通过与下属一起工作的方式向下属解释相关的激励机制,让其明白何种行为将会得到肯定与奖励。

第二,增加下属感兴趣的奖励分量。领导者可以通过与下属交流了解何种奖励对于下属来说最有效,是工作本身的满足感还是加薪或升职?在某些情况下,领导者可能要实施新的奖励措施来满足下属的特殊需求。

与费德勒权变理论的观点相反,豪斯认为,领导者的领导方式可以改变,同一领导者可以根据不同的情境有选择地表现出相应的领导方式。图 7-11 所示的四种情境是领导行为和环境相结合的表现。

第一种情境:下属缺乏信心,采用支持型领导。这种领导方式通过支持和关心下属,鼓励其采取适宜的工作方法,增强其完成工作的信心,并给予相应的报酬以强化其工作行为。

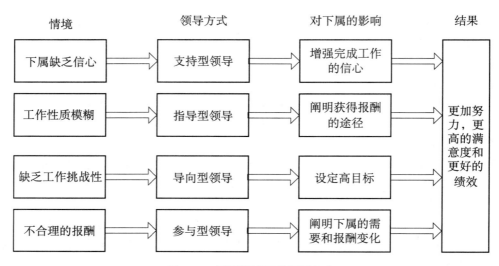

图 7-11　不同情境下的领导行为

第二种情境：工作性质模糊，下属的工作表现出缺乏效率，采用指导型领导。这种领导方式通过向下属发出指示并澄清工作任务，以使他们知道应该怎样完成工作从而获得报酬。

第三种情境：下属未受到来自工作任务的挑战，采用导向型领导。这种领导方式通过为下属设置较高的目标，以满足其自我实现的需要，同时为下属清楚地指明了获取报酬的途径。

第四种情境：下属得到了不合理的报酬，采用参与型领导。这种领导方式通过了解下属的需要，征求下属的意见，改变薪酬的方式或结构，提高下属的积极性。

路径——目标理论同以前的各种理论的最大区别在于，它立足于下属，而不是立足于领导者。豪斯认为，领导者的基本任务就是最大限度地发挥下属的作用。而要发挥下属的作用，就得帮助下属设定目标，把握目标的价值，支持并帮助下属实现目标，在实现目标的过程中提高下属的能力，让下属得到满足。同时该理论由于无法充分解释领导行为和员工动机之间的关系，而且涉及变量较多、过于复杂，招致了一些批评。

子曰："君子之于天下也，无适也，无莫也，义之与比。"

意思是君子对于天下的事情，没有一成不变的主张，也没有一成不变的反对，怎样合理恰当，便怎样去做。

案例

谁带领蓝天走出了困境[①]

蓝天技术开发公司（以下简称"公司"）由于在一开始就瞄准了成长的国际市场，在国内率先开发出了某高科技产品，其销售额得到了超常规的增长，公司的发展速度十分惊人。然而，在竞争对手如林的今天，该公司和许多高科技公司一样，也面临着来自

---

① http://blog.sina.com.cn/s/blog_543438d40102vahd.html，有删改。

国内外大公司的激烈竞争。当公司在经济上出现了困境时,公司董事会便聘请了一位新的常务经理欧阳健来负责公司的全面工作。而先前的那位自由派风格的董事长仍然留任。欧阳健来自一家办事风格严谨的老牌企业,他照章办事,十分古板,与公司的风格相去甚远。公司管理人员对他的态度是:看看这家伙能待多久。看来,一场潜在的"危机"迟早会爆发。

第一次"危机"发生在欧阳健首次召开的高层管理会议上。会议定于上午9点开始,可有一个人,直到9点半才进来。欧阳健厉声道:"我再重申一次,本公司所有的日常例会要准时开始,谁做不到,我就请他走人。从现在开始,一切事情由我负责。你们应该忘掉老一套,从今以后,就是我和你们一起干了。"到下午4点,竟然有两名高层主管提出辞职。

然而,此后公司发生了一系列重大变化。由于公司各部门没有明确的工作职责、目标和工作程序,欧阳健首先颁布了几项指令性规定,使已有的工作有章可循。他还三番五次地告诫公司副经理徐钢,公司一切重大事务向下传达之前必须先由他审批,他抱怨正是研究、设计、生产和销售等部门之间互相扯皮、踢皮球,结果使公司一直没能形成统一的战略。

欧阳健在详细审查了公司的人员工资制度后,决定将全体高层主管的工资削减10%,这引起了公司一些高层主管的不满和抱怨。研究部主任这样认为:"我不喜欢这里的一切,但我不想马上走,因为这里的工作对我来说太有挑战性了。"

生产部经理也是一个对欧阳健的做法不满的人,可他的一番话颇令人惊讶:"我不能说我很喜欢欧阳健,不过至少他给我那个部门设立的目标我能够达到。当我们圆满完成任务时,欧阳健是第一个感谢我们干得棒的人。"采购部经理牢骚满腔,他说:"欧阳健要我把原料成本削减20%,他一方面拿着一根胡萝卜来引诱我,说假如我能够做到的话就给我丰厚的奖励;另一方面则威胁说如果我做不到,他将另请高明。但完成这个任务简直就不可能,欧阳健这种'胡萝卜加大棒'的做法是没有市场的。从现在起,我另谋出路。"

欧阳健对被人称为"爱哭的孩子"的销售部胡经理的态度则让人刮目相看。以前,销售部胡经理每天都到欧阳健的办公室去抱怨和指责其他部门。欧阳健对付他很有一套,让他在门外静等半小时,见了他对其抱怨也充耳不闻,而是一针见血地谈公司在销售上存在的问题。没过多久,大家惊奇地发现胡经理开始更多地跑基层而不是欧阳健的办公室了。

随着时间的流逝,公司在欧阳健的领导下恢复了元气。欧阳健也渐渐地放松了控制,开始让设计和研究部门更放手地去做事。然而,对生产和采购部门,他仍然勒紧缰绳。公司内再也听不到关于欧阳健去留的流言蜚语了。大家都这样评价他:欧阳健不是那种对这里的情况很了解的人,但他对各项业务的决策无懈可击,而且确实使我们走出了低谷,公司也开始走向辉煌。

思考题:
(1) 试用三种作风理论分析欧阳健进入公司时采取了何种领导方式?这种领导方式与留任的董事长的领导方式有何不同?
(2) 试用菲德勒权变模型分析欧阳健对研究部门和生产部门分别采取了何种领导风格?

第三节 新型领导理论

不断进步的世界给领导者带来了新的机遇与挑战,20 世纪 70 年代末,诞生了新型领导理论,这即是领导理论发展的第四个阶段。这一阶段的研究试图整合特质、行为和权变理论来考察领导的有效性,如学习型领导理论、魅力型领导理论、变革型领导理论等。这些理论对整个领导学界产生了一次大革命,成为近三十年来学界和业界共同关注的焦点。

一、学习型领导

随着知识经济的到来,"知识"作为一种全新的生产要素对社会的发展产生了巨大的促进作用。为适应时代与工作变化的要求,一种以知识为基础、以学习为途径、敢于创新和变革的新型领导方式——学习型领导应运而生。1990 年,学习型组织理论的奠基人彼得·圣吉完成了其代表作《第五项修炼》,他指出:"20 世纪 90 年代最成功的企业将会是学习型组织,因为未来唯一持久的优势,就是有能力比你的竞争对手学习得更快。"在此书中,他提出了将传统组织转变为学习型组织的方法、学习型组织中领导者的角色等内容,这也成为学习型领导理论的雏形和直接基础。

学习型领导通过领导者在组织中善于通过学习获取知识、传递知识和创新知识,并能运用新的知识和见解,提出解决问题的新方法来实现领导的过程。学习型领导不是事必躬亲的事务型领导,不是只讲工作效率不注重自我行为改造的管理型领导,也不是思想僵化的经验型领导,更不是一知半解不懂规律的外行型领导。学习型领导注重在对过去的知识和经验记忆的基础上形成信息知识共享,获得更高水平的能力来改善领导活动。学习型领导与传统领导的区别如表 7-2 所示。

表 7-2 传统领导与学习型领导的区别

传统领导	学习型领导
强调等级制度	淡化等级制度
职位权力	个人权力
以指示和控制为主要职能	以导向和营造为主要职能
集权	分权
追求稳定	重视变革的价值
目标推动	愿景推动
适应性学习	终身学习
解决问题	强调成员的自我管理

对于要建立学习型组织的企业而言,领导者的作用至关重要。在学习型组织中,领导者是设计师、仆人和教师,他们负责建立一种组织,拥有能够让其他人不断增进对问题复

杂性的认识、理清愿景和改善共同心智模式的能力，同时对组织的学习负责。学习型领导者具备以下四种重要的能力：

1. 发动变革的能力

当今的世界处在不断的变化之中，变革的价值是如此之重要，以至于它本身就已是潜在的资源。在一个组织中，学习型领导者应该是变革的发起者和推动者，他不再是指导者，而是传播人，传播变革的思想和理念，使变革成为组织的自发过程。除此之外，领导者发动变革还涉及判断每一个状况中相关的形势，研拟适合时机和环境变革的策略。

2. 推动愿景的能力

愿景指组织可靠、真实和具有吸引力的未来，它代表所有目标努力的方向，能使组织更成功、更美好。领导者是组织愿景的召唤者，他本人首先要为愿景热血沸腾，为它产生一种热情和冲动，并且与员工分享，推动大家为实现愿景而奋斗。共同愿景能为组织学习提供焦点与能量，使组织由"适应性学习"转变为"创造性学习"。

3. 整合思考的能力

学习型组织的建设是一个系统工程，领导者设计工作主要包括整合愿景、价值观、理念、系统思考以及心智模式这些项目；更广泛地说，就是要整合所有的学习修炼。同时，领导者还需要整合组织的各种硬件，比如团队、知识网络、规章制度和物质保障等，形成有生命力的有机组织建构，以"创造性张力"重振组织的核心竞争力。

4. 自我批判的能力

学习型领导是一个知识不断更新、动态和开放的过程，需要领导者具备自我批判的能力。对于学习型领导者而言，自我批判包括两个方面：一是实现自我超越，要求领导者深刻地了解自我的真正愿望，并客观地观察现实，实现对现实的愿望，全身心地工作；二是改善心智模式，要求领导者以开放的心态容纳他人的想法，从而形成整体互动的心智模式，以实现组织的共同目标。在领导过程中，领导者要不断思考：组织变革是否在正确的轨道上？组织的愿景是否能够召唤所有的成员一起努力？组织架构的设计是否有利于组织成员有效学习？

一个组织的生命力，不仅取决于它的规模和现状，更取决于它的学习能力。学习型领导者能够立足于新的知识和技能，适应瞬息万变的环境，善于把握事物的客观规律，以学习来支撑改革和创新；采取随机应变的领导方式，创造性地完成预定的任务和应对突发事件。同时，学习型领导者通过在组织中设立恰当的机制，引导和培育创造性思维，营造有利于个人和团队的学习文化，为学习和创新提供激励。

英国最大的汽车制造厂商罗孚汽车一度陷入了困境：每年亏损超过一亿美元，内部管理混乱，产品质量日下，劳资矛盾恶化，员工士气低落，前景一片黯淡。格雷厄姆·戴临危受命，成为罗孚汽车集团董事会主席。上任伊始，他就深切地感受到了全球汽车业动荡的环境给罗孚汽车带来的巨大压力——日益激烈的全球竞争、新技术日新月异、高素质人才的匮乏，以及顾客对产品的挑剔等。戴和其他高层管理者认为，面对"巨鲸"，罗孚汽车这只小鱼如果游不快，就会葬身鱼腹。因此，只有奋力拼搏，才有望在激烈的市场竞争中得以生存和发展。因此，戴上任后立即在公司内部成立了专司学习管理的机构——学习事业部，积极倡导学习，建立明确的学习目标、学习计划与学习奖惩机制，提供学习的条件与支持，从而让自己、员工、团队、部门乃至全公司都不断地从新知识、新经验中获益。终于，公司的发展一日千里，最终脱离困境，并扭亏为赢，一举成为新的"马路之皇"。①

二、愿景型领导

美国学者纳诺斯（Nanus）在1992年正式提出了"愿景领导"一词，并强调在所有领导功能中，领导者对愿景的影响最为深远。愿景型领导通过设计一个现实、可信和诱人的愿景目标，并向追随者清晰明确地指出来要实现有效领导②。这种目标建立在当前条件的基础之上，人们只要经过努力就能实现。

管理学大师彼得·德鲁克通过对"愿景"和"使命"进行大量研究得出，两者的区别在于，使命回答了"组织存在的理由是什么"的问题，而愿景回答了"组织未来期望成为什么"的问题。也就是说，愿景是对一个国家、一个组织或一个团队在未来时间结点发展的想象和描述。在组织制定愿景的时候，必须综合考虑影响愿景型领导效能的因素（如图7-12所示）：

图7-12 愿景型领导力模型③

1. 价值选择

愿景的核心问题是价值选择，而实际的价值选择则是异常复杂的价值整合过程。从价值观的层面分析，领导者必须整合个人、团队、组织、国家和人类的价值观。纵观人类发展史，最成功的组织或个人，都是那些能够在更高层面整合不同利益相关者的价值观并以

---

① http://www.docin.com/p-92589994.html，有删改。
② 史蒂芬·P. 罗宾斯等著，李原等译，《管理学》（第五版），中国人民大学出版社，2008年，第483页。
③ 中国科学院领导力课题组：谭红军等，"愿景领导力研究"，《领导科学》，2009年第6期。

此作为组织愿景的组织或个人。如美国著名的强生公司就明确提出了顾客第一、员工第二、整个社会第三、股东第四的价值顺序，以此指导该公司的决策和行为。

2. 社会演化

社会演化指社会整体的变化，具体包括社会心理、社会制度、社会结构、社会性质和社会流动等。任何组织的价值观及其对未来的认知都是动态变化的，而社会演化是影响组织愿景的最关键的外部要素之一。如凤凰卫视的愿景是："成为感性的华夏文化传播者、理性的历史潮流弄潮儿、奔放的时代发展先驱、冷峻的炎凉时间评判"，凤凰卫视对中国的社会演化和需求理解深刻，定位准确。

3. 文化变革

文化对组织愿景的影响是最直接的，或者说愿景就是文化最核心的内容。领导者在制定组织愿景时要充分考虑以下文化要素：群体文化、地域文化、民族文化和宗教文化等。任何一个组织都必然处于多种文化的包围之中，都必须考虑在愿景中要突出或回避哪些文化因素，这给领导者的愿景领导力带来了挑战。在全球化时代，卓越组织的愿景必须融入全球化因素，如雅芳公司的愿景是："成为一家最了解女性，为全球女性提供一流的产品及服务，并满足她们自我成就感的公司。"

4. 科技进步

从近代社会开始，科学技术对组织发展的影响越来越大，领导者构建组织愿景时必须考虑如下科技因素：新理念、新知识、新技术、新产品和新产业等。科技的进步经常会毁灭传统的行业和催生新的产业，新产业的出现意味着挑战，也预示着新的发展机遇。其实对领导者而言，无论是新的理念、知识、技术、产品还是产业，关键是要把创新精神导入愿景。如新东方的愿景是："成为优秀的教育机构，培养成就中国的精英，推动中西文化的结合"，它抓住了新的教育产业的发展机遇，从而创造了英语培训的奇迹。

5. 组织变迁

愿景是组织未来的发展图景，也是组织历史和现实的延续。虽然组织未来的发展图景在很大程度上是由外部的社会价值观、社会演化、文化变革和科技进步等因素决定的，但对于那些具有悠久历史、强大核心竞争力和卓越领导者的组织而言，未来的发展图景也受组织内部因素的影响，这些因素主要包括组织历史、组织业务、组织人员、组织战略和核心竞争力等。组织愿景从根本上而言是由组织内部人员来确定的，是组织内部人员的行动指南和努力方向。如香港金利来集团原来的愿景是"金利来，男人领带的世界"，后来改为"金利来，男人的世界"，这就大大拓展了业务范围，改变了未来的发展图景。

在愿景型领导中，领导者还必须表现出以下三种能力：一是向他人解释愿景的能力，领导者必须通过清晰的口头和书面沟通，按照要求的行为和目标使愿景清晰化；二是不仅通过口头而且通过领导者的行为表达愿景的能力，这要求通过行为不断地表达和强化愿景；三是在不同情景中施展并运用愿景的能力，这是一种能够合理安排各种组织活动以使愿景能够适用于多种情景的能力。

愿景型领导将战略管理理念与领导原则相结合，适应了当前主流管理学领域中面向创新管理和战略管理的变革趋势。愿景型领导作为战略管理理念与领导原理相结合的新型理论，在战略转型与组织发展中扮演着重要角色，发挥着指引方向和统一思想的作用。建立能够为全体成员认同的愿景，明确组织的核心理念、使命和目标，并付诸实际行动，在组织结构、文化和管理上实施变革，将有利于组织顺利发展和更好地适应外部竞争。

中国许多知名企业的高层领导都很擅长使用愿景的力量。例如，联想的共同愿景是："未来的联想应该是高科技的联想、服务的联想、国际化的联想"；华为的共同愿景是："在电子信息领域实现顾客的梦想，并依靠点点滴滴、锲而不舍的艰苦追求，使我们成为世界级领先企业"。这些共同愿景使员工们深信，他们是在从事一项艰巨而宏伟的事业，他们是在创造一个世界级的企业，他们会为此而自豪、为此而奋斗。从称呼上我们就可以感受得出来，他们称自己为"联想人""华为人"。[①]

三、魅力型领导

20世纪初，德国著名的社会学家马克斯·韦伯提出了"魅力"这一概念，意指领导者对下属的一种天然的吸引力、感染力和影响力。魅力型领导指领导者利用自身的魅力鼓励追随者，并对其产生深刻和非凡影响的领导过程。美国宾夕法尼亚大学组织行为学教授罗伯特·豪斯是魅力型领导的极力倡导者，他认为魅力是远远超出一般的尊重，影响钦佩和信任，对追随者具有震撼的一种力量。魅力型领导者具有以下特征：

第一，拥有愿景。魅力型领导者是未来取向的，他能够感知到事物的运行方式与可能的或应该的运行方式之间的差距，并据此提出令人振奋的愿景。他设想的愿景不只是一种猜测，而是建立在现实的基础上，表达了整个组织未来的目标和理想。这种愿景为追随者解释事件和行为提供了共同的概念框架，因而对追随者既有激励效果，又有凝聚效果。

第二，拥有高度自信。魅力型领导者对自己的能力、信仰和愿景保持着高度的自信，在情感、动机和价值观念上的内心冲突比非魅力型领导者要少得多。越是自信的领导者，越能够感染下属，激励下属全身心地投入，以实现组织的愿景。许多魅力型领导者如马丁·路德·金，都能够在极大的压力下坚持自己的信念。

第三，精力充沛、充满热情和自我激励。魅力型领导者精神饱满、精力充沛，对实现目标充满激情，能够用各种方式充分和生动地表达自己的思想和情感，实现自我激励。前南非总统纳尔逊·曼德拉，在推翻南非白人种族主义统治中，进行了长达50年艰苦卓绝的斗争，铁窗面壁28年。但是曼德拉内心执着，在监狱里面从未放弃自己的梦想，充满热情，自我激励，最终从阶下囚一跃成为南非第一任黑人总统，为新南非开创了一个民主统一的局面。

第四，善于言辞。魅力型领导者常常有卓越的沟通能力，与下属交流时思想内容丰富，旁征博引，能够对追随者产生强烈的感染力。凭借这种表达能力，能够使追随者理解

---

① 王永峰，《激励员工的49个细节》，企业管理出版社，2006年，第4页。

组织的愿景，激发追随者的热情，挑起追随者对现状的不满，推动其对新的未来设想的支持。

第五，愿意承担风险。魅力型领导通常都是冒险型的，不循规蹈矩，推动着激进变革，他们的行为常常新奇、叛逆和反常规，但一旦成功，这些行为会令下属惊讶和钦佩。奉行"活着就是为了改变世界"理念的前苹果公司CEO史蒂夫·乔布斯，引领了个人电脑、动画电影、音乐、手机、平板电脑以及数字出版等六大产业的颠覆性变革，每一次新的尝试都是冒险，推动着这些产业不断革新。

第六，对环境敏感。魅力型领导者具有对现实的洞察力，能够实事求是地评估组织内的各种环境资源和条件限制，并基于对环境资源的现实评估来制定变革策略和进行非常规行动。一旦领导者丧失了对现实的洞察力，或者他的非常规行为不能实现目标，他就有可能从魅力型领导者降级为低效的领导者。

进一步的研究发现，魅力型领导者的下属比一般领导者的下属有更高的工作绩效，对任务特征、领导方式和群体状况等有更好的适应性。当下属的工作包含意识形态方面的转化或者当下属处于高压和不确定环境中时，魅力型领导方式最有效。这一点可以解释为什么魅力型领导者在政治活动、宗教活动、战争、企业创业阶段或生存死亡之时更加受到推崇。魅力型领导也有消极的一面，若魅力型领导者过分强调个人的需要高于一切，要求下属绝对服从，或利用其高超的说服能力误导或操纵下属，则可能产生不良的结果。

子曰："其身正，不令而行；其身不正，虽令不从。"

意思是自身行为端正，不发号施令就能施行；自身行为不端正，即使发号施令也不服从。

四、交易型领导

政治社会学家詹姆斯·麦格雷戈·伯恩斯于1978年在《领导学》一书中首先提出了交易型领导的概念，而后著名管理学家伯纳德·巴斯发展了伯恩斯关于交易型领导的观点。交易型领导也称权变奖励型领导，指在了解下属需要的基础上，领导者通过明确角色和任务要求，引导和激励下属完成组织目标，从而满足员工需要的交易型领导过程。交易型领导的理论基础是社会交换理论，其主要观点认为：个体用自己的贡献与组织提供的某种报酬构成交换关系，该交换关系是一种建立在信任基础上的自愿性关系，其动力是为了使个人获取回报。根据巴斯的观点，交易型领导主要包括：

1. 权变报酬

权变报酬指领导者根据员工的表现给予适当的奖励，避免使用处罚，以增加员工工作热情的诱因。权变报酬可以分为两个次级因素：一为承诺的权变报酬，即领导者向下属人员保证，会按他们的表现给予应得的奖赏；二为实质的权变报酬，即领导者按下属人员的表现情况提供其应得的奖赏。领导者必须秉持公平公正的原则，结合员工的具体需要，制定相应的承诺的权变报酬；同时以员工实际的表现为依据，合理地给予实质的权变报酬。

2. 例外管理

例外管理指领导者对下属工作中的例外问题持有的态度和采取的管理方式。例外管理分为两种形式：一是主动管理，领导者主动监控下属的偏差行为，并且修正其偏差行为，强化规章制度以确保成员达成目标；二是被动管理，领导者平时并不会对下属的行为进行干预，只有下属发生偏差行为时才会采用权变式惩罚或其他修正行动。领导者应该有效地结合主动管理和被动管理，在给予员工一定自由度的同时注重保证工作目标的达成。

在交易型领导中，领导者提倡维持当前稳定的工作状况，会对下属的努力和奉献酌情给予奖励，对违反期望的错误行为采取纠正措施，所有这些工作都是为达到既定的组织绩效目标。在企业的管理实践中，大多数领导者都存在不同程度的交易型领导行为。不过，正如谚语所说："如果你的工具箱里只有锤子，就会把每一个问题都看成钉子"，若领导者主要依靠交易型领导来影响他人，就会用各种物质或精神的条件与下属进行交换而取得领导地位，从而无法赋予员工工作意义，易在组织内部形成官僚政治、邀功争宠和排挤倾轧等现象。

汉代有一位名叫丙吉的宰相，有一次他外出巡视，遇到一宗杀人事件，他没有理会，后来看见一头牛在路边不停地喘气，他却立即停下来，刨根究底，仔细询问。随从觉得很奇怪，问为什么人命关天的事情他不理会，却如此关心牛的喘气。丙吉说：路上杀人自有地方官吏去管，不必我去过问；而牛喘气异常，就可能发生了牛瘟或是其他有关民生疾苦的问题，这些事情地方官吏一般又不太注意，因此我要查问清楚。这则"吴牛问喘"的故事有很深刻的意义。如果我们把"杀人事件"看成是例行事件，把"牛喘气"看成是例外事件，那么实际这就是一个例外管理的典型案例。杀人事件的处理实际上已制度化、流程化，并由专门的机构负责处理，作为领导完全可以让他们去解决。相反，牛喘气作为一种偶发性例外事件，由于缺乏制度化、流程化的解决方式，而且没有专门负责的组织机构，就容易被忽视而造成严重的后果。①

五、变革型领导

20 世纪 80 年代美国政治社会学家詹姆斯·麦格雷戈·伯恩斯在他的经典著作《领袖论》一书中正式提出了变革型领导的概念，后来经过学者的不断发展，成为领导学界关注的焦点之一。变革型领导指通过领导者的人格力量和魅力特质来影响下属，并提升下属的需要层次和内在动机水平，激励下属不断挑战与超越自我，引领组织变革，为追求更高的目标而努力的过程。变革型领导者通过提出更高的理想和价值，如自由、正义、公平及人道主义等，以唤起下属的自觉，进而协助其满足较高层次的内在需要，使其能够由"平凡的自我"提升到"更佳的自我"。变革型领导包括以下构成：

---

① 刘志海，《讲个故事给企业听》，内蒙古文化出版社，2003 年，第 68 页。

1. 理想化影响力

理想化影响力指能够使他人产生信任、崇拜和跟随等行为的力量，具体包括领导者成为下属的典范，得到下属的认同、尊重和信任。这些领导者一般具有公认较高的伦理道德标准和很强的个人魅力，深受下属的爱戴和信任。下属认同和支持其倡导的愿景规划，并对其成就一番事业给予厚望。

2. 动机性鼓舞

动机性鼓舞指领导者向组织成员传达高期望，使用各种方式增强成员努力水平的行为。在实践中，领导者运用团队精神和情感诉求来凝聚下属的努力以实现团队目标，从而使获得的工作绩效远高于员工为自我利益奋斗时产生的绩效。

3. 智能激发

智能激发指领导者能够提出新的构想或观点，激发成员思考完成工作的方法。具体包括：向下属灌输新观念、启发下属发表新的见解和鼓励下属用新方法解决工作中遇到的问题。同时领导者会从成败中吸取经验和教训，将错误视为成员学习与发展的机会，鼓励成员制定长期的学习与发展规划。

4. 个性化关怀

个性化关怀指领导者关注每一个人，并针对每一个人的不同情况给予培训、指导和建议。领导者通过关心每一个组织成员的个别需求，发现成员的潜能，指导他们完成任务；同时通过考虑员工的独特性格，提供不同的支持以促进员工的发展。

变革型领导代表了一系列积极影响的过程，并有效地改变着个人、团队和组织的绩效状况。从个体层面来说，变革型领导能够使领导者发挥自己的魅力，激发人们完成目标的强烈责任心，同时也能够明显改善员工的绩效水平、对组织的忠诚度和工作的满意度。从团队层面来说，变革型领导增加了对组织成员的授权状况，能够积极地影响团队绩效和团队效能。从组织层面来说，变革型领导能够改变组织环境和文化，形成积极的气氛。但同时，变革型领导理论主要来自对西方国家大型企业高层领导者的研究，其是否适用和如何适用于中低层领导者，以及它对不同文化环境的适用性等还有待更多的实证研究来解释。

三星集团前会长李健熙通过变革成功领导三星脱颖而出就是一个例子。当时，以三星为代表，全世界都盛行"以数量为中心"的观念。然而，李健熙却坚持要对三星的这种经营理念进行一次彻底的变革。他写出《三星新经营》一书作为企业未来发展的行动指南。他在书的开篇提出了"变化从我做起"的口号，并以此作为三星的企业哲学。他在"新经营"理念中强调以质量管理和力求变革为核心，一针见血地指出：在全球一体化时代，品质就是企业竞争力的准绳。他先后与三星1 800多名中高层人员召开会议，并于法兰克福提出了"新经营"宣言，以破釜沉舟的气势吹响了"新经营"的号角。今天我们随处都可以见到三星产品的身影，可以说"新经营"改革功不可没。①

六、团队领导

20世纪70年代已经出现团队及团队运用模式，进入21世纪以来，这种领导模式也越来越被管理者认可和重视。团队领导指通过发展一个良好的团队互动环境来促进成员间的合作与沟通，进而引发团队成员去追求和达成团队共同目标的领导过程。在当前的环境下，作为团队领导者，如何协调个人成长与团队成长之间的关系，使他们能够相互促进、共同发展是一个值得关注的问题。下面介绍两位学者主要的研究观点：

1. 达夫特的观点

美国学者理查德·L. 达夫特从团队效率和团队领导力的角度入手，在对影响团队效率因素分析的基础上全面总结了领导者在团队中应扮演的角色，具有极大的代表性。他认为，团队的效率可被定义为获得四项成果：一是适应，指团队影响组织的程度，即影响组织快速应对环境需要和变化的能力；二是效率，指团队能否用更少的资源帮助组织实现目标；三是质量，指团队致力于更少的瑕疵及超越顾客期望；四是满意，指团队通过满足成员个人需要来保持他们的责任感和热情。根据这四个因素，达夫特认为，一个团体要获得高效率，关键是任务得以完成和社会感情需求得到满足，因此，领导者必须扮演两种角色（如表7-3所示）。

表7-3 团队领导者的两种角色②

任务专家角色	社会情感角色
• 提出解决方案和新想法 • 评价解决方案的效率，对他人的建议给予反馈 • 收集信息来明确任务、责任和建议 • 总结与当前事实相关的想法和事实 • 发现并解决团队之间存在的问题 • 激励成员和整个团队采取行动	• 保持行为规范，提醒大家在达成一致的规范和标准的基础上互动 • 鼓励成员为团队奉献 • 对成员表示热情和接受，启发他们的想法 • 消除团队成员间的矛盾，努力缓和紧张情绪，处理不同意见 • 对他人友善，并给予支持 • 关心成员的需求和感受

2. 罗宾斯的观点

斯蒂芬·P. 罗宾斯也提出了团队领导者的角色：一是联络官，收集和分享信息，从外界获取必要的资源；二是困难处理专家，针对员工的困难提出针对性的意见，帮助解决困难；三是冲突管理者，当意见不一致的时候，协调解决冲突，将冲突的破坏性降到最低；四是教练，为团队成员提供相应的培训和支持，为成员的成功而喝彩。同时有效团队领导者要学习一些技能，如耐心地分享信息，信任他人并适当放弃自己的职权，明白什么

---

① 谭慧，《每天学点管理学》，中国华侨出版社，2013年，第182页。
② 理查德·L. 达夫特著，杨斌译，《领导学原理与实践》，电子工业出版社，2008年，第246—247页。

时候对员工进行干预。因此，团队领导者需要精通一种平衡之道：他们要了解什么时候让团队自己做事，什么时候参与进来和团队一起干。

团队领导聚焦于现实团队及其需要的领导力，能够帮助领导者判断和诊治团队面临的问题，有效解决组织的效率问题。同时团队领导重视团队中领导者与员工的角色变换，而且随着组织性框架的重组，领导者的职责常常可以共享和共担。

木桶效应：一只沿口不齐的木桶，它盛水的多少，不取决于木桶上那块最长的木板，而是取决于木桶上那块最短的木板，要想使木桶多盛水——提高水桶的整体效应，不是去增加最长的那块木板，而是下功夫补齐最短的那块木板。同理，在团队领导过程中，要下功夫狠抓团队工作中最薄弱的环节，否则团队工作的整体效果就会受到影响。

七、共享领导

共享领导是将领导权在团队中分享的一种领导模式，其概念起源可以追溯到 20 世纪 80 年代倡导的共同管理学说。共享领导指在团队中，由团队成员构成的管理团队共享。其主要思想是：团队有权力共享的思想，共享领导权力和共担领导责任；团队要有共享的认知，包括共同的信念和团队知识；团队成员具有共同的价值观、思想、组织愿景等，具有互补或相容的知识，能够共享信息和资源。共享领导和传统的直线领导的区别如表 7-4 所示：

表 7-4 传统的直线领导模式与共享领导模式比较

模式＼项目	传统的直线领导模式	共享领导模式
领导方式	领导者自上而下影响团队成员	团队共同领导
团队结构	采用科层或集中结构	团队成员网络式交互沟通
成员行为	决策主要依靠领导者的权威	工作自治和自我领导
团队行为	团队成员在工作中响应团队领导	基于工作任务的团队协商一致
团队愿景	团队领导为团队成员提供愿景	团队成员拥有共同或共享的愿景
领导模型作用	团队指导→影响、指导、沟通、协调→团队成员	团队成员/团队领导之间循环互动

共享领导是一种建立在责任承担基础上的领导模式，该模式要求团队所有成员都必须主动参与到工作中，相互影响，实现团队的目标。共享领导虽具有其他领导模式不可比拟的一些优势，但只有在一定的背景条件下才能够发挥最大作用。影响共享领导的因素有：

1. 团队特征

团队特征包括团队成员学习能力、团队信任、团队成员成熟度和熟悉度以及团队效能等方面。共享领导需要所有的参与者都了解工作要求和团队特征，这能够促进团队成员共享新信息并将这些信息转化为自身素质，更好地实现团队领导。同时共享领导具有充分授权的内在特征，需要领导者信任团队成员的动机和能力，并且让成员真正接受团队的价值观、理念和目标。

2. 任务特征

任务特征包括知识创新、任务关联度和任务复杂度等。高层次共享领导与高水平知识创新紧密联系，知识创新需要充分发挥不同专长、不同经验和不同思维方式的知识型员工的作用。任务关联度指完成团队目标需要成员之间任务相关或相互依赖的程度，在共享领导中，团队成员在工作中共同领导、相互依赖，能够充分发挥各自的专长和能力。除此之外，团队面临的工作任务越复杂，共享领导模式越凸显其重要性，就越有可能在集成创新上发挥更大的作用。

管理学大师彼得·德鲁克明确指出，"把知识运用于工作中"是现代组织面临的一个基本挑战。知识是集成创新的关键，共享领导是团队知识创新的一种重要的过程管理模式。随着现代组织中大量"互补型"或"增强型"知识团队的出现，共享领导将成为未来知识团队领导模式发展的新方向。

1946年，井深大和盛田昭夫共同创建了索尼公司的前身——东京通信工业株式会社。井深大是一名优秀的工程师，他负责开发和制造晶体管收音机，而盛田昭夫负责产品的全球营销工作。井深大的技术热情驱动着索尼不断地进行技术开发和研究，"索尼的神话"就是建立在产品的新技术和高质量上；盛田昭夫高超的营销理念和营销技巧使索尼品牌享誉世界。

案例

马云的孔雀型领导风格[1]

在联想的柳传志看来，领导者有两种大的类型：一种是孔雀型的，以个人魅力取胜；一种是老虎型的，以发号施令树威。

从这种分类来看，马云是典型的孔雀型领导风格，在塑造品牌、自我宣传、鼓舞人心方面有着天生的优势。从创业的第一天起，马云就宣称，阿里巴巴会成为最伟大的电子商务公司。

孔雀型领导者把愉悦、快乐、被团队成员和社会认可看得很重要，马云用自身的这一特点营造出了一种热情、快乐、充满激情的企业文化，就像一句老歌词唱的那样有意思："阿里巴巴是个快乐的青年。"

---

[1] 冯国珍，《管理学习题与案例》，复旦大学出版社，2011年，第88—89页。

孔雀型领导者的说服力强，马云不仅能够说服创业时期的"十八罗汉"与他共同熬过公司的寒冬，甚至在寒冬时还能够吸引外部的优秀人才加入阿里巴巴。蔡崇信是一家全球著名的风险投资公司的驻亚洲代表，他赶赴杭州洽谈投资，与马云推心置腹交谈之后，竟然要加入月薪只有500元人民币的阿里巴巴，成为阿里巴巴的CEO。后来蔡崇信的妻子告诉马云："如果我不同意他加入，他一辈子都不会原谅我。"

孔雀型领导者的社交能力极强，他们通过"朋友遍天下"促进事业的发展，"西湖论剑"和"网商大会"就是马云社交能力的体现。2000年，马云请金庸穿针引线，广发英雄帖，中国互联网界的风云人物——新浪王志东、网易丁磊、搜狐张朝阳等人纷纷赴约，在如诗如画的西湖边共商互联网发展对策，这就是日后互联网界一年一度的"西湖论剑"。除这一行业顶级人物的聚会以外，马云又发起了"网商大会"，将各路江湖英雄每年聚拢在阿里巴巴的周围。

和许多孔雀型领导者不一样的是，孔雀容易多元化，但马云却做到了聚焦，被称为"全球电子商务教父级人物"；和许多新锐企业家不一样，马云取得了巨大成功却不骄狂，这使他更具领导魅力。成功之后，马云这样说："如果我马云能够创业成功，那么我相信中国80%的年轻人都能够创业成功。"这句话显示了马云的谦逊和成熟。马云已经从"青蛙"变成了"孔雀"，成为中国新锐企业家中的代表性人物。

思考题：
(1) 作为一名优秀的企业领导者，马云具有哪些特质？
(2) 马云属于现代领导理论中的哪种领导类型？为什么？

第四节 领导艺术

美国著名的管理学家哈罗德·孔茨认为，领导是一门促使其追随者充满信心、满怀热情来完成他们任务的艺术。领导艺术是领导者为了实现组织目标，提高领导效能，以领导者自身的知识和素养为基础，科学地运用领导理论、方法和技巧，逐渐形成的独特的领导风格和艺术形象。其内容丰富，贯穿于领导活动的始终，存在于领导活动的各个环节。

一、统筹全局的艺术

领导者居于组织的核心地位，对全局具有通盘运筹的功能。为完成这一职责，要求领导者做到以下两点：

1. 审时度势，运筹帷幄

对于组织领导者而言，首先要做的事情就是对公司全局和前景的把握，审时度势，运筹帷幄，决胜于千里之外。对于一个企业领导者而言，他做的计划越长期，牵涉的因素也就越多，包括各项政治因素、经济因素、环境因素以及组织内部因素等。领导者要富有正

确的远见,正如意大利名言所说:"把握现在便是创造未来"。具体包括:

第一,果断把握机会。在现代商业竞争中,抓住机会才能够取得成功,而机会稍纵即逝,没有见微知著、敏锐果断的能力,就不能抓住机会。所谓见微知著、敏锐果断,就是在竞争中密切关注每一个细微的变化,分析内在的本质,判断事物的发展方向,然后做出敏锐果断的决定,使自己领先一步,抓住机会,取得成功。

第二,敢于冒险。一是要肯做"不赚钱的买卖",做生意如同下棋一样,平庸之辈只能看到眼前的一两步,高明的棋手则能看出后五六步甚至更多。做"不赚钱的买卖"意味着要有长远的眼光,遇事处处留心,比别人看得更远。这样做出的决策才有可能更切合市场发展的需要,达到决胜于千里之外的目的。二是要敢于相信自己的商业直觉和眼光。世界旅店大王希尔顿一生有三条原则:信仰、努力和眼光。不论做哪一行,若想比别人更出色,希尔顿认为必须具备高瞻远瞩的眼光。

滴滴打车在短短的 3 年内覆盖了 360 座城市,已切走中国出行市场 80% 的蛋糕,成为估值达到 350 亿美元的互联网公司,然而其成功的背后离不开领导者程维对商机的敏锐的直觉。程维看到了互联网作为这个时代最先进的生产力,是如何不断地去改造每一个垂直的行业的。他敏锐地发现,互联网在中国发展的 15 年间,"衣食住行"里的"衣食住"都被互联网改变了——"衣"有淘宝,"食"有大众美团,"住"有链家,但是只有"出行"是最传统的。他认为出行被互联网改变将是大势所趋。于是,尽管不被身边大多数朋友看好,高瞻远瞩的他还是毅然开始了这一艰辛而又辉煌的创业之路。而事实证明,正是由于他独具慧眼,把握住了这个机会,才有了如今成功改变人们出行方式的滴滴打车。

2. 大事精明,不问细节

对于领导者来说,最重要的是要有超前的思想和计划,不应把自己创造新思想和计划的宝贵精力耗费在琐事上,一个真正能站得住脚的领导者,永远应该是一个制造机器的人,而不是把自己变为机器的一部分。具体包括:

第一,把握总体目标。对于领导者来说,应该站在全局角度。一是抛弃骄傲心理,做领导者运用脑子比运用气力重要得多,把交给下属去做的工作兜揽起来,结果只会是下属失去主动性、积极性和创造性。二是把权力交给能胜任的人,要想做一个有效率的领导者,就不要干涉下属的具体事务。罗斯福有一句名言:"一位最佳的领导者,是一位知人善用者,在下属开心从事其职守时,领导者要有自我约束的力量,而不可插手干涉他们。"三是瞄准压倒一切的目标,领导者要把自己的工作组织好,集中精力于一个压倒一切的目标,并为实现这个目标而努力。

第二,只管两头、不管中间。只管两头、不管中间的思想源于控制论中的黑箱原理,在实际工作中,领导者负责监管两头的决策输入和结果输出,对于中间——执行部门的行为不得随意干涉。同时也要善于处理中心工作和其他工作的关系,既要抓住主要工作,又要兼顾其他各项工作。

第三,不在细节上耗费精力。"领导者不要在工作细节上耗费精力",这是著名领导者和管理学家亨利·法约尔向肩负重大责任的领导者提出的诚恳忠告。法约尔认为,在工作细节上耗费大量时间是领导者的严重失误,因为下属可以做好这些工作,甚至可以做得更好。实际上，不在工作细节上耗费精力并不是说不注意细节，相反领导者应该事事了解，尤其是关系到大局的事情要做到心中有数。

蜀汉丞相诸葛亮七出岐山，兵伐中原，与魏兵交战皆因条件不成熟而无功而返。第七次出征，魏军根据蜀军的速胜心理，几次交战后坚守不出。诸葛亮"夙兴夜寐""食少事烦"，不久，病死军中，伐魏大计又告失败。诸葛亮的失误就在于伐魏过程中没有清醒地认识到自己的职责所在，他不仅决策，掌握决策的实施，而且事必躬亲，陷入了烦琐的日常事务当中，甚至连罚二十军棍这样的小事，他也要亲自督促，使自己的时间、精力在许多次要问题上白白耗费了，颠倒了主次，误了大局。

二、识人善用的艺术

领导识人善用是领导活动中一个重要的环节。领导识人善用的艺术，是融用权与用人为一体的艺术，也是领导者灵活有效地运用各种权力分配的艺术。如何挖掘合适的人才，合理地运用手中的权力为有效地实现领导目标服务，是每个领导者都必须掌握的艺术。具体包括：

1. 正确集权，适度分权

兵法云："兵之胜败，不在众寡，而在分合。"集权是权力的上移，分权是权力的下移。无论是上移还是下移都要适度。绝对的无限的上移就是家长制、专制、独裁；绝对的无限的下移就是分散主义、极端民主化。

领导者既不能全权独揽、事必躬亲，又不能大权旁落、无所用心。领导者在权力分配时，既要保证下级能有充分的权力，尽职尽责做好工作，又要保证自己在整体上的把握和宏观上的调控。随着社会事业的发展和变化，领导活动也日趋复杂多变，领导者只有充分发挥自己的聪明才智，总结以往的经验教训，才能根据各种情况采取适度的分权和集权。

知名国际战略管理顾问林正大说过："授权就像放风筝，部属能力弱线就要收一收，部属能力强线就要放一放。"管理专家彼特·史坦普也说过："成功的企业领导者不仅是授权的高手，更是控权的高手。"

2. 善于授权，巧妙借力

授权是领导用权的重要组成部分，是分层管理的需要，也是成就事业的必要手段。它可以使领导者从琐碎的日常事务中解脱出来，专心处理全局性的重大问题；它可以提高下属工作的积极性，增强责任心，发挥其特长，提高工作效率。授权一般有两种方式：

（1）一般授权

这是领导者对下属做的一般性工作的分配，无特定指派，属于一种广泛事务的授权。这种授权可以分为三种：一是柔性授权，领导者向被授权者不做具体工作的分派，仅指示一个大纲或者轮廓，被授权者可以根据当时、当地的具体情况做出相应的处理；二是模糊授权，这种授权有明确的工作事项和职权范围，领导者在下属必须达到的使命和目标方向上有明确的要求，但对怎样实现目标并未做出具体的指示，被授权者在实现目标的手段方面有很大的自由度和创造余地；三是惰性授权，领导者由于不愿意多管琐碎纷繁的事务，且自己也不知如何处理，于是交由下属处理。

（2）特定授权

这种授权也叫刚性授权，领导者对被授权者的职务、责任及权力均有明确的规定，下属必须严格遵循，不得渎职。这种授权一般适用于技术类、有严格规定的标准化岗位，很少需要领导者的参与和支持。

不能实行有效授权的领导者，实际上是一个不称职的领导者，因为他自己忙于日常业务而不能做更重要的事情，从而降低了工作效率。授权时要做到以下几点：一是因事择人、因能授权，按照任务要求和下属的能力，合理授权；二是只给直接下属授权，不越级授权，否则就会导致双重领导；三是授权给下属后不放弃调控，必要时要给下属以大力支持和帮助。

在德怀特·戴维·艾森豪威尔担任美国第 34 任总统期间，他并不显得那么日理万机，甚至给人以一直很悠闲的感觉。一次，艾森豪威尔正在打高尔夫球，白宫送来急件要他批示。总统助理事先已经拟定了"赞成"与"否定"两个批示，只待他挑出其中一个签名即可。谁知艾森豪威尔只是简单地看了一下，就在两个批示后各签了名，说："请狄克（即当时的副总统尼克松）帮我批吧。"然后，又若无其事地打球去了。但就是这样一位"懒"总统，却领导美国走向了历史上最为和平安定的时期，创造了美国历史上空前的繁荣，直到现在，人民还怀念着过去那段美好的时光。正是艾森豪威尔总统这种巧妙授权的艺术，让他的属下能够充分发挥自己的才干，取得了良好的效果。

3. 用人不疑，人尽其才

领导者用人是领导活动中一个重要的环节。爱才、识才和求才最终都是为了用才。孟子曾说过："君之视臣如手足，则臣视君如腹心；君之视臣如犬马，则臣视君如国人；君之视臣如土芥，则臣视君如寇仇。"人是一切资源中最宝贵的资源，领导者对人才的重视和尊重，可以保证组织生机勃勃。领导者在用人时应遵循以下原则：

（1）重视能力

重视能力原则指在选拔人才的时候，应该以工作能力作为重要的评定标准。不同的职务对能力结构和能力水平的具体要求不同，对一个具体职务而言，并不是能力越全、越大就越好，应该使人的能力与担任的职务相匹配。人的能力的高低必须经过实践的检验，必须重视绩效和公平考核。曾国藩就是一位以能力识人用人的典范，他每到一地，即广为寻访，招揽当地人才，他的幕僚中如王必达、程鸿诏和陈艾等人都是通过这种方法求得的。

（2）用人所长

用人之诀在于用人所长，且最大限度地实现优势互补。身为领导者，不要怕用有缺点但有专长的人才，不要怕用不听话但有工作能力的人才，不要怕用比自己强或批评过自己的人才。唐僧能西天取经成功，主要在于识人善用，孙悟空、猪八戒和沙和尚因为各自的长处不同，被安排到最适合的岗位上去，实现了人才所长与岗位所需的最佳配合。

清朝时期有位军事家杨时斋将军，他深谙"尺有所短，寸有所长"的用人原则。他让聋子当侍者，让哑巴送密信，让瞎子伏地听，让瘸子守炮座。杨时斋深知，聋者因少听可免泄军情，哑者守口如瓶可免添词造句，瞎子目弱而耳聪，跛者艰于行走而善坐。杨时斋明白"长"今短所倚、"短"今长所伏这个道理，用人用出了名堂，使得军中无废才。

三、协调沟通的艺术

通用电气前 CEO 杰克·韦尔奇说："领导者不是某个人坐在马背上指挥他的部队，而是通过别人的成功来获得自己的成功。"协调沟通的艺术指领导者为了实现领导岗位承担的任务和目标，而对领导活动中出现的矛盾和问题进行调整的过程。具体地说，就是领导者采用各种措施和方法，使其领导的组织同外部环境以及组织上下级、部门、人与人、人与组织等各种力量之间形成均衡，达到和谐一致，相互配合，高效率地实现领导目标的行为。

1. 领导协调的艺术

协调指在领导过程中，充分调动人们的积极性，形成和谐的工作氛围。根据协调对象的不同，领导协调的艺术可分为：

（1）对上级协调的艺术

在实际工作中，如何与上级协调、取得上级的支持和信任，是每个领导者最为关心的问题，也是最为棘手的问题。对此，必须注意以下几点：

第一，能力是个人发展的立身之本。能力是上级考察下级最重要，也是最基本的一项指标。领导者在对上级进行协调的过程中，应具有较高的个人素质和知识水平，以及出众的干事本领。同时，领导者应根据上级的职权范围和个性特点，展其长、避其短，及时汇报，反复疏通；适当掌握相互关系的"度"，即保持正常的工作关系，避免庸俗的物质交往。

第二，感情认可是获取信任的关键。古语有云：英雄无用武之地。领导者若得不到上级认可，纵然有再强的能力、再好的想法，也难有大的作为。因此，对上级应该谦虚谨慎，与其保持融洽的关系，取得其信任，以获得权力支持。感情认可是获取信任的关键，同时获得上级感情的认可需要讲究方式和方法，不能认为溜须拍马一本万利，须知"铁打的衙门，流水的官"。只有通过做事风格和能力展现，才能真正获得上级的感情认可，做到大事讲原则、小事讲风格。

第三，等距外交是立于不败之地的准则。"等距外交"的原意指世界上一切国家或国内的政治谈判，为了避免席次争执，表示参加各方的地位平等，采取了一种"圆桌会议"的形式，各方围绕圆桌而坐，看不出来上下、主次、高低之别。在处理与上级的关系上，对上级领导者应一视同仁、疏密有度、保持等距，建立和发展良好的上下级关系。

（2）对平级协调的艺术

平级关系具有直接、经常、密切和频繁的特点，因而在一些问题上产生分歧和矛盾的机会也就比较多，如果处理不当，就容易产生隔阂，造成内耗，给工作带来影响。如果处理得当，同级之间融洽和谐，配合默契，就会增加向心力和凝聚力，形成共同的合力，推

动工作的开展,保证事业的成功。对此,应注意以下几点:

第一,以诚相待,与人友善。真心诚意地对待他人,友好和善地与他人相处,这是人与人交往的基本规范,也是领导者处理同级关系的首要原则。古人云:"精诚所至,金石为开""诚之所感,触处皆通"。即只要真心实意,就会使人感化,无论在何时、何地和何种情况,都可以将事情办好。

第二,分工协作,顾全大局。一是各司其职,互相支持。同级之间应该从工作的大局出发,按照优势互补的原则,科学分工,明确彼此的职责。二是患难与共,同舟共济。同级分工不同,工作内容也会有轻重、主次之分,但就领导关系而言,其实质是平等关系。为完成统一目标,应齐心协力,同舟共济。三是遇有分歧,及时沟通。面对问题、分歧、矛盾,同级之间应正视客观事实,要及时讨论和沟通,让问题得到解决,自觉维护整体和其他成员的威信。四是推功揽过,顾全大局。由于任何领导者都不是完人,所以出现失误是在所难免的。当出现失误之后,同级领导成员之间应顾全大局,推功揽过,而不应互相埋怨、指责和推卸责任。

第三,互相尊重,友好合作。同级之间常会遇到一些交叉和重叠的工作,也会有一些需要共同协商处理的事务。对于这些重叠工作,同级之间应共同商讨,相互理解和支持。就温州人而言,温州人整体来说文化素质并不高,但是温州人经商的素质很高,温州人的团队精神在全国甚至是全世界都赫赫有名,其成功是基于一个朴素的想法:"与人方便,自己方便"。

> 诿罪掠功,此小人事。
> 掩罪夸功,此众人事。
> 让美归功,此君子事。
> 分怨共过,此盛德事。
>
> ——《格言联璧》

(3) 对下级协调的艺术

协调下级关系指领导者通过及时调整,使下级各单位和人员在工作上相互支持,和谐配合,以顺利地达到既定的工作目标。协调与下级的关系,是领导者经常性的工作,其频率比协调上级、同级关系高得多。对于领导者来说,协调下级之间关系的目的在于使领导范围内的各项工作有机地配合起来,以获得整体最佳效益。能否协调好与下级的关系,在很大程度上影响着领导者的工作效率。具体包括:

第一,民主公正,服务下级。领导者应秉持民主公正的原则,坚持群众路线,对下级不论关系亲疏和个人好恶,都做到有功必赏,有过必罚,功过分明。同时,领导者也是为下级创造相应工作条件和环境的服务者,要协调好与下级的关系,争取下级的配合和支持。在解决冲突时,要注意不以权压人,秉持领导者的风度,理让三分。

第二,均衡利益,能位相称。均衡利益的基本要求是贡献与报酬相当,作为领导者,下属完成了任务,作出了贡献,领导者应该论功行赏,给予一定的好处和利益。同时,论功行赏要有统一的标准,按照贡献大小给予相应的奖励,保持组织的良性竞争。能位相称指在提拔下属的时候,要综合考察其思想道德、人品和能力。这里的能力包括两个方面:

业务能力和管理能力。一般来说，业务能力和管理能力应该综合考虑，一线、专业性强的岗位应该多考虑业务能力，越是高级、综合性强的岗位越要考虑管理能力。

第三，广开言路，助人发展。广开言路指领导者充分听取下级的意见，并给予积极的反馈。任何一个领导者的知识、经验、能力和精力都是有限的，真正"什么都懂""什么都行"的人是不存在的。因此，凡是成功的领导者都会把下级的意见放在重要的位置，并鼓励他们充分发表意见。同时，作为上级的领导者，应该更关注下级的进步和成长，有成就他人的意识。那些紧紧吸引着下级的领导者，大多是尽力帮助下级向上发展的人。

李开复被调回微软总部出任全球副总裁时，为了充分倾听和理解员工的心声，选择了一种独特的沟通方法——"午餐会"沟通法。他每周会选出十名员工与他共进午餐。在进餐时，他会详细了解每一位员工的姓名、简历、工作情况以及他们对部门工作的建议。为了鼓励这些员工畅所欲言，李开复尽量避免与一个小组或一间办公室里的两个员工同时进餐。午餐会后，李开复还会立即给大家回复一封总结邮件。这种方法使李开复认识并了解了每一位员工，并能够尽量从员工的角度出发，更合理地安排工作。[①]

2. 领导沟通的语言艺术

语言是人们表达情感、沟通思想、传播信息的工具，语言技巧就是研究人们在运用语言传递信息、思想、感情时的手段和规律的一门学问。领导沟通的语言艺术被公认为是现代领导者必备的素质之一，能够反映出领导者的思维能力、社交能力、组织能力、工作协调能力等诸多素质。领导者掌握了在不同背景、不同场合与不同对象交流的语言技巧，在工作中也就占据了主动，因而就能够顺利而成功地树立形象，并通过这种信息的传递走向成功。其具体包括：

（1）谈话的语言艺术

谈话是领导者与谈话对象语言交往的过程，是领导活动过程的一部分。通过这种方式，领导者与谈话对象之间可以直接、明了和系统地传递各种信息，从而沟通感情，增进理解，恰当解决和处理各种问题，它是领导者密切领导与群众关系的良好途径。对于领导者而言，有效谈话对领导者的基本要求如下：

第一，领导语言要具有权威性。领导者是组织的代言人，领导谈话的对象一般是同级或下级干部以及其他组织成员，因此领导者的言谈要符合领导的身份，具有权威性。同时领导者的角色权威性在不同的场合的表现形式并不相同，要注意不同场合语言的运用。

第二，领导语言要具有准确性。准确性是领导者运用语言与其他任何个人及组织交往的基本要求，体现了领导者基本的素质。准确性具体包括：一是谈话的内容要有针对性。领导者在谈话过程中准确地运用语言，是受各种特定的客观环境以及领导活动的特定内容决定的。二是运用的知识要有准确性。领导者在运用语言交谈某些问题时，必须准确地说明问题，要避免出现不知所云、不知所往的情况。

第三，领导语言要具有激励性。领导者为了使追随者完成特定的目标，就要运用语言技巧，对追随者发出某种信号，以激励追随者充分调动其积极性。同时，领导者要注意谈

---

① 李开复，《做最好的自己》，人民出版社，2005年，第218—219页。

话语言的生动性，营造一个和谐的谈话氛围，用自己的语言去感染、激励他人。

（2）沉默的艺术

法国有句谚语："雄辩如银，沉默是金"，沉默是一种无声的语言，它并非拒绝传递信息，而是以神态、表情、态度以及暗示等方式传递信息，表达自己的思想、态度、感情和意向，以此来弥补言语沟通的不足。领导者掌握沉默的方法并艺术地运用于领导活动的实践当中，常能够有效地协调沟通的不足，取得良好的工作成效。沉默应该注意以下几点：

第一，把握沉默的分寸和火候。领导者运用沉默的艺术要掌握好一个度，即择机而用，用得适度，适可而止，恰到好处，"过"与"不及"都会影响到沉默的效果。在生活中，"大智若愚"就反映了沉默的艺术；在与人相处中，多听、少说甚至不说，显示出一种迟钝，其实是为了获得最大的利益。

第二，灵活运用沉默的艺术。沉默的艺术不能照搬照套，机械搬用，而应针对场合、人物对象、时机灵活地运用。灵活运用就是领导者从实际出发，根据具体情况具体分析，有针对性地、随机性地使用沉默的艺术。在与下级发生矛盾时，领导者的沉默，能使冲突双方趋于平静，矛盾趋于缓和；对善打"小报告"者以沉默待之，能在一定程度上制止是非的蔓延；在安慰下级的时候，沉默也许是一种不错的抚慰方式，它会使下级体会到来自组织的关怀与温情。

第三，使用沉默增加语言感染力。沉默的积极功能就是能激发公众的好奇心来引起注意，美国前总统尼克松曾经说过："最重要的毕竟还是要让自己的想法被人们理解。如果你说得太多，人们就会听腻；如果你默默不语，人们自然就会产生好奇心。通过沉默，你就能赢得听众，增强你讲话的感染力。"领导者要善于把握和运用沉默的方法和艺术，用它来推动工作，驾驭全局，建立和谐的人际关系。

子曰："可与言而不与之言，失人；不可与言而与之言，失言。知者不失人，亦不失言。"

意思是应该给一个人说的话你却不和他说，你就会失去这个人的信任；而不应该和一个人说的话，你却和他说了，那么你就是口不择言，甚至祸从口出。一个智者，既不会失言也不会失人。

四、合理运用时间的艺术

高尔基曾经说过，世界上最快而又最慢，最长而又最短，最平凡而又最珍贵，最易被忽视而又最令人后悔的就是时间。所有的领导者都管理着物质、人员和时间三种类型的资源，三者之中，时间是最难以管理的。

1. 科学安排工作程序

领导者日理万机，每天需要处理的事情千头万绪。因此，应特别讲究时间的使用效率，提高时间的使用质量。美国麻省理工学院的摩文通过调查发现，多数成功的领导者都有两个共同之处：一是精于安排自己的时间，二是善于限定自己的工作范围。其中最为重要的就是科学安排工作程序。

领导者不可能事必躬亲，样样顾及，采取"ABC"工作法，可以使工作程序化。"ABC"工作法的具体步骤如下：一是先把要做的事情列成一张清单，再把最重要、最迫切的事情列入 A 类，B 类次之，C 类则属于一些杂务小事；二是先把主要精力集中于完成 A 类工作，再是 B 类，这样有主次、有先后地逐步展开，对于 C 类工作，可以适当授权让下属代劳。美国企业管理顾问艾伦·莱金提出了一种"有计划拖延法"，即领导者应把时间花在 A、B 两类工作上，把 C 类忘掉。A、B 两类工作做好了，就完成了工作的 80%—90%。

往一个瓶子里装石头，当石头高出瓶口再也装不下时却仍可以往里填充沙子，当沙子也再装不下时还可以往里倒水。但如果将顺序反过来，先倒满了水，那么就再也无法将大石块放进去了。这个故事告诉我们：唯有科学统筹工作程序，你才不会因小失大。

2. 合理安排会议时间

领导者总免不了要主持和参与各式各样的会议，众多没完没了的会议会占用领导者大量的时间。因此，对于一个会议，领导者首先需要考虑应不应该开，如果必须开，则应努力提高会议的效率。为了节省会议时间，应采取得力的措施和有效的方法：一是会前做好准备，不开无意义、无目的、议题不明确的"模糊会"；二是联系实际解决问题，不开传统式的"本本会"；三是权衡缓急抓住重点，不开"扯皮会"；四是发扬民主，集思广益，不开家长式的"包办会"；四是讲究实效，不开"一报告、二补充、三强调、四表态、五总结"式的"八股会"；五是注意守时观念，不开七时开会八时到、九时报告的"迟到会"；九是把握会议主题，不开与议题无关人员的"陪坐会"；十是注意开会实质，不开名为开会，实为游山玩水的"旅游会"。

日本著名企业家土光敏夫在东芝公司提出了一个特殊的要求——站着开会。他提议会议室撤去椅子，站着开会，最长的会也不要超过一个小时。为了开短会，他要求会议之前要先发出告示，通知会议将要讨论的内容以及与会者会前应做的准备；会议上不作报告，报告事先发给与会者；会上每个人都要发言；会上要有议有决。结果大大提高了会议效率。

3. 按例外原则办事

例外原则就是领导者只负责处理条例、规章、制度没有规定的例外事情，凡是有规定的，就应按章办事。若下属都按章办事，根据自己的职权处理各种例行事情，领导者自然可以集中精力去处理一些例外的、重要的事情。事必躬亲只能使领导者整天忙于杂乱的琐事，这是领导者工作中的大忌。成功的领导者把时间看得和金钱同样重要，甚至比金钱更重要。他们懂得节省时间的技巧，分析自己对时间的利用情况，更加现实地估计时间的使用情况，懂得授权借时。在心情最好、精力最充沛的时候他们会去处理最难办的事情，关注例外的突发状况。同时，领导者也要指导追随者合理利用自己的时间，提高自己的工作效率。

案例

乔布斯的魔法[①]

苹果公司的CEO史蒂夫·乔布斯似乎施了什么魔法，牵动了整个世界的神经，令整个世界为之疯狂。虽然乔布斯看轻发展中国家的市场，也从未来过中国，但仍然影响了无数的中国人，其中包括中国的一些知名企业家。其强烈的个人特质，也是让苹果产品如此独一无二的企业哲学。

史蒂夫·乔布斯早在个人电脑出现之前就已预见到它的巨大市场，他比更多的人先看到了装着电脑芯片的一只小匣子具有的潜力。于是21岁的他与苹果电脑的另一位创始人斯蒂夫·沃兹尼亚克一起，在自家的车库里研发出了个人电脑，从此开创了个人电脑的时代，扭转了计算机行业的发展方向。

富有创新意识的乔布斯却并未止步于此，而后又开办了皮克斯公司，创造了电脑动画片的崭新商业模式。在乔布斯的带领下，iPod、iTunes、iMovie、苹果电视、游戏、QuickTime播放器（和其他软件）、Apple Stones和iPhone被一一开发出来。他在下列五个行业都被评为最具影响力者：计算机、电影、音乐、零售和无线电话。迄今为止，除了乔布斯，还没有其他人对如此广泛的行业有过更大的影响力。

事实上，乔布斯的成功离不开其背后的优秀团队。在苹果公司，每个职位上都有一名优秀的员工。组建由顶尖的设计师、程序员和管理人员组成的"A级小组"，一直是乔布斯的核心工作。乔布斯曾表示："我过去常常认为，一位出色的人才能顶两名平庸的员工，现在我认为能顶50名。我大约把四分之一的时间都用于招募人才。"乔布斯一直在努力寻找不同领域的优秀人才，并想尽办法将其收归麾下。例如为了招募优秀的程序设计员布鲁斯，乔布斯亲自召集和带领麦金塔电脑小组为布鲁斯演示了整整两天，布鲁斯终于被打动加入了苹果公司。

一流员工的生产力、创造力最为惊人，但并非每个管理者都能知人善用并充分挖掘其潜能。乔布斯的领导诀窍则是时常将一句话挂在嘴边，以此激励员工："你在苹果公司做的工作绝对独一无二！"他为员工制定了独一无二的愿景与目标——为创造独一无二而战！正是因为有这样的共识，苹果公司的员工们对工作全力投入，果真创造出了世界上独一无二的产品。

除了注重激励，乔布斯还很看重与员工之间的沟通。他认为，大家在一起沟通才会使思维开阔，这样也会最大限度地减少内耗。他曾经说过："在这个网络时代，认为通过电子邮件和iChat照样能够开发出新创意的想法太离谱了。创造力来自自发的碰面，来自随意的讨论。"而也正是由于乔布斯一直致力于在苹果内部消除沟通障碍，苹果团队的凝聚力和创造力才得以大大增强。

但乔布斯也是商界最受争议的人物之一。为乔布斯工作多年的员工对他持有不同的看法。一些人认为他喜怒无常、求成心切、难以相处、威慑众人并且要求苛刻。他会辱骂犯错或者无法达到目标和标准的员工。然而，达到要求的员工却能得到应有的褒奖。

[①] 刘永恒，"乔布斯的重大魔法"，《企业管理》，2009年10月。

他敢说敢做，不畏惧惹怒员工和顾客。那些惧怕他的人都对他尊敬备至，因为他的确通过不断的创新激发了人们的忠诚度、热情和高业绩。甚至那些离开苹果公司的人都称，苹果固然要求严苛而且乔布斯占尽了风头，但是苹果的业绩斐然。

微软的创始人之一比尔·盖茨将乔布斯称为拥有超凡直觉的梦想家。乔布斯根据对人和产品的感觉来做决策，他与众不同的处事方式有些不可思议。乔布斯总是率先觉醒，并且制订下一步计划的能力十分杰出。《财富》称乔布斯"设计令人眼花缭乱的创新标准，吸引大众兴趣，这个执着的CEO根本就是想要自己的产品在一切方面都完美无瑕"。

乔布斯就是一个角斗士，拥有强大的信仰和价值观，并为之奋斗不止。而为了在激烈的竞争中获得成功，只有雄心和豪情远远不够，更重要的是运筹帷幄，有化梦想为现实的魔法。

思考题：
(1) 乔布斯的领导体现了哪些领导艺术？
(2) 乔布斯属于哪种类型的领导？为什么？

第八章
控制工作

　　理想与目标很丰满,现实却很骨感!计划制订的理想与目标很高远,实施计划的路径却很艰难。控制是计划的保证,在各种诱惑与艰难的交集中,唯有内在和外在的控制方能到达理想的彼岸。

第一节 控制概述

"控制"一词最初来源于希腊语"掌舵术",意指领航者通过发号施令将偏离航线的船只拉回正常的轨道上来,维持朝向目的地的航向。作为管理的一项职能,控制指组织在动态的环境中,为保证实现既定目标和任务而采取的检查和调整活动。

一、控制的分类

控制实际的表现形式五花八门,原因是划分控制类型的方法有多种,根据控制主体和控制过程的不同划分控制类型是主流方法。管理者应根据实际灵活地选用合适的控制类型或有侧重地结合,以获得最佳的控制效果。

1. 按控制主体分类:外部控制与内部控制

外部控制指控制者来自企业外部,即控制主体与控制客体处于不同的组织,如政府部门对企业的财政控制、税务控制及政府审计控制等,中介机构对企业的控制,注册会计师对企业的审计等。

内部控制指控制者来自企业内部,即控制主体与控制客体处于同一个组织内。内部控制是由企业董事会、管理层以及其他员工为达到财务报告的可靠性、经营活动的效率和效果以及相关法律的遵循等三个目标而提供合理保证的过程[①],主要包括五个要素:内部环境、风险评估、控制活动、信息与沟通、内部监督。

2. 按控制过程分类:事前控制、事中控制和事后控制

事前控制又称前馈控制,即在活动(如生产或服务活动)正式开始之前的控制。事前控制强调发现潜在问题并及早预防,将可能发生的问题消灭在萌芽状态。事前控制能让企业的损失降到最低,同时也是难度较大的控制,需要控制者超前的思维和敏锐的观测能力。进厂材料和设备的检查、验收,工厂的招工考核,学校的入学考试和体检,以及干部选拔等都属于事前控制。

事中控制又称现场控制,即在活动过程中的控制。现场控制指在工作过程中及时发现问题并采取修正行动,是控制工作的基础。现场控制的适用面很广,任何企业的任何活动几乎都可以进行现场控制,但考虑到控制的成本和收益,并不是所有活动都值得现场控制。街道巡警是社会治安体系中的现场控制者,质量巡检员也是质量保证体系中的现场控制者。

事后控制又称反馈控制,即在活动完成后的控制。事后控制指运用一定的标准比较计

---

① 此定义来源于美国反虚假财务报告委员会下属的发起人委员会 COSO(The Committee of Sponsoring Organizations of the Treadway Commission)报告。

划与实际工作绩效，分析原因并评价结果。事后控制的目的是在实际工作绩效评价的基础上，对未来工作提供建议。事后控制的工作主要有：一是客观评价实际工作绩效；二是根据评价结果适当奖赏员工和部门；三是深入分析原因，为目前工作的改进和未来工作的开展制定正确的政策并合理实施。事后控制意味着损失已经发生，是成本最高的控制，但为了防止同样的问题再次发生，控制依然是必要的。

事前控制效果最好，但需要及时、准确的信息和对未来合理的估计；现场控制可以让活动程序化、规范化，但需要迅速的行动和准确的判断；事后控制可以衡量计划是否合理，增加员工的积极性，让员工认识到差距，但往往"亡羊补牢，为时已晚"。

魏文王问扁鹊："你们兄弟三人都精于医术，到底哪一位最高明呢？"扁鹊脱口而出："长兄最善，中兄次之，扁鹊最为下。"文王再问："那么为什么你最出名呢？"扁鹊回答："我长兄治病，是治于病情发作之前。由于一般人不知道他事先能铲除病因，所以他的名气无法传出去，只有我们家的人才知道；我中兄治病，是治于病情初起之时，一般人以为他只能治轻微的小病，所以他的名气只及于本乡里；而我是治于病情严重之时，一般人都看到我在经脉上扎针、在皮肤上敷药等，所以都以为我的医术高明，名气因此响遍全国。"文王连连点头称道："你说得好极了。可见，事后控制不如事中控制，事中控制不如事前控制。"①

二、控制的作用

尽管计划可以制定得很合理，组织结构可以调整得很有效，员工的积极性也可以高度调动，但仍不能保证所有的行动都按照原计划执行。控制工作就是要发现计划执行过程中的问题和偏差，并采取措施纠正以确保原计划顺利执行，控制的作用体现在：

第一，控制是完成计划的重要保障。计划是管理的首要职能，也是控制的依据，没有计划就不存在控制。如果不先考虑计划及其完善程度就试图控制组织系统，是不会有效果的；控制是实现计划的手段，没有控制计划就不能顺利实现。只有有效实行控制，计划的实现才有切实保证。一些意想不到的因素总会出现在计划执行过程当中，实际工作可能偏离既定路线或目标，出现的缺陷和偏差都要靠控制来弥补和纠正。

第二，控制是提高企业效率的有效手段。控制是实际活动反馈的反应，反映了实际工作偏离了组织目标或与原计划不相符。控制可发现计划存在的缺陷，分析缺陷产生的原因并加以改正，使计划工作不断优化；控制有助于提高员工工作的责任心，防止再次出现类似偏差；了解控制者的决策和管理水平有助于决策者不断提高决策、控制水平。

第三，控制是管理创新的催化剂。在具有良好反馈机制的控制系统中，控制者接受受控者的反馈，不仅可以及时了解实际工作，纠正计划执行过程中出现的偏差，而且还可以从反馈中受到启发，激发创新。控制过程的创新能够有效提高社会资源的利用效率，影响社会资源的配置方式，产生其他要素难以比拟的对社会经济增长的推动力。

---

① http://www.66test.com/Content/2519409.html，有删改。

三、控制的基本程序

虽然各种控制活动的表现形式不尽相同，但有效的控制活动都有一个基本的程序，一般包括以下三个基础步骤：

1. 制定标准

制定标准是控制工作的第一步，也是关键的一步。标准是对活动的时间、内容和要求等方面所做的具体规定，确定标准为比较实际和预期的工作成果提供了一个尺度。制定的标准应当具有权威性，一个较好的控制标准体系，在内容上一般包括数量指标、质量指标、时间指标、成本和效益指标等，以便于后期相关绩效的考核。标准是在一个完整的计划中选出的计量工作成果的关键点，是衡量工作成果的规范。由于各种计划的详尽程度和复杂程度各异，管理人员通常不能事事过问，必须选择关键问题给予特别关注，然后通过观察这些关键点来确定整个工作是否按计划执行，一旦掌握了这些标准，就掌握了计划的基本进程和最终目的。

管理者采用单一的指标来衡量组织绩效，不仅不能全面反映组织绩效，反而会使员工行为出现谬误。如仅用销售额来衡量一个销售员的工作业绩，就会使他采用种种损害企业形象的做法去销售产品；仅用论文发表与引用的数量来衡量一个大学的教学水平，就会导致大学不重视课堂教学，炮制大量的学术垃圾；仅用死亡率来衡量一个医院的医疗水平，就会使许多医院把急重病人拒之门外等。

2. 衡量工作

衡量工作指依据制定的标准，比较实际工作与标准的偏差，是整个控制工作的核心环节。常用的实际工作衡量方法有三种：一是直接观察，即直接接触受控对象，了解实际工作，收集第一手材料做出判断；二是统计分析，即根据统计报表和其他统计资料分析受控对象的实际工作；三是例会报告，即通过定期或不定期的会议或下属的报告（书面或口头）调查受控对象。衡量工作的重点在于有效信息的收集与处理，并且注重信息的及时性、准确性及可靠性等，且衡量工作并不是在工作完成之后进行的，而是应当追踪整个工作的进展，及时预告脱离正常或预期成果的信息。

三个地区的推销员都未能完成销售增长10%的计划目标。第一个人没花大力气却完成了9%；第二个人在有利的竞争条件下因与中间商的关系处理不当只完成了8%；第三个人所在的地区出现了强有力的竞争对手，虽经努力，却只完成了7%。三个人都未完成计划目标，但他们所处环境和付出努力的差异很大。因此，用既定标准来衡量员工的实际工作绩效固然重要，但更重要的是能深入地了解和分析员工的工作努力程度，不可过于循规蹈矩或拘泥于标准。

3. 纠正偏差

纠正偏差指对实际工作进行衡量后，进一步比较衡量结果与标准，分析差异产生的原因并提出相应的改进措施，是控制工作的最后一步。纠正偏差应当始终明确控制的目的，控制是为了改进计划和工作，因此要分析偏差是否在可接受的范围内，如果有较大偏差，要分析偏差产成的原因，确定相应的措施。

对待偏差的行为一般有三种：一是坚持原定计划和标准，当标准与工作绩效无差异或差异很小时，说明原定计划和标准基本符合实际，应维持计划不变；二是纠正偏差，当标准与绩效存在一定差异时，通常是保持计划、标准的稳定性，千方百计地采取措施改进工作态度、方法和手段以缩小甚至是消除实际和标准之间的差异；三是改变原定计划和标准，如果绝大多数员工超额完成计划，说明计划定得过低；如果绝大多数员工不能完成计划，说明计划定得太高，这两种情况都需要对计划和标准加以调整和修正，使之更符合实际。但在有些情况下，原定标准是合理的，但由于环境发生了重大变化，合理的标准变成了不合理，应适当调整原定计划和标准。

四、控制阻力

控制的效果在很大程度上取决于进行控制时的反应，控制阻力易导致控制不当，使组织产生消极的行为反应，阻碍组织目标的实现。

1. 控制阻力的主要来源

有效的管理控制系统价值不言而喻，但人天性向往自由，对控制怀有抵触情绪，认为控制是对其行动的约束。现代人乐于接受有意义的控制，对控制的抵触大部分来源于管理者在实施控制过程中一些不恰当的做法，具体包括：

（1）控制过度

控制过度是管理者常犯的一种错误，如果过度控制与员工直接相关，就会招致员工的反对，因为他们需要一定的自由度和自主权；如果过度控制涉及与工作无关的领域，就会使员工对这种过分的要求产生抵触情绪。控制过度不仅可能导致员工士气低下和责任心下降，而且还可能造成不信任，甚至可能产生法律纠纷，无助于提高企业绩效。不能为了控制而控制，控制必须与被控制者的工作绩效紧密相关。管理者有责任加强员工对控制的理解，同时还有责任去理解员工的要求，控制度的确定需要在工作要求与员工权益之间进行平衡，以达到最佳效果。

子贡问："师与商也孰贤？"子曰："师也过，商也不及。"曰："然则师愈与？"子曰："过犹不及。"

意思是子贡（孔子的弟子）问孔子："子张和子夏哪个更贤明？"孔子说："子张常常超过周礼的要求，子夏则常常达不到周礼的要求。"子贡又问："子张能超过，那是不是更好一些？"孔子回答说："超过和达不到的效果是一样的。"

(2) 重点不当

由于资源的限制，企业不可能对所有的控制对象施以同样的力量，必然有主次之分和重点选择。强调重点是管理控制中一个很重要的原则，如果重点选择不当，就会顾此失彼，难以实现控制目标，一个过分强调产量的生产控制系统会给员工一种不顾质量的错觉。重点选择不当的主要原因是控制面过窄或对不同的控制对象缺乏平衡，这就要求管理者对各种被控制因素，对绩效的作用大小有较为清晰的认识，协调好整体与局部、主要与次要的关系。

(3) 鼓励低效率

在控制过程中，由于控制手段选择不当或考虑不周，易造成实质上对低效率的"奖励"和对高效率的"惩罚"。如每到年终各部门会尽量把预算内剩余的资金花掉，这是因为如果本部门余下的资金过多会使高层管理者认为该部门不需要这么多资金，从而削减下年度的预算，而那些因铺张浪费超出预算的部门反而会在下年度得到更多的资金。

2. 消除阻力的方法

为避免组织在控制过程中陷入误区而影响组织目标的实现，可以考虑运用以下方法来消除阻力：

(1) 完善控制系统

控制陷入误区的根本原因是控制系统设计不完善，简单地套用过去的方法和照搬其他企业行之有效的方法都行不通。控制系统的完善应建立在对系统效率的连续监测和对存在问题的深入分析的基础上，更好地整合控制与计划等管理职能，不断提高其客观性、准确性、灵活性和适时性。

(2) 鼓励员工参与

让员工特别是一线员工参与制定企业的政策、规章和程序，不仅保证了政策、规章和程序的可行性，且让员工得到了心理上的满足，可以使员工更加自觉地按照自己参与制定的政策、规章和程序办事。

日本丰田汽车公司很重视员工的参与，其使用"动脑筋创新"建议制度，收到了很好的效果。丰田公司到处都设有建议箱，提建议的员工可就自己的建议与上司直接商谈；按范围设立"动脑筋创新"委员会（公司级）、"动脑筋创新"小组（车间级）。该制度实施的第1年，征集建议183件，20年后达到了5万件。该制度使员工的参与度大大提高，极大地调动了员工的积极性，促使企业不断发展。[1]

(3) 实施目标管理

目标管理要求员工亲自参与，将企业目标转化为员工个人目标，并将所制定的目标作为评价个人绩效的标准，实现员工的"自我控制"。由于员工亲自参与，在工作开始之前就了解到个人所得报酬和奖励的多少取决于完成个人目标的好坏，这大大降低了员工对控制的抵触。

---

[1] http://www.docin.com/p-277385994.html，有删改。

日本东芝公司在制定公司目标时，先由高层管理人员确定公司战略和目标，再由上至下，逐级确立各级目标。其中，下级目标是多次和上级进行沟通，双方一致商定后最终确立的，这保证了最终目标的制定是下级员工接受和认可的。公司编写的《目标管理实践》指出：每个员工亲自参与目标制定，无疑会使其感到自己为达到目标负有责任，并会以极大的热情投入工作。①

五、有效控制的原则

所有管理者都希望有一个行之有效的控制系统来协助他们确保一切都按计划进行，所有组织也都有自己的控制工作系统，但控制实践表明，并非所有的控制工作都有效。要使控制工作有效，组织在设计控制系统和进行控制的过程中，必须遵循一些基本的控制原则：

1. 适应性原则

所有控制系统和控制活动都应该符合计划目标的要求，不同组织的计划目标及执行过程的每一个阶段都有各自的特点，其控制所需的信息有所不同，同时完成计划需控制的关键点也有所不同。如生产型企业与贸易型企业、大型企业与小型企业的计划就会有很大差别。控制工作对计划的针对性越强，越能发挥最佳作用。

同样的道理，控制还应该反映组织结构的类型和特征。组织结构的类型和特征既明确规定了组织中每一个职责的权限，也明确规定了职责权限范围内产生的偏差的责任承担者。有效控制系统本身就是组织结构的一部分，控制系统越能反映各种活动在组织中的责、权、利的划分范围，对纠正计划执行中的偏差就越有保证。

2. 重点原则

"次要的多数、关键的少数"是社会经济活动中的普遍现象，管理者在控制工作中只要选出对组织活动具有关键作用的几个因素作为重点的控制对象，就能达到对组织活动的有效控制。IBM公司前任CEO郭士纳曾说过："如果强调什么，你就检查什么；你不检查，就等于不重视。"管理者应该认识到，组织中的工作千头万绪、错综复杂，全面控制既不可能也不经济，管理者需要找到对组织活动具有关键影响的因素，对之严密控制，从而可以收到事半功倍的效果。

楚人有卖其珠于郑者，为木兰之柜，薰以桂、椒，缀以珠玉，饰以玫瑰，辑以羽翠。郑人买其椟而还其珠。

意思是楚国有个商人，在郑国卖珠宝。他用名贵的木兰雕了一只装珠宝的匣子，将匣子用桂椒调制的香料熏制，用珠宝和宝玉点缀，用美玉装饰，用翡翠连缀。有一个郑国人把匣子买了去，却把匣子里面的珠宝还给了他。这说明郑人没有眼光，取舍不当，舍本逐末。所以说，做事应当分清主次，把握重点。

---

① http://d.wanfangdata.com.cn/Periodical/zhonggshic201122012，有删改。

3. 例外原则

有效控制不仅要对控制关键点进行控制，还要对一般情况的特殊点给予足够的关注。重视计划执行过程中的例外情况，有助于管理者及时发现需要关注的问题。如一贯表现优良的生产小组出现了一批次品和一贯表现不佳的生产小组在一个时期内的产品质量都十分稳定，都属于值得关注的例外情况。但是，重视例外也要考虑客观的实际情况，有时管理费用高出预算的5％可能无关紧要，而产品的合格率下降1％却可能带来严重的产品滞销问题。在实际工作中，例外原则应与重点原则结合运用，尤其要关注关键问题上的例外情况。

4. 经济性原则

是否进行控制，控制到什么程度，都应考虑到费用问题。经济性原则可以指导管理人员在控制活动中选择重要的业务领域和关键因素加以控制，管理人员应比较控制活动需要的费用与控制所产生的结果，当由控制获得的价值大于所需的费用时才实施控制。控制的费用是否经济是相对的，因为控制的效益是随业务活动的重要性、业务规模的大小的不同而不同的。

5. 灵活性原则

一个组织在运行过程中会遇到各种预想不到的情况，如果控制系统仍然墨守成规，那么可能会错上加错。如有些企业规定班长才具有关停流水线的权利，但如果遇到可能导致产生严重后果的紧急情况，而班长恰好又不在现场，就可能造成无法挽回的损失。控制的灵活性就是要求控制系统能够根据主客观条件的变化，将控制的标准、方法和手段等进行相应的调整，以适应环境的变化。一般而言，灵活控制要求组织管理具有弹性的计划和弹性的衡量标准。

6. 及时性原则

组织活动中产生的偏差只有及时采取措施加以纠正，才能够避免偏差的扩大或防止偏差对组织不利影响的扩散。控制及时性的基础是能够对偏差出现及其严重程度的信息进行及时的传递和收集。若信息传递不及时，即使滞后的信息十分准确、客观和系统，也不可能对纠正偏差带来任何指导作用。有时滞后的纠正措施还可能带来消极的影响，不但不能起到纠偏的作用，还可能造成组织系统的混乱和麻烦。

7. 员工自我控制原则

如果组织的控制工作只是由少数管理人员来实施，而缺少了广大员工的支持，则往往事倍功半，广大员工积极进行自我控制是提高控制工作有效性的根本保证。如果要提高产品质量，单单依靠规章制度和管理人员监督显然不够，还应全员参与，在产品的设计、原材料、设备、制造、保管和运输等环节严格把关，这才是产品质量的根本保证。

案例

麦当劳：红遍全球的控制艺术[①]

麦当劳公司以经营快餐闻名于世。它的产品、加工和烹制程序乃至厨房布置，都是标准化及严格控制的。

麦当劳公司深知：如果管理控制不当，使顾客吃到味道不对的汉堡包或受到不友善的接待，其后果就不仅是这家分店将失去这批顾客的问题，还会波及其他分店的生意，乃至损害整个公司的信誉。为此，麦当劳公司制定了一套全面、周密的控制办法。

麦当劳公司主要是通过授予特许权的方式来开辟连锁分店，让购买特许经营权的人在成为分店经理人员的同时也成为其所有者，从而实现了对分店的强有力控制。麦当劳公司在出售其特许经营权时非常慎重，总是通过各方面调查了解后挑选出那些具有卓越经营管理才能的人作为店长，且事后若发现其能力不符合要求则会撤回这一授权。

麦当劳公司还通过详细的程序、规则和条例规定，使分布在世界各地的所有麦当劳分店的经营者和员工们都遵循一种标准化、规范化的作业。麦当劳公司对制作汉堡包、炸土豆条、招待顾客和清理餐桌等工作都事先进行了详细的动作研究，确定了各项工作开展的最好方式，然后再编成书面的规定，用以指导各分店管理人员和一般员工的行为。麦当劳公司在芝加哥还开办了专门的培训中心——汉堡包大学，要求所有的特许经营者在开业之前都需在此接受为期一个月的强化培训。回去之后，他们还被要求对所有的工作人员进行培训，以确保公司的规章条例得到准确的理解和贯彻执行。

为了确保所有特许经营分店都能够按照统一的要求开展活动，麦当劳公司总部的管理人员还经常走访、巡视世界各地的分店，进行直接的监督和控制。例如，有一次巡视中发现某家分店自行主张，在店厅里摆放电视机和其他物品以吸引顾客，这种做法因与麦当劳的风格不一致，立即得到了纠正。

除了直接控制，麦当劳公司还定期对各分店的经营业绩进行考评。为此，各分店要及时提供有关营业额和经营成本、利润等方面的信息，这样总部管理人员就能够把握各分店经营的动态和出现的问题，以便商讨和采取改进的对策。

思考题：
（1）根据不同的控制分类方法，麦当劳公司的控制属于哪种控制方法？
（2）麦当劳公司的控制在经营管理活动中起到了哪些作用？
（3）麦当劳公司具体是如何控制的？
（4）麦当劳公司的控制体现了哪些原则？

[①] http://web2.openedu.com.cn/mod/forum/discuss.php?d=17055&parent=43111，有删改。

第二节 控制论简介

1948年，控制论的创始人美籍俄裔数学家诺伯特·维纳出版了《控制论》或称《关于在动物和机器中的控制与通信的科学》一书，明确提出了控制论的基本概念——关于在动物和机器中的控制和通讯的科学。由此控制论的思想和方法渗透到了几乎所有的自然科学和社会科学领域，特别是在管理学领域得到了日益广泛和深入的研究。

一、控制论的发展

控制论是研究各种系统信息的利用、变换和控制的共同规律的学科，也是跨及人类工程学、控制工程学、通讯工程学、计算机工程学、一般生理学、神经生理学、心理学、数学、逻辑学和社会学等众多学科的交叉学科。控制论的思想可以追溯到古代对自动机的研究，即"伺服机构理论"，"伺服"就是服务的意思，"伺服机构"或"伺服系统"就是用来代替人去控制机器设备或工艺过程的装置。控制论的发展大致分两个时期：

1. 经典控制理论时期

1960年，"第一届全美联合自动控制会议"首次把系统与控制领域中研究单变量控制问题的学科称为经典控制理论，研究多变量控制问题的学科称为现代控制理论。经典控制理论是自动控制、通信工程、计算机技术、神经生理学和病理学相互结合的产物，主要由数学模型理论（简称"建模理论"）、响应分析、稳定性分析和综合校正等四部分内容组成。20世纪50年代前后，是经典控制理论的形成和发展时期。

在经典控制理论中，1932年，美国物理学家哈利·奈奎斯特运用复变函数理论的方法建立了根据频率响应判断反馈稳定性的准则，奈奎斯特的工作奠定了频率响应的基础。1948年，美国科学家W.R.埃文斯提出了根轨迹的分析方法，并对其做了进一步发展。20世纪40年代末到50年代初，频率响应法和根轨迹法被推广用于研究采样控制系统和简单的非线性控制系统，标志着经典控制理论已经成熟。

经典控制理论的主要贡献在于建立了系统、信息、控制、反馈、稳定性和黑箱等控制论的基本概念和分析方法。面对把控制论应用到更广泛、更复杂领域的设想，经典控制理论显露出了一些严重的局限性：一是它主要适用于线性定常系统，而难以应用到复杂的非线性或时变系统中；二是它通常只用于单输入、单输出系统，对于多输入、多输出系统，它显得很烦琐；三是它的设计方法很不严格，基本上是一种依靠经验的猜试方法。

2. 现代控制理论时期

20世纪60年代，为了克服经典控制理论的局限，电子计算机技术的进步、航空航天技术和综合自动化发展的需要推动了以状态空间描述为基础、以最优控制为核心、主要在时域研究多输入、多输出系统的现代控制理论的诞生。它主要以两方面的成果为标志：一是与最优控制有关的俄罗斯数学家 L.S.庞特里亚金的极大值原理和美国数学家理查德·贝尔曼的动态规划的创立；二是美国数学家鲁道夫·卡尔曼对状态空间、能控性、能观测性、反馈镇定和卡尔曼滤波等一系列概念和理论的提出。

现代控制理论随着研究范围的扩展，内容相当丰富，有许多理论和方法已经形成了独立的分支，主要包括如下几个方面：

(1) 线性系统理论

线性系统理论是在现代控制理论的基础上，主要研究线性系统状态的运动规律及改变这种规律的可能性和实施方法；建立并分析系统结构、参数、行为和性能之间的关系，包括系统的能控性、能观测性、稳定性分析，以及系统的极点配置、镇定、解耦合状态观测器设计等问题。线性系统理论分支包括线性系统的状态空间法、线性系统的几何理论、线性系统的代数理论以及线性系统多变量频域方法。

(2) 最优控制理论

最优控制是给定限制条件和性能指标，寻找一定条件下最优系统性能的控制规律。在解决最优控制问题时，庞特里亚金的极大值原理和贝尔曼的动态规划法是最重要的两种方法，它们以不同的形式给出了最优控制的必备条件，并可推出许多性质。最优控制理论是现代控制理论最活跃的分支之一，是研究和解决从所有可能方案中寻找最优解的理论，比如生产控制系统中的效益最大和经济发展中的最优速度等问题。

(3) 最优滤波理论

最优滤波理论是研究系统有随机干扰时，如何根据被噪声污染的观测数据确定在一定条件下的最优系统状态。20世纪50年代末60年代初出现的人造卫星、宇宙飞船等是不平稳的随机过程，卡尔曼滤波理论的提出解决了此类问题，其应用计算机递推计算，保证状态估计为线性无偏最小估计误差的估计。该理论实用性强，是滤波理论的一大突破，也是现代控制理论的一个重要分支。

(4) 系统辨识

系统辨识就是利用系统在实际运行中测得的输入、输出数据，运用数学方法归纳、构造描述系统动态特性的数学模型，并进行参数估计的理论和方法。要研究系统的状态，基本工作是通过系统辨识建立系统在状态空间的数学模型。建立一个对象的数学模型通常包括两方面工作：一是确定模型结构，如模型的类型、阶次等；二是估计模型参数。凡是需要通过实验数据确定数学模型和估计参数的场合都要利用辨识技术，辨识技术已经推广到了工程和非工程的许多领域，如化学化工过程、核反应堆、电力系统、航空航天飞行器、生物医学系统、社会经济系统、环境系统、生态系统等。适应控制系统则是辨识与控制相结合的一个范例，也是辨识在控制系统中的应用。

(5) 自适应控制理论

自适应控制理论是当被控对象内部的结构、参数以及外部环境干扰存在不确定性时，控制系统既能适应内部参数变化，又能适应外部环境变化而自动调整控制作用，以达到一定意义上最优的一种控制理论。自适应控制系统是当运行条件不确定或随时间变化时，在控制期间根据对被控对象输入量和输出量的观测信息，实施有效的控制，起到修改系统结构和控制作用的一种控制系统。自适应控制系统可概括为具有适应环境变化和自身内部结构变化能力的控制系统，其基本类型有自校正控制系统、模型参考自适应控制系统、自寻优最优控制系统和自学习控制系统等。自适应控制系统能够随时辨识系统的数学模型，得到人们期望的控制结果。

现代控制理论的方法不同于经典控制理论的外部描述法，采用了能够提供各种状态变量信息的状态空间法，具有一些优点：一是通用性，无论是对于线性或非线性系统、定常或时变系统，还是单变量或多变量系统，它都是一种有效的方法；二是能够提供比经典控制理论远为优越的控制特性，采用状态空间法可以全面反映系统内部的状态变量信息，有可能通过状态反馈，实现对某些指标的最优控制；三是便于应用计算机运算，尤其是对于一些需要繁复、费时运算的复杂系统，这一优点显得十分重要。但现代控制理论也存在一些缺点，主要表现在：一是现代控制系统的设计和分析都建立在精确的数学模型的基础之上，且假设苛刻，常常与实际不符；二是为了提高控制性能，整个控制系统变得极为复杂，这不仅增加了投资，也降低了系统的可靠性。

20世纪70年代以来，一方面，现代工业综合自动化要求对多个相互关联的子系统组成的大系统进行整体控制；另一方面，控制论的应用领域已从传统的军事、工业扩展到社会经济、能源环境、生物医药等大型系统，因此被控制对象难以精确地描述，控制任务复杂，基于数学模型、控制任务要求较单一的现代控制理论面临困难，由此产生了大系统理论、智能控制理论和非线性理论等一系列理论。

二、控制论的分支及其发展

控制论是一门实用性很强的学科，从诞生之日起就以强大的生命力活跃于自然科学和社会科学的各个领域，它与系统论、信息论一起成为当今科学和社会发展的三大基本理论，对促进科学技术发展和人类社会进步甚至改变人们的思维方式都有着重要的影响。控制论在工程、生物、社会中的广泛应用还形成了一些新的控制论分支，主要包括：

1. 工程控制论

工程控制论是把控制论的基本原理和方法推广应用到工程控制系统，并吸收伺服机构理论的成果而形成的。中国著名的科学家钱学森于1954年在美国发表的《工程控制论》被公认为是工程控制论的奠基性专著，他在书中所阐明的基本理论和观点，一方面奠定了工程控制论的基础，另一方面指出了进一步研究的方向，人们能够更系统、定量地处理工程控制问题，为控制论在工程技术中的应用开辟了新的前景，对促进自动化科学技术理论的发展起了重要作用。

工程控制论的发展，从20世纪40年代至今大体可分为两个阶段：自动调节阶段（40—60年代初）和最优控制阶段（60年代以后），前者实现了局部和单机自动化，后者实现了复杂现场的数控。自动调节阶段的研究对象主要是单输入—单输出的线性自调系统，其理论基础是以反馈为中心的经典控制理论，主要研究系统的稳定性，所用的控制装置是机、电、液、气元件和调节器等。最优控制阶段的研究对象主要是多输入—多输出的复杂系统，其理论基础是现代控制理论，主要采用状态方程的方法来研究最优化问题，所用的控制装置是计算机。

控制论在许多领域都发挥着重要作用，在工程领域的成果最直接、最丰富。工程控制论是一门介于许多工程学科之间的应用科学，它渗透到了各个工程领域，如机械、电子电气、液压气动、航空航天和能源化工等。

指南车是中国古代的一项重大发明，用来自动指示方向。它利用自动离合的齿轮系统装置控制车上的木人，确保不论车子转向何方，木人始终指向南方，其原理是基于双通道的扰动补偿原理。

2. 生物控制论

生物控制论是研究生物系统中的信息传递、变换、处理和调节控制规律的学科，也是一门理论性和应用性都很强的学科。诺伯特·维纳最初提出的控制论就包括两大部分：一是工程控制论，研究对象是无生命的工程系统（机器）；二是生物控制论，研究对象是有生命的生物系统。维纳一直对生物系统中的调节控制和信息处理保持着较大的兴趣，在他近 70 岁时还编著了一套"生物控制论进展"丛书。

20 世纪五六十年代早期，生物控制论的研究就开始向生物系统分析和神经控制论两大方向发展。生物系统分析是用系统分析的方法，研究生物系统各组成部分在整个系统中的作用及整个系统的特性，并建立数学模型。其中有两个重要的方面：一是生物反馈系统，尤其是关于体内稳态的研究和感觉——运动系统的研究；二是生物系统辨识，最优控制和生物信号分析也都属于这个范畴。1943 年，著名的控制论专家沃伦·麦卡洛克和沃尔特·匹茨开展了建立神经网络的数学逻辑模型的开创性工作，维纳比较了这种神经元模型和电子计算机中的开关电路，认识到神经网络是对人脑的结构与功能的一种简化模拟装置，由此开辟了脑模型研究的途径，其后成为生物控制论的一个重要组成部分，即神经控制论。神经控制论主要研究神经系统的信息处理问题，包括神经元与神经网络模型的研究、感觉信息处理的研究以及脑理论与脑模型的研究等。

所有生物体都是一个多层次结构的复杂系统，由细胞组成不同的组织，由组织构成不同的器官，器官与组织组成各种功能系统，各功能系统在神经系统的协调和控制下，完成整个个体的生命活动。在细胞、组织、器官、系统和个体等层次上都存在着信息处理和调节控制，所实现的信息处理和控制过程都非常巧妙，也非常复杂。生物控制论为人类进一步揭示生物的奥秘提供了新的工具，也为疾病诊断与治疗、生态环境保护与控制开辟了新的途径。

3. 智能控制论

智能控制论是自动控制发展的高级阶段，是人工智能、控制论、系统论、信息论、仿生学、神经生理学和计算机等多种学科的高度综合与集成，是一门新兴的边缘交叉学科。智能控制系统一般包括分级递阶控制系统、专家控制系统、模糊控制系统、神经网络控制系统和学习控制系统等。智能控制论是自动化学科一个十分活跃和具有挑战性的领域，代表着科学和技术的最新发展方向。

1965 年，美国普渡大学的傅京孙教授首先提出了学习控制的概念，引入了人工智能的自觉推理，提出把人工智能的自觉推理规则方法应用于学习控制系统。到 20 世纪 80 年代，智能控制的研究进入了迅速发展时期。1987 年 4 月，美国福克斯波罗公司公布了新一代的 IA 系列智能控制系统，这种系统体现了传感技术、自动控制技术、计算机技术和过程知识在生产自动化应用方面的综合先进水平，标志着智能控制系统已由研制、开发阶段转向应用阶段。1994 年 6 月，在美国奥兰多召开了世界计算智能大会，提出将模糊系统、神经网络和进化计算三方面内容综合在一起，引起了国际学术界的广泛关注，这三门学科已成为智能控制的基础。

智能控制已广泛地应用于自然科学和社会科学的各个领域，其工程应用日益成熟。机器人是智能控制的重要领域之一，采用人工神经网络、模糊控制和专家系统技术对机器人进行定位、环境建模、检测、控制和规划的研究已经日趋成熟，并在多个实际应用系统中得到了验证。除此之外，智能控制还在机械制造、工业过程、电力电子学研究和农业生产等领域有了广泛的应用。

4. 经济控制论

经济控制论是应用现代控制理论和方法研究经济系统演变规律和最优控制的学科，是控制论的一个重要分支。经济控制论强调用整体的、动态的、相互联系和协调发展的观点来研究经济系统，内容包括经济系统的建模、仿真、辨识、估计以及最优控制或次优控制等。

经济控制论思想的起源可追溯到 1768 年英国古典经济学家亚当·斯密著述的《国富论》。他认为，商品的市场价格就像一只"看不见的手"维持着市场供需的均衡，那只"看不见的手"其实就是反馈调节器，正是它的反馈调节作用保持了市场的均衡价格。卡尔·马克思关于价格围绕价值波动的价值规律同样完美地体现了控制论的思想，"价格"作为商品生产的调节器，通过实现价格与价值的统一，进而调节资源配置和商品供需平衡。

经济控制论的完整理论体系形成于 20 世纪 40 年代，代表性人物波兰数理经济学家奥斯卡·兰格在 1965 年出版的《经济控制论导论》中比较系统地阐述了控制论的基本概念、理论及其在经济领域的应用。20 世纪 60 年代后期，经济控制论的发展进入了一个新的阶段，其中以美籍华人邹至庄教授于 1957 年出版的《动态经济系统的分析控制》一书最为著名，书中运用现代控制理论的方法，研究了西方国家投资与消费、经济最优增长和生产库存等宏微观问题。

按照控制论的观点，经济系统是一个有组织的受控系统，系统中的生产、消费、分配和交换等一系列活动都是密切相关的。为了实现供给和需求的平衡、资源的优化配置、经济的可持续发展，必须对经济系统进行调节、控制、决策和规划，经济控制论为研究复杂的经济大系统提供了基本的理论和更先进的方法。在经济系统的运行管理和控制中，经济控制论主要应用在经济规划、经济系统结构改革和优化经济系统运行等方面。

5. 管理控制论

管理控制论是用现代控制理论的科学方法分析组织中的控制，研究最佳管理的学科。具体而言，就是应用现代控制理论的基本原理、原则和方法分析管理主客体、管理过程及其相互关系，综合研究管理系统内人、物、事、信息之间及其与周围的社会、自然环境之间的关系，从中引出管理规律；在自觉利用这些规律的基础上，以更加积极的态度发挥人的能动作用来利用或控制这些关系。

管理思想产生的最初就蕴含着控制思想的萌芽。早在 19 世纪初，科学管理的先驱者查尔斯·巴贝奇就十分关心改善产品的加工制造过程和生产系统，他细致地分析了操作系统、工作技能、每道工序的费用等。1874 年，芬克建立了一种成本会计系统，应用信息流动、成本划分和统计控制工具进行了成本计算，为 20 世纪管理控制理论的发展奠定了基础。

科学管理思想的发展是形成管理控制思想的重要基石，其代表人物是弗雷德里克·泰勒。泰勒潜心研究如何提高工人的工作效率，并进行了一系列试验，其中最著名的是"动作研究"和"时间研究"。1920 年由管理学家劳森著述的《工业控制》一书是第一部完全以控制为主题的著作，其将控制原理引入了科学管理，由此科学管理得以正确的应用。到了 20 世纪中期，亨利·法约尔和马克斯·韦伯对管理控制理论的发展作出了进一步贡献：法约尔将控制作为管理的五项职能之一，并认为控制意味着"检验发生的每一件事是否与所定的计划、发布的指令及建立的原则相一致"；韦伯关于控制的思想在其经典著作《社会和经济理论》一书中得以充分体现，他主张建立一种高度结构化、正式的、非人格化的"思想的行政组织体系"。

从管理控制论的演变历程可以看出，管理控制论的发展至少受到控制论、系统论、会计理论、代理理论、心理学、管理经济学和组织行为学等多学科的影响。管理控制系统，从传统的偏重于财务信息如成本控制、预算控制和业绩评价，转向了非财务信息如与市场、顾客、竞争者相关的外部信息、与生产过程相关的内部信息和预测信息等。

三、控制论的方法论

控制论是一门具有方法论特点的学科，信息、反馈、控制是控制论的三要素。信息是人们在适应外部世界并将这种适应反作用于外部世界的过程中，同外部世界进行交换的内容。它是控制论系统用来适当控制和调节的内容，也是控制者与被控制对象之间特殊关系和联系。反馈是系统通过相关信息，消除被控制对象的实际表现与设定状态的偏差的过程。控制是控制者同被控制对象的相互作用。基于控制论的三要素，控制论的基本方法主要包括以下三种：

1. 反馈控制方法

反馈控制方法是一种根据系统活动结果调整系统活动的方法，也是最重要和最基本的控制方法。反馈控制依据受控系统运行的现实状态与给定状态之间的偏差信息，其反馈过程为：施控系统将输入信息变换成控制信息，控制信息作用于受控系统后产生的结果通过反馈通道被返送到原输入端，并对受控系统的再输出产生影响，起到控制作用，达到预定的目的（如图 8-1 所示）。反馈控制可以减少或消除系统偏差，以确保受控系统的运行状态维持在一个给定（或允许）的偏差范围内，从而提高受控系统的稳定性，实现受控系统的行为、活动、功能和结果的最优化，达到对系统控制的目的。

根据控制论的反馈方法，可把生产企业看成一个系统，把商品市场看成另一个系统，企业向市场输出商品，引起市场商品的供求状况发生变化，或供大于求，或供小于求，供

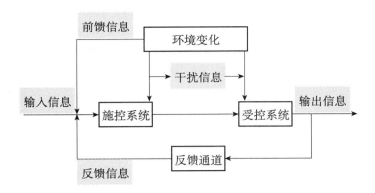

图 8-1　反馈控制方法示意图

求变化作为一种信息再将其输入给生产企业，生产企业根据此信息调整产品结构。

2. 功能模拟方法

功能模拟方法是以功能和行为的相似为基础，用模型模仿原型的功能和行为的一种方法。维纳等人抛开机器和生命机体的不同物质基质和具体的运动形式，只在行为和功能方面寻找二者的统一性和相似性，把传统的模拟方法发展到了功能模拟的新阶段。一般来说，采用功能模拟方法是因为不认识或不完全认识研究对象的结构，才从功能研究入手的，它所提出的问题不是"这是什么"，而是"它能做什么"，着眼于功能相似性。

功能模拟方法将模拟由单纯地认识原型的手段，发展成了改造世界的重要手段之一，具有重大的理论意义和实践意义。一个典型的应用就是电子计算机的发明，创造了用电脑代替人脑部分功能的奇迹。对于企业系统而言，功能模拟法的重要应用是帮助企业进行经济决策。20 世纪 70 年代，国外学者运用功能模拟方法解决企业经济决策问题，取得了显著效果，并研制出了专门用于决策的决策支持系统（Decision Support System，DSS），用于战略规划和管理控制决策。随着电子计算机的广泛应用，仿真技术得到了迅速发展，功能模拟的方法在企业决策中的作用也越来越明显，特别是对于那些难度大、风险大、责任大的企业经济决策，更需要功能模拟方法。

鸟与飞机，人脑与电脑，人体温度控制与智能恒温器，高尔夫模拟练习，赛车训练模拟，沙盘模拟，大富翁游戏……都是功能相似而内在组分和结构完全不同的系统。[1]

3. 黑箱辨识方法

黑箱辨识方法指对于一无所知的系统即黑箱，通过建立相应的输入和输出关系，了解系统的功能和行为，并进而认识其内部结构的方法。黑箱指人们一时无须或无法直接观测到其内部结构，只能从外部的输入和输出去认识的现实系统。1956 年，美国学者威廉姆·罗斯·艾什比在《控制论导论》中写道，所有事物实质上都是"黑箱"，并对黑箱辨

---

[1]　http://blog.sina.com.cn/s/blog_67697d9a0102e6js.html，有删改。

识方法做了比较系统的描述。既然黑箱是相对于认识主体而言的,那么被考察对象能否作为黑箱,不仅取决于对象客体本身的性质,更取决于认识的主体。黑箱辨识方法最大的特点在于几乎不涉及系统内部机构,只考察系统的输入和输出,这样即使不打开黑箱,不知道其内部结构,仍然可以了解系统在功能和行为上的某些特性。

要了解一个企业生产经营情况的好坏,就可以从其输入和输出的关系入手,而不必首先分析它的结构。只要这个企业生产的产品多,并能够获得良好的经济效益,就表明该企业产销对路,生产经营状况良好。对于企业的经济考核主要看它的投入产出关系(输入和输出),则可以避免主管部门对企业过多的干预,使企业保持正常生产经营的状态。控制论的黑箱方法是一种崭新的认识论的方法,是科学方法论的突破,它是研究结构复杂巨系统的有效工具,也是研究尚不能"打开"系统的唯一手段。

> **案例**
>
> ### 怎样拿起桌上的书?[①]
>
> 日常生活中,"手拿桌上的书"这一看似简单的活动其实渗透着深奥的反馈控制原理。
>
> 在手拿桌上的书这一反馈控制活动中,书的位置是手运动的指令信息,为输入信号。取书时,首先人要用眼睛连续目测手相对于书的位置,并将这个信息送入大脑,然后由大脑判断手与书之间的距离,产生偏差信号,并根据其大小发出控制手臂移动的命令,逐渐使手与书的距离(即偏差)缩小。显然,只要此偏差存在,上述过程就要反复进行,直到偏差缩小为零,手便拿到了书。其反馈控制系统的基本形成与工作原理如图8-2所示。
>
>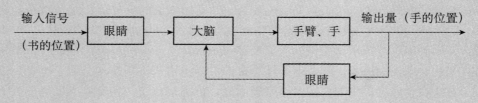
>
> **图8-2 手拿桌上的书的反馈控制示意图**
>
> 大脑控制手拿书的过程,就是一个利用偏差(手与书之间的距离)产生控制作用,并不断使偏差缩小直至清除的运动过程;同时,为了取得偏差信号,必须要有手的位置的反馈信息,两者结合起来,就构成了反馈控制。
>
> **思考题:**
> (1)在手拿桌上的书这一反馈控制活动中,输入信息、施控系统、控制信息、受控系统、输出信息、反馈通道分别是什么?
> (2)请至少列举出两个日常生活中常见的反馈控制活动。

---

① http://wenku.baidu.com/link?url=erjgqWmE6j3lpxkVdxKIscnZaC9zerqBQSPPWYWk,有删改。

第三节 内部控制

物必先腐而后虫生,攘外必先安内!只有建立和完善各种制度,形成良性企业文化并规范运行,才可能抵御各种风险,实现长治久安。

一、内部控制理论的发展

人类自从有了群体活动,就有了一定意义上的控制。中国古代的御史制度、西方早期的议会制度,均属于早期控制制度的雏形。现代意义上的内部控制开始于工业革命时期,20世纪以来,内部控制的理论和实践得到了更快速的发展。内部控制理论的发展大致包括以下四个阶段:

1. 内部牵制阶段

内部牵制是以账目间的相互核对为主要内容并实施岗位分离的控制方法,内部牵制源远流长,早期的内部牵制大都通过会计的组织制度体现出来。远在公元前3600年前的美索不达米亚文明(Mesopotamia Culture)时代,出现了极简单的内部牵制的会计实践。古埃及在法老统治时期,设有监督官负责对全国各级机构和官吏是否忠实地履行受托事项以及是否准确无误地记录财政收支加以间接管理和监督。15世纪末,复式借贷记账法在意大利出现。在中国,内部牵制制度到西周时期已基本形成,西周掌管会计工作的最高机构为司会,出纳工作分为"职内""职岁"和"职币",其目的在于各职务专于职守、相互牵制,防止舞弊发生。

内部牵制思想的提出是基于以下设想:两个或两个以上的人或部门无意识地犯同样错误的可能性很小;两个或两个以上的人或部门有意识地合伙舞弊的可能性也大大低于一个人或部门舞弊的可能性。内部牵制根据牵制的职能及内容大致可分为四类:一是实物牵制;二是物理牵制或机械牵制;三是体制牵制或分权牵制;四是簿记牵制或账簿牵制。

由于历史的局限性,早期的内部控制产生于对经济监控的需求,偏重于对内部会计及其相关方面的牵制,主要以职务分离和交互核对为方法,着重针对钱、账、物等会计事项,以查出防弊、保证财产物资安全和会计记录真实为目的。随着经济社会的发展,内部控制已经逐渐超越了内部牵制的范畴,但是内部牵制的基本理念在内部控制中仍然发挥着重要作用,是现代内部控制理论中有关组织控制、职务分离控制的雏形和基础。

朱熹在评述《周礼理其财之所出》一文中指出:"虑夫掌财用财之吏,渗漏乾后,或者容奸而肆欺……于是一毫财务之出入,数入之耳目通焉。"

意思是考虑到掌管和使用财务的官吏可能进行贪污盗窃,弄虚作假,因而规定每笔财务的出入要经几个人的耳目,达到互相牵制的目的。

2. 内部控制制度阶段

20世纪40年代是内部控制发展的"分水岭",生产社会化程度大大提高,股份制有限公司迅速发展,市场竞争进一步加剧。为了在激烈的竞争中生存发展,企业迫切需要在管理上采用更为完善、有效的控制方法,而传统的内部牵制制度已经无法满足会计信息披露和公司管理的需要,人们开始重视对内部控制理论与方法的研究。

1958年10月,在美国审计程序委员会发布的《审计程序公告第29号》文件的推动下,内部控制逐渐由早期单一的内部牵制制度演变为包含内部会计控制和内部管理控制两方面内容的内部控制制度。内部会计控制旨在保护财产的安全和财务记录的可靠,包括交易的授权与批准制度、财产的实物控制制度、财务记录与经营和财产保管职务的分离控制制度等。而内部管理控制主要涉及经营效率和管理方针的贯彻,包括统计分析、执行情况报告、员工培训计划和质量控制等。

内部控制理论的发展,不仅将内部控制从简单的内部牵制发展成了一种内部控制制度,形成了比较完整的内部控制定义、内容、目标和方法,而且将内部控制记录可靠性和经营效率目标相分离,提出了内部会计控制和内部管理控制两个范畴,这标志着内部控制正式进入了"制度二分法"阶段。但西方学术界在对内部会计控制和管理控制进行研究时,逐步发现这两者是不可分割、相互联系的,因此内部控制制度具有相当的局限性。

3. 内部控制结构阶段

进入20世纪80年代,资本主义发展的黄金阶段以及随后到来的滞胀促使西方国家进一步深化了对内部控制的研究。人们开始日益重视内部控制环境,对内部控制的研究方向也逐渐从偏重研究具体的控制程序和方法向对内部控制系统进行全方位研究转变。

1988年,美国注册会计师协会发布的《审计准则公告第55号》首次提出了内部控制结构理论,该公告将内部控制定义为合理保证企业特定目标的实现而建立的各种政策和程序,认为内部控制包括控制环境、会计系统和控制程序这三个要素。其中,控制环境是共同影响特定政策和程序的建立、提升或削弱的各种因素;会计系统是由方法和记录组成的,用以识别、分析、区别、记录并报告企业的交易以及维护相关资产和负债的可靠性;控制程序则是管理层为合理保证企业特定目标的实现而制定的各种政策和程序。

内部控制结构对内部控制发展做出的最重要的贡献在于首次将控制环境作为一项重要内容纳入了内部控制的范畴之中,将控制环境作为内部控制的一个组成部分加以考虑。同时采用结构分析法对内部控制的内容进行了规定,不再区分会计控制和管理控制,实现了内部控制由零散到系统的转变和发展。内部控制由制度二分法向结构分析法的演变被认为是内部控制发展史上的一个重大进步,然而内部控制结构对内部控制要素的认识和表述在风险评估、监督控制方面还存在不足。

4. 内部控制整体框架阶段

进入20世纪90年代后,世界经济变得愈发复杂和动荡,重大的舞弊案件开始不断出现并引起了世人关注,反舞弊的呼声日益高涨并引起共鸣,对内部控制的研究也因此进入了一个新的阶段——内部控制整体框架阶段。

1992年9月，美国COSO委员会发布了《内部控制——整合框架》（以下简称"COSO报告"），扩大了内部控制涵盖的范围，加大了与保障资产安全有关的控制。该报告还首次将风险评估、信息与沟通作为基本要素引进了内部控制框架结构，认为内部控制应当是一个整合的体系，由存在着协同和联系的内部环境、风险评估、控制活动、信息与沟通以及内部监督这五个要素共同组成。2004年年底，COSO委员会在COSO报告的基础上，发起建立了一个风险管理框架计划——《企业风险管理——总体框架》（以下简称"ERM报告"），并将五要素延伸为八要素：目标设定、内部环境、风险识别、风险应对、控制活动、信息、沟通和检查监督。

COSO报告并没有仅着眼于财务和会计报告，将内部控制局限在会计控制框架内，而是向全面的公司治理发展；同时还提出了一套普遍适用于各类企业和其他主体的完整的内部控制标准，对内部控制建立健全和有效实施过程中应当遵循的具体程序进行了详细的阐述，为管理层、董事及其他人提供了评估内部控制有效性的准则。ERM报告则强调了对风险的管理，并且得到了广泛的认可。

二、内部控制的目标

从内部控制产生、发展的过程来看，早期内部控制的目标比较狭隘，多局限于资金和财产的保护以及防止欺诈和舞弊行为。现代意义上的内部控制是企业内部管理制度的重要内容，其基本目标是保证企业经营活动的效率性和效果性、资产的安全性、经营信息和财务报告的可靠性等。具体来讲，内部控制的目标体现在以下方面：

第一，管理层实现其经营方针和目标。这是内部控制的首要目标。内部控制渗透于一个企业经营管理活动的各个方面，只要企业存在经营管理活动和经营管理的环节，就需要有相应的内部控制。如一个公司制的生产企业，其管理层通常包括经营过程的各个层次：从班组长到车间主任，从车间主任到部门经理，再从部门经理到总经理，直到董事长，各项职责都由每一级的管理人员授予下属各级去履行，完善的内部控制将保证各级管理层授予下属各级的职责得到正确的履行。如果管理层失去对本单位诸多环节的控制，其经营方针、目标的实现就会大打折扣，甚至向着相反的方向转化，则不可能实现企业的价值。

第二，企业各项资产的安全和完整。资产的安全和完整是任何一个企业从事经营活动的物质保证，如果资产管理混乱、偷拿挪用、贪污盗窃、损失浪费现象严重，就不可能保证正常经营管理活动的进行。要保证企业资产的安全、完整，单靠员工的道德水准、觉悟水平的自我约束还不够，必须要有完备的管理制度。因此保证各项资产的安全和完整，防止资产的流失等，就成为健全、完善内部控制制度的重要目标。

第三，企业经营管理信息和财务会计资料的真实和完整。对于一个企业的管理层来说，要实现其经营方针和目标，需要通过各种途径及时获取和占有准确的信息，以便做出正确的判断和决策。此类信息——经营管理及业务活动方面的信息和财务会计方面的信息（如通过会计报表所反映的各种会计信息等），尤其是财务会计方面的信息，不仅是政府有关部门制定宏观经济政策或决策的依据，还是广大投资者投资决策的重要依据。因此，从满足国家宏观管理的需要，以及满足企业内部经营管理的需要和满足外部投资者的需要等方面来讲，保证企业经营管理信息和财务会计资料的真实和完整是内部控制的又一重要目标。

第四,各种风险实现有效的规避。在日益激烈的市场竞争中,企业的经营管理会面临着来自各方面的经营风险,如筹资风险、投资风险、产品研制开发风险、开拓市场风险、信用风险和担保风险等。从防范风险的角度来讲,企业的经营管理过程,就是不断地"化险为夷"的过程。如何最大限度地避免或降低各种财务风险和经营风险,提高经营管理的效率,不仅是管理者十分关注的问题,也是建立和实施有效的内部控制制度的重要目标。

第五,国家法律和法规的贯彻执行。国家为加强宏观经济控制,统一制定了相应的方针、政策,颁布了相应的法律、法规和规章等,而这些方针、政策、法律、法规等只有在每个企业都得到认真的贯彻执行,才能够发挥相应的作用,同时企业也只有认真贯彻执行国家的方针政策和法律法规,才能够保证其经营活动的合法性。换言之,贯彻国家的方针政策和法律法规是各企业的法定义务。因此建立和实施内部控制制度,必须把加强经济监督、确保国家法律法规的贯彻执行作为重要目标。

2016年1月22日,中国农业银行发布公告:农业银行北京分行票据买入返售业务发生重大风险事件,资金并未按照规定回到农行北京分行账上却非法进入股市,涉及风险金额39.15亿元。案件发生的关键正是严密的内部控制机制未得到认真落实:监管部门的监管提示没能引起足够的重视;重要岗位定期轮岗及重要业务多人监督制度得不到落实;内部自查机制没有发挥应有的作用。①

三、内部控制的框架

2008年中国财政部会同证监会、审计署、银监会和保监会制定发布了《企业内部控制基本规范》,用以加强和规范企业内部控制,提高企业经营管理水平和风险防范能力,促进企业可持续发展。该规范参照了COSO报告的五要素,具体包括:

1. 内部环境

内部环境是企业实施内部控制的基础,其内容包括治理结构、机构设置及权责分配、内部审计、人力资源政策和企业文化等。内部环境的具体目标包括:

(1) 建立健全规范的公司治理结构

根据国家有关法律法规和企业章程的规定,企业需建立规范的公司治理结构和议事规则,明确决策、执行和监督等方面的职责权限,形成科学有效的职责分工结构和制衡机构。具体而言,企业应当结合业务特点和内部控制要求设置内部机构,将权利与责任落实到各责任单位;通过编制内部管理手册,使全体员工掌握内部机构设置、岗位职责和业务流程等规定,以明确权责分配,正确行使职权。

(2) 设计内部审计机制

在董事会下企业应设立审计委员会,负责审查企业内部控制工作,监督内部控制的有效实施和内部控制的自我评价,协调内部控制审计及其他相关事宜等。审计委员会负责人应当具备相应的独立性、良好的职业操守和专业胜任能力。同时企业应当加强内部审计工

---

① http://finance.sina.com.cn/sf/news/2016-01-26/105018568.html,有删改。

作，以保证内部审计机构设置、人员配备和工作的独立性。内部审计机构对监督检查中发现的内部缺陷，应当按照内部审计工作程序进行报告；对监督检查中发现的内部控制的重大缺陷，有权直接向董事会及其审计委员会、监事会报告。

(3) 制定良好的人力资源政策

制度的执行历来都是由人决定的，人的因素在内部控制中发挥相当重要的作用，一个企业的人力资源政策直接影响到企业中每一个人的业绩和表现。企业应当将职业道德修养和专业胜任能力作为选拔和聘用员工的重要标准，切实加强员工培训和教育，不断提高员工素质。良好的人力资源政策有利于企业的可持续发展，对更好地贯彻和执行内部控制有很大的帮助。

(4) 加强企业文化建设

企业文化作为一种无形的精神力量与源泉，影响着企业成员的思维方法和行为方式。企业文化决定了其对员工的凝聚力，优秀的企业文化可以促进企业发展，阻止企业衰败，使企业走出困境；不良的企业文化有可能阻止企业发展，导致企业走向破产。因此，企业必须培养自身的优良文化，推动企业发展。同时，企业应加强文化建设，培育积极向上的价值观和社会责任感，倡导诚实守信、爱岗敬业、开拓创新和团队协作的精神，树立现代管理理念，强化风险意识。

老字号药店同仁堂拥有300多年的历史，长盛不衰的秘诀正在于它一直秉持着以人为本的企业理念和以"仁"为核心的企业文化。在抗击非典过程中，药店每卖出一服"抗非典方"就亏损2元钱，当时不少实力不济的药店纷纷放弃销售"抗非典方"，而同仁堂的决策层却告勉自己的员工说："300多年来我们信奉'同修仁德，济世养生'的企业宗旨，国家有难之际也是我们回报社会之时。"正因为有如此的企业文化，才能够让同仁堂历经国家与民族的苦难而不绝，始终屹立在世界的东方。[①]

2. 风险评估

风险评估指企业及时识别、系统分析在经营活动中与实现内部控制目标相关的风险，合理确定风险应对策略。每个企业都面临着来自内部和外部的不同风险，对这些风险加以评估，最终能够提高企业内部控制的效率和效果。风险评估具体包括以下内容：

(1) 目标设定

目标设定是风险评估的前提，企业在进行风险确认、评估与控制之前，目标就必须存在。只有先确定了目标，管理层才能够针对目标确定风险并采取必要的行动来评估管理风险。企业的目标可分为两个层次：一是战略目标，由企业的理念及其追求的价值决定；二是相关目标，与战略目标相配合的是企业下一级的具体目标。

(2) 风险识别和分析

企业应当根据设立的控制目标，全面、系统、持续地收集相关信息，综合实际情况，及时进行风险识别和评估。根据风险的来源，企业风险可分为：一是外部风险，指因企业外部的政治经济环境、法律政策、市场和自然灾害等企业无法控制的因素发生变动而带来

---

① 刘为礼，《〈论语〉中的员工准则》，石油工业出版社，2008年。

的风险,包括政治风险、经济风险、法律政策风险和其他风险等;二是内部风险,指来自企业内部,可以管理和控制的风险,包括组织风险、决策风险、营运风险、财务风险、创新风险(研发风险)、人事风险和信息系统风险等。企业应当采用定性与定量相结合的方法,按照风险发生的可能性及其影响程度等,对识别的风险进行分析和排序,确定关注重点和优先控制的风险。

(3) 风险应对

企业应在风险识别和分析的基础上,确定相应的风险承受度。风险承受度是企业能够承担的风险限度,包括整体风险承受能力和业务层面的可接受风险水平。企业应当根据风险分析的结果,结合风险承受度,权衡风险与收益,确定风险应对策略。风险应对策略具体包括:一是风险规避,指企业对超出风险承受度的风险,通过放弃或停止与该风险相关的业务活动以避免和减轻损失的策略;二是风险降低,指企业在权衡成本收益之后,准备采取适当的控制措施降低风险或减轻损失,将风险控制在风险承受度之内的策略;三是风险分担,指企业借助他人力量,采取业务分包、购买保险等方式和适当的控制措施,将风险控制在风险承受度之内的策略;四是风险承受,指企业对风险承受度之内的风险,在权衡成本效益之后,不准备采取控制措施降低风险或者减轻损失的策略。企业应当结合不同发展阶段和业务拓展情况,持续收集与风险变化相关的信息,进行风险识别和风险分析,及时调整应对策略。

3. 控制活动

控制活动是企业根据风险评估结果,采取相应的控制措施,将风险控制在可承受度之内的一系列活动。控制活动存在于整个企业内的各个阶层与各种职能部门,包括核准、授权、验证、调节、复核营业绩效、保障资产安全以及职务分工等多种活动。控制措施主要包括:

(1) 不相容职务分离控制

不相容职务指那些如果由一个人担任,则既可能发生错位和舞弊行为,又可能掩盖此行为的职务,包括授权批准、业务经办、会计记录、财产保管和稽核检查等职务。不相容职务分离控制要求企业全面系统地分析、梳理业务流程中所涉及的不相容职务,并实施相应的分离措施,形成各司其职、各负其责和相互制约的工作机制,其核心是内部牵制。

(2) 授权审批控制

授权审批制度要求企业根据职责分工,明确各部门、各岗位办理经济业务与事项的权限范围、审批程序和相应职责。为确保管理层的指令得以实现并且能够缓和风险的控制活动,在很大程度上是基于授权审批制度。因此,一个完善的内部控制制度必须建立一个庞大而周密的授权审批系统,能够与其他的内部控制措施综合作用,将风险有效地控制在可承受度之内。

(3) 会计系统控制

在会计系统中,会计人员在一定的会计组织下,运用一定的专业方法,借助一定的计算工具和设备,按照有关会计法规的规定和要求,对企事业单位的资金运动进行核算和监督,登记会计凭证、会计账簿,编制会计报表,生成会计信息资料,履行会计监督职责。会计系统控制也是重要的内部控制方法之一。

(4) 财产保护控制

财产保护控制要求企业建立财产日常管理制度和定期清查制度，采取财产记录、实物保管、定期盘点和账实核对等措施，确保财产安全。企业应当严格控制未经授权的人员接触和处置财产，并对财产安全采取相应的控制措施。

(5) 预算控制

预算控制又称预算管理，是将企业的决策目标及其资源配置规划加以量化并让其能够实现的内部管理活动。预算控制要求企业实施全面预算管理制度，明确各责任单位在预算管理中的职责权限，以规范预算的编制、审定、下达和执行程序，强化预算约束。

(6) 运营分析控制

运营分析控制要求企业建立运营情况分析制度，经理层应当综合运用生产、购销、投资、筹资和财务等方面的信息，通过因素分析、对比分析和趋势分析等方法，定期开展运营情况分析，发现存在的问题，及时查明原因并改进。

(7) 绩效考评控制

绩效考评系统主要包括考评指标和考评程序的制定、考评方法的选择、考评结果的分析、纠正偏差和进行奖励等关键环节。绩效考评控制要求企业建立和实施绩效考评制度，科学设置考评指标体系，对企业内部各责任单位和全体员工的业绩进行定期考核和客观评价，将考评结果作为确定员工薪酬及职务晋升、评优、降级、调岗和辞退等奖惩的依据。

4. 信息与沟通

企业的经营活动过程需要大量信息，以便指导预测、决策与业务实践工作，并保证信息在企业内部运转的通畅。信息与沟通指企业及时、准确地收集、传递与内部控制相关的信息，以确保信息在企业内部之间、企业内部与外部之间进行有效的沟通，具体包括：

(1) 信息获取

企业应当准确识别、全面收集来源于企业外部与内部以及与企业经营管理相关的财务及非财务信息，为企业内部控制的有效运行提供信息支持。同时应该注意对各种信息进行合理的筛选、核对、整合，提高信息的有用性。

(2) 信息传递与沟通

企业应当将与内部控制相关的信息在企业内部各管理级次、责任单位、业务环节之间，以及企业与外部投资者、债权人、客户、供应商、中介机构和监管部门等方面之间进行沟通和反馈。信息沟通过程中发现的问题，应当及时报告并加以解决。

(3) 信息技术及安全

企业应当利用信息技术促进信息的集成与共享，充分发挥信息技术在信息传递与沟通中的作用。企业应当加强对信息系统开发与维护、访问与变更、数据输入与输出、文件储存与保管、网络安全等方面的控制，以保证信息系统安全稳定运行。

(4) 反舞弊机制

企业应当建立反舞弊机制，坚持防惩并举、重在预防的原则，明确反舞弊工作的重点领域、关键环节和有关机构在反舞弊工作中的职责权限，规范舞弊案件的举报、调查、处理、报告和补救程序。企业应当建立举报投诉制度和举报人保护制度，设置举报专线，明确举报投诉处理程序、办理时限和办理要求，确保举报、投诉成为企业有效掌握信息的重要途径，注意将举报投诉制度和举报人保护制度及时传达至全体员工。

5. 内部监督

内部监督指企业对其内部控制的健全性、合理性和有效性进行监督检查与评估，形成书面检查报告并做出相应处理的过程。内部监督分为两种形式：一是日常监督，指企业对建立与实施内部控制的情况进行常规、持续的监督检查；二是专项监督，指在企业发展战略、组织结构、经营活动、业务流程、关键岗位员工等发生较大调整或变化的情况下，对内部控制的某一或某些方面进行有针对性的监督检查。企业应根据相关法规，制定内部控制监督制度，明确内部审计机构（或经授权的其他监督机构）和其他内部机构在内部监督中的职责权限，规范内部监督的程序、方法和要求。

上述五个因素是相互联系、相互制约、综合作用的整体，它们构成了对处于变化中的环境作出动态反应的整体框架。内部控制框架是企业管理不可分割的一部分，也是构成企业经营的框架基础。将内部控制框架作为企业的基础工作来抓，并将其置身于经营活动与管理活动之中，将能够更好地发挥授权激励的作用，避免不必要的成本，并对外部变化的环境作出快速反应。

案例

苹果公司的内部控制[①]

苹果公司是世界上最重视内部控制的公司之一，它甚至将全面控制作为安身立命的生命线。按照 COSO 最新的内部控制理念，企业内部控制的首要目标是战略实现，苹果公司的成功正充分印证了这一点。苹果公司内部控制思想的源头，可以归结为"不同凡响"的差异化发展战略目标。例如，全球第一台个人电脑 Apple I（1976 年）、超级智能手机 iPhone（2007 年）、触摸屏平板电脑 iPad（2010 年）和全新的 iPad Pro（2015 年）。无论是在产品设计、消费群体的市场细分上，还是在营销模式上，苹果公司与竞争对手都有着显著的不同。

作为一家非常有远见的公司，苹果公司素有"未来控"之名，其商业模式和战略都是以 5 年或 10 年为周期，以确保远远领先于竞争对手。苹果公司尽量控制软件、硬件等全部环节，以"硬件＋软件＋服务"构建了一个完善而又独立、封闭的产业链。苹果公司也是工程师的天堂，充满了自由创新的氛围，不循规蹈矩，工作几乎被上升到了为信仰献身的程度。工作环境既面向未来、面向技术精英，又井然有序、制度严明，员工的离职率非常低，每年都会有最新、最伟大的奇迹展现。

苹果公司在科技行业还被视为"煤矿里的金丝雀（示警者）"，这是由于苹果公司高度重视风险评估与预警。在乔布斯回归之前，苹果公司曾一度走在破产的边缘。但后期高度聚焦的产品战略、严格的过程控制、突破式的创新和持续的市场营销，成为其扭转乾坤的关键。

---

① http://www.doc88.com/p-662123366762.html，有删改。

苹果公司把产品生产、硬件逐渐外包，从垂直方向整合生产供应链，既能使制造型公司实现其成本优势，也能使自身的成本得到控制。例如，iPod 全部的零件都是外包代工，硅谷一家不知名的新创企业为其提供并定制关键的软件；同时还与东芝合作研制微型的大容量硬盘，产品则由承包商在台湾组装。

苹果公司拥有流畅、简单、清晰的组织结构，在管理结构和运营秩序方面，每个人的职责十分明确，没有模糊、重叠之处，关键工作总有明确的、唯一的责任人。此外，以与消费者的沟通为例，苹果公司奉行"用户至上"的宗旨，致力于简化设计，直到整个用户界面和操作流程足够简单，不需要用户手册就能直接使用。

在苹果公司中，《公司管理准则》特别规定，董事会下设的薪酬委员会每年应对包括 CEO 在内的全体公司高管的表现进行一次评估，并经由董事会审核。董事会也负责审核 CEO 的表现，以确保 CEO 对公司的有效领导力。作为年度评估的一部分，董事会与 CEO 应对公司的管理发展进行年度审核，并针对包括 CEO 在内的高管人员做好继任计划。

思考题：
（1）苹果公司的内部控制目标有哪些？
（2）苹果公司的内部控制是如何体现 COSO 报告的五要素的？

第四节　控制方法

毛主席曾说过："不解决桥和船的问题，过河就是一句空话；不同的矛盾，只有用不同的方法才能解决！"没有有效的控制方法，就不可能实现控制目标，同时面对不同的组织目标和控制对象，也应采取不同的控制方法。

一、财务控制

财务控制是对企业特定时间内的财务状况及其相关指标进行控制的方法。财务控制不仅可以反映组织的财务业绩是否合理，还可以帮助发现业务中存在的一些问题，如销售额的下降可能预示着产品、客户服务或销售人员效率等方面存在问题。财务控制方法具体包括：

1. 预算控制法

预算是一个部门在一定时期占用资源量的标准，是有计划的财务活动，也是有效控制的一种方法。预算预估了组织在未来时期的经营收入和现金流量，同时也为各部门或各项活动规定了在资金、劳动力、材料和能源等方面的支出额度。预算控制指根据预算规定的收入和支出标准来检查和监督各部门的活动，以保证各种活动在完成既定目标的同时，费用支出受到严格的约束。按照预算编制方法的不同，预算控制法主要包括：

(1) 固定预算

固定预算又称静态预算，是根据预算期内正常可能实现的某一业务活动水平而编制的预算。固定预算的基本特征：一是不考虑预算期内业务活动水平可能发生的变动，而只是按照预算期内计划预定的某一共同的活动水平确定相应的数据；二是比较分析实际结果与按照预算期内计划预定的某一共同的活动水平确定的预算数，并据此进行业绩评价和考核。

固定预算一般适用于实际业务水平和预期业务水平差异不大的企业，否则按照预期业务水平编制的预算很难为财务控制服务。对于经营发展比较稳定或对经营发展能够进行较为准确预期的企业，固定预算较为适用；而对于经营活动经常发生变动的企业，一般应采取多个业务活动水平基础之上的预算模式。

(2) 弹性预算

弹性预算是根据可预见的不同业务活动水平，分别设定相应目标和任务的预算。弹性预算的基本特征：一是针对不同预期在某一相关范围内的多种业务活动水平确定不同的预算额，也可按照实际业务水平调整其预算额；二是预算期末对比实际执行指标与实际业务量对应的预算额，以保证预算执行情况的评价与考核建立在更加客观可比的基础上，从而更好地发挥预算控制的作用。

与固定预算相比，弹性预算具有预算范围宽和可比性强等显著优点，适用于实际业务活动水平和预期业务活动水平相差很大的企业。

(3) 滚动预算

滚动预算又称连续预算或永续预算，指在编制预算时，将预算期与会计年度脱离开来，随着预算的执行不断地延伸补充预算，逐期向后滚动，将预算期始终保持为一个固定期间的预算编制方法。按照滚动的时间单位的不同，可分为逐月滚动、逐季滚动和混合滚动。

与传统的固定预算相比，滚动预算具有以下优点：一是透明度高。由于预算编制是与日常管理紧密衔接的，可以使管理者始终从动态的角度把握企业近期的规划目标和远期的战略布局，使预算具有较高的透明度。二是及时性强。由于滚动预算能够根据前期预算的执行情况，结合各种因素的变动影响，及时调整和修订近期预算，从而使预算更加切合实际。三是连续性、完整性和稳定性突出。由于滚动预算在时间上不再受日历年度的限制，能够连续不断地规划未来的经营活动，所以不会造成预算的人为间断，企业管理人员也可以了解未来 12 个月（或 4 个季度）内企业的总体规划与近期预算目标，能够确保企业管理工作的完整性与稳定性。但是滚动预算的编制和管理成本较大、耗时较长。

(4) 零基预算

传统的预算编制方法一般都是以现有的费用水平为基础，然后考虑计划年度内各项业务的增减变化，据以确定相应的增减数额，此方法常被称为增量预算法。零基预算与传统的预算方法截然不同，其基本原理是：预算期内任何一种项目费用的多少，都不是从原有的基数出发的，而是从零开始，重新考虑项目费用的必要性及预算的规模。

零基预算的具体做法是：首先，高层领导者要求下属部门根据计划期的战略目标和具体计划详细讨论各自所需的项目费用，并要求对每一费用项目编写具体的方案，提出项目费用开支的目的和需要开支的费用金额。其次，高层领导者对每一费用项目方案进行成本—收益分析，比较每一项目的所需费用和收益，根据各费用项目的轻重缓急分成若干层次与顺序。最后，结合计划期可用资金确定预算。

零基预算是一种区别于传统预算的方法，被西方企业广泛采用。零基预算不受传统预算的束缚，更符合实际需要，并促使下属精打细算，量力而行，合理使用资金，提高了资金的使用效果。由于零基预算是以零为起点观察分析一切生产经营活动并制定项目的费用预算的，因而零基预算的编制工作比较繁重，适用于产出较难辨认的服务性部门预算的编制。

2. 财务比率分析法

财务比率分析法是通过对比分析资产负债表和损益表中的有关项目，揭示组织财务状况的一种方法。财务报表是用来反映组织财务状况的基本工具，包括：一是流动状况，即将资产转变为现金以满足短期财务需要和偿债需要的能力；二是总体的财务状况，衡量资本充足率和资源运用的效率；三是盈利能力，即在长期内获取稳定利润的能力。分析财务比率有助于管理者更好地分析公司的经营状况。表 8-1 列出了一些管理者广泛运用的财务比率。

表 8-1 广泛运用的财务比率[①]

比率名称	公式	行业标准
1. 流动比率（衡量公司偿还短期债务的能力）		
流动比率	流动资产÷流动负债	2.6
酸性测验比率	（现金＋设备）÷流动负债	1.0
现金速度	销售额÷（现金＋设备）	12 倍
存货与营运资金净额的百分比	存货÷（流动资产－流动负债）	85％
2. 资本充足率（所有者提供的财务资助与债权人提供的财务资助之比）		
债务与股东权利之比	总债务÷资本净值	56％
固定支出	支出前的净利润÷固定支出	6 倍
流动负债与资本净值比	流动负债÷资本净值	32％
固定资产与资本净值比	固定资本÷资本净值	60％
3. 活动比率（衡量资源运用的效率）		
存货周转率	销售额÷存货	7 倍
净营运资本周转率	销售额÷营运资金净额	5 倍
固定资产周转率	销售额÷固定资本	6 倍
平均收款期	应收款项÷每日平均销售额	20 天
投资总额周转率	销售额÷资本净值	3 倍
资本总额周转率	销售额÷总资产	2 倍

---

① 查理德·L. 达夫特、多萝西·马西克著，高增安、马永红译，《管理学原理》（第五版），机械工业出版社，2005 年，第 338 页。

续表

比率名称	公式	行业标准
4. 盈利比率（表明在实现预期利润水平方面取得了多大程度的成功）		
总营业利润率	毛营业利润÷销售额	30%
净营业利润率	净营业利润÷销售额	6.5%
销售纯利润（利润率）	税后净利润÷销售额	3.2%
资本生产率	（总收入－税收）÷总资产	10%
投资回报率	税后净利润÷总投资	7.5%
营运资本的净收益	净营业利润÷净营运资本	14.5%

国务院前总理朱镕基绝少题词，这是国人共知的。但也有例外，他在视察上海国家会计学院时亲笔为该校题写了校训：诚信为本，操守为重，坚持准则，不做假账。[①]

二、员工行为控制

员工行为控制是通过绩效分析，发现员工绩效的差异及其原因，采取恰当的措施挖掘员工潜能的一种控制方法。企业中最关键的资源是人力资源，管理控制中最主要的方面就是对员工行为进行控制，而员工行为控制的关键是员工绩效的评定。常用于员工绩效评定的方法有：

1. 鉴定式评价法

鉴定式评价法的具体做法：评价者写一篇针对被评价者长处和短处的鉴定，管理者根据鉴定给予被评价者一个初步的估计。该方法的基本假设是评价者对被评价者有较多的了解，准确知道其优缺点，并能够客观地撰写鉴定。而实际情况一般不尽如人意，由于鉴定的内容不同，标准也不一致，所以用此方法只能给人以初步的估计，完全依赖这种办法往往会造成评价的失误。这种方法是最简单常用的员工绩效评价办法，一般适用于人员调换或任免等人事决策工作。

2. 实施审查法

实施审查法的具体做法：当通过其他方法对被评价者有了初步估计后，为了核实估计的准确性，到被评价者的所在单位现场实地调查了解，此时要召集现场的评价者共同评价，确定评价的统一标准。该方法往往是复查的一种手段，必须对被评价者有较深入的了解，需耗费相当多的时间和精力，因此只适用于重要的人事决策工作。

3. 强选择列法

强选择列法的具体做法：管理者列出一系列有关被评价者的可能情况，然后让评价者

[①] http://wenku.baidu.com/link?url=OSwQgdE59l35db1dOlOFLF5Qw5WUk1J8CzPfr6HeXZYCH1lN_WIsKf-HokK2M-3vRjTWCXFB8BYrLKx3LkQkFXqSwsQ7CjI9jZUsrWRfPMha，有删改。

在其中选择最适合被评价者的条目，并打上标记，管理者据此加权评分，得分高者就是好的，得分低者就是差的。该方法比较准确，可以克服偏见和主观意念，建立了较客观的评价标准，但它只适用于性质类似或标准化程度较高的工作。

4. 成队列等比较法

成队列等比较法的具体做法：将被评价者两两进行比较，即就每一个评价指标，将每一个被评价者同所有其他被评价者比较一次，按照某种评价标准选择最优者，如被评价者一年来对企业的贡献，或在工作中的开拓和进取精神等。在两两进行比较时，选择较好的一个打上标记；当全部指标比较完毕后，标记最多者就是最出色的，而无标记者则是最差的。

该方法的缺点是比较的项目单一，主观性强。当设计的比较项目和人数较多时，工作量就非常大，衡量成本也较高。若是对多种标准进行综合衡量，则只能对每种标准都进行一次比较，然后对每个标准给出一个权数，再进行加权比较来定次序。此方法与强选择列法都适用于评定工资、奖金等工作。

5. 偶然事件比较法

偶然事件比较法的具体做法：管理者随时带有记录表，及时记录员工积极或消极的偶然事情，根据这些记录，定期对员工的工作绩效进行评价。根据这种偶然事件进行评价的结果比较客观，但关键是能否把员工的所有偶发事件全部记录下来。如果将此方法和目标管理法配合起来使用，则可以有效地监控员工的工作。

对人员的行为和绩效进行评价之所以如此困难，主要是因为对许多人员来说很难既客观又简明地建立起绩效判断的标准。相当大的一部分评定过程几乎完全是根据评定者的主观判断进行的，这种判断极易产生评定偏差；同时绩效评价常常有两个或两个以上的衡量标准，衡量时容易造成顾此失彼。因此这些方法运用的基本原则是要尽量客观、准确地对员工绩效进行评价，以满足工作对员工的要求。

子曰："视其所以，观其所由，察其所安，人焉廋哉？人焉廋哉？"

意思是孔子认为，对一人不仅要听其言观其行，还要看他做事的心境，从他的言论、行动到他的内心，全面了解观察，这样一来这个人就没有什么可以隐瞒得了的。

三、信息技术控制

1948年，信息论的创始人美国学者克劳德·艾尔伍德·香农认为："信息就是用来消除不确定性的东西"。控制论创始人维纳认为："信息是人们在适应外部世界，并使这种适应反作用于外部世界的过程中，同外部世界进行互相交换的内容和名称"。信息可以感知世界关键性的变化，消除不确定性，因而信息在控制中的作用日渐凸显。有效的管理控制系统建构在信息控制的基础之上，信息技术控制的方法主要有：

1. 企业资源计划控制法

企业资源计划系统（ERP）是一种由兼容的公司各部门软件模块（如销售、会计、财务、仓储、生产和人力资源）组成的一体化计算机系统，为企业提供了关于生产、订单处理和库存管理等核心业务流程的实时视图。如 ERP 支持的生产流程有物料需求计划、生产计划和能力计划；支持的销售和营销流程有销售分析、销售计划和定价分析；支持的典型分销应用有订单管理、采购计划和物流计划。ERP 还可以支持很多关键的人力资源流程，如员工需求计划、工资和奖金管理；还可以完成大部分的财务记录维护及管理会计应用。ERP 主要是针对物资资源管理（物流）、人力资源管理（人流）、财务资源管理（财流）、信息资源管理（信息流）集成一体化的企业管理软件。

ERP 能够提高企业运营的质量和效率，降低成本，给予管理层以决策支持并增强企业的活力。ERP 的优点：一是创建了一个集成和改进企业内部业务流程的框架，显著提高了生产、分销及客户服务的质量和效率；二是降低了企业的事务处理成本，节省了硬件、软件和 IT 支持人员方面的开销；三是可以快速向管理人员提供关于企业运营的跨部门信息，显著提高了管理者的决策能力；四是打破了业务流程、信息系统和信息资源中传统的部门和职能壁垒，使企业的组织结构、管理层的反应能力和员工的工作角色变得更加灵活。但同时，企业管理人员和 IT 专家常常低估了系统规划、开发和培训的复杂度，以及将系统转换工作做得太多、太空等，常常使 ERP 项目运行失败。

美国著名管理咨询公司 Gartner Group 于 20 世纪 90 年代初提出企业资源计划控制法时，企业资源计划控制法只是被定义为一种应用软件，但随着其迅速得到商业和业界的普遍认可，现在已经发展成为现代企业管理理论之一。如今，世界 500 强企业中大约有 80% 的企业都在使用 ERP 软件，把它当作决策和日常管理的工具，这从侧面显示出了 ERP 的强大功能。①

2. 作业成本法

作业成本法是一种将所有的成本分配到对应产品或服务上的系统，在计算每种产品或服务的实际成本时，该系统自动将所有产品或服务所需的成本（包括生产成本、营销成本、分销成本、销售成本和其他后续活动所需成本）考虑在内的方法。用传统的方法虽然也可以得到相同的成本总额，但作业成本法是根据业务活动的过程来配比成本的，它更直观准确地表现了成本在产品和服务中的分布；同时还指出了哪些是浪费性活动，或哪些活动发生的费用对于该活动能为客户提供的利益来说过高。通过采用作业成本法，管理者可以获取所有部门的详细信息，并监督管理者控制活动的成本。

3. 电子化控制法

电子化控制法是基于网络数据信息的获取、处理及反馈的控制方法，是现代的一种有效的信息技术控制方法。具体包括：

（1）无线辅助控制法

无线辅助控制法是采用无线工具传输数据，处理信息进而进行控制的手段。联合包裹服务公司是世界上规模最大的包裹运输公司，每年在美国和世界其他 185 个国家和地区运

---

① http://wenku.baidu.com/view/f590c23de009581b6ad9ebaa.html?from=search，有删改。

送的包裹和文件多达 30 亿份，公司成功的关键在于对信息技术控制的巨大投入。该公司为每一位司机配备了被称为信息获取装置的笔记本电脑，这一装置能够在收取、发送客户包裹时获取客户的签名和记录卡片的信息。然后，装置将通过蜂窝移动电话网络自动将这一信息发送到公司总部。通过自动包裹追踪系统的全方位追踪，联合包裹服务公司能够在运送的全过程控制包裹的流向。这一系统不仅使客户和联合包裹服务公司可以追踪每件包裹的运输过程，而且也使公司赢得了客户的信任，进而赢得了市场。

（2）电子化绩效监督法

电子化绩效监督法是运用电子手段自动监控员工工作绩效的手段。该绩效监督手段不仅可以用来监督下属的工作绩效，也可以用来监督管理者的工作绩效。7-Eleven 便利店日本总部运用电子化监督手段，即通过销售点的计算机终端来监督各店面经理的所有经营活动。在新系统的帮助下，总部得以顺利利用安装在收银机上的计算机化分析工具追踪产品销售所需的时间以及监控店面经理在处理滞销产品方面的工作绩效，通过店面经理使用计算机的频率，总部就可以评估各便利店的工作绩效。

四、综合控制

企业实施控制的方法，除财务控制方法、员工行为控制方法和信息技术控制方法外，常用的综合控制方法包括：

1. 资料设计法

资料设计法是通过设计一个专门的系统或程序，向相关管理人员提供必要的信息，提高信息的获取效率，从而实现控制的一种方法。企业相关的信息系统通过搜集与运营相关的最新统计资料，形成更为及时的统计报告，并迅速反馈给管理层，以帮助其决策。缺乏必要的信息就无法进行控制，但信息太多又不加以处理和选择，就会产生信息消化不良症，导致管理者淹没在浩如烟海的资料报表中。一个管理者只需要那些与本职工作有关联的信息，为此要对各类管理者所需的信息加以规划和设计，具体包括各类管理者需要什么资料、相关资料应当如何搜集以及如何汇总处理等。

德国的阿尔泰克公司在 36 个国家设立了办事处，因而急需一种能够在全世界范围内快速获知订单状况和财务状况信息的方法。若采用传统的手工操作绘制电子表格，然后审计员将电子表格发送给总部，总部的相关人员再将其编辑成一个整体的数据电子表格，这一过程将花费 45 天的时间。而以网络为基础的软件系统不仅能够自动收集公司各办事处标准财务模块的财务信息，还可以将信息反馈给总部，管理者可以在 15 天以内就拿到综合财务报表。快速的反馈也就意味着高层管理人员可以实施更加紧密的全球运营控制。

2. 审计法

审计是由国家授权或接受委托的专职机构和人员，依照国家法规、审计准则和会计理论，运用专门的方法，对被审计单位的财政、财务收支、经营管理活动及相关资料的真实性、正确性、合规性、效益性进行审查和监督，评价经济责任，鉴证经济业务用以维护财经法纪、改善经营管理和提高经济效益的一项独立性的经济监督活动,也是常用的一种控制方法。财务审计和管理审计是审计控制的主要内容。审计的一般程序如图 8-3 所示。

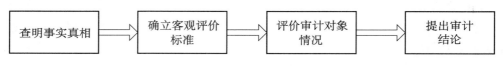

图 8-3　审计的一般程序

审计具体包括:

(1) 财务审计

财务审计是以财务活动为中心,以检查核实账目、凭证、财物、债务以及结算关系等客观事物为手段,以判断财务报表中所列出的综合会计事项是否正确无误、报表本身是否可以信赖为目的的控制方法。财务审计的主要方法有:

第一,审计检查法。它指在审计项目实施过程中所采用的各种检验、查证方法。按检查对象的不同,又分为资料检查法和实物检查法。资料检查法亦称查账法,它是对会计凭证、账簿、报表以及其他有关资料进行检查的一种方法。实物检查法是对收集书面以外的信息及其载体,证实书面资料及其反应的经济活动的真实性、合法性进行检查的一种方法。

第二,审计调查法。它指审计人员通过调查,对被审计单位的会计资料和有关事实进行查证的一种方法。运用此方法,可以针对一些重大问题,采用多种多样的具体方法,透过经济现象,发现带有倾向性的问题,有针对性地提出建议和措施,为各级管理者进行决策提供依据。其具体方法包括:审计查询法、观察法和专题调查法。

第三,审计分析法。它指审计人员利用各种分析技术对审计对象进行比较、分析和评价的一种方法。该方法主要用来查找可疑事项的线索,验证和评价各种经济资料所反映的经济活动的真实性、合法性和效益性。常用的审计分析方法包括:账户分析法、账龄分析法、逻辑推理分析法、经济活动分析法、经济技术分析法和数学分析法等。

第四,审计抽样法。亦称抽查或试查法,它是先从被查总体中抽取一部分资料作为样本进行审查,然后根据审查结果来推断被查总体的正确性和合法性的一种方法。常用的抽样审计方法包括:任意抽样审计法、判断抽样审计法和统计抽样审计法。审计抽样法审查重点明确,如果选对目标,则省时省力,具有事半功倍的效果;如果目标和对象选择不当或缺乏代表性,则通常不能发现问题甚至会前功尽弃。审计抽样法在实际中往往和其他审计方法搭配使用。

(2) 管理审计

管理审计是检查一个企业或部门管理工作的好坏,评价人力、物力和财力的组织及利用的有效性的控制方法。管理审计的内容包括:组织结构的合理性、客户的满意度、研究与开发的周期、生产效率、销售能力及员工学习成长性等。管理审计的目标不是评价个别主管人员的工作质量和管理水平,而是从系统的观点出发去评价一个组织整个管理系统的管理质量,其目的是通过改进管理工作来提高经济效益。

《格言联璧》:"置其身于是非之外,而后可以折是非之中;置其身于厉害之外,而后可以观利害之变。"

意思是以旁观者的立场置身于是非之外，才能客观评断是非；以旁观者的立场置身于利害之外，才能看清利害的变化。

3. 平衡计分卡

20世纪90年代，哈佛商学院的罗伯特·卡普兰（Robert Kaplna）和诺朗诺顿研究所所长戴维·诺顿（David Norton）在总结12家大型企业业绩评价体系成功经验的基础上提出了平衡计分卡。平衡计分卡的特点是用财务指标与非财务指标相结合的方式评价企业绩效，主要通过测量企业的财务、客户、内部流程、学习与成长这四个维度，向企业各层次的人员传达公司的战略以及每一步骤中各自的使命，以建立一个有效执行企业战略的目标管理体系（如图8-4所示）。

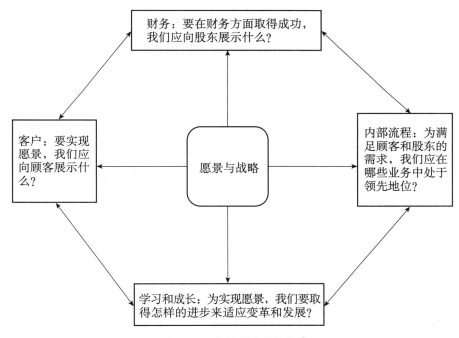

图 8-4 平衡计分卡的框架[1]

作为一种企业绩效评价系统，平衡计分卡从四个维度来衡量企业绩效：

(1) 财务层面

财务层面的目标是解决"要在财务方面取得成功，我们应向股东展示什么"这一类问题。由于企业经营的直接目标是为股东创造价值，平衡计分卡保留了财务方面的内容。财务指标可以概括地反映可计量的经济成果和公司的战略实现情况，典型的财务业绩指标包括营业利润、投资报酬率、经济增加值及现金流量等。

(2) 客户层面

客户层面的目标是解决"要实现愿景，我们应向顾客展现什么"这一类问题。在平衡

---

[1] 宋蔚蔚，《内部控制理论与实务》，清华大学出版社、北京交通大学出版社，2010年。

计分卡的客户层面，管理者要确定经营单位将要面对的竞争性客户和市场份额，并计量经营单位在这个目标范围内的业绩情况。在客户至上的年代，如何向客户提供所需的产品和服务，从而满足客户需要，提高企业竞争力，已成为企业能否持续发展的关键。典型的客户层面的核心业绩指标包括客户满意度、客户保持程度、新客户的获得、客户可获利能力及市场份额等。

（3）内部流程层面

内部流程层面的目标是解决"为满足顾客和股东的需求，我们应在哪些业务中处于领先地位"这一类问题。在内部流程层面，为吸引和留住目标市场的客户，满足股东对财务回报的要求，管理者需要关注影响客户满意度和财务目标实现的内部流程。典型的内部流程层面指标包括生产率、生产周期、成本、合格品率及出勤率等。

（4）学习和成长层面

学习和成长层面的目标是解决"为实现愿景，我们要取得怎样的进步来适应变革和发展"这一类问题。平衡计分卡的学习和成长层面，确立了企业必须建立长期的成长和进步的基础结构。企业的成长与员工和企业能力素质的提高息息相关。从长远的角度来看，企业唯有不断地学习与成长，才能实现长远的发展。典型的学习和成长层面指标包括开发新产品所需的时间、产品成熟过程所需的时间和新产品上市的时间等。

平衡计分卡被《哈佛商业评论》评为"过去80年来最具影响力的十大管理理念"第二名，被广泛地运用到了各行各业。其作为控制方法具有以下优点：一是平衡计分卡将企业的战略目标置于核心位置，成功使用平衡计分卡，能够统一各经营层面的战略目标，从而有利于企业成为一个统一的整体；二是平衡计分卡能够促进企业上下的交流和学习，并将各部门与个人的目标联系起来；三是平衡计分卡有助于短期目标和长期目标的协调统一，除传统的财务指标外，平衡计分卡还着重于开发创新能力、开拓新市场等未来发展指标，有助于企业合理分配资源，促进企业长远目标的实现。但平衡计分卡在实施的过程中，对企业基础管理条件的要求比较高，非财务指标量化比较困难，且实施成本也比较高。

案例

格力传奇"控制"[①]

格力，中国空调第一品牌，中国家电制造业的"领头羊"，世界空调冠军LG最有资格的挑战者。在格力发展过程中，控制起到了监督执行和提高效率的重要作用，而这正是其成功的关键。

在企业内部，格力电器实施"以人为本"的人力资源管理体系，建立了一套绩效评价机制。公司重视培训和绩效管理，成立了培训部以集中加强公司人员培训组织和验收，提高培训成效；同时人力部不断细化绩效考核工作，按期组织月度考核和年度考核。公司也通过制定和实施"能者上、庸者下"的干部竞聘机制及员工薪酬、考核、晋

---

① 基于其网站（http://www.gree.com.cn/）上多篇报道整理而来。

升与奖惩和关键岗位员工定期岗位轮换等制度，有效控制员工行为。此外，格力电器还建立了内部审计制度，设立了独立审计部，审计部在格力电器董事会审计委员会的领导下，依照国家相关法规政策和格力电器内部控制制度要求，独立开展审计工作。

格力电器CFO望靖东表示，"格力的财务管理模式主要是基于'三个中心'：以财务报表为中心、以财务管理为中心和以资金管理为中心，主要是通过成本分析、管理分析和投资分析来细化财务核算。这些都是通过企业资源计划系统（ERP）来进行核算和管理的，我认为，信息化的目的在于管控、效率和准确，为的是能够实时了解公司情况，然后财务部门再在ERP平台上衍生出来众多专业工具来做价格体系。"

正如他所说，格力电器建立并实施了《珠海格力集团有限公司全面预算管理办法》等系列规章制度，根据需要对成员企业委派财务总监，按照"上下结合、分级编制、逐级汇总"的原则实行全面预算管理，重点对销售预算、资金预算的执行情况进行监控，对实际经营中的财务比率指标和预算情况进行专项对比分析，及时制止格力电器不符合预算目标的经济行为，并要求相关部门落实改善措施。其财务公司将信贷管理系统与格力集团供应链管理系统、企业资源计划管理系统实施对接。在选取ERP系统时，格力电器通过调研、咨询专家等方法，经过流程优化、需求分析、软件演示、综合考评，最终选择了BaaN ERP软件。

格力电器在生产线上采用了条形码自动化管理技术，可同时生产和测试不同机型。计算机根据条形码自动设定控制参数和合格判定参数，测试数据自动记录，对不合格项进行实时报告并打印出不合格标签（注明具体不合格参数及机身编码）。此类电子自动监控手段不仅大大提高了功效，而且有效地消除了人工主观判断失误的风险，使产品质量更有保障。

此外，格力电器还采用了平衡计分卡，财务指标上通过控制格力的生产成本和管理成本，提高公司的利润；客户层面上注重电器购买者的要求与反馈，不断提高用户的满意度；内部流程层面上关注产品质量，以保证格力在家电产业的领导地位，争取更多的市场份额；学习与发展层面上提高员工满意度，为员工提供技术培训，留住公司的核心员工。

思考题：
(1) 格力电器运用了哪些控制方法？
(2) 格力电器的管理控制都有哪些作用？

第九章
激励

人是蕴含无限潜力的动物，但据威廉·詹姆斯的研究发现，在缺乏激励的环境中，人的潜力只能发挥20%—30%，若受到充分激励，可发挥至80%—90%。员工尚未发挥的积极性和潜力，像被埋在地下的宝藏，需要管理者努力挖掘。对员工有效激励，增强员工的内驱力，似管理者手中的一把锋利铁锹，若善加利用便可挖出宝藏，给组织带来收获颇丰的财富。

第一节 激励概述

激励是激发和鼓励人朝着期望的目标采取行动的过程，它是整个管理活动中至关重要的一项内容。管理的核心在于人，组织的生命力来自组织中每个成员的热忱，如何激发和鼓励员工的创造性和积极性，是管理者必须解决的问题。

一、激励的过程

哈罗德·孔茨曾说过："激励是应用于动力、愿望、需要、祝愿以及类似力量的整个类别。我们可以把激励看成是一系列的连锁反应：从感觉的需要出发，由此引起要求或要追求的目标，这便会出现一种紧张感，引起为实现目标的行为，最后实现目标。"图 9-1 是一个简单描述激励过程的模型，其具体包括：

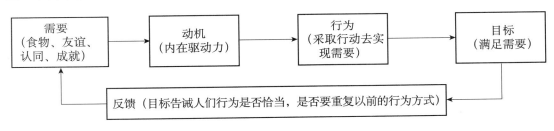

图 9-1　简单的激励过程模型

1. 需要

需要即个体生存和发展必须具备的内在因素或是外在条件得不到满足时，大脑神经中枢感知的生理失衡或心理紧张的状态。当需要未被满足时就会产生紧张感，进而激发个体内的驱动力，这种驱动力将导致寻求特定目标的行为。如物质生活条件缺乏就会导致人因生存环境的"紧张"而痛苦，从而产生"挣钱"改善物质条件获得幸福生活的"需要"。未满足的需要，是激励的起点和基础，是人们积极性的源泉和实质。

2. 动机

动机即推动人从事某种行为的心理要素，是维持行为的内在驱动力，且是激励的核心要素。动机和需要紧密相关，动机以需要为基础，有动机必有需要，有时会很难区分何者为需要，何者为动机。动机实质上是由需要驱使、刺激强化和目标诱导各种因素相互作用的一种合力。它具有三个特征：一是动机与实践活动密切相关，人的一切活动、行为都是由某种动机支配的；二是动机不仅能激起行为，还可推动行为朝着特定的方向和预期目标行进；三是动机是一种内在的心理倾向，难以看见其变化过程，通常只能从动机表现出来的行为来逆向分析动机本身的内涵和特征。从个体的基本行为模式来看，激励实质上就是动机的激发过程。

3. 行为

行为即个体采取有利于组织目标实现的行为，是激励的途径。当人们因缺乏所需事物而出现心理和生理紧张时就产生了需要，且可能产生满足需要的动机，进而就出现了基于该动机的行为。如一个员工有升职动机，他就会产生提前完成工作、主动加班、利用业余时间进修等一系列行为。

4. 目标

目标即期望达成的成就和结果，且是行为的导向。人们采取的一切行为总是指向特定的目标。目标在行为过程中具有双重意义：一方面，目标表现为行为的结果，目标达成，需要得到满足，行为即结束；另一方面，目标又表现为行为的诱因，构成目标的是满足需要的各种对象性事物，如职位、金钱和荣誉等，它们在行为过程中推动着动机的产生，引导和调节着行为的方式和方向，从而成为诱导行为的主要因素。在管理实践中，利用目标对行为的诱导作用，通过合理选择和设定目标，可以有效激励和改善员工行为。

当人们的某种需要未能得到满足时，就会产生一种紧张不安的心理状态，而在遇到能够满足这种需要的目标时，这种紧张不安的心理就会转化为动机，从而推动人们的行为，达成预定目标。随后，又会产生新的需要，引起新的动机和行为。因此，由于实际工作的连续性，激励同时是一种持续的周期性过程。

爱因斯坦曾说过："在一个崇高目标的支持下不停地工作，即使慢，也一定会获得成功。"目标确立之后无论是管理者还是员工将会朝着既定的方向奋斗，在行为和动机的变化中持续激励。

二、激励的作用

俗话说："水不激不跃，人不激不奋。"科学的激励制度可营造出良性的竞争氛围，同时可提高企业的效率，因此现代企业管理者逐渐认识到了激励的作用，主要表现在以下几个方面：

1. 鼓舞员工士气

鼓舞员工士气就是利用科学的激励机制，能够营造出一种合理竞争的良性氛围，形成良好的竞争机制。正如著名的管理学家道格拉斯·麦格雷戈所说的："个人与个人的竞争，才是激励的主要源泉之一。"科学的激励机制包含着一种竞争精神，组织成员可感受到良性的竞争压力，从而让组织更为活跃，形成压力—动力的良性循环。

2. 提高员工素质

人的素质由先天因素和后天培养两方面构成，其中，后天的学习和实践起主要作用。通过有针对性的学习和实践，人的素质会不断提高，虽然学习和实践的动因有很多，但激励是最有效的一种。激励能够激发动机、鼓励行为、形成动力,激励的过程实际上就是人的需求满足的过程。员工为了满足需求、实现目标,会努力学习和实践,从而个人素质不断地提高。对努力学习、勇于实践、业绩突出的员工给予奖励;对不思进取、安于现状、业绩平平的员工给予惩戒,无疑有利于树立榜样和净化风气,提高全体员工的知识素质和能力素质,发挥惩一儆百的作用。

在职场修炼小说《杜拉拉升职记》中,杜拉拉是一名职场中人,当她还是行政主管,在行政经理生病、自己编制未满时,代理了行政经理职责半年之余。在这期间,她出色地完成了公司上海办管理装修项目以及广州办管理装修项目,受到公司总裁何好德连连称赞。考虑到优秀员工的贡献,为避免优秀员工流失,公司经商讨后决定将杜拉拉升值为行政经理,并加薪40%。杜拉拉在升职加薪后越发充满动力,虽然紧接着面临公司给予的压力较大的扩招任务,但她不惧压力,积极面对,不断完善专业技能,并勤于向前辈们请教。[①]

3. 加强组织的凝聚力

为保证组织的正常协调运转和既定目标的实现,除用严密的组织结构和严格的规章制度加以规范外,还需要用恰当的激励方法。这些方法有助于满足员工尊重、社交和成就感等多方面需要,鼓舞员工士气,协调人际关系,增强组织向心力和凝聚力,使员工努力方向和组织目标趋于一致,从而促进组织发展。

4. 提高组织绩效

彼得·德鲁克认为,每个组织都需要三个方面的绩效:直接成果、价值的实现和未来的人力发展。通过设置公平合理的激励制度,能够开发员工的潜能,促进在职员工充分发挥其才能和智慧,最大限度地调动员工的革新精神和创造力。同时,有效的激励制度不仅可以充分调动组织内部现有的人力资源,还有助于吸引组织外部人才流向组织内部,有助于组织未来的人力发展。

> **案例**
>
> **华为公司激励机制**
>
> 1990年,华为第一次提出了内部融资、员工持股概念;2001年年底,华为迎来了发展史上的第一个冬天,此时开始实行名为"虚拟受限股"的期权改革;2003年,华为尚未挺过泡沫经济又遭受SRAS重创,内部便以运动形式号召公司中层以上员工自愿提交"降薪申请",同时进一步实施管理层收购,稳住员工队伍,共同渡过难关;2008年,由美国次贷危机引发的全球经济危机给世界经济发展造成了重大损失,华为又推出了新一轮股权激励措施。

---

① 李可,《杜拉拉升职记》,陕西师范大学出版社,2008年。

只有被认定为"奋斗者"的员工，才能够参与配股。华为一直都强调自己是100%由员工持有的民营企业。在华为工作到达一定职级后，针对工作优秀、业绩突出的员工，可购买和职级对应的股票数量并参与年终分红，股票收益达到了20%以上。职级提高，对应的股票数量将会提高，相应的收益将会得到增长。对于华为人而言，这不乏是一种很好的投资。同时，可以在公司里慢慢激励其他员工向优秀员工看齐，营造一种良好的工作氛围，提高公司整体的素质。大多数员工获得收益后会购买更多的股票，以便获得更多的收益，这样便在无形中留住了大量员工。

同时，为了解决一个人是否能够同时成为技术和管理领域的专业人才这一问题，华为设计了任职资格双向晋升通道。考虑到员工个人的发展偏好，给予了员工更多选择的机会，同时将技术职能和管理职能平等考虑，以帮助员工成长。除任职资格双向晋升通道外，华为对新进员工都会配备一位导师，在工作上和生活上给予关心和指导。当员工成为管理骨干时，还将配备一位经验丰富的导师给予指导，来开发员工潜能，希望能够最大限度地调动员工工作的积极性。华为完善的职业发展通道和为员工量身打造的导师制度能够有效地帮助员工成长，继而减少优秀员工的离职率，有助于提高公司整体绩效。

华为刚开始的股权激励是偏向于核心中高层技术和管理人员的，而随着公司规模的扩大，华为有意识地稀释了大股东股权，扩大了员工持股范围和持股比例，增强了员工的责任感。同时，华为每年都将销售收入的10%投入到科研中。在资源分配上，华为认为，管理的任务则是让最优秀的人才拥有充分的职权和必要的资源去实现分派任务，以促进员工高效率工作。

思考题：
（1）结合案例，描述华为公司的激励过程。
（2）根据案例分析华为公司采取的激励方式给员工带来了哪些效果？

第二节　个体行为基础

组织有何种行为取决于组织员工有何种行为，管理员工行为是提升组织绩效的基础。作为管理者，为了管理员工行为，需要解释、预测和影响员工行为。即解释员工产生的行为，预测员工将会对他采取的措施作出何种反应，并影响员工行为。[1]

一、态度

态度指个体对物体、人物和事件的评价性描述，它反映了个体对某一对象的内心感

---

[1] 斯蒂芬·P.罗宾斯等著，孙健敏等译，《管理学》（第九版），中国人民大学出版社，2008年，第372页。

受,如"我十分热爱我的工作"。态度由三种成分构成:一是认知成分,指人对事物的看法、评价以及带评价意义的叙述,如"我的老板很有魄力";二是情感成分,指人对事物的好恶带有感情色彩和情绪特征部分,如"我很钦佩我的老板";三是行为成分,指人对事物的行为准备状态和行为反映倾向,如"我愿意与我的老板一起讨论事情"。

1. 态度与行为的关系

具体而言,态度与行为的关系表现在以下几个方面:一是态度影响认知与判断。以正确的价值观为基础的科学态度会对人的社会认知、判断产生积极影响,而消极的态度会干扰、妨碍认知与判断的准确性,使人产生偏见。二是态度影响忍耐力,忍耐力是指人对挫折的耐受和适应能力,对团队有认同感、抱有忠诚态度的员工,当团队遭遇挫折时,能够与团队休戚与共、风雨同舟,表现出较强的忍耐力;反之,就会产生抱怨甚至是辞职等行为。三是态度会影响行为的效果。一个人热爱自己的工作,以稳定和积极的态度对待工作,就会在态度持续时间内努力提高工作绩效。

2. 态度与工作的关系

毫无疑问,管理者并不关心员工的所有态度,他主要关心员工的工作态度。工作态度作为工作的内在心理动力,是人们对工作各个方面的心理倾向,它影响着员工对工作的知觉与判断,直接关系到工作绩效的高低。与工作有关的态度主要包括工作满意度、工作参与度以及组织承诺。

工作满意度指组织成员对自己工作的一般态度,当人们讨论员工的态度时,多指工作满意度;工作参与度指一个人从心理上对工作的认可程度以及他的绩效水平对自我价值实现的重要程度;组织承诺指员工对特定组织和目标的认同,并且希望保持组织成员的一种心态。在组织中,工作态度至关重要,它直接影响到个体的工作行为。以工作满意度为例,具有较高工作满意度与参与度的员工,其离职率和缺勤率都较低,这一关系可以改善组织的运行状况,有效提高组织效率。因此管理者应该把更多的注意力放在那些有助于形成高工作满意度、高工作参与度和高组织承诺的因素上,如具有挑战性的工作、公正的奖赏以及支持性的工作条件等。

罗曼·罗兰曾说过:"对工作严肃的态度,高度的正直,形成了自由和秩序之间的平衡。"员工工作的态度将直接影响企业绩效,管理者要善于从增加员工工作态度的积极性中提高企业绩效。

二、人格

人格指个体与社会环境相互作用表现出的一种独特的行为模式、思想模式和情绪反应的总和,且是一个人区别于他人的、稳定而统一的心理品质。当使用安静、被动、热烈、进取来描述一个人时,实际上是按照人格特质对其进行分类。成熟的人格不仅受先天的遗传和环境两方面的影响,且同时受个体所处的具体情景条件的调节。

1. 人格的特征

正如"这个世界上没有两片相同的叶子"一样，每个人都是一个独特的个体，表现出不同的人格。人格有四个特征：一是独特性。不同的遗传和社会环境形成了各自独特的心理，所谓"人心不同，各有其面"，就是人格的独特性。二是稳定性。俗话说"江山易改，禀性难移"，这里的"禀性"就是指人格，当然强调人格的稳定性并不意味着它是一成不变的，随着生理的成熟和环境的变化，人格有可能产生或多或少的变化，这是人格可塑性的一面，正是由于人格具有可塑性，才能够培养和发展人格。三是统合性。人格是由多种成分构成的一个有机整体，具有内在统一的一致性，受自我意识的调控，人格统合性是心理健康的重要指标，当一个人的人格结构在各方面彼此和谐统一时，他的人格就是健康的；否则，可能会出现适应困难，甚至出现人格分裂。四是功能性。人格决定了一个人的生活方式，甚至决定了一个人的命运，因而其是人生成败的根源之一。当面对挫折与失败时，坚强者能发愤拼搏，懦弱者会一蹶不振，这就是人格功能的表现。

2. 霍兰德的人格—工作适应性理论

美国心理学教授约翰·霍兰德提出了人格—工作适应性理论。该理论认为，个体的人格特点与他的职业环境之间需要进行匹配，同时员工对工作的满意度和流动意向取决于个体的人格特点与职业环境的匹配程度。表9-1列举出了六种人格类型，并说明了他们的人格特点以及与之匹配的职业范例。

表 9-1 霍兰德的人格类型及特点与相应的职业范例[①]

类型	人格特点	职业范例
现实型：偏好技能、力量和协调性的体力活动	害羞、真诚、持久、稳定、顺从、实际	机械师、钻井工人、装配线工人、农场主
研究型：偏好需要思考、组织和理解的活动	分析、创造、好奇、独立	生物学家、经济学家、数学家、新闻记者
社会型：偏好能够帮助和提高他人的活动	社会、友好、合作、理解	社会工作者、教师、议员、临床心理学家
传统型：偏好规范、有序和清楚明确的活动	顺从、高效、实际、缺乏想象力、缺乏灵活性	会计、业务经理、银行出纳员、档案管理员
企业型：偏好能够影响他人和获得权利的言语活动	自信、进取、精力充沛、盛气凌人	法官、房地产经纪人、公共关系专家、小企业主
艺术型：偏好需要创造性表达的、模糊的和无规则可循的活动	富有想象力、无序、杂乱、理想、情绪化、不实际	画家、音乐家、作家、室内装潢设计师

对人格的研究，不仅要关注个体与工作的匹配，还要关注个体与组织的匹配。组织面对的是动态而变化的环境，它要求员工随时做好准备改变既定的工作任务，适应不同的工作团队。相比于员工的人格特点与具体工作的适应性来说，员工的人格特点与工作组织的

---

① 史蒂芬·P. 罗宾斯著，孙健敏、李原译，《组织行为学》（第10版），中国人民大学出版社，2005年，第113页。

匹配更为重要，对绩效的影响更大。

巴菲特小时候是一个内向而敏感的孩子，无论是读书成绩还是在生活中的表现，他都与一般孩子毫无区别。许多人都嘲笑他行动、思维缓慢，但他却将这一弱点转化为了自己最大的优点——耐心；同时，他还发现自己对数字有天生的敏感，并对其充满了兴趣。在27岁之前，巴菲特尝试了很多工作，但最终他结合自己的优点——耐心、对数字敏感，将自己的职业设定成为一名投资家。在明确的职业规划引导下，巴菲特拒绝了许多外来的诱惑并承受住许多压力，坚定不移地按着自己的职业发展道路前进，最终做出了一番惊人的成就。

三、知觉

知觉指个体对所在环境赋予意义并解释感觉印象的过程。在组织中，由于知觉的主体和客体都是人，所以知觉具有强烈的主观能动性。面对同一事物，产生的认知会截然不同，因而知觉十分复杂。双方的关系、相对地位、社会经验等，皆有可能成为重要的影响因素，但人们只需获取有效的信息，因而常常会产生知觉的偏差和错觉。以下是一些常见的知觉偏差效应：

1. 归因理论

归因理论是美国心理学家海德于1958年首次提出的，该理论认为，人们在观察个体行为时，总是试图判断其行为是由内部原因还是外部原因造成的。如A领导认为X员工迟到的原因是懒惰；而B领导认为X员工迟到的原因是堵车。显然，内外原因差异导致领导对该员工的认识存在差异。对内外原因的判断取决于以下三个因素：一是区别性，即个体在不同情景下是否表现出不同行为，如X员工无论刮风下雨但从未迟到过，则这次迟到可能是外因；二是一致性，即每个人面对相同情景时有相似的反应，如所有和X同行的员工都出现迟到的状况，则领导者会将这次迟到归结为外因；三是一贯性，即考察者需要观察一个人活动的一贯性，如X员工一般不会迟到，这次迟到可能是外因。当判断他人的行为时，一般会低估他人行为的外部因素，而高估行为的内部因素。

2. 晕轮效应

晕轮效应由美国心理学家爱德华·桑戴克首次提出，指根据个体的某一行为特征而形成对他的整体印象。人们在观察他人时，会突出对这个人的某个方面、品质或特征的知觉，从而影响对这个人其他特征的知觉，易造成以点概面和以偏概全的后果。

俄国大文豪普希金狂热地爱上了被称为"莫斯科第一美人"的娜坦丽，并且和她结了婚。娜坦丽容貌惊人，但与普希金志不同道不合。当普希金每次把写好的诗读给她听时，她总是捂着耳朵说："不要听！不要听！"相反，她总是要普希金陪她游乐，出席一些豪华的晚会、舞会，普希金为此丢下创作，弄得债台高筑，最后还为她决斗而死，一颗文学巨星就此陨落。在普希金看来，一个漂亮的女人必然有非凡的智慧和高贵的品格，然而事实并非如此，这种现象被称为晕轮效应。在人际交往中，由于晕轮效应，人身上表现出的某一方面的特征掩盖了其他特征，从而造成了人际认知的障碍。在组织中，管理者应尽量避免晕轮效应，在评价员工绩效水平时，尽量做到客观、公平和公正。

3. 像我效应

像我效应指假设他人和自身相似，以自身行为来推断他人行为的过程。如 A 员工喜欢有挑战性的工作，同样 A 员工认为其他人也不喜欢。如果二者的确相似，这种知觉将会是准确的；但如果二者差异很大，知觉与实际显然就会产生较大差距，甚至会产生"以小人之心，度君子之腹""门缝里看人"的现象。

4. 刻板印象

刻板印象指根据对个体所在群体的整体知觉判断某个体的行为，它是基于人们在某一社会群体中的身份，把某些特征赋予他们的过程。不同群体具有某些相似性和共同点，容易导致人们对群体中的个体形成一套固定的概括化、类型化的看法，如当大众认为德国人办事高效、意大利人多情浪漫和法国人厨艺精湛时，便是在按国籍刻板印象。

在组织中，人们常常利用知觉来相互判断，从而来影响自己的工作行为。在招聘面试中，面试官会因知觉因素的不同，影响到聘用决策，并最终影响到整个组织的劳动力质量。在绩效评估中，虽然很多绩效指标如销售额可以客观衡量，但是主观评估更多地受评估者对被评估者的知觉印象影响，从而影响晋升、加薪和持续聘用等。除此之外，知觉还会影响员工个人的绩效期望和努力程度等。

《三国演义》中曾与诸葛亮齐名的庞统去拜见孙权，"权见其人浓眉掀鼻，黑面短髯、形容古怪，心中不喜"；庞统又见刘备，"玄德见统貌陋，心中不悦"。孙权和刘备都认为，庞统这样面貌丑陋之人不会有什么才能，因而产生不悦情绪，这实际上是刻板印象的负面影响在发生作用。

四、学习

学习指在观察和经验的作用下，行为相对持久的改变。学习具有以下特征：一是学习包含变化，这种变化可能有利，也可能不利；二是这种变化是持久的，暂时变化是反射的结果，而不是学习的结果；三是关注的是个体行为发生的变化，只有行为发生了变化，学习才会发生；四是学习必须包含某种类型的经验，这种经验既可以通过直接方式如观察等得到，也可以通过间接方式如阅读等得到。

1. 经典条件反射理论

20 世纪初，生理学家伊凡·巴甫洛夫开展了动物实验，提出了经典条件反射理论这一从学习到行为改变的过程。他通过向狗提供铃声刺激并给予食物，记录到了狗的唾液分泌反应，当铃声与食物反复配对呈现多次以后，仅通过铃声而无食物提供，狗仍然会做出唾液分泌反应，这就是条件反射的建立。经典条件反射揭示了有机体如何认识配对的刺激与事件之间的关系，且可能以类似的形式出现在人类身上。它可以帮助理解生活中的许多学习行为，如望梅止渴、杯弓蛇影等，这种学习反应一般不受人类意识的控制。

2. 操作性条件反射理论

美国新行为主义心理学创始人伯尔赫斯·弗雷德里克·斯金纳提出了操作性条件反射理论。该理论认为，行为是结果的函数，如果一个人做出了组织希望的行为，那么组织就会与此相联系提供强化这种行为的因素；如果做出了组织不希望的行为，那么组织就应该给予惩罚，据此让组织成员学习组织希望的行为，并促使组织成员矫正不符合组织要求的行为。与条件反射行为不同，操作性条件反射理论指主动或习得的行为，这些行为结果是否被强化，会影响到这一行为的重复倾向。如老师指出如果想获得高分就必须正确回答出试题，售楼员要想获得高薪就必须不断增加自己的销售额等。

3. 社会学习理论

社会学习理论是由美国心理学家阿尔伯特·班杜拉于1952年提出的，他着眼于观察学习和自我调节在引发个体行为中的作用，着重阐述了人是怎样在社会环境中学习的。榜样的影响是社会学习理论的核心，人们通过观察他人的行为或行为的结果来采取相应的行动。观察学习的过程由四个阶段构成。一是注意过程。它是观察学习的起始环节，榜样本身的特征、观察者的认知特征以及观察者与榜样之间的相似性等诸多因素影响着学习效果。二是保持阶段。榜样不会时刻出现在身边，因此个体对榜样的记忆程度就影响着其学习程度。三是行为复制阶段。即再现以前观察到的示范行为。四是强化过程。即观察学习者能否经常表现出示范行为要受到行为结果的影响。如员工想学习如何做演示报告，他可能会观察善于做演示报告的上司，并模仿其方式，而不是自己尝试做不同的演示报告。

在组织中，除观察他人行为结果能够有所学之外，近来更多研究发现以下条件同时有益于帮助员工学习。一是员工需了解学习的理由。当人们知道了为什么要学习以及学习的重要性后就会更加有动力，如为了成功培训员工的安全行为，必须首先让他们了解违反安全行为规定的后果。二是员工学习需结合自身体验。员工将学习的新知识和过去的体验相联系，不仅能使自己在学习中积极主动，还能反思自己的学习经历，学习效果最佳。三是员工需践行所学知识。践行意味着不断重复学习目标中陈述的行为，并能让员工更快地学以致用。四是学习需要反馈。通过提供给员工需学习的内容及其存在的差距，可促进员工进一步学习。

君子曰："学不可以已。青，取之于蓝，而青于蓝；冰，水为之，而寒于水。木直中绳，輮以为轮，其曲中规，虽有槁暴，不复挺者，輮使之然也。故木受绳则直，金就砺则利。君子博学而日参省乎己，则知明而行无过矣。"

意思是君子广泛地学习且每天对自己反省检查，就能够聪慧明达，行为就会没有过错。同样在公司里需要不断地学习，通过学习提高工作效率。

五、情绪

情绪是对某个对象的短暂反应，具有对象的特定性。当你"为某事而高兴、为某人而生气、因某事而害怕"时，你就在表达情绪。工作中难免会有情绪存在，人不能脱离情绪而存在。情绪具有真实与表面之分：真实情绪便是真实的感受；表面情绪便是表现出来的不同于真实的感受。

1. 情绪的指标

个体情绪之间存在较大差异，可以用三个指标来划分：一是情绪种类。情绪虽然具有多样化特征，但有六种基本情绪可以涵盖所有的情绪（如图 9-2 所示）。二是情绪差异。面对同一客体发出的刺激，不同个体会作出不同反应。如在面对席卷全球的金融风暴时，员工惊慌万分，总裁则要冷静思考，为员工树立信心。三是情绪频率。即某种情绪出现的次数。不同工作对情绪频率要求不同，如麦当劳餐厅中负责点餐的服务人员被要求对每一位顾客报以微笑，由于餐厅的客流量大，这就对其快乐情绪的频率要求较高。

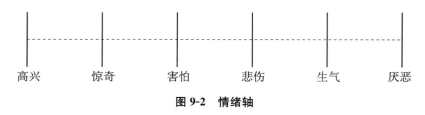

图 9-2 情绪轴

2. 情绪与工作的关系

情绪与工作是密不可分的，优秀的管理者善于以情治情。具体而言，情绪在以下方面会对管理产生影响。一是情绪影响决策。很多决策都是情绪、理智和直觉的结果，不同情绪会得出不同的决策结果。优秀的管理者应该把握情绪、理智和直觉的分寸，否则，决策就可能存在失误。二是情绪影响激励效果。充满激情的情绪有利于实现目标。优秀的管理者善于通过激励，营造良好的氛围，使员工全身心、深情地沉浸在一种体验生活和追求目标的氛围中。三是情绪影响领导效能。高效的领导几乎都通过表达个人感受借以传达某种信号，如演讲者情绪的流露是影响听众观点的重要因素。四是情绪影响人际冲突。严重的情绪化将导致双方产生冲突，管理者成功化解冲突的秘诀便是准确地洞察出冲突中的情绪状况并缓和双方情绪。

《荀子·修身》中说："怒不过夺，喜不过予。"

意思是愤怒时不对人过分处罚，高兴时不对人过分赐予。处事要遵守一定的原则，不可因情绪而在执行时过宽或过严，这就需要人有较高的修养，善于控制自己的情绪，情感服从于理智，不为喜怒所左右。作为管理者要善于控制自己的喜怒情绪，做到赏罚得当。

六、情商

美国心理学家丹尼尔·戈尔曼定义情商为：察觉自己和他人感受、进行自我激励、有效管理自己以及与他人关系中的情绪的能力。戈尔曼进一步探讨了学习与情商的发展对成熟个体的影响，他认为：遗传赋予了个体一系列决定性情的情绪点，可是涉及情绪大脑的环路具有可塑性，性情并非注定，情商可以塑造。

1. 情商的维度

美国有一句俗语："当遇到事情时，理智的孩子让血液进入大脑，能够聪明地思考问题；野蛮的孩子让血液进入四肢，大脑空虚，疯狂冲动。"高情商者是能够清醒地把握自己的情感，敏锐感受并有效反馈他人情绪变化的人。情商决定了人们怎样才能充分而又完善地发挥自身拥有的各种能力。通常，工作中情商的维度如表9-2所示。

表 9-2　工作中情商的维度①

情商的维度	特征	工作中的例子
自我觉察	对自己了解；认识当前的真实感觉	约翰意识到自己很生气，因此他需要冷静下来并收集更多的信息，再做一个重要的人事决策。
自我约束	控制自己的情绪以利于而不是阻碍手头工作；摆脱负面情绪并回到解决问题的建设性轨道上来	安布控制住自己，不表现出不安的情绪，也不大声反对客户的投诉，而是尽量多收集关于该事件的事实。
自我激励	坚持追求理想的目标；克服负面情绪，在实现目标中感到满足	尽管缺乏相关资源以及最高领导层的支持，帕特还是克服了这些挫折，坚持完成了该项目。
共情	能够敏感觉察并理解他人的感受；能够感觉到他人的感受和需要	因为团队领导知道其成员体力耗尽，或者精神上很疲倦了，所以在午休时间，领导召集全体人员外出玩棒球，以帮助他们恢复精力。
社交技能	辨别社交场合的能力；顺利与他人互动，形成社交网络；能够引导他人的情绪和行为方式	杰里米从他的职员的一些非言语的表现看出来他们并不接受公布的新政策，所以会议结束后他一个个找他们面谈，解释为什么他们可以从新政策中获益。

2. 情商与工作的关系

戈尔曼认为，高情商的组织不仅会在未来形势严峻时最具效益和竞争力，且将是最令人满意和最理想的工作场所。在个体水平上，情商可以被认识、评估以及提升，有效改善人际关系；在团队水平上，高情商能够恰当地调整人与人之间的互动，让团队更加优秀；在组织水平上，个体情商能够影响其在招聘、培训与职业发展、绩效评估和评估等方面的一系列表现。当今不计其数的组织已经意识到情商在员工培训中的重要性，如在服务业，美国蓝盾公司把情商应用于培训和咨询，以帮助员工处理涉及情绪的工作情景以及实现职

---

① 弗雷德·鲁森斯著，王垒等译校，《组织行为学》（第九版），人民邮电出版社，2008年，第215页。

业目标等。

丹尼尔·戈尔曼在《情商》一书中指出：情商与人生活的各个方面息息相关，是影响人一生快乐、成功与否的关键，情商比智商更重要。有人说，一个智商高的人可以成为一名出色的会计师，但只有智商和情商均佳者，才能够成为公司的高级主管。

七、自我效能

自我效能指人们评估自身能力去完成某项工作的自信程度。自我效能涉及个体在特定任务和情境下的行为有效性，如一位系统分析人员有可能在解决一个特定编程问题上具有较高的自我效能，也有可能在向信息技术总监报告并详细描述问题是如何解决上具有较低的自我效能。

1. 自我效能的维度

美国心理学家阿尔伯特·班杜拉提出自我效能有三个维度：一是程度，即相信自己能够完成任务的困难程度。如有烟瘾的人戒烟，相信自己能够戒烟成功。二是强度，即对这一困难程度的信念强弱。如戒烟过程中面对烟的诱惑仍然坚定不移。三是一般性，又称为普遍性，指自我效能的变化能否扩展到类似的行为和情境中去。如有烟瘾的人戒烟成功，可能会把他的自我效能扩展到其他情境中，如戒酒或减肥。

自我效能的判断能够影响个体对任务、情境努力的程度以及坚持努力的时间，如一个学生学习一门功课的时间长短和努力程度取决于他对自我效能的认识，而不仅仅是他的实际能力。同时，高自我效能还能够有效影响戒除沉迷事物、提高疼痛耐受力和战胜疾病等行为。

2. 自我效能与工作的关系

班杜拉认为，高自我效能的人会集中关注那些值得追求的机会，并认为障碍可被克服，在资源有限和存在很多限制的环境中，他们仍然可以通过灵活应变以及坚持不懈来找到实施控制的方法。自我效能在工作中的应用有：一是人员选拔。在为某项特定工作雇用人员，为一个项目指派任务，或者提升某人承担某项界定明确的工作职责等人员选拔决策中，评估某个个体目前自我效能的大小与强度具有重要的价值；二是培训与发展。自我效能是一种依据具体情境的状态，而不是一种稳定特质，同时自我效能的培训和发展对员工的绩效管理举足轻重；除人员选拔、培训和发展之外，自我效能在压力管理、团队自主管理、工作设计和目标设定以及领导等领域具有很大价值。

当人确信自己有能力开展某一活动时，他就会产生高度的"自我效能感"，并会去实施该活动。例如，只有当学生知道注意听课可以带来理想成绩，同时感到自己有能力听懂教师所讲的内容时，才会认真听课。显然，自我效能产生于某一活动之前，是对自己能否有效做出某一行为的主观判断。

案例

在快乐中工作[①]

宝洁公司是全球最大的日用消费品公司之一，公司总部位于美国俄亥俄州辛辛那提，拥有员工近110 000人。公司在日用化学品市场上的知名度相当高，其产品包括洗发、护发、护肤用品、化妆品、婴儿护理产品、妇女卫生用品、医药、食品、饮料、织物、家居护理、个人清洁用品，及电池等。

在公司的人才培养体系中，培训机制是十分重要的组成部分。在培训方式上，公司采用了混合式培训，包括在职培训、课堂式培训、网上培训、远程培训等。在职培训是其中最核心的部分，包括直接经理制、导师制等。针对不同阶段需求，员工在公司里被提供各种精心设置的课程，在成为管理者之前需先成为内部讲师，优秀员工将有机会成为培训讲师，所有讲师均在公司内部选取，不在外部聘用，因此员工将首先朝着内部讲师奋斗，在内部培训中学习公司宗旨、公司原则、公司目标、工作技能、专业知识等，和公司共同进步、一起成长。

同时在公司采取轮岗制度后，员工能够在足够的工作年限（一般是两年）之后改变工作岗位，到不同部门或者不同区域继续工作，即跨国轮岗或跨部门轮岗。在轮岗问题上，员工会想办法得到尊重，并努力通过公司提供的机会来实现其个人选择。员工在"轮岗制"中能够明确不同岗位的工作内容和工作要求，在做好本职工作的同时为实现跨岗位发展做好准备。当公司某些岗位出现空缺时，内部已有准备员工将是最佳替补者，因此员工会以稳定和积极的态度对待工作，努力提高工作绩效，朝着自己的目标岗位奋斗。

目前公司采取上下班时间弹性化管理方式，员工若能够确保从上午十点至下午四点的核心工作阶段，则对其具体上下班时间并无限制。另外，2007年起公司实施了"在家工作"政策，员工工作超过两年的，在工作性质允许时每周可选择一天在家上班，因此员工便能够在更自由、更具有弹性的氛围中发挥出创造力和想象力，逐步感受到工作的快乐，并快乐地工作。员工在闲暇时刻，可在公司内部水果吧购买水果及饮品。下班之后，员工可以免费参加公司在办公区域的会议室举办的瑜伽培训，其他时间段依次可参加有氧健身操、拉丁舞、街舞等，享受放松时刻。

思考题：
(1) 从组织行为学的角度，说明宝洁公司从哪些方面反映了员工的个体行为？
(2) 从宝洁公司对员工的管理来看，你还有什么良好的建议？

第三节　激励理论

自从管理理论产生以来，特别是20世纪五六十年代行为科学管理理论产生之后，众

[①] http://www.ceconlinebbs.com/FORUM_POST_900001_900004_1075281_0.HTM.

多心理学家、社会学家和管理学家从不同角度研究了如何激励人的问题,并提出了许多有关激励的观点、模型与方法,逐渐构造起当代激励理论体系。

一、马斯洛的需要层次理论

布隆迪大学心理学教授亚伯拉罕·马斯洛于 1943 年提出了需求层次理论,他是最先研究激励理论的学者之一,他把人们的需要分为五个层次(如图 9-3 所示),自下而上包括:

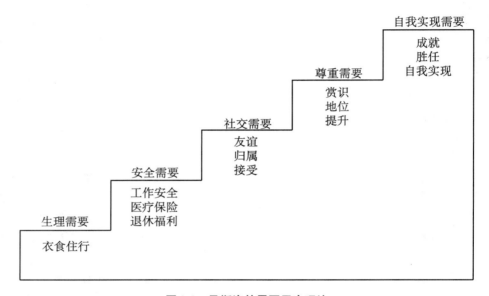

图 9-3 马斯洛的需要层次理论

1. 生理需要

生理需要是马斯洛需要层次理论的基础,主要指衣、食、住、行、用等方面的需要,是维持人类生命所必需的。在工作中生理需要表现为:有足够新鲜的空气、舒适的工作环境以及满足基本需求的薪酬等。

2. 安全需要

安全需要指保护自己免受身体和情感伤害的需要,主要包括人身安全需要、经济安全需要、心理安全需要、经济保障需要以及环境的稳定性和可预知性需要等。在组织的日常生活中安全需要表现为:避免人身危险的威胁、辞去损害健康的工作、希望解除严格的监督和免受不公正的待遇等。

3. 社交需要

社交需要又称感情和归属方面的需要,主要包括感情、友谊、群体归属感和社会承认等。在工作中社交需要通常表现为:被同事接受、上司认可以及要求加入工作群体等。

爱默生曾说过:"我们知道的最好、最可靠、最有效而又最无副作用的兴奋剂是社交。"在公司内的大多数社交是与上司、同事及下属之间的社交,这便是公司里不可或缺的一部分。

4. 尊重需要

尊重需要指希望自己拥有稳固的地位、得到别人高度的评价或为他人尊重的需要,主要包括权利、工作地位、社会身份、个人声誉、受上级器重等。在组织中,尊重需要通常表现为得到成就和认可、需要更高的地位作为更多责任的回报等。

5. 自我实现需要

自我实现需要指人希望实现自我和充分发挥自己所能的需要,包括自我成就、自我发展以及创造力的充分发挥等。在组织中,组织通过提高员工的技能和创造力来使其驾驭工作,满足其在这一方面的需求。

马斯洛的需要层次理论对人的需要进行了准确分类,有利于管理者针对处于不同层次需要的下属采用不同的激励方法。但此理论有其局限性:该理论假设每个个体都具有相同的需要层次。实际上,个体出于不同价值观会表现出不同的需要层次。需要产生于能够通过学习和社会力量得到增强或减弱的固有动因,它是一种自我意识到的不足,在不同文化群体中,一些个体可能将社交需要放于最顶端,而另一些个体可能将身份地位视为重中之重。

在实际运用中,对马斯洛需要层次的理解要注意以下四个要点。一是不同员工在特定时期有不同需要,每个个体都有一个需要层次的划分,但这些层次的重要程度不同。二是员工具有一些相互依存的需要,不会只存在一个主导需要。马斯洛最重要的一个发现是强调了整体理解需要,而不是分离解析。管理者应满足一组需要,以实现员工激励,而不是仅满足一个需要。三是在到达一定程度后,大多数员工都关注他们个人潜力的充分释放。在整个研究生涯中,马斯洛强调,个体天生会被自身潜力的挖掘鼓舞,同时组织和社会需要构建了有利于个体持续开发潜力的环境,将会对个体产生强烈而持久的激励效果。四是员工需要受价值和准则的影响。管理者能够通过重塑价值观和准则来调整员工的工作动力和努力程度,通过更多地鼓励绩效导向的团队准则,增强团队成员的自我实现需要。

二、麦格雷戈的人性假设管理理论

1957年,美国行为学家道格拉斯·麦格雷戈提出了著名的人性假设管理理论。他指出,人性假设是一切管理策略和方法的基础,不同的人性假设必然要求不同的管理策略和方法。麦格雷戈根据人性假设的不同,将人性分为以下两类:

1. X理论

X理论又称人性恶理论,其对人性的假设:一是人生来是好逸恶劳的,他们会设法逃避工作;二是人无雄心壮志,无任何抱负,宁可受他人领导;三是大多数人以自我为中心,对组织需要漠不关心;四是人缺乏理性,容易轻信他人,不能克制自己,很容易受他人影响，缺乏辨别力；五是大多数人为了满足基本的生理需要和安全需要，他们将选择那些在经济上获利最大的事情；六是人群大致分为两类，多数人符合上述假设，少数人能克制自己，这部分人应当担负起管理的责任。X 理论建立在"群众是平庸的"基础假设之上，采取的激励方式是"胡萝卜加大棒"。

麦格雷戈认为，X 理论在美国工业部门有着广泛的影响，由此产生了传统管理中以惩罚为主要方式的管理手段，管理策略和方法或以"蜜糖"为诱饵，或以"皮鞭"相威胁。

2. Y 理论

Y 理论又称人性善理论，其对人性的假设：一是一般人并非天性就不喜欢工作，人们从事脑力劳动和体力劳动，就像休息和娱乐一样是自然的，如果环境得当，工作可能是一种满足。二是外来的控制和惩罚，并不是促使人们为实现组织目标而努力的唯一方法，只要管理适当，人们就会把个人目标与组织目标统一起来，并在自己承诺和参与决定的目标里工作，能够自我控制。三是人们重视自己参与目标与达成目标所得报酬之间的关系，其中最重要的报酬不是金钱，而是自主、自尊、自我实现的需要得到满足，正是这种满足，能够促使人们努力达成组织目标。四是一般人在适当的鼓励下，会学会接受任务和承担组织任务。逃避责任、缺乏抱负以及强调安全感都不是人的天性，而是过去经验造成的结果。五是大多数人在解决组织的困难时，都能够发挥较丰富的想象力和创造力，如果有的人潜能只能得到部分发挥，说明人力资源没有得到充分利用。六是管理的责任是把人的潜能完全发挥出来。按照 Y 理论的假设，管理者应采用"松弛的"管理方法，以信任代替监督，以启发代替命令，并顺应员工要求并致力于员工发展。

很显然，这两组假设是截然不同的，X 理论是悲观、静态和僵化的激励风格，控制主要来自外部，是上级强加给下级的；相反，Y 理论是乐观、动态和灵活的激励风格，强调自我指导，并把个人需要与组织要求结合在一起。毫无疑问，每一组假设都会影响管理者行使管理职能和活动的方式。对麦格雷戈人性假设管理理论的正确理解要基于以下几点：

第一，X 理论和 Y 理论只是基于人性的假设，而不是管理战略方面的方案或建议。X 理论和 Y 理论并不意味着"硬性"或是"软性"的管理方法。"硬性"方法可能引起反抗和敌对，"软性"方法则可能导致管理上的放任自流。成功的管理者应承认人的局限性、人的尊严和人的能力，并根据实际来调整他们的管理行为。

第二，X 理论和 Y 理论并不是把人看成是一个连续体的两个极端，相反它只是强调对人的截然不同的看法。对于 Y 理论，并不意味着管理者要采取一致性的管理原则，放弃使用职权；相反，职权被当作管理人员行使管理行为的有效手段之一，对于不同的任务要求采取不同的管理方法。

富士康生产一线上作业的员工大都是 20 岁左右的青年，普遍学历不高。生产线上没有凳子，除了少数员工之外，一般操作工都必须连续 12 个小时站立工作。工作完毕后，操作工们还需要留下来开夜会。每天下班，无论有没有货车经过，工人们都必须进入厂区的"人行道"走回宿舍，不能乱窜；下班后谁忘记拔掉计算机插头，就要罚款 1 000 元。富士康管理模式认为，多数人天生懒惰，他们尽可能逃离工作，甘愿受别人指挥；目标与组织目标相矛盾，必须采用强制惩罚措施才能促使员工为实现组织目标而努力工作。其对员工本性的看法和其采用的严密控制措施正是基于 X 理论的人性假设而形成的。

三、赫兹伯格的双因素理论

美国心理学家弗雷德里克·赫兹伯格和他的助手们通过在美国匹兹堡地区对两百名工程师和会计师进行调查研究发现：员工感到满意的因素属于工作本身；员工感到不满的因素属于工作环境或工作关系。他把前者称为激励因素，后者称为保健因素，据此提出了赫兹伯格双因素理论，又称双因素论或激励—保健理论。该理论具体包括：

1. 保健因素

保健因素指招致员工不满意的因素，类似于卫生保健对身体健康起作用的因素。保健指从人的环境中消除有害于健康的事物，有预防疾病的效果，但它不能直接提高健康水平。当保健因素恶化到人们认为可以接受的水平以下时，就会产生对工作的不满意感。但是当人们认为这些因素很好时，它只是消除了不满意，并不会导致积极的态度，这就形成了某种既不是满意又不是不满意的中性状态。

2. 激励因素

激励因素指能够带来积极态度、满意和激励作用的因素。这些因素主要有：工作富有成就感、工作成绩得到社会认可、工作本身富有挑战性、负有重大责任、在职业上能够得到发展和成长等。这类因素的改善可激励员工的积极性和热情，从而提高生产率。

具体的保健因素与激励因素如表 9-3 所示。

表 9-3 保健因素与激励因素

保健因素	激励因素
金钱	工作本身
监督	赏识
地位	提升
安全	前途
工作环境	责任
政策	成就
人际关系	荣誉

赫兹伯格及其同事而后又注意到，激励因素和保健因素有若干重叠的现象，如赏识属于激励因素，基本上起积极作用，但当没有受到赏识时，又可能起消极作用，这时又表现为保健因素。工资是保健因素，但有时可能产生员工满意的结果。赫兹伯格的双因素理论同马斯洛的需要层次论有相似之处，他提出的保健因素相当于马斯洛的生理需要、安全需要、感情需要等较低级需要；激励因素则相当于尊敬需要、自我实现需要等较高级需要。

赫兹伯格的双因素理论的激励因素和保健因素不是绝对区分的，它受社会环境、社会阶层及个人经济、文化层次、价值观念和心理等因素的影响。因此，在不同国家和地区，针对不同组织的不同成员，最有效的激励因素是不同的，有时差别很大，要善于灵活运用。如工资在发达国家的一些企业里不构成激励因素，而在发展中国家对于大多数企业而言仍然是很重要的激励因素。

莎士比亚曾说过:"那些已经过去的美绩,一转眼间就会在人们的记忆里消失。只有继续不断前进,荣誉才可永垂不朽。"员工在工作中会在荣誉的激励下增加工作积极性,荣誉属于激励因素,管理者要善于利用激励因素及保健因素调动员工的积极性以提高工作效率。

四、期望理论

1964年,美国心理学家维克托·弗鲁姆首先提出了期望理论。弗鲁姆认为,一个人从事某一行动的动力取决于行动的全部结果的期望值乘以预期结果达到的可能性。通俗地讲,只有当人们认为实现预期目标的可能性很大,并且实现这种目标又有很重要的价值时,人们行动的动力才比较大。所以,决定人们行动动力(激励程度)的因素有两个:期望值和效价,动力是期望和效价的乘积。

$$M = E \times V$$

式中,M 表示动力,它反映了人们工作积极性的高低。E 表示期望概率,指人们能够实现既定目标的可能性。V 表示效价,指人们认为实现目标获得价值的大小或得到奖酬的多少,这里指结果效价。

员工的动力受其成功完成任务的信念影响,应采取相应的措施让员工确信他们有足够的能力和资源去达成期望的绩效水平,从而增强员工这种"办得到"的心态。根据员工的能力和任务的需要,选择匹配的职位是这个过程的重要一环,同时增强动力的最好方式是准确计量员工绩效,并给予那些超额完成工作任务的员工以更大价值的报酬。因此,期望管理理论的管理含义如表9-4所示。

表 9-4 期望理论的管理含义[①]

构成因素	目标	管理含义
努力 ↓ 绩效期望	增强员工有能力成功完成工作的信念	• 选择具备所需能力和知识的人员 • 提供需要的培训和阐明工作要求 • 提供充分的时间和资源 • 分配简单和少量的工作给员工直到他们熟练掌握 • 提供一些成功完成类似工作员工的例子 • 对缺乏信心的员工进行指导
绩效 ↓ 结果期望	增强良好的绩效会产生良好结果的信念	• 准确衡量工作绩效 • 清楚解释良好的绩效会产生良好的结果 • 描述员工的报酬如何与过去的绩效相关 • 提供良好的绩效带来高回报雇员的例子
结果效价	增强合意的绩效达到的期望值	• 分给雇员该得的报酬 • 个性化的奖励

---

① 查尔斯 W.L. 希尔等著,李维安译,《管理学》,机械工业出版社,2009年,第267页。

期望理论带给管理者的启示如下：一是激励实则是一个选择过程，促使人们去做某事的心理将依赖于结果效价和期望值两个因素；二是激励时要处理好努力与绩效、绩效与奖励、奖励与满足个人需要三方面的关系；三是有效激励建立在动心的奖励和员工的能力的基础上，如果下属无能力达到，则再高的奖励也无激励作用；如果奖励额度太低，则下属也无积极性。为了实现组织目标，作为管理者，既要设法提高目标在员工心目中的效价，又要设法提高员工对目标的期望值。同时还应该采取切实可行的措施，建立有效的保证体系，从总体上提高实现目标的最大可能性。

五、公平理论

公平理论又称社会比较理论，由美国行为科学家约翰·斯塔希·亚当斯提出，侧重于研究工资报酬分配的合理性、公平性及其对职工生产积极性的影响。该理论认为，当一个人做出成绩并取得报酬后，不仅会关心所得报酬的绝对量，同时还会关心所得报酬的相对量，因而他将通过种种比较来确定所获报酬是否合理，比较的结果将直接影响其工作积极性。公平理论中个体的比较包括：

1. 横向比较

横向比较，即他将自己所得的"报酬"（包括金钱、工作安排以及赏识等）与自己的"投入"（包括受教育程度，付出的努力，用于工作的时间、精力，以及其他无形损耗等）的比值与企业内其他人的比值作横向比较，可能出现三种结果（如表 9-5 所示）：

表 9-5 公平理论的三种结果

员工感觉到的比率	员工评价	员工表现行为
$\frac{A\text{所得}}{A\text{投入}} < \frac{B\text{所得}}{B\text{投入}}$	不公平（报酬太低）	出废品、怠工、浪费、心理安慰、另谋高就
$\frac{A\text{所得}}{A\text{投入}} = \frac{B\text{所得}}{B\text{投入}}$	公平	维持原有的工作热情
$\frac{A\text{所得}}{A\text{投入}} > \frac{B\text{所得}}{B\text{投入}}$	不公平（报酬太高）	更积极工作

第一，前者小于后者。这种情况下，第一种方法是他可能要求增加自己的报酬或减小自己今后努力的程度，以便使前者增大，二者趋于相等；第二种办法是他可能要求企业减少比较对象的报酬或让其今后增大努力程度，以便使后者减少，二者趋于相等；第三种方法是他可能另外找人作为比较对象以便达到心理上的平衡，或离开公司另谋高就。

第二，前者大于后者。他可能要求减少自己的报酬或更加努力地工作，或重新估计自己的技术和工作，保持原有的努力程度。

第三，前者等于后者。这说明此人认为组织的激励措施较为公平，当获得公平感受时，将会心情舒畅，努力工作。

2. 纵向比较

除横向比较之外，人们还经常作纵向比较，即把自己目前的投入与目前所得报酬的比值，同自己过去的投入与过去所得报酬的比值进行比较。只有当比值相等时，人们才会认为公平；当比值不相等时，人们将会有不公平的感觉，这就可能导致工作积极性下降。调查和实验结果表明，不公平感的产生绝大多数是由于经过比较认为目前报酬过低，但偶尔也会由于经过比较认为目前报酬过高。

公平理论提出的基本观点是客观存在的，但公平本身却是一个相当复杂的问题，这主要是由于以下几方面原因：一是它与个人的主观判断有关。上述公式中无论是自己的还是他人的投入和所得都是个人感觉，而一般人总是对自己的投入估计过高，对他人的投入估计过低。二是它与个人所持的公平标准有关。公平标准既有采取贡献率的，也有采取需要率、平均率的。如有人认为助学金改为奖学金才合理，有人认为平均分配才公平，有人认为按经济困难程度分配才适当。三是它与业绩的评定有关。公平常常主张按绩效付报酬，并且各人之间应相对平衡。不同评定办法会得到不同结果，最好是按工作成果的数量和质量，用明确、客观和易于核实的标准来度量，但这在实际工作中难以做到。四是它与评定人有关。绩效由谁来评定，是领导者、群众评定还是自我评定，不同的评定人会得出不同的结果。

公平理论对管理有着重要的启示：一是影响激励效果的不仅有报酬的绝对值，还有报酬的相对值；二是激励应力求公平，尽管有主观判断误差，但也不致造成严重的不公平感；三是在激励过程中应注意对被激励者公平心理的引导，树立正确的公平观。为了避免员工产生不公平感，企业应采取各种手段营造一种公平合理的气氛，使员工产生公平感，如在如何提高报酬发放和资源分配的公平性问题中，应允许员工发出自己的"声音"，即鼓励员工反映他们的现状以及看法。

何启是这样诠释公平的："公者无私之谓也。平者，无偏之谓也。"

意思是所谓公正，就是不掺杂个人的私利；公平，就是不偏向某一方。同样地，在企业的管理中，公平举足轻重。

六、强化理论

强化理论又称为行为修正理论或行为矫正理论，是由美国行为科学家斯金纳提出的一种理论，其重点在于行为的修正。强化从其最基本的形式来讲，指对一种行为的肯定或否定、奖励或惩罚，它至少在一定程度上决定了这种行为在今后是否会重复发生。斯纳金认为，人们的行为取决于由此行为产生的后果和报酬。当这种行为的后果对他有利时，这种行为就会在以后重复出现；当对他不利时，这种行为就会减弱或消失。人们可以用这种正强化或负强化的办法来影响行为的后果，从而修正其行为。

在管理上，根据强化的性质和目的可把强化分为正强化和负强化。正强化是指奖励那些企业需要的行为，从而加强这种行为，其方法包括发放奖金、认可成绩、表扬、改善工作环境和人际关系、提拔、安排担任挑战性的工作、给予学习和成长的机会等。负强化是指惩罚那些与企业不相容的行为，从而削弱这种行为，其方法包括批评、处分、降级等，有时不给予奖励或少给奖励同样是一种负强化。

斯金纳在心理学的学术观点上属于极端的行为主义者，其目标在于预测和控制人的行为而不去推测人的心理过程和状态。斯金纳最初只是将强化理论用于训练动物，之后，斯金纳又将强化理论进一步发展,并用于人的学习上,发明了程序教育法,他强调在学习中应遵循小步子和及时反馈的原则,将大问题分成许多小问题,循序渐进。强化理论在具体应用中应遵循如下行为原则:

第一,依照强化对象的不同采取不同的强化措施。人们的需要因年龄、性别、职业、学历、经历不同而异,强化方式也应不同。如有的人更重视物质奖励,有的人更重视精神奖励,因此应区分类型采用不同的强化措施。

第二,小步子前进,分阶段设立目标,并对目标予以明确规定和表述。首先要明确设立一个鼓舞人心而又切实可行的目标,只有目标明确且具体时才能衡量和采取相应的强化措施。同时还要将大目标分解成许多小目标,完成每个小目标并及时给予强化,这样不仅有利于实现目标,同时通过不断激励还可以增强信心。如果目标一次定得太高,人们感到不易达成或者达成的希望较小,这就很难调动人们为达成目标而努力的积极性。

第三,及时反馈。就是通过某种形式和途径,及时将工作结果告诉行动者,要取得最好的激励效果就应该在行为发生以后尽快采取适当的强化方法。一个人在实施了某种行为以后,即使是领导者表示"已注意到这种行为"这样简单的反馈也可起到正强化的作用;如果领导者对这种行为不予注意,这种行为重复发生的可能性就会减少以至消失。所以,必须将及时反馈作为一种强化手段。

第四,正强化比负强化更有效。在强化手段的运用上,应以正强化为主,必要时对错误行为予以惩罚,做到奖惩结合。

强化理论只讨论外部因素或环境刺激对行为的影响,忽略了人的内在因素和主观能动性对环境的反作用,具有机械论的色彩。但是许多行为科学家认为,强化理论有助于对人们行为的理解和引导,这并不是对员工进行操纵而是提供给员工一个好的机会使其可在各种明确规定的备择方案中进行选择,因而强化理论已被广泛地应用到了激励和人的行为改造上。

在海底捞餐饮股份有限责任公司中,一名基层员工要想成长为合格的中层干部,必须从最基础的工作做起,在各个岗位上表现出色,才可以获得晋升机会。一名从洗碗工、服务员成长起来的店长,要对餐厅经营的各个环节了然于胸,从基层做起可起到良好的示范作用。其他员工在看到同级同事可在一年之内凭借自己的努力和热情走向店长的位置,获得更加丰厚的薪水和更好的发展机遇时,便会更加积极地工作。这便是海底捞公司利用强化理论激励员工工作意识和工作行为的体现,在看到优秀员工受到奖励后,其他员工便受到激励,在精神方面和物质方面都可以得到满足。

七、波特和劳勒的激励模式

1968年,美国学者莱曼·波特和爱德华·劳勒以期望理论为基础,提出了一个综合激励的模式,即波特和劳勒的激励模式。该模式的特点:一是激励导致一个人是否努力及其努力的程度;二是工作绩效取决于能力的大小、努力的程度以及对需要完成任务理解的深度;三是奖励要以绩效为前提,必须先完成企业任务才能导致精神或物质奖励,当员工看到他们的奖励与绩效关联性很差时,奖励将不能成为提高绩效的刺激物;四是奖惩措施是否会产生满意，取决于被激励者获得的报酬是否公平。如果其认为符合公平原则，就会感到满意，否则就会感到不满，满意将会导致进一步努力。该模式如图 9-4 所示。

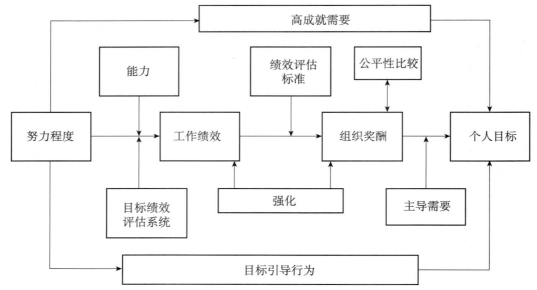

图 9-4　波特—劳勒的激励模型①

而后波特和劳勒提出：一个人在作出成绩后，会得到两类报酬。一是外在报酬，包括工资、地位、提升和安全感等，可满足低层次需要。一个人的成绩，特别是非定量化的成绩可能难于精确衡量，而工资、地位、提升等报酬的取得同时包含多种非定量因素，外在报酬不完全取决于个人成绩。二是内在报酬，即一个人由于工作成绩良好而给予自己的报酬，包括意识到对社会作出的贡献，对自我存在的意义及能力的肯定等，它对应的是一些高层次需要的满足，还与工作成绩直接相关。

波特和劳勒的综合激励模式表明：激励是一个外部刺激、个体内部条件、行为表现和行为结果等因素相互作用的过程，激励和绩效之间并不是简单的因果关系。组织的管理者若期待激励能够产生预期的效果，就必须考虑奖酬制度、组织分工、目标设置和公平考核等一系列因素，并注意组织成员的个人满足感在努力程度中的反馈，切不可简单化处理。

案例

海尔公司："人单合一"才能双赢②

海尔公司在改革开放的浪潮中，历经三十年创新发展，从一个濒临倒闭的集体小厂成长为了今天全球白色家电第一品牌。海尔拥有数以亿计的全球用户，每天有十几万台海尔产品进入全球市场。海尔始终以创造用户价值为目标，一路创业创新。

---

① 陈传明、周小虎，《管理学原理》，机械工业出版社，2007 年，第 229 页。
② 参考网上多篇报道（如《海尔集团的激励机制》，https://max.book118.com/html/2017/0729/125105487.shtm）撰写而成。

在网络化时代，海尔公司不断进行商业模式创新，逐渐形成和完善了具有海尔特色的"人单合一双赢模式"，"人"即具有创新精神的员工，"单"即用户价值。每位员工都在不同的自主经营体中为用户创造价值，且都是自己的CEO，从而实现了自身价值。通过加入自主经营体与用户建立契约，每位员工便从被管理转为了自主管理，再从被经营转为了自主经营。"人单合一双赢模式"为员工提供了机会公平、结果公平的机制平台，通过把每一位员工和用户结合到一起，可以使相应的员工发挥创新精神，进而在工作中主动创新，以变制变，变中求胜。

在海尔公司内部，激励手段分为正激励和负激励两种。例如，在海尔公司的奖励制度中有一项叫"命名工具"，这些被改革后的新工具的发明者都是一线普通工人。如工人李启明发明的焊枪被命名为"启明焊枪"，杨晓玲发明的扳手被命名为"晓玲扳手"。这一措施极大地激发了普通员工在本岗位的创新激情，后来不断有新的命名工具出现，员工以此而自豪。

同时海尔公司每月都会对干部进行考评，考评档次分表扬与批评两种。表扬得1分，批评减1分，年底二者相抵，达到负3分就会面临淘汰。同时通过制定制度，干部可在多个岗位轮换，以全面增长其才能，并会根据轮岗表现决定升迁。由于存在淘汰制度，员工在工作中积极竞争，向更高考评档次努力。

在海尔公司内部有一个"没有成功的企业，只有时代的企业"的标语，企业所谓的成功只不过是踏上了时代的节拍，而今天的企业要想成功，必须意识到员工的重要性，发挥员工的重大作用。

思考题：
(1) 海尔公司的管理体现了哪些激励理论？
(2) 结合案例，你认为海尔公司的人力资源管理给员工带来了怎样的影响？

第四节　激励方法与艺术

弗朗西斯曾说过："你可以买到一个人的时间，你可以雇一个人到固定的工作岗位，你可以买到按时或按日计算的技术操作，但你买不到热情，你买不到创造性，你买不到全身心投入，你不得不设法争取这些。"

一、激励的基本原则

激励可以看作是这样的一个过程：从满足人的多层次、多元化的需要出发，针对不同个体设置绩效标准和奖酬值，最大限度地激发组织成员的工作动机和热情，调动个人精神动力，按照组织要求的"行为"方式积极、能动和创造性地运用其人力资源，从而最大化地实现组织目标。在激励过程中，为了激励效果最大化，要遵循以下原则：

1. 目标结合原则

美国行为科学家洛克提出的目标设置理论发现,工作目标的具体化、挑战性以及反馈信息对工作绩效有着十分重要的影响,具体的工作目标会提高工作成绩,并且困难的目标一旦被人们接受,将会比简单目标获得更高的工作绩效。

彼得·德鲁克曾说过:"目标并非命运,而是方向。目标并非命令,而是承诺。目标并不决定未来,而是动员资源与能源以便塑造未来的那种手段。"目标是实现企业价值的重要手段,因此激励要体现目标性,与目标相结合。对于激励目标而言,激励既要满足组织目标,同时又要满足个人目标,即满足员工的需要,而企业和员工在追求自己利益的过程中,这两个目标可能会有矛盾。因此要激励员工,就必须重视培养和引导员工的个人目标与组织目标相一致。

留意过篮球架吗?篮球架为什么要做成现在这么高,而不是像两层楼那样高,或者跟一个人差不多高?不难想象,对着两层楼高的篮球架,几乎谁也别想把球投进去,也不会有人去犯傻;然而,跟一个人差不多高的篮球架,随便谁不费什么力气就能百发百中,大家又会觉得没有什么意思。正由于现在这个"跳一跳,够得着"的高度,篮球才能成为一个世界性的体育项目,引得无数体育健儿奋争不已,让许许多多的爱好者乐此不疲。篮球架的高度启示:一个"跳一跳,够得着"的目标最有吸引力,对于这样的目标,人们才会以高度的热情去追求。因此,要想调动人的积极性,就应该设置有着这种"高度"的目标。

2. 民主公正原则

民主公正原则指在激励过程中,遵循员工的真实意愿,赏罚严明、赏罚适度,是激励的一个基本原则。赏罚严明就是铁面无私,不论亲疏、不分远近,一视同仁;赏罚适度就是从实际出发,赏与功相匹配,罚与罪相对应,既不能小功重奖,也不能大过轻罚。

遵循民主公正原则,一是所有组织成员在获得或争取奖酬方面机会均等;二是奖惩程度与组织成员的工作相一致,奖惩原因必须是相关事实的结果;三是奖惩措施实施过程公正和公开,即奖惩必须按章行事、公开与民主化,不得夹杂私人感情。

3. 按需激励原则

激励的起点是满足员工的需要,但员工需要存在个体差异性与动态性,因人而异、因时而异,并且只有满足最迫切需要,其效价更高、激励强度更大。因此领导者在激励时,切不可犯经验主义错误,不可搞一贯制,领导者必须深入调查研究,不断了解员工需要层次和需要结构的变化趋势,有针对性地采取激励措施,才能收到实效。一些企业出现奖金越发越多,而职工出勤率越来越低的现象,正是领导者违背按需激励原则而尝到的苦果。

4. 物质激励与精神激励相结合原则

物质激励从满足人的物质需要出发,对物质利益关系进行调节,从而激发人们向上的动机并控制其行为的趋向，其多以加薪、发奖金的形式出现。精神激励从满足人的精神需要出发，对人的心理施加必要的影响，从而产生动机，影响人的行为，同时是社会健康发展的动力源泉之一。

20 世纪 50 年代，弗雷德里克·赫兹伯格发展了需要层次理论，提出了双因素理论，人们工作积极性的调动要靠物质激励和精神激励，它要求企业在管理上既要关心职工的物质生活需要，又要关心职工的精神需要。一个企业管理水平的发展与壮大，在很大程度上取决于物质激励与精神激励相结合的程度。

IBM 公司为了激励科技人员的创新欲望，促进创新的进程，在公司内部采取了一系列别出心裁的激励制度。制度规定：对于有创新成功经历者，公司不仅授予其"IBM 会员资格"，且提供 5 年时间的学术休假和必要的物质支持，从而使其有足够的时间和资金开展创新活动。IBM 公司的这一举措即使创新者追求成功的心理得到了满足，且是一种经济奖励，还可以以此留住人才，并促使他们为公司的投资能够得到偿还而更加努力。

5. 正激励与负激励相结合原则

正激励即奖赏性激励，指对个人符合组织的目标期望行为奖励，以增加这种行为的出现频率，主要有对员工奖励和表扬。负激励即惩罚性激励，指对个人不符合组织期望的行为负强化，主要有降薪、罚款、口头批评、书面通报批评和给予处分等。正激励就是通过树立正确榜样和反面典型，扶正祛邪，形成良好风气，产生无形压力，使整个群体和企业的行为更积极、更富有生气。但鉴于负激励具有一定的消极作用，容易产生挫折心理和挫折行为，应该慎用。

领导者在激励时应将正激励与负激励相结合，以正激励为主、负激励为辅。实行"奖惩结合""奖罚分明"和"批评与教育结合"的制度。在使用负激励的过程中，应考虑到员工年龄、性别、个性特点、地位、心理需要和承受能力的不同，而有偏重的慎用。总之，只有从正反两个角度同时对员工的工作和行为进行评价和反馈，才能不断地提高绩效。

6. 外部激励与内部激励相结合原则

外部激励指用完善的工作条件、良好的工作环境、和谐的人际关系以及薪金报酬等外在因素来激励员工。内部激励指利用工作挑战性、成就感、责任心以及自我价值实现等内在因素来激励员工。外部激励主要来源于获得物质和社会报酬的激励因素，或者是为了避免受到惩罚。内部激励主要来源于实际行为过程以及从事工作本身的激励因素，这种从工作本身产生的内部激励能够较长地维持，人的激励水平将总是维持在一定的水平之上。

因此将内部激励与外部激励有机地结合起来，是激励工作的一项重要原则。在实际管理工作中，要尽量根据员工的兴趣安排工作，并尽量丰富工作，增加趣味性，让员工有自我管理权。在中国经济和社会发展的现阶段，对很多人来说，工作是谋生手段，外部激励仍然很重要。同时企业应在注重员工外在需求的同时，最大限度地开展内部激励，以取得最大激励效果。

二、激励方法

柳传志曾说过:"我们面对的难题是如何调动三个截然不同的群体的积极性:经理班子成员、中层管理成员以及流水线上的工人,我们对每个群体有不同的期望,同时又需要不同的激励方式。"有效的激励,必须通过适当的激励方式与手段来实现。

1. 绩效激励

绩效激励是利用绩效工资的方案来实行激励。绩效工资方案是在绩效测量的基础上,支付员工报酬的薪酬方案,如计件工资方案、奖励工资制度、利润分成和包干奖等。绩效工资方案与传统薪酬计划的差异在于,它并不是基于员工工作时间的长短,而是基于测量的员工绩效。这些绩效可以包括:个体生产率、工作团队生产率、部门生产率和总体利润水平等。如埃克森美孚公司的团队员工可以拿到团队绩效奖励工资,它相当于基本工资的30%。

2. 持股激励

持股激励指让企业管理者或员工持有企业股票形成的激励。它是一种带有长期性质的激励方式,具体包括:购股、赠股、转股、干股和期股等。1956年,美国路易斯·凯尔索等人设计了"员工持股计划",拉开了西方成熟市场推行持股激励的序幕,随后日本、英国、法国、意大利等发达国家纷纷效仿。持股激励能够把员工的长期利益同企业的长期利益与长远发展结合起来,把个人利益同企业利益联系在一起,员工将关心企业的生产经营状况,为企业排忧解难、献计献策,形成利益共同体。

股票激励是持股激励的重要方式之一,包括股票期权合约和股票期权计划。它是企业给予员工尤其是高级管理人员的一种权利,拥有这种权利的人员可以在规定的时期内以股票期权的行业价格购买本公司股票。这种新型激励机制将员工薪酬与企业长期业绩联系起来,鼓励员工不断创新和行为长期化,关注企业持续发展,克服短期行为。另外,股权激励的激励效应还表现在:企业能够形成开放式股权结构,从而可以不断吸收和稳定人才;有利于低成本激励,公司可以在不支付资金的情况下增强凝聚力且实现激励。

3. 感情激励

古人云:"感于心者莫先于情",管理激励工作须注重"情感投资",要晓之以理,动之以情。感情激励就是鼓励人情、人爱与人性,用真挚的感情去感染他人,能够满足人的感情需要,给人以亲切感、温暖感从而实现激励。

在感情激励中,信任是领导者对下属最佳的激励手段。《周易》小畜卦六四云:"有孚,血去惕出,无咎。"这句话的意思是,心怀诚信,以诚感之,才能达到上下"合志",互相理解与支持,抛去戒备心理,自然就不会有灾祸。下属的建功立业,不仅与其能力有关,同时与领导对下属的信任有关。

三国中的孙权作为居于尊位的权势者,能够信任下属,给下属极大的鼓励与权威。彝陵之战时，有人来打小报告，说："诸葛瑾里通蜀汉"。孙权当即驳斥："我与诸葛子瑜可谓神交，外人留言不能间构。"陆逊坐镇荆州抵御蜀军时，孙权还复刻自己的大印交给他，委托他全权处理与蜀汉交往之事。正是这种恩信，激励着诸葛瑾、陆逊等东吴将士，为开创盛业尽智尽力。

4. 兴趣激励

兴趣对人们的工作态度、钻研程度和创造精神的影响较大，同时又与求知、求美和自我实现密切相联。在管理中，重视兴趣因素会取得较好的激励效果，国内外皆有一些企业允许甚至是鼓励员工在内部进行双向选择，合理流动，找到自己感兴趣的工作。兴趣可以使人专注，甚至入迷，而这正是获得突出成就的重要动力。

5. 参与激励

参与激励就是让员工参与管理，上下级平等协商组织管理中的重大问题以此来实现激励。员工参与管理和决策，对工作中的重大问题发表见解，当其建议受到重视或被采纳时，可以满足员工希望被人承认的心理需要，并激发其成就感以及对组织的归属感，从而激发其更高的工作热情。

6. 形象激励

形象激励指通过树立正面的视觉和精神形象来达到激励效果。一个人通过视觉感受到的信息占全部信息量的80%，因此充分利用视觉形象作用，可以激发员工的荣誉感、光荣感、成就感和自豪感。最常用的方法便是把照片贴上光荣榜，借以表彰本企业的标兵和模范。每天上班员工经过光荣榜时，不仅可以使先进者本人深受鼓舞，而且其他员工也会受到更多激励。现在，许多大型企业已安装了闭路电视系统和内部网络，并开办了"厂内新闻"等节目，形象激励便增加了一个更有效、更丰富和更灵活多样的手段。

在形象激励中，榜样激励尤为重要。榜样激励是树立先进典型人物号召大家学习的一种激励方法。先进典型人物能够反映企业精神，代表组织发展方向，将抽象道理转化为具体典型，对象从仿效中激励，通过典型示范激发人们的行为。榜样激励具有可感性、可知性、可见性和可行性等特点，说服力强、号召力大，能够激励斗志、鼓舞士气，起到潜移默化的作用。

在第一次世界大战期间，美国麦克阿瑟将军下属的一位指挥官米诺赫尔将军这样评价他："我怕总有一天我们会失去他，因为在战况最危急的时候，士兵们会发现他就在他们身边。在每次前进的时候，他总是带着军帽，手拿着马鞭和先头部队在一起。他是激励士气的最大资源，他这个师都忠于他。"

7. 荣誉激励

中国自古以来就重视名节，珍视荣誉。荣誉是众人或企业对个体或群体的崇高评价，是满足人们自尊需要，激发人们奋发进取的重要手段。荣誉激励可分为个人荣誉激励和集体荣誉激励两类。个人荣誉激励指通过对做出一定成绩和贡献的个人授予相当的荣誉称号，并在一定范围内加以表彰或奖励，以表示组织对于个人的认可和褒奖，鼓励组织成员为取得相应的荣誉而努力工作，个人将产生一种成就感和自我实现的心理状态；集体荣誉激励指通过表扬、奖励集体的方式，来激发人们的集体意识，集体成员将产生强烈的荣誉感、责任感和归属感，从而形成维护集体荣誉的向心力量，每个员工会因是成功集体中的成员而感到被激励。因此荣誉激励可以调动员工的积极性，形成一种内在的精神力量，成本低廉，效果显著。

美国教育家戴尔·卡耐基曾指出，为人处世基本技巧的第一条是"不要过分批评、指责和抱怨"，第二条是"表现真诚的赞扬和欣赏"。对于员工不要太吝啬一些头衔、名号，一些名号、头衔可以换来员工的认可感，从而激发员工的干劲。日本电气公司在一部分管理职务中实行"自由职衔制"，就是说可以自由加予职衔，即以"项目专任部长""产品经理"等与业务相关的、可以自由加予的头衔替代"代部长""代理""准"等一般普遍管理职务中的辅助头衔。

8. 工作激励

工作激励指工作本身带给人的激励，包括工作富有趣味性、责任感和成就感等。日本著名企业家稻山嘉宽在回答"工作的报酬是什么"时指出："工作的报酬就是工作本身！"这一回答深刻地指出了工作激励的重要性。特别是在满足了生理需要之后，员工更关心工作本身是否具有吸引力——在工作中是否有乐趣，在工作中是否会感受到生活的意义，工作是否具有创造性、挑战性，工作是否丰富多彩、引人入胜，在工作中能否取得成就、获得自尊、实现自我价值等。

为了做好工作激励，发达国家很多企业花费了许多时间和精力来开展"工作设计"，以丰富工作内容来提高员工工作的积极性。美国管理学家哈克曼指出，如果职务设计中能够充分考虑技能多样性、任务完整性和工作独立性等，并阐明每项任务的意义以及设置反馈环节，则经过这些环节，员工可以体验到工作的重要性，及时了解工作结果，从中产生高度的内在激励作用，进而形成高质量的工作绩效及满意度，大大减少离职率和缺勤率。中国的许多企业也采用了一些办法，如在厂内实行双向选择，员工可以选择自己满意的工作，组织也可以根据员工的兴趣爱好调整其工作岗位；在厂内设立"操作师""助理操作师"工人技术职称等，均收到了较好的激励效果。

9. 危机激励

危机激励指当组织面临危难、不利条件和困难时告知组织成员，产生一种危机感，形成一种不进则退、置之死地而后生的竞技状况，激发员工的决心和勇气，使其拼搏向上、勇往直前的激励方法。忧患意识是中华民族宝贵的精神财富。《易经·系辞》："安而不忘危，存而不忘亡，治而不忘乱。"再以后是《孟子》："生于忧患，死于安乐"。中国古代的"卧薪尝胆""破釜沉舟"等均充分说明了危机激励的重大作用。

西班牙人爱吃沙丁鱼，但沙丁鱼十分娇贵，极不适应离开大海后的环境。当渔民们把刚捕捞上来的沙丁鱼放入鱼槽运回码头后，用不了多久沙丁鱼就会死去。而死掉的沙丁鱼不仅味道不好且销售量较差，因此倘若抵港时沙丁鱼还活着，鱼的卖价就要比死鱼高出若干倍。为延长沙丁鱼的活命期，有个渔民想出了一个法子，将几条沙丁鱼的天敌鲶鱼放在运输容器里。因为鲶鱼是食肉鱼，放进鱼槽后，便会四处游动寻找小鱼吃。为了躲避被天敌吞食，沙丁鱼自然会加速游动，从而保持了旺盛的生命力。如此一来，沙丁鱼便活蹦乱跳地被运到了渔港。

10. 目标激励

企业目标是一面号召和指引千军万马的旗帜，是企业凝聚力的核心，它体现了员工工作的意义，预示着企业光辉的未来，能够在理想和信念的层次上激励全体员工。韩国现代创始人郑周永说："没有目标信念的人是经不起风浪的，由许多人组成的一个企业更是如此，以谋生为目的而结成的团体或企业是没有前途的。"

员工的理想和信念应该通过企业目标来激发，企业应积极宣传自己的长远及近期目标，做到家喻户晓，这样全体员工将意识到自己工作的社会意义和光明前途，从而激发员工强烈的事业心和使命感。在开始目标激励时，还应注意把企业目标与员工的个人目标结合起来，宣传企业目标与员工个人目标的一致性，这样企业目标包含员工个人目标，员工只有在实现企业目标的过程中才能实现其个人目标，从而激发员工强烈的归属感和巨大的工作热情。

三、合理设计激励制度的艺术

激励制度的设计指组织为实现其目标，根据其成员的个人需要，制定适当的行为规范和分配制度，以实现人力资源的最优配置，达到组织利益和个人利益的一致。激励制度就是将激励过程规范化，每个员工将根据未来目标的期望效用来调整自己的行为，其实质就是管理者抱着人性观念，通过理性化制度来规范员工行为，调动员工的积极性，谋求管理人性化和制度化之间的平衡，进而达到有序管理和有效管理。具体而言，激励制度包括：

1. 工作设计

工作设计指为了有效达到组织目标与满足个人需要，对工作实质、工作职能和工作关系进行设计。对于那些从事枯燥的重复性工作及满意度较低的员工而言，工作的合理设计可以使组织成员提高工作兴趣、激发工作热情、增强工作责任感和改善人际关系等。工作设计的主要方法包括工作轮换、工作扩大化以及工作丰富化。

工作轮换指通过让员工定期承担不同的任务来增加工作的多样性。这种方法通过增加工作涉及的任务数量和多样性来扩大工作范围，能够提高员工对工作的认识，配合员工的个人职业发展以及企业接班人计划。但同时这种方法存在诸多不足：轮换工作有时并非员工期望；由于员工对新轮换工作不熟悉，从而增加了培训成本；等等。工作扩大化指将几种工作综合成一种新型的、涉及面广泛的工作，从而横向扩大组织成员的工作范围，让员工感受到工作的多样性。工作扩大化有助于员工在原有工作技能的基础上增加更多的工作经验，提高员工的满意度。但同时可能会增加员工负荷，遭到员工抵制。工作丰富化指纵向扩大组织成员的工作范围，不仅仅是改变工作的任务数量和频度，还包括将工作责任、赏识、发展机遇、学习机会以及成就感等高效的激励因素融合到工作中。

瑞典沃尔沃汽车制造公司的管理本来一直沿用着传统的方法，即重技术、重效率、重监控。直至1969年，工人的劳动不满态度已变得十分严重，公司不得不考虑改革管理办法。公司认为，最大的问题是将人变成了机器的附庸，另一个问题则是形成了一种缺乏交流的沉闷气氛。所以，公司取消了传统的装配传送带，并让该工厂工人自愿组成自治作业组，组内可以彼此换工且允许跳组，只要小组同意即可。自治作业小组设置后，员工的自主性得到了加强。各组全权负责相应的计划和检验工作增强了工人的责任感和群体协作意识，进而使各组的缺勤率和离职率大幅度下降。

2. 工作时间安排

庄子曾说过："人生天地之间，若白驹过隙，忽然而已。"合理的工作时间安排，可提高时间的利用率及工作效率，避免浪费时间，并能有效地激励员工完成工作任务。工作时间安排具体包括：

（1）压缩周工作时间

压缩周工作时间指在传统"每天工作8小时，每周工作5天"的基础上，安排更少的时间来完成全职工作。这种方法的最普通形式是"4—40"，即以4个10小时的工作日来完成40小时的工作。"4—40"制度的优点是员工每周有三个连续休息日。对员工来说，可以有更多的休闲时间并可节约部分交通费用；对组织来说，可以降低缺勤率，提高组织绩效。但是实行这种制度会产生一些潜在的不利因素，包括工作日程安排问题、消费者抱怨和工会反对问题等。

（2）弹性工作时间

弹性工作时间又称弹性时间，即可以给员工更多的权利去选择自己每天的工作时间。在保证每天工作时间的情况下，员工可以随意支配自己的时间，有机会处理个人事务。这一优点对于某些员工来说特别重要，如有创造力并酷爱自由的员工、双职工家庭、单亲家长等。弹性工作制是员工最希望得到的福利之一，普遍适用于高校教师、科研机构及部分企业科研部门。

（3）工作分担

工作分担指一份工作分为若干份，由两个或两个以上员工共同或者分步完成。工作分担经常涉及几个人，他们每人每天工作半天，且可按周或月分担工作。组织如今因为工作可以分拆和分担，从而可以从雇用高才能员工中获得更多的效益，而这在以前是很难实现的，这种方式对为人父母的技术专家特别有吸引力。工作分担尽管有时候会出现调节问题，但对员工来说还是有相当的吸引力。

（4）远程办公

远程办公指通过现代互联网技术，实现非本地办公：在家办公、异地办公、移动办公等远程办公模式。远程办公摆脱了传统固定办公室的办公模式，运用现代化的科技手段，使员工在不同地方都能够随意处理工作事务，摆脱了地域限制，节省了时间和费用。这种工作模式，在市场营销、金融分析、行政服务和计算机编程等行业逐渐开始流行。

（5）外包与兼职工作

外包指将工作委托给公司以外的个人或单位来完成并支付相应报酬的方式，其可以是部分外包，也可以是全部外包。兼职工作指雇用临时人员来帮助公司完成任务。采用外包方式，一方面是因为工作较多，本公司人员难以在既定时间内完成任务；另一方面是因为工作可分割，但分割附加值较低。采用兼职方式则是因为工作相对较少，工作难以较为明确地分割，需要共同完成但人手不足。利用外包方式或兼职方式都有利于企业集中主要精力完成较为重要的工作，进而获得更多的利润。但是，非企业人员常常缺乏工作责任感和熟练的工作经验，可能会导致生产率降低。

四、平衡绩效管理及人文关怀的激励艺术

孔子指出"天地之性人为贵"，老子提出"道大、天大、地大、人亦大"，从中可以看出古代简单而朴素的人本主义观念的雏形。进入21世纪的今天，人们动辄就讲以人为本的行动方式或人性化管理行为，这表明人们对以人为本的管理精神在意识水平、感受能力和实践方式上的迫切要求。同时，平衡绩效管理和人文关怀要遵循以下原则：

1. 平衡演化原则

平衡演化原则指在组织激励过程中，遵循将员工的生存、发展目标与组织的业务发展目标平衡协调发展的原则。任何一个组织的经营管理活动都是相关的各种经营与管理因素相互作用、相互协调和实现平衡的过程。但在很多现实的组织中，人的发展目标与组织的业务或经济发展目标却不容易达到协调与平衡，重业务目标的现象普遍存在。

遵循平衡演化原则，要求管理者出于人本主义观念，把员工视为"社会人"和"自我实现人"来加以激励，采取尊重、信任、情感关照和民主管理方式，试图培养员工在工作中能够产生自主、自觉、自爱、自强和自律的精神行为，以充分实现广大员工个性的健全发展，促使个人发展目标与组织业务发展目标达到协调与平衡。但是，为了防止工作中出现求安求稳、不思进取、懒于创新等消极的思想和行为，管理者应采用相应效率化的绩效管理方式，及时调整、纠偏和控制，以保证组织的工作效率和效果。

2. 以人为贤原则

以人为贤指在激励过程中，充分肯定员工的自身贤能并积极开发员工的潜能。一直以来许多组织管理者都偏重对组织业务目标和经济效益的追求，而忽略了对组织最为核心要素——人的关注。一个组织若想长期健康地发展下去，有一批知识结构合理、富有远见、对组织高度忠诚的员工必不可少。以人为贤，作为基本的激励原则，需要贯穿每一个管理环节和整个管理过程。

在激励过程中，运用以人为贤原则时，应注意以下几点：一是要结合人性的优点和弱点，激发员工的潜能。大多数员工都具有智慧贤达的潜能及良好的感悟和认知潜能，但同时不可否认人性的弱点存在的普遍性和客观性，所以应采取适当的教育、培养和引导，激发员工的潜能。二是在现实中不能无原则、无标准地以人为贤。管理者应该按照公平合理的组织原则、组织制定、组织标准来给予考评，根据其表现，适当提携以激励，优化人员素质。三是在确定组织宗旨、组织战略、组织任务、组织机构与制度、组织沟通方式、管理方法和组织控制手段等时，都要贯穿"以人为贤"的指导思想，营造良性的竞争氛围，

使员工公平合理地获得成才机会,激励他们更好地实现组织价值与自我价值。

3. 以人为亲原则

以人为亲指在激励过程中,管理者在组织中营造出一种友好平和的氛围,把组织成员看成亲人,形成互相尊重、互相爱护的组织文化。以人为亲作为一种管理理念,需要在每一位组织成员和每一个管理事件上加以体现。

在激励过程中,运用以人为亲原则时,应注意以下几点:一是组织成员是一个大家庭,组织成员之间应淡化等级差别、身份隔阂和利益对立,积极化解矛盾与冲突,在处理利益问题上,要强调像对待亲人一样给予理解、体谅和退让并理智分配;二是在面对利益决策、关系管理和处理人际问题时,要求全体组织成员遵循以人为亲原则,承认人的两面性和矛盾性表现的客观事实,但不能因此而采取孤立、冷落、排斥和打击的态度行为。

法国作家拉·封丹写过这样一则寓言:北风和南风比威力,看谁能让行人把身上的大衣脱掉。北风首先来了个寒风刺骨,结果行人把大衣裹得紧紧的。南风则徐徐吹动,顿时风和日丽,行人春意上身,纷纷解开纽扣,继而脱掉大衣,于是南风获得了胜利。这个故事又被称作南风法则,它说明了一个道理:温暖胜于严寒,对企业开展人本管理有着积极的借鉴作用。管理者在管理中运用南风法则,就是要尊重和关心下属,多点人情味。

4. 以人为尊原则

以人为尊指管理者以谦逊的态度对待员工,尊重每一位员工。人性的弱点之一就是以利取人、待人,以地位、身份、权势和财富看人、待人,这就导致了人们心理上长期存在着一种有关人的等级之分或尊卑意识,从而使组织容易陷入功利怪圈,员工得不到尊重、才能得不到认可、潜能得不到激励。因此,以人为尊的思想观念尤为需要推崇和普及,进而以此来改善或者改造组织中的人际关系。

在激励过程中,运用以人为尊原则时,应注意以下几点:一是要加强对组织成员的管理教育,树立职务无高低、人格无差异的观念;在交往中,要注重与同事间的人格平等,而不是只考虑是否对自己有利的职务、身份、地位、财富等。二是要普及重人轻物、重人轻利的思想,不能以物取人、以利取人,在物质因素和利益因素面前,要人为先、人为重、人为贵、人为上。三是要注意把握尊重的度,对于那些故意侵害公共权利和他人权利的人绝不能无原则、无分寸地尊重和善待。

孟子曰:"君子所以异于人者,以其存心也。君子以仁存心,以礼存心。仁者爱人,有礼者敬人。爱人者,人恒爱之;敬人者,人恒敬之。

意思是君子与一般人不同的地方在于他内心所怀的思想不同。君子内心所怀的思想是仁,是礼。仁爱的人爱别人,礼让的人尊敬别人。爱别人的人,别人也会爱他;尊敬别人的人,别人也会尊敬他。

5. 与人为善原则

老子曰:"上善若水,水善利万物而不争,处众人之所恶,而攻坚强莫能胜之。"意思是最高境界的善行就像水的品性一样，泽被万物而不争名利，处于众人所不注意的地方，如果来势凶猛，没有什么能阻挡的。与人为善是管理者以善意之心对待每位员工，进而在组织内部，形成和谐友善的氛围。若一个组织内部和谐友善，则员工的天性可以得到释放，这能够增强其对组织的忠诚度，最终以实际行动回馈组织。

在激励过程中，运用与人为善原则时，应注意以下几点：一是善待组织成员，把组织成员的需求和权利放在第一位，树立与普通员工同甘共苦的信念。二是允许员工"合理犯错"，组织在快速成长的过程中，有些错误在所难免，这将是组织成长的代价。管理者应提供员工犯错的空间，并给予积极的引导和指导。三是对所有员工应一视同仁，对于组织中的优秀员工，应不偏爱、不袒护、不骄纵；对于组织中的后进者，应不蔑视、不冷落、不疏远，积极给予鼓励、重视和支持。

案例

阿里巴巴：打造全球最佳雇主公司[①]

马云有一段演讲是这样说的："让华尔街所有的投资者骂我们吧，我们永远坚持客户第一、员工第二、股东第三。我们要在未来十年成为全世界最大的电子商务服务供应商！打造全球最佳雇主公司！"几句话，铿锵有力、掷地有声，相信这绝不是马云先生现场即兴发挥，更不是几句简单的承诺。

在2008年金融海啸来袭，全球大多数企业纷纷祭出了裁员或减薪大旗，阿里巴巴不仅采取了不裁员、不减薪政策，而且要在2009年扩招5 000名员工，相当于在现有人员规模的基础上增加近45%的员工。阿里巴巴旗下各子公司都将在这一招聘计划中得到相应"配给"。在市场普遍谨慎时，依靠2007年不俗的成绩，公司给除副总以外的员工进行了加薪。阿里巴巴高层对整体形势保持乐观态度，认为"全球经济的衰退并没有影响到国内在线交易市场的发展，反而有利于淘宝网扩大市场份额"。

在阿里巴巴集团内部，员工只要达到一定级别和业绩，就可以获得股票期权或者受限制股票。除此之外，老员工还可以直接获得股权。阿里巴巴内部有70%的员工拿到了股权激励，后进来的12 000名员工中有50%的员工拿到了股权激励，即新增6 000人在7年中拿到了股权激励，包括经理级别员工、软件工程师、销售和营销业务方面员工以及支付宝员工，他们都将成为这场IPO盛宴之后的获益者。

同时在行政上，只要在当前岗位工作满一年且考评合格的员工就有资格参加内部招聘，包括淘宝、支付宝、雅虎中国等各个子公司部门。在公司内部，还有一个专门做员工福利的部门，以每周一次的频率给员工定制各种个性化礼物。

思考题：
(1) 根据案例总结阿里巴巴采取了哪些激励方法？
(2) 你如何评价阿里巴巴的激励机制？

---

① 参考网上多篇报道（如《中国新首富马云》，http://www.360doc.com/content/14/0915/19/3553928_409717342.shtml）撰写而成。

第十章
知识创新与安全管理

当今社会正处于知识大爆炸、环境瞬息万变的创新时代,掌握知识的推陈出新者必胜,不学无术的墨守成规者必败。随着社会经济的快速发展,人的价值逐渐受到宣视,有形资本与无形资本快速增加,生命与资本安全的重要性日趋突出。

第一节　知识管理

知识改变命运，知识就是第一生产力！但知识创造、知识获取、知识储存、知识共享与知识利用的道路从来都不是一帆风顺的，需要像人力资源、财务资源等资源一样进行有效管理，才能达到预期效果。

一、知识管理的特征

知识管理是企业为提高自己的生产效率和核心竞争力，利用适当的技术和文化环境，开发、利用和共享人类知识的过程。企业通过对内外部的知识进行定义、获取、储存、创造、分享和利用等，让每位员工都能够随时快速地获取知识，并运用到产品和服务中去，达到知识不断创新、企业知识资本和绩效不断提高的目的。其具有如下特征：

第一，知识管理是对信息的管理。知识作为结构性经验、价值观念、关系信息和专家见识及其组合，产生和运用于员工的大脑，所以知识往往不仅存在于文件或数据库中，也根植于企业的日常工作、程序、惯例和规范中。这些知识都可以通过计算机和网络进行编码、存储、传播和共享，所以知识管理是对信息进行管理。

企业的知识管理应建立和维持一个通畅高效的信息网络，运用信息管理系统、人工智能、知识存储和更新等专业技术，从事信息的收集、检索、分类、存储、传输和分析等工作，这些工作的核心是计算机科学、信息科学和信息科技。

第二，知识管理是对人的管理。知识源于人而用于人，知识管理应侧重于人的主观能动性，首先对员工的行为活动进行观察和统计，得出评估结果，然后分析结果并提出改进员工行为的建议，最终达到提高企业管理效率的目的。

知识创造理论之父野中郁次朗说：知识创新并不是简单地处理客观信息，而是发掘员工头脑中潜在的想法、直觉和灵感，并综合起来加以运用。

人具有主观能动性，员工的知识常常表现为动态的，无法进行预测和管理，不宜像管理信息一样管理人。知识管理应给予员工足够的空间，发挥其自主性和创造性，以产生更多更有利于企业运营的想法。

第三，知识管理是对信息和人的综合管理。知识管理不仅管理信息和人，还要将信息和人综合起来管理，以提升企业的生存性与适应性。

二、知识管理的对象

知识不同于其他资源的标志性特征是知识会不断地自我淘汰，知识管理是针对知识的管理，其对象就是知识，知识可以分为显性知识和隐性知识。

1. 显性知识

显性知识指能够明确表达的知识，即人们可以通过口头传授、教科书和数据库等方式获取，可以借助语言、书籍、文字和数据库等编码方式传播，容易直观接触、学习的知识。人们平时浏览的书籍、查找的文献和数据等都属于显性知识。

显性知识是一种客观存在的、可存于文档中的知识，由于具有容易记录和转移的特性，显性知识管理主要侧重于借助信息技术来提高管理效率，即采用编码化策略。如企业将日常生产数据记录下来，整理成文档储存起来，以便反复使用。

2. 隐性知识

隐性知识指人们知道但难以言述的知识，一般不能通过语言、文字、图表和符号明确表述，是人类非语言智力活动的成果。人们的工作经验、对待事情的理解和判断等属于隐性知识。

隐性知识是一种主观上存在的、较难被文字记录或转移的知识，故隐性知识管理主要侧重于对人的主观能动性的观察与培养，即采用个性化策略。如不少企业的培训机制中都有"导师制"，即采取"一带一"的教学模式，前辈将自己的工作经验直接教给新人，新人在这些丰富的经验中加入自己的行事风格，创造出更为简便高效的方案。这也体现了隐性知识管理的偶然性、动态性、个体性和文化性。

知识创造理论之父野中郁次朗说：隐性知识是高度个人化的知识，它深植于行为本身，植根于个体所处的环境，如某种工艺或专长，它有自身的特殊含义，很难规范化，也不易传递给他人。

三、知识管理的作用

经济全球化意味着竞争全球化，技术的快速进步意味着知识的快速创造。企业的核心竞争力体现在全球范围内新知识的创造、拥有与利用。具体来看，知识管理的作用主要体现在：

1. 应对经济全球化

随着经济全球化脚步的不断加快，市场竞争格局不断加剧。产品的生产与贸易不再仅限于一国之内，而是在全球范围进行，这导致其他国家利用比较优势生产的部分产品更具优势。同样的，经济全球化给信息、技术和资源等方面也带来了较大的冲击。在此种背景下，引入知识管理能让企业以较低的成本获得较多的资源和较新的技术，缩短产品的生产周期，提高企业员工的创造力和生产效率，进而在激烈的市场竞争中占有一席之地。具体来说，有助于企业掌握国际上更为先进的技术，有助于企业缓解经济全球化带来的冲击，有助于企业提升整体生产力和掌握商机的能力。

2. 促进信息技术化

伴随着网络技术的迅速发展和信息时代的深入，要求加快对信息收集、处理和共享的速度，企业需加快对信息技术的引进和学习。知识管理在企业信息技术化中发挥的作用主要体现在：收集和处理大量显性知识和隐性知识；为了使员工能够更好地了解和学习这些知识，需要更先进的信息技术实现员工之间无障碍的沟通和学习。企业必须建立强大的具有自身特色的知识信息网络，促进企业信息技术化的发展和进步。

3. 凸显企业特色化

在竞争日益激烈的市场环境下，生产特色产品，突出自身优势以适应客户的个性化需求，是提升企业核心竞争力的重要方式。提升核心竞争力，不仅有利于企业生存，还有利于在竞争激烈的市场中不断发展和进步。企业引入知识管理，可以最大限度地激励员工的灵活性和发散性思维，创造更多的专利技术，同时可以创立一个内部的知识学习与交流平台，开发良好的培训模式，纵向上保障经验的成熟性和传承性，横向上维护创意的自由性和原创性，从而创造和生产出更多的特色产品，保障企业的活力。

卡尔说：知识管理就是运用集体智慧提高企业的应变能力和创新能力，为企业实现显性知识和隐性知识共享提供新的途径。

知识管理的出发点是将知识作为管理的核心，最大限度地通过学习和掌握知识提高企业的核心竞争力。知识管理能够吸收个人知识以扩大企业的知识资源，能够以较低的成本跨地区收集信息以增强企业的产品优势，能够加快企业各部门的内部合作以提升企业的运作效率。

四、知识管理的典型模型

知识管理模型是由一些比较著名的学者或研究机构提出的知识管理的理论框架，这些理论框架在学术界获得了比较高的认同，在企业的知识管理实践中发挥着重要作用。具有代表性的知识管理模型有：

1. 知识管理能力模型

知识管理能力模型是由戈尔德等人于 2001 年提出的，因其全面性和完整性而被众多学者接受。在该模型中，知识管理能力包括过程能力和基础能力两个部分，过程能力主要考虑知识的获取、转化、应用和保护四个阶段，基础能力包含技术、结构和文化等三个主要因素，这四个阶段和三个因素合起来就是知识管理能力模型的核心。

四个阶段的第一个阶段是获取，即构建内部学习平台，如 E-learning、内部数据库等，有利于新员工快速获取知识，更快地融入工作；第二个阶段是转化，知识需要在不断的交流和分享中才能发挥最大的作用，个体汲取知识之后，需将知识转化成实际能力，即自我转化，同时还需通过交流和共享等方式完成不同个体之间的知识转化，以达到扩散、更新、具体化知识的效果；第三个阶段是应用，知识管理的重点在于如何将知识和企业更好地结合起来，"应用"就是实现的纽带，企业可以通过各种途径调动其内外部对知识应用的能力，这一过程中应注重"适用"和"高效"；第四个阶段是保护，内部知识是核心竞争力的重要组成部分，需防止核心知识泄露和盗用等问题。

三个因素中，技术环境是知识管理实施的基础，知识管理的每一步都离不开技术支持。企业只有拥有完整全面的数据库、完善流畅的网络和清晰透明的系统等，才能让员工更快地接触和学习企业知识，加快知识的共享过程，尽快为企业创造价值。结构环境是知识管理实施的路径，知识管理要求企业结构环境横向各部门分工明晰，职责划分明确，鼓励各部门之间相互合作，不断增强团队合作力；纵向工作流程交接到位，激励系统透明完善，上下级之间的熟悉度和认知度以及团队工作效率较高。文化环境是知识管理实施的动力，良好的企业文化能够让员工有更多的认同感和归属感。这种自发的认知过程会提高员工的忠诚度，减少人才流失，降低人力资源成本，同时在一定程度上能够加强对知识的保护。

2. 知识管理流程—支撑模型

知识管理流程—支撑模型是由美国生产力与质量中心（APQC）和安达信咨询公司联合开发的知识管理模型，包括知识管理流程与支撑因素两个层面。该模型认为，知识管理流程需由收集、整理、改造、使用、创造、识别和共享七个过程循环组成，同时为推动知识管理方案的实施，还必须有四个因素的支撑，即领导与战略、企业文化、信息技术与基础设施以及管理维度的绩效评估，具体如图 10-1 所示。

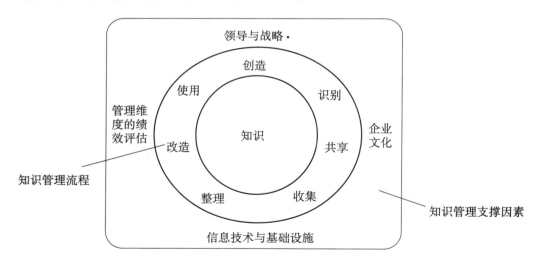

图 10-1　知识管理流程—支撑模型

从图 10-1 可以看出，每个过程的良好运行和循环是保障企业知识积累的基石。知识管理流程的七个过程是一般企业学习和利用知识的过程。在领导与战略、企业文化、信息技术与基础设施、管理维度的绩效评估等四个支撑因素中，前三个支撑因素和知识管理能力模型中的基础能力类似，最后一个支撑因素需要企业明确知识管理和财务绩效之间的因果关系，设定统一化、透明化的标准，根据知识管理绩效的优劣确定未来的资源配置和工作重点。

3. 知识创新模型（SECI）

知识创新模型由野中郁次郎和竹内弘高于 1995 年首次提出，是一种有效研究组织知识的产生、转移和再创造的模型。知识创新模型从显性知识与隐性知识的角度出发，分别从个人、团队和组织三个层面对知识进行了分析，主要包含四个"知识创新"阶段，具体内容如下：

第一阶段是社会化，是隐性知识向隐性知识的转化，侧重于信息共享，通过观察、实践和改善等步骤，逐步达到分享经验的结果。

第二阶段是外部化，是隐性知识向显性知识的转化，侧重于表达与具体化。隐性知识是个体自我的一种内在所得，需要通过提炼和总结，再采用某种方式将其记录和表达出来，才能让他人套用与借鉴。

第三阶段是组合化，是显性知识向显性知识的转化，侧重于多样性，通过将各种显性知识进行适当组合，形成更为丰富的新显性知识，以实现显性知识的传播、叠加和提升等过程。

第四阶段是内部化，是显性知识向隐性知识的转化，侧重于适用性，通过将外部的显性知识吸收进入企业内部，使员工利用有利的资源将知识消化并根据自身情况调整为适用于自我和企业的隐性知识，增加知识与自身和企业的匹配度。

知识创新模型重点在于通过这种循环转化过程形成一个螺旋上升的知识创新过程，在这个过程中人力资源、人文资源和核心能力均快速提升，进而形成一个知识创新型企业。

五、知识管理技术

知识管理最近发展迅速的重要原因是计算机与信息技术的高速发展。知识管理技术指能够协助人们生产、分享、应用和创新知识的基于计算机的现代信息技术，是知识管理的推手。常用的技术有：

1. 协作平台技术

协作平台指能够供使用者搜集信息和完成任务的平台，具有分工合作、进度控制和版本控制等功能，比较著名的协作平台有百度百科和维基百科等。

协作平台的建设一般需要整合企业的信息资源，其建设内容为：建立知识管理体系，通过创造协作和共享的环境，为知识管理的实施提供平台支持；建立协同管理体系，重点在于促进企业内部、企业客户和供应商等之间的良好协作；利用集成技术，即 EAI 技术[①]建立知识协同管理平台。EAI 通过建立底层结构，联系企业的系统、应用软件和数据库等，满足企业内部资源共享的需求。

协作的优势在于可以依靠群体完成个人很难完成或者需要极大成本才能完成的任务，

[①] EAI 是将基于不同平台、用不同方案建立的不同应用集成的一种方法和技术。

其收益大于个人收益的加总，即实现协同效应。借助协同效应，协作平台可以让企业的资源得到充分有效的利用，降低企业成本，增加企业收益；同时还能够使企业充分掌握外部信息，提高技术，缩短产品生产周期，扩大经营范围，增强企业竞争力。

2. 内容管理技术

内容管理指企业对各种信息资源的搜集、分类和管理，常作为数字图书馆或企业知识管理的一个组成部分。内容管理系统一般由文档模板、脚本语言或标记语言和数据库构成。

良好的内容管理技术应由以下几部分组成：一是采集系统，负责知识的采集、获取、整合和转换工作，可对组件、内容进行定义和搜寻；二是管理系统，负责组件、内容和公布模板的存取管理工作，可记录内容版本、工作流程状态，设定权限和进行更新处理等工作；三是出版系统，负责将数据库中的内容自动快速地根据所建立的公布模板进行修改，然后传送至各种出版媒体；四是工作流系统，负责确保整个内容从收集、储存到公布的有效正确运行。

众多的信息和内容经过以上系统的整理，能够形成清晰有序的文档或板块。虽然内容管理技术前期投入的显性成本较大，但其后期的隐性收益颇丰。内容管理让员工和客户都能够及时有效地利用系统资源，不仅提升了竞争力，还增加了企业商誉，收益巨大。

3. 多媒体技术

多媒体指在计算机系统中，能够组合两种及以上媒体的一种人机交互式信息交流和传播的媒体。与协作平台最大的不同是它没有正式地编辑知识，但是同样可用于知识的扩散和传播，这种形式在生活中更为常见。

多媒体技术将大量的信息记录于媒质中，以文字、声音和图像等形式表达出来，其应用领域非常广泛。按功能，可以将多媒体软件分为：系统软件，指诸如 windows 和 Linux 操作系统等计算机基本操作系统软件；创作软件，指诸如 C 语言编辑软件等用于集成和编辑多媒体的各种素材和设置交互控制的软件；编辑软件，指诸如文字处理软件等用于搜集、整理和编辑各种数据的软件；应用软件，指诸如多媒体播放器等应用上述软件编制的多媒体产品。

多媒体技术可用于新员工培训、产品广告宣传、内部监控等，具有集成性、实时性和交互性等特点，能够迅速而清楚地表达很多用文字无法详述的内容，直观且印象深刻；能够让每个个体都快速地接收到新信息，基本无时差；能够在接受信息的同时继续进行编辑和共享，增加相互之间的交流；借助其他辅助工具，如激光指示器等有助于促进演示者和参会者之间的沟通。

4. 网络会议、电子社区和 VoIP 技术

网络会议的一个重要组成部分是网络视频会议，根据其对软件的需求程度，可以将其分为硬件视频会议、软硬件综合视频会议、纯软件视频会议和网页版视频会议四种形式，其中，硬件视频会议和软硬件综合视频会议由于价格昂贵和维护难度大等，已基本不再使用，纯软件视频会议和网页版视频会议成为主流。网络会议以其较高的性价比、稳定性和

可靠性等优势,已广泛运用于各企业,大大降低了企业的会议成本。

电子社区对年轻人来说相对较为熟悉,它是在网络上提供一个交流平台,在此平台上人们可以进行各种交流,其种类包括各种论坛、聊天室和微博。电子社区具有以下功能:第一,社区通信,特定的社区可为每位成员提供电子邮箱,方便互相通信和交流。第二,聊天,除普通的文字交流之外,系统还可以提供动画表情和语音等服务,增强交流的多样性。第三,以帖讨论,BBS在高校中是不可忽视的信息来源之地,如二手商品、就业信息和学习经验等。第四,发起或投票,在社区中投票比常用的投票方式更加透明和民主。总之,某个特定的电子社区中聚集着具有相同爱好的使用者,他们在公开表达自己想法的同时,还能够关注与评论其他拥有相似态度的人,大家对信息的交流和互换更为热衷,讨论集中度较高,信息流动性较大。

GxMedia游戏网络公司创始人方镛凯说:客户可通过多种方式在网上讨论企业及其产品,社交网络社区为企业提供了参与讨论并施加控制的机会,企业会发现节省客户服务成本带来的收益。

VoIP技术的基本原理是通过某种特殊算法,将语音处理打包后,利用IP网络运输给对方,以达到用互联网传送语音的目的。VoIP技术可以概括为网络电话。与传统的电话相比,VoIP技术不仅能保障较长时间的通话质量,还能监控录音,更重要的是成本低廉。

网络会议、电子社区和VoIP技术均侧重于利用互联网技术,构建一个虚拟空间,人们在交流和共享信息时如同面对面地直接沟通,增强了参与性。

5. 搜索技术

搜索指利用搜索工具在浩瀚如烟的数据中又快又准地找到自己所需要的信息和数据,一般应用于知识的发现过程。它属于知识管理技术体系中的基础技术,针对性强,可以节省浏览和寻找信息与数据的时间,增加知识收集的准确度,提高工作效率。

搜索可分为内部搜索和外部搜索两种,外部搜索是通过寻找关键词或语句,系统根据相关程度或搜索热度将结果提供给使用者,如Google和百度;内部搜索是在已建立的文件库中选择和提取出符合自我需求的一部分,用于查阅、修改和增添信息。如自动文摘是利用计算机系统,自动从原始文档中提取的、能够全面反映文档中心内容的短文。

6. 系统集成技术

系统集成指利用计算机网络技术和结构化布线系统,将各个分离设备、各种功能和所有信息等集成到相互关联、统一和协调的系统之中,充分利用资源,完成信息共享,以便实现集中与高效管理。

系统集成一般包括设备系统集成和应用系统集成,其实现的关键在于解决系统之间的互连与互操作问题,是一个多厂商、多协议和面向各种应用的体系结构。在电子商务中,系统集成的应用较为广泛,它要求确保用户接入、流程查询和问题解决等各业务过程都能够顺利进行,同时拥有相应的历史记录,更重要的是能够根据已知的客户信息,选择出在特定情况下能够与客户联系的恰当渠道。如当股票下跌时,股票经纪人可以根据购买者之前的历史信息，推测出其承受幅度，当跌势超出该幅度时，通知并指导离线客户卖出股票。

系统集成以满足用户需求为出发点，可以最大限度地过滤用户所需信息，其个性化特点让每个用户都可以得到最大满足，"最好"不是目标，"最适合"才是结果。

六、知识管理实施的过程

知行合一，止于至善。知识不会不请自到，需要企业足够重视，有目的、有计划、有手段才能让知识走进企业。知识管理包括认知、规划、试点实施、全面实施、制度化、评估和优化等七个阶段的管理。

1. 认知

认知指理清企业知识管理的现状，统一企业对知识管理的认识，明确知识管理的目标。对知识的认知不仅是知识管理的基础，认知的准确度直接决定了实施的正确性，同时也确立了企业知识管理实施的方向。

认知的主要任务是：尽可能让员工，特别是高层管理人员全面透彻地认识知识管理；利用评价工具多角度评估知识管理现况，找出问题；预测知识管理的短期、中期和长期效果等。具体实施可分三步走：第一步是关注企业文化，了解企业管理现状。企业文化奠定了知识管理的大背景，不仅对知识管理实施方案的选择有很大影响，也会对各级员工的价值观产生作用。第二步是加强员工培训，关注优秀同行动态。首先，培训新进员工，可以加速他们对企业的熟悉度，增强他们对企业文化的认同感；其次，中高管理层在知识管理的推进中举足轻重，如果其对知识管理的认知不清晰，就很难取得知识管理实施的成功，因此必须高度重视对中高管理层的培训；最后，多关注、参考、借鉴同行业甚至不同行业成功的知识管理案例，可以在学习和模仿中找到适合自身的知识管理模式。第三步是完善管理机制，提升战略高度。知识管理的推广需要企业流程和绩效等机制的配合，同时提升战略高度能够保障知识管理长期可持续改进。

2. 规划

规划指在分析知识管理现状、业务发展和目标等的基础上，充分把握知识管理需求，按需求设计知识管理战略。规划本质上是在理论上细化企业知识管理的内容，目的是实现知识管理和企业管理活动的深度融合。

规划的主要任务是：对知识管理现状进行全面、清晰的了解，力争规划能够最大限度地符合企业实际；结合企业特性制订独特的方案与规划，不同业务体系和职位的知识有很大差异，需要考虑成本和适应性；明确企业发展战略，制定科学的知识管理战略；结合企业文化建设，在企业内部营造良好的知识管理氛围。

规划的难点在于实现知识管理与现有管理制度及企业实际的融合，形成企业特色的知识管理模式。可行的解决办法是中高管理层常与咨询专家交流，利用他们的专业知识，共同制定满足企业需求的规划。

3. 试点实施

试点实施指按照规划，选择合适的业务部门或职能岗位试行知识管理方案。这一步是规划后的具体实践，针对性强，容易在短期内看到效果，能够及时调整误差，为全面实施提供实际支持。企业应及时分析试点实施结果并修正方案。

试点实施过程中需结合企业的业务模式梳理知识体系，适当引入知识管理技术系统作为辅佐工具。试点实施的重点和难点在于选择适当的部门或职位，如果选择的部门或职位契合度较低，则分析的结果可能偏差较大，在未来全面实施时容易失败。选择试点部门或职位的原则是"契合度优先，成本优先"，但在实际操作中契合度很难度量，可行的解决办法是建立高效有力的团队，做好各部门、各岗位和各系统的研究开发等多重工作，充分了解它们的特性，不断增加试点实施方案，提高契合度。

4. 全面实施

全面实施指在对试点实施调整和改善的基础上，逐步全面推广知识管理规划方案，以实现全面、真正的知识管理过程。

全面实施的主要任务是：借鉴试点实施经验，将其适当调整后应用到其他部门；全面推广知识管理，尽量做到知识管理理论的普及、系统的完善和思想的转变等；植入企业文化，初步建立知识管理制度；将头脑风暴等有利于知识管理提升的模式应用于企业。

全面实施分为四个阶段：第一阶段，把握知识管理全局，将知识管理融入方方面面，力争针对任何部门的任一问题都有可行的解决方案。第二阶段，建立和完善企业内部知识小组，引入头脑风暴等学习方法，尽快更好地向学习型组织转化。第三阶段，业务不同的流程和员工均有很大差异，需将日常工作细节纳入系统，分析企业业务流程。第四阶段，建立有特色的知识管理系统，确保知识在企业内部的交流、创新和共享。

全面实施面临的环境复杂，无法预期和测度的人为因素较多，推行难度大，可能会造成一定的混乱，会出现思维观念转变和利益再分配等问题。需提前做好准备，加强控制和引导，建立有效的激励机制和绩效考核机制。

5. 制度化

制度化指在总结认知、规划、试点实施和全面实施等阶段的经验的基础上，形成一套可以快速运用的知识管理体系。制度化既是以上知识管理步骤的总结，也是知识管理的开始。在该阶段，各种知识管理战略被重新定义，方案是目前最优的，随着企业的不断发展，制度化也会随之不断改进。

制度化的主要任务是：有意识地深入完善知识管理战略，全面将其融入企业流程、管理和绩效等体系中，逐步发展成为企业核心竞争力的一部分。

制度化的难点在于调整与创新知识管理战略和实施方案，以适应不断变化的业务流程。解决这个问题没有捷径，企业需要做的就是不断改进知识管理体系。

6. 评估

评估是分析知识管理实施前后各项指标变化的一项管理活动。通过评估可以修正和调整知识管理战略，保证知识管理实施的有效性。评价不是一个单独的过程，而是贯穿于整个知识管理的实施。

评估知识管理实施的维度主要有：一是人力资本，表现为员工培训的投入与产出。员工培训的投入可通过投入资金量测度；员工培训的产出又分为显性收益和隐性收益，显性收益指员工技能提升引发的产量增加，隐性收益指员工忠诚度和创造力的提高。二是创新资本，表现为专利和知识产权的投入与产出。其中，投入可通过投入资金量测度，产出可通过数量或者效益测度。三是客户资本，表现为销售的投入与产出。

评估的难点在于无法量化指标，如"导师制"中教授过程占用的时间成本和信息系统的利用成本，个人创造力的提高和团队合作力的增强等。

7. 优化

优化指不断改进内部环境和组织结构，以适应实施条件和发展要求的知识管理行为。这一步是知识管理提升的过程，有利于进一步提升知识管理的实施效果。

优化的主要任务是：首先，塑造良好的文化氛围，企业应主动建立自由、真诚、分享和宽容的文化氛围；其次，学习知识是长久和持续的过程，应多鼓励员工创新思维，让企业向学习型组织转化；再次，信息技术是获得知识的主要途径，加强信息化建设有利于知识共享，能够给员工提供充分的信息资源；最后，企业应采用扁平化的组织结构，加强员工间的互动，这有利于员工间的高效沟通与知识的扩散和学习。

优化的难点在于调整范围较大和耗时长。文化氛围的形成、技术体系的改进、组织结构的调整等均涉及较大的范围，实施结果在短期内难以观测，无法评价其正确性，即使是恰当的方案，也需较长的时间才能取得预期效果。

"认知—规划—试点实施—全面实施—制度化—评估—优化"七个步骤环环相扣，每一步都对知识管理的实施有着重大影响。同时，这七个步骤形成了循环改善、螺旋上升的机制，不断推进知识管理实施的进程。

陶氏化学公司由于改善了对智力资本的管理，在第一年节省成本400万美元；罗氏公司运用知识管理系统来加速新药上市的时间，每缩短一天即可省下100万美元的成本；惠普公司也指出其开发的问答系统为公司节省了50%的客户电话处理成本。[①]

案例

福特汽车公司早期的知识管理[②]

福特公司率先在产品制造部导入了知识管理，制造成本大幅降低。在推行知识管理之前，福特公司下属各工厂之间缺乏联系，许多工厂在降低成本、缩短供货期等方面经常犯相同或类似的错误。引入知识管理之后，各工厂之间通过网络形成了一个整体，每

---

① 廖开际、李志宏、刘勇，《知识管理原理与应用》，清华大学出版社，2010年，第308页。
② https://wenku.baidu.com/view/9027d59e69dc5022abea000e.html，有删改。

个工厂拥有的技术诀窍都能够进入数据库,并且在公司内部网上专门建立了最佳经验复制系统(BPR),于1996年投入应用。到2002年,系统存储的资料已达4 000份以上,各工厂登录内联网后就可以使用该系统。各工厂在积极将已有技术诀窍和经验提供出来的同时,还经常通过系统获取其他工厂的经验,解决了许多技术问题。据统计,1996年系统中60%以上的内容已被其他工厂所采用,1999年该比例上升至75%。

福特公司将能够提高公司竞争力的知识称为"最佳经验"(BP),即最有效的制造方法,其评价标准是工艺的作业时间,各作业单位在相同作业中效率最高的方法就被认定为BP。例如福特公司有六座工厂,分别位于南美洲、欧洲和亚洲等地区,它们同时生产同一种车型,均有安装同一种零部件的操作,其他工厂的职工需要2—8分钟才能完成,而南美洲工厂的职工仅用1分36秒就能完成,则后者的方法就被认定为BP。

对于企业内联网上的BP,公司不强迫任何一个工厂采用,但是工厂的现场管理人员必须逐个作出反应,需填写相应的记分卡,选择"已采用""调查中""以前用过""不适合"或"成本太高"等。

各工厂采用BP的报告会在工厂级或副总裁级的会议上进一步审阅。最佳经验复制数据库会公布每一个工厂提供与采用BP的数量。无论是提供还是采用BP,这种"公开"的记分卡对工厂来说都是一种激励。一方面,公司高层审查报告时如果发现工厂没有积极参加,就会给该厂施加压力,促使其积极参与;另一方面,如果有许多工厂都采用了同一种BP,那么,对于提供这一BP的生产工程师来说,将是无比的荣耀。曾有35个工厂采用了同一种BP。当然,在这种复制中,BP大大增值。一个工厂可能做出一项改进而节约了2万美元,如果另外9个工厂再次采用这种BP,那么就可以节约20万美元。

思考题:
(1) 福特公司的知识管理涵盖了哪些知识管理知识?
(2) 福特公司的知识管理给公司带来了哪些影响?

第二节 创新管理

利润无限,唯有创新。企业创新包括技术创新、市场创新与管理创新,具体涉及企业各个阶段和方面。创新管理是创新的重要推手,主要包括创新战略的制定、创新组织的建设、创新过程管理以及资源渠道创新管理。

一、创新战略的制定

创新战略就是明确创新的方向与路径,是创新管理的首要工作,其直接决定着创新资源投入的风险与效率,具体包括品牌创新战略、技术创新战略和产品创新战略。

1. 品牌创新战略

21世纪全球经济进入了品牌国际化的竞争时代。品牌是企业的无形资产，已成为众多知名企业在市场竞争中制胜的法宝。面对日趋激烈的竞争，企业要想获得更多的市场份额和更高的价值就必须重视品牌创新战略，确立品牌的竞争优势。在制定品牌创新战略时需要注意以下两点：

第一，创新要围绕品牌的核心价值进行。品牌的核心价值是品牌的精髓，能够促进消费者清晰地识别并记住品牌的利益点与个性。核心价值是品牌的终极追求，是一个品牌营销传播活动的总纲，企业的一切价值活动都应围绕品牌的核心价值展开。

第二，创新要从消费者需求着手。成功的创新不是来源于设计而是来源于对消费者需求的把握。创新成果只有把消费者需求放在首要的位置上，才能在未来的市场中赢得消费者的认可。为此，在品牌创新过程中关键是要做好消费者调研工作，结合自身特点和优势选准市场定位，确立品牌创新战略。

2. 技术创新战略

技术创新是推动企业发展和提升企业国际竞争力的关键要素，企业只有具备强大的技术创新能力才能在激烈的市场竞争中赢得优势，赶超甚至引领国际先进水平并最终实现企业竞争力的提升。技术创新战略是企业发展的重要战略，它主要包括自主创新战略、模仿创新战略和合作创新战略。

自主创新指企业以自身的研究开发为基础，攻破技术难关，完成技术成果的商品化，达到获取商业利润目标的创新活动。自主创新面临着很高的技术风险和市场风险，但从长远发展来看，企业核心竞争力的形成都是建立在自主创新的基础之上。

模仿创新不等于照搬照抄，同样需要投入一定的研究开发力量对技术进行进一步开发，这就回避了照搬其他研究可能带来的风险。实力弱的企业在没有能力进行自主创新的情况下可以选择模仿创新战略。模仿创新可以使企业尽快掌握某些先进的设计与技术，加快技术进步的步伐。

合作创新是企业之间或企业与科研机构、高等院校之间开展产学研合作的一种创新战略，可以使企业有效地利用有限的资金和技术力量，促进资源的优势互补，同时有利于克服单个企业无法克服的技术难题，并使企业以更低的成本和更高的效率适应市场的快速发展。

3. 产品创新战略

技术创新的成果最终体现在产品创新上，产品创新战略需注意将消费者考虑进来。随着消费者知识水平的提升，消费品位个性化、复杂化和多样化的趋势以及消费能力的增强，他们不再满足于仅接受推销的产品。消费者既是产品的购买者也是产品的最终评判人，他们的偏好影响着创新的成败。企业设计新产品时要将消费者的需求作为创新的依据，只有这样企业才能生产适销对路的产品。

二、创新型组织的建设

多少仁人志士毁于创新征途,创新之路十分艰难,需要特别的呵护。创新组织是创新的软硬件生态环境,是企业持续保持与不断提升创新能力的保障。为了更好地提高创新活力,企业应该朝着创新型组织的方向发展。

1. 创新型组织的特征

创新型组织是相对于以往的效率型组织、质量型组织、灵活型组织等而言的一种新型组织。创新型组织的显著特征是创新成为组织的核心价值观和关注的焦点,组织通过整合包括全体员工在内的国内外的创新资源,实现技术、战略、文化、制度、市场、组织与流程等方面的全方位创新,从而获得持续的竞争力。

通过分析组织的核心能力是否是创新能力,或者考察组织对创新制度的执行情况、创新投入和创新产出等指标是否处于较高水平,可以判断一个组织是否是创新型组织。

2. 创新型组织的构成要素

创新型组织与传统组织有着显著的差别,尤其是在企业家创新精神、创新氛围、领导风格、沟通机制、激励机制、组织框架等方面创新型组织有其独到之处。

企业家创新精神对创新型组织的建立具有决定性作用。约瑟夫·熊彼特认为:企业家进行创新的动力来源于四个方面:一是看到创新可以给企业家本人及其企业带来获利的机会;二是实现私人商业王国的愿望;三是征服困难并表明自己出类拔萃的意志力;四是创造并发挥个人才能所带来的欢乐。在这四种力量的联合推动下,企业家时刻有战斗的冲动,存在着非物质力量的鼓励,这就是企业家创新精神。

创新氛围是组织成员描述组织是否具有创新环境的主观体验,活跃的创新氛围有利于提高员工创新的积极性。组织的所有活动应以创新为中心,要形成支持创新的环境和氛围,让员工认识到,创新不仅是研发、工程或设计部门的职责,更是每个员工的工作内容之一。创新本质上是学习和变化,因此创新型组织要制定鼓励学习的机制,要提升个人学习和共同学习的组织氛围。

一种领导风格并非在任何情境下都有效,领导者必须根据具体情境选择恰当的领导行为。领导类型之一是变革型领导,变革型领导会关怀下属的日常生活和发展需要,培养下属的创新能力,并帮助下属用新观念看待老问题,激励下属为达到群体目标而超越自身利益付出更大的努力。

创新是一个复杂的系统工程,牵涉到各部门之间的协调与合作,做好各部门之间的沟通对于创新活动的开展是一项重要的工作。有效的沟通机制包括建立创新技术决策委员会、制定联合研究规划制度、员工建议制度和建立高效电子信息平台等。

合适的激励机制是创新动力,激励机制应建立以创新为导向的绩效考核体系。首位晋升制和末位淘汰制是两种广泛应用的激励制度,对员工创新的激励程度存在较大差异。在首位晋升制中,高水平产出会得到晋升奖励,低水平产出不会受到惩罚,员工为了获得尽可能高的产出,偏好于选择高风险行为,因而会积极创新;末位淘汰制中一旦出现低水平产出就会被降级或解雇,而高水平产出不会得到奖励,员工为了避免低水平产出,偏好于选择低风险行为,因而会影响创新。

3. 选择合适的组织框架

组织框架会受到不同因素的影响,包括组织所面临的任务类型、行业特性等。企业任务越不确定,其组织框架越灵活,如生产订单处理和采购等活动都是变动很少的决策过程,它们在组织框架方面的要求就不会经常变动。

组织框架与企业所处的行业也有关系,一般而言,小批量制造企业具有较高程度的自主性,而大规模生产企业则会采用具有严格等级制且高度结构化的组织框架。

三、创新过程管理

不同于学者写一篇创新性论文,企业创新具有明确的目标导向性,如开发有市场潜力的新产品、改善降低成本或者提高效率的工艺等,不仅要有创新性,更要有可行性及经济性,是一个全过程的系统性创新。

1. 创意产生阶段的管理

创新需要好的创意,企业对创意的管理要从创意最早开始的地方关注大量创意的产生。产品创新的过程一般分为模糊前端、产品开发和商业化三个阶段。在模糊前端阶段,产品战略开始形成并在业务单元内展开交流,需制订项目计划并初步研究可行性。这些活动都是在详细设计和新产品开发之前进行的,以决定是否在概念阶段进行投资。挖掘创意的一般方法是建立创意管理系统,常见的做法是设立意见箱制度,该方法相对容易且成本低廉。创意管理系统并不回避传统组织和新产品开发流程,它的作用就是激励传统组织。

2. 产品开发阶段的管理

由罗伯特·库珀提出的阶段门流程被公认为是最好的新产品开发阶段的创新管理工具之一。该方法是绘制一张高效率的新产品开发路线图,用以指导一个新产品项目从创意的产生到产品上市的全过程管理。阶段门方法事先将创新过程划分为一系列阶段,每个阶段都包含一系列跨部门活动。在获得批准进入下一个阶段之前,负责该阶段的团队必须保质保量地完成该阶段所规定的所有活动。在每个阶段,项目团队完成所有活动后将相关成果交付门会议评审,由守门小组按照一定的评审标准决定每个项目是否继续,阶段与门是阶段门的基本构成要素。

阶段是各项活动发生的地方,项目团队通过完成关键任务并搜集必要信息推动项目进入下一个门。每一项活动都由来自不同职能部门的员工以团队形式,在项目领导者的带领下共同完成,没有纯粹的研发阶段或市场营销阶段。

门是继续或终止的决策点,在每个阶段之前是一道门,每一道门都有通用的形式,包括:输入、标准和输出。输入是前一个阶段活动的成果,标准是做出继续或终止决策的衡量标准,输出是门的决策结果。表 10-1 列出了阶段门模型中每道门需要评审的内容以及每个阶段包含的主要活动。

表 10-1　从创意到产品上市：一个典型的阶段门模型

发现	发现阶段
门 1	创意筛选：该创意是否值得开展任何工作？
阶段一	初步调查；初步市场分析；初步技术分析；初步财务和业务分析；阶段二的活动计划。
门 2	第二次筛选：该创意是否值得进一步研究？
阶段二	详细调查；用户需求研究；竞争分析；运作分析；产品定义；财务分析。
门 3	开发决策：业务情况是否良好？
阶段三	开发；技术开发工作；快速原型法；最初的客户反馈；原型开发；内部产品测试；运作流程开发；全面投产与执行计划。
门 4	测试决策：项目是否应该进行外部测试？
阶段四	扩展的内部测试；客户领域实验；生产设备的获得；生产或运作实验；市场测试和试销售；最终上市及执行计划；产品上市后的活动计划与生命周期计划。
门 5	投产决策：产品是否准备好商业化投产？
阶段五	产品上市；产品上市与大量生产；全面生产实施；开始销售；结果监控；实施产品上市后的活动计划与生命周期计划。

3. 全阶段创新的管理

保障创新各个阶段协同发展能够加快企业创新的进度。协调促进生产过程的各个阶段有两种模式可供选择——顺序开发过程和并行开发过程。

（1）顺序开发过程

在 20 世纪 90 年代以前，大部分企业的产品开发过程是一个开发阶段结束后进入另一个开发阶段，如图 10-2 所示。顺序开发过程的缺陷是设计的产品不一定适合制造，如果研发工程师未能直接和制造工程师交流，或者产品设计不能满足制造条件，则项目会在产品设计和工艺阶段之间反复，导致开发周期延长。

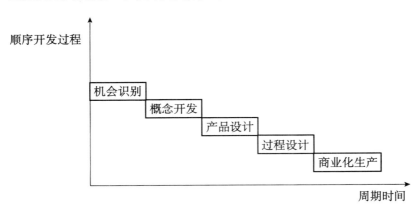

图 10-2　顺序开发过程

（2）并行开发过程

为了缩短开发过程，避免浪费时间，许多企业采用了并行开发过程。如图 10-3 所示，产品设计开始于概念开发完成之前，工艺设计在产品设计阶段开始后不久随即开始。这种开发过程让不同阶段的工作衔接更加紧密，不仅最大限度地降低了研发阶段设计出的产品难以制造、成本又高的可能性，同样也减少了产品设计在不同阶段之间的反复，缩短了开发周期。

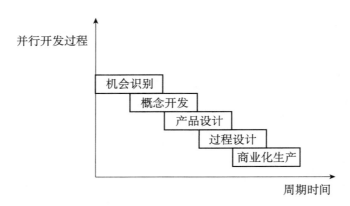

图 10-3　并行开发过程

并行开发过程并非万能，可能增加开发成本和风险。如果产品设计的改变要求工艺设计作出相应调整，就会导致在产品设计结束之前需重新开始工艺设计，这样的风险在快速变化和具有高度不确定性的市场中尤为显著。

四、创新型资源渠道管理

创新是驱动，资源是保障。没有一批创新能手，企业就不可能创新。人力资源是创新的主体和根本，财力资源与供应链资源是创新的保证。企业竞争的本质是核心竞争力的较量，核心竞争力的较量本质上是创新能力的较量，创新能力的较量本质上是创新资源的较量。对创新型人力资源、财力资源与供应链资源的管理决定了创新效果。

1. 创新型人才的激励

创新型人才指具有创新意识、创新精神、创新思维、创新能力并能够取得创新成果的人才。在人才竞争日益激烈的今天，激励已成为留住创新型人才的法宝，是让创新型人才全身心投入工作的主要手段。企业必须拥有先进的人力资源管理技巧。对创新型人才的激励，要综合考虑他们的性格特征及需求，具体应注意以下几点：

第一，搭建一个施展才华的平台。这个平台由开发项目、资金设备、团队配合和交流论坛等组成。要让创新型人才通过适度的竞争成为开发项目的主持人，并获取对其他资源的支配权；鼓励他们参与制定企业的发展战略，关注他们的新思维和新创意。

第二，安排难度适中的工作。企业应制定科学、健康的发展愿景，设立前沿性项目，由创新型人才组成队伍，参与制订研究计划，并对项目的完成质量承担相应的责任。目标不能太低，也不能太高。管理层必须有高度的爱心和较高的智商，不断洞察创新型人才的内在需求，科学合理地设置工作目标。

第三，营造自由、包容的文化氛围。企业应允许创新型人才自由选择创新领域或保持一定范围的自由选择权。大量事实证明，在新的想法未成熟之前，保持其神秘性，不让批评者过早地了解，能够激发人的创新热情。

第四，构建一个畅通的交流渠道。企业应消除创新型人才和管理人员之间的交流障碍，开展平等面对面的交流。直接对话可以使大家开诚布公，增进信任和理解。

第五，给予更多的理解和宽容。创新型人才在创新活动中表现的一些品质可能在其他场合不被理解，如果能够容忍一些不拘小节、直言不讳的人，将对企业创新大有好处。

第六，提供有竞争力的薪酬，打造利益共同体。创新型人才不仅要获得劳动收入还要分享企业价值的成果，企业要为创新型人才铺设一条和企业共命运、同发展的道路；同时，创新型人才不仅在物质报酬上要和企业"水涨船高"，还应在个人创新能力上有所提升。

根据格力的人才培养机制，凡是在每年8—11月生产淡季的技术大比拼中获得前三名的打工者，都可以转为格力的正式员工。作为技术驱动型企业，格力重视"草根创新"，把员工视为企业发展的重要战略资源，从员工进入企业的第一天起，格力就为其提供了各种平台帮助其向"技术型工人"转变。导师制度就是策略之一，格力为每一位新员工都指定了一名导师，以协助指导其了解工作相关事务，并使其以最快的速度适应工作岗位。正因为如此，格力才吸引并培养了一大批技术专才，有家电行业"黄埔军校"之称。

2. 创新资金的分配管理

企业创新资金投入包括研发投入、非研发投入和企业外部知识投入。研发投入是企业科技活动内部支出中用于基础研究、应用研究和试验发展三类项目，以及这三类项目的管理和服务费用的支出；非研发投入包括新产品的生产性准备投入和员工的技术学习费用等；外部知识投入包括用户参与创新费用、供应商参与费用、风险资金发生额和知识产权支出费用等。创新资金投入占销售收入之比可以用来测度创新投入强度，也是测度创新投入的常用指标。创新资金的分配管理要处理好如下关系：

第一，企业不同发展阶段的比例关系。企业发展早期，由于资源匮乏，只能开展一些试验发展项目；企业进入发展期后，由于资源相对较多，可投入较多资源于大规模的基础研究和应用研究。

第二，短期、中期、长期项目间的比例关系。研发资金在短期、中期和长期项目之间的分配是企业研发管理的重要战略问题。若研发资金过多地集中于短期项目，则虽能满足企业当前的竞争需要，但从长期发展来看，企业发展缺乏后劲；若研发资金过多地集中于中长期项目，则很难保持当前的竞争优势，对于竞争力并不强大的企业来说更是如此。因此，必须保持研发资金在短期、中期和长期项目间的平衡。

第三，总部和分公司之间的比例关系。研发资金在公司总部和分公司之间的分配同公司发展战略、技术创新体系密切相关，公司总部的技术中心主要从事同公司业务相关的核心技术、共性技术难题和基础领域的研究工作，周期相对较长；分公司的技术中心则主要从事同当前项目及业务有关的产品和工艺开发，周期相对较短。不同分公司的技术中心所从事的开发项目可能有很大差别，但它们都运用公司总部技术中心提供的研究成果。由此来看，在保证公司总部技术中心研发资金的前提下，应将更多的研发资金分配给各分公司的技术中心，以促进公司总部技术中心成果的产业化，保持公司在市场上的竞争力。

第四，基础与前沿研究、试验发展和应用研究三类研发活动间的比例关系。研发资金在三类研发活动间的分配比例是动态的,它取决于外部环境和企业战略的变化。基础与前沿研究属于长期投资,往往需要 30—50 年才能影响生产;试验发展属于短期投资,一两年就会见效;应用研究属于中期投资,少则 5—10 年,多则 20 年才能影响生产。为保证企业的持续发展,必须大力支持应用研究,形成企业的技术核心能力。

第五,行业间的比例关系。由于不同行业的技术复杂性、技术进步难易程度和技术信息来源的差异性,研发资金投入存在较大差异,如纺织等劳动密集型行业需要大量娴熟的员工而不需过多的研发投入,制药等技术密集型行业需要更多的新产品开发投入。

3. 供应商参与创新

供应商参与创新是在产品开发的概念阶段或设计阶段就让供应商参与,从产品开发阶段一直持续到商业化阶段。由于分工、自身资源和能力的限制,企业需要在创新中发挥供应链分工的优势,有效利用外部力量。事实证明,在产品开发过程中充分利用供应商的专业知识和技术来缩短产品开发周期以更快推出高质量的产品满足顾客的需求,是一种行之有效的战略举措。

对于不同类型的产品创新,企业会选用不同的供应商参与早期创新,如表 10-2 所示。如对完全创新产品,由于创新费用高昂,风险也很大,很少有企业能够拥有足够的技术资源和资金来维持深层次的、专业化的开发能力,所以,企业会让供应商不同程度地介入,将产品开发和配送中出现的问题交由任务小组来解决。

表 10-2　供应商在产品开发阶段的介入

类型	产品战略	能力分析	产品概念	流程技术	产品开发	规模生产	需求管理	供应分销
类型一:完全创新产品	⑤	④	④	③	③	②	④	②
类型二:模仿产品	③	③	③	③	②	①	③	②
类型三:改良产品	②	②	①	①	①	①	③	①
①积极开放的介入　②积极有控制的介入　③适当介入　④局部介入　⑤不介入								

供应商参与产品开发的程度主要取决于他们承担责任的能力以及他们的开发能力,成熟供应商在早期阶段就承担设计责任,参与整个子系统的设计和开发工作;幼稚供应商承担的设计责任很少,而且买方为他们提供了详细的规格,限制了他们的发挥;合约供应商只在样品制作阶段或制造阶段参与简单部件的设计工作。

在飞机制造行业,传统上是主机厂负责设计、供应商按图加工、主机厂组装整机。如对空客 380 型飞机来说,空客设计了零部件的图纸,制定了技术规范以及各模块之间的详细接口,供应商按图加工,空客采购零部件并组装成机。在这种模式下,供应链关系以纵向为主,由主机厂负责管理、协调各供应商之间的关系,供应商之间的平行联系较为薄弱。

然而在波音 787 型飞机上,波音则采取了不同的模式,它委托一级供应商设计、生产子系统,而自己则承担系统集成者的角色。例如机翼就委托给了日本的重工三巨头富士、三菱和川崎,由它们负责细化设计、组装和整合,然后再运到波音做最后组装。在这种模式下,波音与供应商之间的纵向沟通、交流很频繁,同时供应商之间的横向合作也很紧密。例如就机翼而言，日本三巨头各做一块，波音制定了模块之间的粗略搭接规范，而细节则由供应商们协作制定。这要求供应商不但要有先进的技术能力，而且要有不错的管理能力。

> **案例**
>
> **移动互联时代海尔的创新**[①]
>
> 　　随着4G网络的逐步建成，大数据和云计算技术大规模进入商用，移动互联已经全方位改变了传统的经济形态、商业模式、生活方式和社会特征。海尔响应时代呼唤，在商业模式、组织模式与对外合作模型方面开展了一系列创新。
>
> 　　第一，创新商业模式。移动互联时代，用户需求呈现碎片化、个性化、体验化趋势，"私人定制"产品成为主流，企业要抓住用户就必须突破原有的商业模式。为此，海尔战略指导思想的重要创新是实现了由生产型向服务型的转变。由原来以厂商为中心、大规模生产、大规模促销和低成本竞争的B2C模式，转变为以消费者为中心，个性化营销、柔性化生产和精准化服务的C2B模式。
>
> 　　海尔的服务转型，既不是简单的"去制造"，从事虚拟经济，也不是狭义的向产前、产后等服务环节拓展，而是企业整体服务的全面变革。在经营模式上，海尔推行"人单合一"的管理模式。人即员工，单即订单。传统的经营机制是人单分离，"内部管理与市场拓展两张皮"，权利集中在领导。而海尔彻底扭转了这种机制，把经营决策权、资源配置权和利益分配权下放到一线员工，由他们根据市场变化和用户需求自主经营。同时，海尔采取了"倒逼机制"，让研发、生产、供应、职能服务等后台系统与用户需求有效衔接，使企业全员面对用户、黏住用户。领导也从原来的决策、分配、监督转变为主要向一线员工提供支持和服务，将原来企业员工听领导的转变为员工听用户的、企业和领导听员工的。
>
> 　　在产销模式上，海尔推行了"零库存下的即需即供"。长期以来，海尔实行的是生产—库存—销售的传统产销模式，库存一直是困扰海尔的头疼问题。自向服务转型以来，公司借助互联网，将海尔从大规模制造转变为大规模定制。海尔取消了全国26个中心仓库，要求"真单直发"，销售人员必须获取零售终端的真实订单，再在内部下单，从"为产品找客户"转变为"为客户找产品"，"倒逼"产品设计、企划、质量、生产、供应等后台系统大规模调整。同时海尔在研发、生产、供应等职能领域大力推行模块化技术，以提高响应速度。
>
> 　　在营销模式上，海尔推行了"零距离下的虚实网结合"，提出要"虚网做实，实网做深"。"虚网做实"不仅是开展电子商务，更是通过互联网搭建与用户零距离互动的平台，深度挖掘个性化需求信息并转化为有价值的订单，实现"以服务卖产品"。海尔在澳大利亚通过Facebook实现了与用户的互动，从而使法式对开门冰箱在澳大利亚市场超越了LG、三星，连续两次获得澳大利亚用户最满意品牌第一名。目前，海尔已经建

[①] http://www.360doc.com/content/14/0114/08/15295673_345125723.shtml.

立了专门的网上设计体验馆,用户可以根据海尔提供的模块自行设计产品并随时下单。所谓"实网做深",就是进一步完善营销网、物流网、服务网,形成一个覆盖全国甚至全球的网络,实现与"虚网"有效结合。海尔目前在全国建立了"销售到村"的营销网、"送货到门"的物流网和"服务到户"的服务网。

第二,创新组织模式。传统的组织模式是金字塔结构,上层是董事长,底层是普通员工,中间是各层次的管理者,反应缓慢,僵化死板。海尔将这种组织模式倒了过来,变成了倒金字塔结构,接触用户的员工在上层,领导在底层,领导从原来的指挥者变成了资源提供者。这种结构实现了两个即时:员工内部协同即时和组织与外部用户的沟通即时。

海尔大范围采用了自营体架构,把8万多员工变成了2 000多个自营体,一个城市社区是一个自营体,一个县是一个自营体,最大的自营体数百人,最小的只有7人。原来的中间管理层被全部取消,变成了资源支持平台。

自营体的实质是将市场和竞争的概念引入内部。为了活而不乱,海尔将经营体分为三类:活跃在市场前线的是2 000多个直接按"单"定制、生产、营销的一级经营体;中间是平台经营体,为一级经营体提供资源和专业服务;断后的是战略经营体,即原来的高层管理者,主要负责创造机会和创新机制。海尔要求各级各类经营体必须面对同一目标,实现纵横连线,"倒逼机制"是三级经营体之间能够有效连线的关键。自营体已不存在传统汇报的概念,一级经营体通过信息平台提出自己的需求,二、三级经营体均会根据平台机制予以解决;如果不能解决,则是平台机制出了问题,需要二级甚至是三级经营体来关闭差距。"关差"的过程就是二级甚至是三级经营体需要解决的"单"。通过这样的"倒逼"和纵横连线,海尔将传统的金字塔组织结构转变为以自营体为基本单元的倒三角网络型组织,使企业的所有环节和员工都面向用户,为创造和满足用户需求而工作。

第三,创新对外合作模式。互联网时代是大规模协作的时代,企业要成为一个开放的系统,就需要拥有在全球范围内整合与配置资源的能力,建立全球协作大平台。海尔合作模式的重要创新点是坚持从"分工"转向"合工",从"零和"转向"共赢",在"地球村"构筑市场拉动的"价值创造网"。为此,海尔提出了"资源换资源"的新理念,基于终端用户的需求与上下游,甚至是竞争对手开展广泛合作,共创共享,合作共赢。

在市场资源方面,新西兰斐雪派克公司和美国通用电气公司利用海尔在中国的市场网络和资源拓展了中国市场,海尔利用斐雪派克公司和通用电气公司分别在澳大利亚、新西兰和美国的市场网络拓展了当地市场,实现了优势市场资源的互换共赢。

在供应合作方面,海尔邀请了有实力的供应商参与其产品的前端设计与开发,使其由传统的零部件供应上升到战略合作伙伴;海尔还与国内的分销商在需求预测、挖掘用户需求信息、个性化定制、售后服务等方面进行了全面深度的合作。

在智力资源和研发方面,海尔提出了"智慧利用"的新理念,提出了"全球都是海尔的人力资源和中央研究院",要整合全球一流资源为我所用。海尔鼓励自营体主动寻找外部专家,以弥补自身团队的不足。如推出的3D冰箱,就是海尔研究团队整合全球研发资源快速突破的，其用户研究团队来自德国和法国，节能设计团队来自中国，保温系统来自德国，光源照明来自韩国，制冷系统来自巴西。

海尔正在和电商企业深度融合。很多传统企业似乎很难找到一个有效的交互实现方式。它们若自建电商官网，则很难获得海量用户；若入驻国美等电商平台，用户却是平台商的；此外，企业还不能缺席包括微博、微信、QQ空间等在内的社交平台。2013年12月，阿里巴巴集团向海尔集团投资28亿港元，让海尔在电商时代的身份一下子从老牌家电供应商变成了这个移动互联时代难以被替代的深度参与者。

思考题：
（1）海尔的以上创新属于哪类创新？
（2）海尔的以上创新涵盖了哪些创新管理的具体知识？
（3）海尔的创新组织模式与创新型组织有何不同？

第三节　安全管理

技术进步和经济发展带来了全球化、地球村，人类安全面临着越来越大的挑战。安全包括人身安全、财务安全、设备与环境安全、仓库安全与信息安全。千里之堤毁于蚁穴，唯有在安全管理中居安思危、未雨绸缪、防微杜渐，甚至亡羊补牢，才能实现长治久安。

一、人员安全管理

人命关天，人力资源也是最重要的资源之一，人员安全是一切安全之首。人的安全需要是仅次于生理需要的第二大需要，其行为受到特定因素的影响并遵循特定的运行规律，人员安全管理首先要研究这些因素及其运行规律才能提出恰当的对策。

1. 人员安全管理的意义

没有员工就不可能有企业的运行，员工是企业之本。只有员工安全得到尊重，员工才会努力保障其他安全，才能安心工作，才可能创造性地发挥智慧。人员安全管理的意义具体如下：

（1）有助于企业培养重视安全的气氛

人人都关心自己的安全，如果企业领导高度重视包括人员安全在内的安全教育工作，让员工认识到企业以人为本，就会让员工积极响应而不会反感或怠慢，从而使企业形成人人重视安全工作的良好氛围，这对于企业预防事故发生，确保安全生产具有重要意义。

（2）有助于保障企业其他安全管理

构成事故的原因包括人的不安全行为、物的不安全状态、危险的环境和管理的缺陷。

管理规程由人制定、修改和补充并由人执行、监督；设备由人按照规章购置、安装、操作和维修；企业作业场所的环境也由人安排。不难看出，企业是否发生安全事故，人的因素起决定作用。大海上的人与船构成了命运共同体，船翻人亡，人为了自身安全，必须想方设法保证船安全航行，人员安全管理带动了其他安全管理工作。

2. 人的安全行为的影响因素

人的安全行为是复杂和动态的，具有多样性、计划性、目的性和可塑性，既受心理活动支配，也受社会因素影响。人员安全管理需考虑到以下影响因素：

（1）个人心理因素

第一，情绪。情绪是个人所固有的、受客观事物影响的一种外在表现，这种表现既是体验又是反应，既是冲动又是行为。积极的情绪会帮助人们做出正确合理的决策，消极的情绪会倾向于做出不适当的行为选择。

第二，性格。人的性格是个人所固有的、最主要的且最显著的心理特征，是对某一事物稳定的和习惯化的表现方式。性格既表现在人的活动目的上，也表现在达到目的的行为方式上。但是人的性格不是天生的，是在长期发展过程中形成的稳定方式，性格可以表现为理智型、意志型和情绪型等类型。具有情绪型性格的人相对于理智型性格的人更容易受环境的影响，其决策也具有情绪性的特点，因而会对人的安全行为造成不利影响。

（2）社会心理因素

第一，社会感知。感知是眼前客观刺激物的整体属性在人脑中的反映，人的社会感知与客观事物的本来面貌经常是不一致的，这就使人产生了错误的知觉或者偏见，使客观事物的本来面目在知觉中发生歪曲，从而会做出不安全的行为选择；而且，社会感知对人的安全行为影响较大，长时间影响可使人产生一种潜意识的安全行为。

第二，安全价值观。安全价值观反映了人对安全的认知，是人对安全的总评价和总看法。人的安全价值观一旦确定，就会表现出相对稳定性。个人对安全价值的认识会在其对安全的态度和行为上表现出来。

（3）社会因素

第一，社会舆论。一方面，如果社会舆论被新闻媒体或社会风尚引导，煽动不满情绪，则可能会造成人的不安全行为；另一方面，社会舆论监督能够在一定程度上限制人的不安全行为。

第二，环境状况。这种环境包括员工面临的私人环境和企业环境。环境变化会刺激人的心理，影响人的情绪，甚至打乱人的正常行动，企业通过改变员工的工作环境让他们在安全的氛围中工作。

3. 企业员工安全管理

员工不安全行为有两类，一是由于安全意识差而发生有意或错误的行为，如超速运行机器；二是由于大脑对信息处理不当而发生无意或错误的行为，如误操作、误动作等。企业制定员工安全管理原则就是为了防止这两类行为的发生，主要途径包括：

第一，把好选人关。包含两个方面，一是新选人员应保证符合岗位安全要求，尤其是对于比较危险的作业与特种作业岗位，必须严格按照有关安全规程要求选拔作业人员；二是在职人员的动态考核，对于那些由于生理和心理等变化不再胜任本岗位的人员应及时调整。

第二，提高人员安全素质。企业可通过宣传、教育、培训、训练等形式提高员工的安全素质，这是预防事故的根本。

第三，建立有关人员安全管理制度。如安全活动制度、安全教育培训制度、安全奖惩制度、劳动组织制度等。

第四，人员安全信息系统的建立与管理。主要是人员安全台账的建设与管理，如人员的安全心理特征类型、生理状况、身体检查记录、作业工种、违章记录和安全考核情况等方面的信息。

亚美化学制药集团[①]是中国目前最大的化学制药企业，其非常重视员工安全素质和安全意识的培养。亚美集团总裁深知，提高员工安全素质，既离不开规章制度的执行和防范措施的落实，更离不开现身说法。为此，亚美让集团负责安全的企业文化工作人员将身边的事例采编成文字、制成光碟，每周抽出一天时间下到基层演讲、播出；同时还专门免费安排企业内部的10名安全骨干到全球最大的生产企业——10余年来没有发生过一起安全事故的美国杜邦公司去考察取经，回来后将杜邦公司广为人知的口号"可以发现的问题，就可以得到控制和管理；任何工业事故都是可以避免的"制成光碟，在员工休息期间反复播出，以帮助集团5 000余名员工树立安全意识，提升每个员工的安全素质。

二、财务安全管理

资金是企业运行的血液！保值增值是财务管理的第一要务，没有财务的保值增值是无源之水、无本之木。财务安全的前提是提高企业财务的内部控制水平。

1. 针对财务内部控制的安全管理

有效的财务内部控制是确保企业顺利运营的关键，是实现财务安全管理的重点。实际财务工作中内部控制存在许多缺陷，如财务人员分工不明确、财务手续不健全、会计与出纳员分工不明确以及内部财务管理控制混乱等。特别是在基层单位，由于人员少，出纳员、会计、采购员身兼数职，采购与付款、销售与收款不分家。有些单位忽视了这些，任凭财务内部失控的现象愈演愈烈，最终导致了"千里之堤，溃于蚁穴"的惨痛教训。

为此，企业首先应在加强内部控制制度学习的基础上，建立符合实际的内部安全控制制度，建立各自的责权标准，定期或不定期地检查标准的执行情况，并采取措施予以针对性地纠偏；其次，应完善公司内部治理结构，强化董事会职能，避免出现董事会和管理层职位和权力交叉的现象；再次，应强化监事会职能，明确董事会和监事会的责权边界，杜绝责权交叉；最后，应加强财务管理思想工作，切实提高领导及财务人员对内部安全的重

---

① 方苑，《生命第一：员工安全意识学习指南》，中华工商联合出版社，2014年。

视程度。

2. 针对财务会计数据的安全管理

财务会计数据包括原始会计资料、原始凭证和记账凭证等，是会计信息的源泉。涉及商业秘密的会计数据如果泄密，则可能被竞争者或别有用心者利用，由此可能造成企业难以估计的损失；提供给决策的数据往往一个小数点的错位，就可能对决策造成难以估量的损失。

财务管理要有意识地做好会计数据的保密工作，保证会计资料的安全可靠及涉密数据的绝对安全可靠；要为决策提供及时、准确、无误的财务数据，保证财务决策安全。

3. 针对投融资风险的安全管理

投资是企业财务保值增值的必由之路，投资安全是企业可持续发展的保证。首先，企业应专注于主营业务，加大研发资金投入，培育和维持品牌等无形资产，保持和增强企业的核心竞争力，增加竞争者进入和模仿的难度，形成进入壁垒，保持利润的可持续性增长；其次，对风险较大的投资项目，企业可适当投保，降低突发事件给投资带来无法预期损失的可能性；最后，重视期货投资，企业可以在实物投资的基础上，根据实物投资风险，购买收益变动与实物投资收益变动方向相反的衍生金融工具来规避或降低实物投资风险，或利用实物期权投资以锁定企业的损失和风险。

合理融资是投资的前提，合理负债是企业生存的基本条件。首先，企业应根据所处的生命周期阶段和投资项目所需资金的性质、数额、时间确定融资的结构、数量、时间，以使两者达到科学合理的配比；其次，为保持一定的偿债能力、降低财务杠杆风险，企业可适当增加权益比例，如企业可以利用留存现金流投资新项目；最后，企业应合理安排长短期资金比例，这既可以避免现金流在同一时间上扎堆，也可以维持企业适当保守的营运资金筹集政策，降低财务风险，同时还可以降低资本成本，节省现金流，提高资金充裕程度。

三、设备与环境安全管理

设备和工作环境是影响安全生产的两大直接因素，企业要时刻注意设备安全运行，创造安全合适的工作环境。

1. 实现设备安全运行

设备造成事故的原因有两个：一是设备性能不安全，二是设备可靠性不够。设备的操作是靠人来实现的，人在设备安全运行的过程中也起到至关重要的作用。实现企业设备的安全运行具体应注意以下三点：

第一，认真贯彻安全操作规程，普及安全知识。操作规程是从生产实践中总结出来的经验，一些重大事故的发生，大多由违反操作规程造成，因此，做好安全知识普及教育，提高队伍安全素质至关重要。对新工人要坚持做好安全教育，对特殊工种、厂内机动车辆司机、大型游乐设施操作工人、电工、电焊工、锅炉压力容器工人，要进行专门的安全技术培训，建立考核持证上岗制度。企业各级管理人员做到管生产的同时必须管安全，全面掌握设备的安全管理知识。操作人员要掌握设备安全使用知识，做到会操作，并具备解决设备常见故障的能力，以及时发现设备运行的异常。

2016年4月14日上午，在武汉一个工地上一台载满建筑工人的升降机升至百余米的高空时突然迅疾坠落，造成19人当场遇难。次日，悲剧又在四川一个工地上演，载有5名工人的升降机从10多层坠至第4层，造成了4死1伤的惨剧[①]。类似的升降机事故在全国各地接连不断，经仔细考察发现，是相关企业未认真贯彻安全操作规程，未及时发现升降机运行的异常，且升降机的操作工大多数是无证上岗操作，致使悲剧不断发生的。

第二，加强在用设备的安全管理，提高设备的安全可靠性。设备故障主要分为早期故障、随机故障和损耗故障，购入设备后，因还不熟悉设备质量、使用性能、易损坏部位，在设备试运转期间要严格按照设备规定进行操作；设备正式投入使用后，要定期做好保养、维护、检修工作，以随时掌握磨损情况，并登记故障发生次数、部位和零件，及时排除故障，做好统计分析工作，同时对设备危险部位要设置安全防护装置；设备使用达到一定年限后，各部分器件达到或超过使用寿命，处于设备故障多发阶段，更要加强设备使用监护。

第三，建立健全设备安全管理责任制。要逐级签订责任状，把安全责任落实到机器和个人；要配备专人负责日常安全管理，按规程制度要求，对在用设备进行经常性安全检查和监督；要认真调查事故，找出原因，分清责任，兑现奖惩并落实整改措施。

2. 作业环境的安全管理

作业环境的安全整洁可以保障员工身体健康和放心愉悦地工作，减少事故发生。可通过对充斥各种有害因素的工作环境进行管理和对工作环境进行布设两方面来保证作业环境安全。

针对有害因素的管理工作非常具体，一般集中在生产、技术部门，应注意：第一，组织技术人员调查和确认工作环境在热湿、粉尘、噪声、辐射等方面的主要危害；第二，工作环境危害经常是隐性、缓慢的，会对员工的健康安全形成威胁，需要让员工了解到作业环境中的各种危害因素，组织员工参加作业环境危害防护的知识技能培训，以使其掌握各种防护手段和措施；第三，设计工作环境危害应急预案，当危害发生或检测到危害发生的可能性增大时，生产部门可根据相应的制度安排果断采取措施消除影响。

工作环境布设的目的是保证工作环境整洁、有序，让工在工作中不会因环境因素而发生工作失误。工作环境布设管理中应注意：第一，坚持工作环境布设原则，要保证合适的工作空间，设备安排应符合人机工程学原理，要依据重要性原则安排工作用品，依据使用频率安排工作设备，以确保设备安排和环境融为一体；第二，落实工作环境清理维护制度，一方面要在设计上深思熟虑，另一方面要有必要的制度保证布设好的工作环境得到长期维持；第三，布设安全标志，中国目前已经颁布了《安全色》和《安全标志》的国家标

[①] 方苑，《生命第一：员工安全意识学习指南》，中华工商联合出版社，2014年。

准，企业可以参照上述标准布设安全标志，起到警示作用，这对于预防危害发生非常重要，相关部门应对各种可能发生危害的地方布设相应的安全标志；第四，工作环境是否有良好的采光和照明，不仅会影响到员工的健康安全，也会间接影响到生产效率。光照条件应尽量采用自然采光，同时配合适当的人工照明，应注意色彩的协调和搭配。

四、仓库安全管理

仓库是企业生产必不可少的环节，它面临着众多安全隐患，管理者尤其要注意仓库的消防和安全监控，努力减少仓库事故的发生。具体应做到以下几点：

第一，设立一名主要领导为消防负责人，全面负责仓库消防安全管理工作。仓库消防工作的重点是防止火灾的发生。消防负责人的任务包括组织学习贯彻消防法规，完成上级部署的消防工作；组织制定安全管理和值班巡逻制度，落实逐级防火责任制和岗位责任制；组织消防宣传、职工业务培训和考核，提高职工安全素质；熟悉消防措施，建立健全消防组织，配备必要的消防设施用具，并定期检查、妥善保管、分工明确、责任清楚，消除火险隐患；制定灭火应急方案，组织扑救火灾；定期总结消防安全工作，实施奖惩。

第二，加强车辆和吊装设备在装卸过程的消防工作。进入库区的所有机动车辆，必须是防爆型或装有防火装置的车辆；装卸不同种类的易燃、易爆商品时，操作人员要采取正确的装卸方法并注意防止装卸中产生静电的威胁；库区内不得搭建临时建筑和构筑物，因装卸作业确需搭建时，必须经消防负责人批准，装卸作业结束后立即拆除；库房内固定的吊装设备需要维修时，应当采取防火安全措施，经消防负责人批准后方可进行；机动车辆装卸商品后不准在库区、库房、货场停放和修理，装卸作业结束后，应当对库区、库房进行检查，确认安全后方可离人。

第三，做好仓库门卫和巡查等监控工作。仓库必须做好安全保卫工作，根据仓库大小设置警卫人员，负责门卫值勤工作，对出入库区的人员、车辆、商品要进行检查、验证和登记；外来人员、车辆须经相关领导或有关部门批准，并由本库人员陪同方可进入库区；夜间值班人员要做好巡逻工作，严防商品被破坏或偷盗。建立每天巡回检查制度，仓库保管人员下班时应拉掉电闸，关好门窗，封好门锁；上班时，应检查门、窗、锁有无异样，无异样方可开锁进库。计算机技术和电子技术的发展促进了仓储安全管理的科学化和现代化，仓储安全管理必将突破传统的经验管理模式，增加安全管理的科技含量，企业应依靠科技手段，推广应用仓储安全监控技术，提高仓储安全水平。

第四，加强对仓库事故的善后处理。企业应根据相关的抚慰政策对仓库事故中的伤亡人员给予妥善地安置和处理；按照相关法律、规章和纪律的有关规定，根据责任轻重对相关人员予以处罚或处理；按照有关规定对事故中表现突出的有功人员进行表彰和奖励。仓库事故会造成不同程度的损失，应按照有关规定和程序进行处理：可修复的，制订计划报请有关部门批准，予以修复；报废的，报请有关部门审批；涉及责任人的，按照相关规定进行赔偿；已入保险的，向保险公司进行索赔。

事故发生后，应认真总结教训，根据事故发生的原因、后果及各种影响因素，进行分析、总结，找出薄弱环节，提出相应的改进措施，不断提高认识，以便更好地指导今后的工作；应建立健全事故报告制度，保证上级业务部门及时了解情况，依据相关资料进行分析，为安全决策提供依据；要在总结教训的基础上，制定事故预警机制。事故预警机制要求企业有针对性地采取防范措施，提出预防事故的目标和要求，制定有关规章制度，加强人员的思想教育，提高安全防范意识以使各项措施落到实处，一旦发生事故能够及时应对。

2013年11月22日10时25分，位于山东省青岛经济技术开发区的中国石油化工股份有限公司[①]管道储运分公司东黄输油管道泄漏原油进入市政排水暗渠，在形成密闭空间的暗渠内油气积聚遇火花发生爆炸，造成62人死亡、136人受伤，直接经济损失75 172万元。经调查认定，该事故是一起生产安全责任事故。造成事故的主要原因是中国石油化工集团及其下属企业安全生产主体责任落实不到位，责任体系不健全，部门职责不清、责任不明，对安全生产大检查和隐患排查整治不细致，且相关部门监督检查不彻底、有盲区。

五、信息安全管理

信息是资源，信息是商机，信息是竞争的利器。随着计算机技术与网络化程度的提升，信息的获取更加便利，但信息安全也面临着防不胜防的挑战。

1. 信息安全的内涵

信息安全的定义有很多，国际标准组织对信息安全的定义是在技术和管理上为数据处理建立的安全保护，保护计算机硬件、软件和数据不因偶然因素和恶意的原因而遭到破坏。信息安全的内涵主要体现在机密性、完整性、可用性、真实性、可核查性和可靠性上。机密性指信息不泄露给非授权的用户、实体或过程；完整性指数据未经授权不能改变，即信息在存储和传输过程中保持不可修改、不被破坏和丢失；可用性指可授权实体访问并按需要使用，即当需要时应能够存取所需信息；真实性指信息内容真实可靠；可核查性指对信息的传播及内容具有控制能力，访问控制即属于可控性；可靠性指信息系统的可靠性，即信息存储和传输保持一种稳定可靠的状态。

2. 信息安全威胁的来源

信息安全威胁指对信息资源的机密性、完整性、可用性或合法使用所造成的威胁。一般可将信息安全威胁的来源分为系统的开放性、复杂性和人为因素三个方面。

开放和共享是信息系统的基本目的和优势，但随着开放规模的扩大、开放对象的多样化以及开放系统的应用环境不同，简单的开放显然不切实际，相当一部分信息安全威胁即来源于此。复杂性是信息技术的基本特点，硬件和软件系统的规模都要比一般的传统工艺流程大很多，需要投入的人力资源极其庞大。规模庞大本身就意味着存在设计隐患，而设计环境和应用环境的差异更是不可避免地导致了设计过程难以尽善尽美，进而导致了信息

---

① http://china.cnr.cn/news/201401/t20140111_514629236.shtml，有删改。

安全受到威胁。信息系统最终是为人服务的，人与人之间的各种差异、人在传统生活中表现出来的威胁行为是信息安全受到威胁的根本原因。随着信息技术的发展，信息安全威胁表现出了攻击手段智能化，针对基层设施、安全设备攻击等发展趋势。

3. 信息安全风险管理

信息安全风险管理指从风险管理的角度，运用科学的方法和手段分析信息系统所面临的威胁及其存在的脆弱性，评估安全事件一旦发生可能造成的危害程度，提出有针对性的抵御威胁的防护对策和整改措施，防范和化解信息安全风险，将风险控制在可接受的水平。其实施的基本流程如图10-4所示。

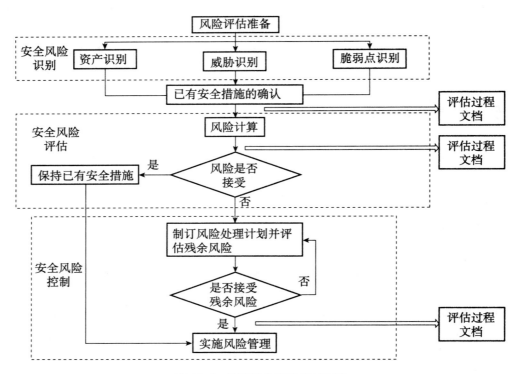

图 10-4　信息安全风险管理流程

（1）安全风险识别

安全风险识别包括资产识别、威胁识别和脆弱性识别。资产价值主要由保密性、完整性和可用性等三个资产安全属性来衡量。资产识别的首要工作是资产分类，然后对每项资产的保密性、完整性和可用性进行赋值，在此基础上评价资产的重要性。

威胁与风险同在。威胁识别既可根据威胁源分析，也可根据相关标准、组织所提供的威胁参考目录分析，其他的威胁来源分类参考具体的相关标准，如 ISO/IEC 13335-3。从威胁源的角度来看，可将威胁分为：自然威胁、环境威胁、系统威胁、外部人员威胁和内部人员威胁。威胁识别就是评估威胁出现的频率及强度，评估者应根据经验和有关的统计数据分析威胁出现的频率及其破坏强度。

威胁总是利用资产的脆弱点来危害资产，即如果资产系统足够强健，再严重的威胁也不会导致安全事件；如果没有相应的威胁，单纯的脆弱点也不会对资产造成危害。脆弱点识别主要分为技术和管理两个方面，技术脆弱点涉及物理层、网络层、系统层、应用层等方面的安全问题；管理脆弱点又可分为技术管理和组织管理两个方面，前者与具体的技术活动相关，后者与管理环境相关。不同类型脆弱点识别的具体要求应参照相应的技术或管理标准实施，如 GB/T 9361—2000、GB 17859—1999、ISO/IEC 17799—2005。

（2）安全风险评估

风险评估指分析某一环境下安全事件发生的可能性以及造成的影响，然后利用一定的方法分析判断风险。

（3）安全风险控制

信息安全风险控制的方法包括风险避免、风险转移、风险缓解和风险接受四种。风险避免指防止信息泄露被利用的控制策略，是首选的控制方法，可通过对抗威胁、排除漏洞，限制对资产的访问等加强安全保护措施方式实现；风险转移指将风险转移到其他资产、其他过程或其他机构的控制方法，可通过修改部署模式、外包或购买保险等方式实现；风险缓解试图通过规划和预先的准备工作，来减少资产风险带来的影响；风险接受指对漏洞不采取任何保护措施，而接受漏洞带来的结果，当控制成本远远高于损失时，企业一般会采取这种不进行控制的措施。

4. 信息安全审计

信息安全审计指对信息系统的各种事件及行为进行监测、信息采集、分析并针对特定事件及行为采取相应动作。其总体功能是记录和跟踪信息系统状态的变化，监视和捕捉各种安全事件，实现对安全事件的识别、定位并予以控制。其具体功能包括：事件识别器功能，即提供事件的初始分析，并决定是否把该事件传送给审计记录器或者报警处理器；事件记录器功能，即将接收的消息生成审计记录并存入安全审计跟踪；报警处理器功能，即产生一个审计消息，同时产生合适的行动以响应安全警报；审计分析器功能，即检查安全审计跟踪，生成安全警报和安全审计消息；安全跟踪验证器功能，即从安全审计跟踪中产生安全审计报告；审计提供器功能，即按照某些准则提供审计记录；审计归档器功能，即将安全审计跟踪归档；审计跟踪收集器功能，即将一个分布式安全审计跟踪的记录汇集成一个安全审计跟踪；审计调度器功能，即将分布式安全审计跟踪的某些部分或全部传输到审计调度器。

2016 年 3 月，国外研究人员发现，OpenSSL 出现了新的安全漏洞"DROWN"[1]，即"利用过时的脆弱加密算法来对 RSA 算法进破解"。攻击者可利用这个漏洞破坏网站加密体系，发起"中间人劫持攻击"，从而窃取 HTTPS 敏感通信，包括网站密码、信用卡账号、商业机密、金融数据等。据统计，该漏洞影响了全世界多达 1 100 万个 HTTPS 网站，其中包括雅虎、阿里巴巴、新浪、360、Buzz Feed、Flickr、Stumble Upon 4Shared 和三星等知名网站。

---

[1] https://zhuanlan.zhihu.com/p/21531475，有删改。

案例

杜邦公司：安全管理的翘楚[①]

美国杜邦公司是一家以生产黑火药及其他化学制品为主的化工巨头，其安全管理被称为工业界的典范。火药制造属于特别危险的行业，杜邦公司一开始仅依靠河边选址和建设薄薄的屋顶来避免事故的发生，但事故频发。最大事故发生时，将近有50%的员工在事故中死亡或受到伤害，企业面临破产。杜邦意识到：如果不抓安全，杜邦就不可能永续，但仅仅是设备和厂房上的安全管理是不够的，必须通过制度设计及相关培训提升员工的安全意识，加强对员工的安全管理。

杜邦要求各级领导要一级对一级负责，做到层层对各自的安全管理范围负责；员工必须接受严格的安全培训；各级主管必须进行安全检查；发现安全隐患必须及时消除；强调员工的直接参与是关键。

"员工安全"是杜邦公司的核心价值观。杜邦公司的安全教育由7天的8小时变成了24小时。公司领导班子利用集体用餐时间开展接待员工活动，消除员工在工作及安全生产中遇到的各种问题。公司坚持以"有感领导，直线责任，属地管理"为理念，主管安全的部门员工运用由人员反映、个人防护装置、人员位置、工具与设备、程序与秩序等五个方面组成的安全观察卡，到生产一线观察员工的安全行为，查找安全隐患。此外，公司十分强调安全、健康、环保的重要性，用安全管理来创造效益与业绩，因而有着近乎苛刻的安全指南：每更换一台设备，甚至修一把锁、换一个灯泡，都有极其严格的程序和控制；在走廊上，没有紧急情况时不允许跑步；员工上楼梯必须扶扶手等。

思考题：

（1）美国杜邦公司的安全管理主要体现在哪些方面？

（2）根据上述案例，说明公司实施人员安全管理的必要性。

[①] http://www.ehs.cn/article-8889-1.html，有删改。

北京大学出版社教师反馈及教辅申请表

北京大学出版社本着"教材优先、学术为本"的出版宗旨，竭诚为广大高等院校师生服务。为更有针对性地提供服务，请您认真填写以下表格并经系主任签字盖章后反馈给我们，我们将按照您填写的联系方式免费向您提供相应教辅资料，以及在本书内容更新后及时与您联系邮寄样书等事宜。

书名		书号	978-7-301-	作者	
您的姓名				职称职务	
校/院/系					
您所讲授的课程名称					
每学期学生人数	_____人		____年级	学时	
您准备何时用此书授课					
您的联系地址					
邮政编码			联系电话（必填）		
E-mail（必填）			QQ		
您对本书的建议：				系主任签字 盖章	

我们的联系方式：

北京大学出版社经济与管理图书事业部
北京市海淀区成府路 205 号，100871
联 系 人： 徐冰
电   话： 010-62767312 / 62757146
传   真： 010-62556201
电子邮件： em@pup.cn   em_pup@126.com
Q Q： 5520 63295
微信：北大经管书苑（pupembook）
新浪微博： @北京大学出版社经管图书
网   址： http://www.pup.cn